new move
Architektur in Bewegung

Birkhäuser
Basel

new

Architektur in Bewegung – Neue dynamische Komponenten und Bauteile

Michael Schumacher Michael-Marcus Vogt Luis A. Cordón Krumme

move

Inhaltsverzeichnis

Vorwort

Zehn Jahre nach Erscheinen der ersten Move-Publikation stellt sich wieder die Frage: Was bewegt uns, was bewegt die Architektur und was bewegt sich in der Architektur?

Der ästhetische Reichtum bewegter Objekte im Raum ist ein prägendes Moment für unsere Wahrnehmung. Dem Reiz einer eleganten Bewegung kann sich niemand entziehen.

Insbesondere wenn diese die Gestalt des Gebäudes radikal verändert. Die Veränderung wird zum bestaunten Erlebnis, sei es im schnellen Wechsel zwischen zwei verschiedenen Zuständen oder in der kontinuierlichen Anpassung an sich verändernde Bedingungen. Durch die Kopplung mehrerer gleichartiger beweglicher Bauteile oder durch eine individuelle Choreographie der beweglichen Elemente lässt sich dieser visuelle Effekt zusätzlich steigern. Gesucht sind einfache Systeme, die komplexe Bewegung in die Erscheinung bringen und funktionsgerecht agieren.

Die Komposition spielt dabei ebenso eine Rolle wie das Spiel mit den Kräften. Die Herausforderung liegt im Zusammenspiel der unterschiedlichen Faktoren, welches auf das Wesentliche reduziert werden muss. Gesucht sind einfache Systeme, die komplexe Bewegung in die Erscheinung bringen und funktionsgerecht agieren.

Am Institut für Entwerfen und Konstruieren, Leibniz Universität Hannover, vermitteln wir den Prozess des Entwerfens und Konstruierens in den Wechselwirkungen der zahlreichen Einflüsse auf das Bauteil. Wir lehren bzw. lernen dies unter anderem an Studien zu beweglichen Bauteilen. In der Konzeption und Entwicklung funktionsfähiger Bewegungsabläufe, die vor allem im gebauten Modell überprüft werden, liegt ein hohes Erkenntnispotenzial über das Zusammenwirken von Material und Fügung sowie über die Umsetzung eines Konzeptansatzes in die Realität.

Im Konstruktionsdetail werden Kräfte vereint und verzweigt, treffen unterschiedliche Werkstoffe aufeinander, werden Toleranzen gepuffert und Funktionen vernetzt. Die Bewältigung der dabei typischerweise multidisziplinären Problemstellung auf kleinstem Raum ist das eigentliche Problem des Details/Bauteils. Durch den Aspekt der Beweglichkeit wird es um ein Vielfaches komplexer.

In verschiedenen Seminaren und unter Beobachtung der Architektur- und Technikentwicklung haben wir den Aspekt der Bewegung in der Architektur weiter verfolgt und erforscht. New Move dokumentiert den aktuellen Stand in Forschung und Praxis. In der langjährigen Forschungsphase bis zum heutigen New Move haben sich wichtige Erkenntnisse angedeutet, welche Aspekte für bewegliche Bauteile sinnvoll sind und für zukünftige Strategien geeignet erscheinen. Zielführend können dabei eine Vereinfachung der Bauweise, der Transfer von Innovationen und die modulare Verkettung von kleinen Systemen zu größeren Komponenten sein.

In *New Move* werden diese Möglichkeiten diskutiert und inspirierende Blicke für weitere visionäre Konzepte eröffnet. Wir bedanken uns bei den Autoren und unserem Team, die dieses Buch inhaltlich und grafisch mit großem Engagement ermöglicht haben. Ebenso gilt der Dank unseren Sponsoren, ohne deren Unterstützung das Buchprojekt nicht umzusetzen gewesen wäre. Allen Lesern wünschen wir viele neue Erkenntnisse für ihre Praxis und Freude an neuen Gestaltungskonzepten und baulichen Lösungen mit beweglichen Bauteilen.

Michael Schumacher, Michael-Marcus Vogt, Luis A. Cordón Krumme
im August 2019

BB-8 – *Star Wars*

Die Poesie der Bewegung 4.0

Michael Schumacher

Im Januar 2007 wurde zum ersten Mal das iPhone von Steve Jobs auf der Macworld Conference & Expo in San Francisco vorgestellt. Am Jahresende waren bereits mehr als eine Million iPhones weltweit verkauft.

Im Band *Move*, der dem vorliegenden Band 2010 voranging, habe ich in der Einleitung versucht, die Bedeutung von Bewegung, von eleganter, sinnlicher Bewegung, am damals noch für viele ungewohnten Umgang mit den Bedienelementen eines Smartphones zu verdeutlichen. Das „Aufziehen" von „Fenstern" war auch 15 Jahre nach dem ersten Handy-Touchscreen von IBM etwas völlig Neues, ebenso wie überhaupt die Tatsache, dass dieselbe Stelle eines Bildschirmes bei Berührung alle möglichen Funktionen übernehmen kann.

Ich habe damals versucht aufzuzeigen, wie allgegenwärtig und unabdingbar unsere Empfindung von Balance, von Gewicht und Statik in jeglicher Bewegung ist, obwohl diese Eigenschaften innerhalb einer elektronischen Welt ja ohne weiteres verzichtbar erscheinen.

Was für eine Veränderung hat die Welt inzwischen durch diese Technologien erfahren! Man erwischt nicht nur kleine Kinder, sondern auch sich selbst bei dem Versuch, auf allen möglichen Oberflächen etwas „aufziehen" zu wollen, um dann enttäuscht festzustellen, dass das ein normaler „alter" Fernseher oder gar der Spiegel im Bad ja gar nicht können kann. In dieser Weise wird sicherlich auch die Weiterentwicklung der sogenannten Gestensteuerung neben viel brauchbarem praktischem Nutzen eine Menge Komik in unser Alltagsleben bringen. Wer da alles winken und fuchteln wird, um zu versuchen, das Schiebedach zu öffnen oder zu schließen; schade, dass Loriot uns schon verlassen hat, er hätte es sicher auf meisterhafte Weise vermocht, uns schalkhaft auch diese Absurdität des Daseins vorzuführen. Eines steht jedenfalls fest: Die Bedeutung von Bewegung im weitesten Sinn hat zugenommen. Millionen von Menschen radeln, joggen, laufen in riesigen Gruppen zusammen durch die Städte. In diesem Buch interessiert uns aber nicht Bewegung im Sinne von Rekorden oder zählbaren Einheiten, uns interessiert die Poesie, die Schönheit von Bewegung, das, was unser Leben bereichert über das materiell Notwendige hinaus.

Bewegung und Emotion

Eine Neuschöpfung aus dem Bereich des Films, die mich in Bezug auf unser Thema in den letzten Jahren am meisten und tief beeindruckt hat, ist der kleine Roboter BB-8, der in der *Star Wars*-Episode „Das Erwachen der Macht" R2-D2 ersetzt hat. Die rollende Kugel, geschaffen von J. J. Abrams als Zeichner, der dem Androiden auch den Namen gab, Lawrence Kasdan und Michael Arndt und sicherlich einer Heerschar anderer Beteiligter, verkörpert unglaublich gut die Magie, die in der Gestaltung von Bewegung liegt.

Was könnte unpraktischer und aller Voraussicht nach unpräziser in Bezug auf exaktes Steuern sein als eine Kugel, auf der ein rollender Kopf versucht, die Balance zu halten. Jeder, der wie ich den drolligen Burschen als Sphero BB-8 erworben hat, weiß, wie unkalkulierbar die Kugel mit iPhone-App-Steuerung übers Parkett schlittert, ständig den Kopf verliert, um dann nach wahnsinniger Zickzackfahrt unter dem Heizkörper zu verschwinden. Aber ungeachtet der im richtigen Roboterleben nicht so unwichtigen Steuerungseigenschaften ist BB-8 ein Meister des Ausdrucks, der R2-D2 weit in den Schatten stellt. Der „free-moving domed head" schafft es dermaßen überzeugend, Nachdenken, Zweifel, Skepsis, Entschlossenheit und Zuwendung auszudrücken, dass man ihn trotz seiner offensichtlich harten Oberfläche einfach knuddeln möchte. Für mich ist das ein fantastisches Beispiel, wie – durchaus komplexe – mechanische Bewegung unmittelbar Gefühle ausdrücken kann.

Dieses Buch handelt von weniger spektakulären, mit weniger großen Budgets erreichten Lösungen auf dem Gebiet der mechanischen Bewegung. Aber auch auf dieser ganz praktischen Seite von Bewegung ist Wichtiges entstanden.

Bewegung und Nutzen

Mein Partner im Büro hat mir zum Geburtstag ein wundervolles Geschenk gemacht: ein elektrisch angetriebenes und elektronisch stabilisiertes Einrad. Das ist mein neues Stadtfahrzeug, handlich, schnell genug und sehr platzsparend. Es passt hervorragend in den Zusammenhang dieses Buches, erfüllt es doch genau das Anforderungsprofil, einerseits praktisch und benutzbar, darüber hinaus aber auch poetisch, interessant und verblüffend zu sein.

Einen Nachteil gibt es: Es existiert bisher keine staatliche Regelung, wie mit dem Fahrzeug im öffentlichen Raum umzugehen ist. Deshalb ist es lei-

Stadtfahrzeug: elektrisch angetriebenes und elektronisch stabilisiertes Einrad

der bisher nicht zugelassen und wurde, vielleicht etwas überambitioniert, von vier Polizisten am Frankfurter Bahnhof sichergestellt, als ich versuchte friedlich nach Hause zu fahren. Um der deutschen Justiz Gerechtigkeit widerfahren zu lassen: Das damit verbundene Verfahren wurde inzwischen eingestellt und ich nutze das wundervolle Gefährt nur noch, um in unserem Archivkeller von einem Ende zum anderen zu gelangen.

Was die Geschichte aber ebenfalls zeigt: dass wir uns in einer Umbruchsituation befinden, was unsere Mobilität betrifft. Die Wichtigkeit des Autos (insbesondere als Statussymbol) ist für junge Menschen kaum noch nachvollziehbar. Ein weites Spektrum von elektrisch angetriebenen Fahrzeugen, vom Einrad über Skateboards und Roller bis hin zu E-Bikes, ergänzt und diversifiziert das Spektrum von Möglichkeiten, sich abhängig von der Distanz sinnvoll fortzubewegen.

Neue Technologien ermöglichen es, Konzepte in großem Maßstab Realität werden zu lassen. Neben diesen und der Bewegung, die durch neue Fahrzeuge und die daraus sich ergebenden Aspekte für Architektur und Stadtplanung entspringen, geht es in diesem Buch auch um die Bewegung und deren Poesie, die uns direkt und im kleinen Maßstab umgibt.

„ParQ" ist ein höhenverstellbarer Arbeitstisch, wie sie immer beliebter und von Mitarbeitern häufig gefordert werden. Das Problem des höhenverstellbaren Tisches ist ästhetisch nicht ganz einfach zu lösen. Der niederländische Möbelhersteller Vepa führt die Tischplatte an einer trennenden und akustisch absorbierenden Mittelwand zwischen zwei einander gegenüberliegenden Arbeitsplätzen auf und ab. Das ist geschickt und schafft eine gewisse Ordnung in der aufgrund der verschiedenen Tischhöhen leicht chaotisch wirkenden Gesamtanmutung. Der eigentliche Clou liegt aber in der Konstruktion der schrägen Führungen für die nicht rechtwinklig angeordneten Tischplatten. Eine raffinierte Mechanik sorgt dafür, dass die Tischplatte sich, entgegen der offensichtlichen Erwartung, beim Nach-oben-Fahren nicht von der Trennwand entfernt bzw. sich beim Herunterfahren nicht an dieser festklemmt. Das sieht sehr schön und interessant aus. Nicht jeder Nutzer wird staunend vor der mechanischen Raffinesse der Konstruktion stehen, viele bemerken sie wahrscheinlich gar nicht bewusst, aber genau in solchen „Effekten" liegt der Reiz, liegen die Schönheit und das wahre Vergnügen an Dingen in Bewegung.

thyssenkrupp hat einen neuen Aufzugstyp entwickelt, den „Multi". Mittels Linearmotortechnik anstelle von Seilen befördern elektrisch gesteuerte Magnete die Kabinen in die Höhe und können sie auch horizontal transportieren. Wie beim Paternoster entsteht eine Kreisbewegung. Beliebig viele Kabinen können dadurch in einem Schacht befördert

Höhenverstellbarer Arbeitstisch ParQ

Fassadenstudie für Qianhai Information Building, Rechenzentrum, Shenzhen, China, schneider+schumacher

Mobilität in den Gebäuden anders denken: thyssenkrupp, „Multi" – ein Aufzug ohne Seil

werden, um kurze Wartezeiten bei gleichzeitig höherer Kapazität der Beförderung zu ermöglichen. Da immer mehr Menschen in den Ballungsräumen leben werden und in der Folge Häuser höher und die Städte dichter werden müssen, um nicht ins Uferlose zu wachsen und keinen Platz mehr für Grünräume übrig zu lassen, stellt diese Entwicklung einen wichtigen Beitrag für die Stadtplanung der nächsten Jahrzehnte dar. Die Aufzüge beanspruchen weniger Platz in den Grundrissen der Hochhäuser, und das Gewicht der Seile, ein bei sehr hohen Häusern absolut entscheidender Faktor bei der Planung, entfällt. Durch diese Entwicklung werden auch brückenbildende Hochhäuser mehr in den Fokus der Aufmerksamkeit geraten.

Geniale Lösungen liegen fast immer im Detail. Schiebetüren stellen an und für sich keine Innovation dar. Ihr Einsatz war immer praktisch, weil kein Raum für das bei normalen Türen übliche Schwenken benötigt wird. Aber die Konstruktion konnte bislang in der Regel in Bezug auf Schalldichtigkeit wenig überzeugen. Eine raffinierte Führung des Türblattes, eine Umlenkung der Bewegung ganz am Ende des Laufweges, korrigiert diesen Nachteil, und man fragt sich, wieso es das nicht schon immer gegeben hat.

Bewegung und Material

Ein wichtiges, neues Feld der Untersuchung in diesem Buch ist dem Thema Material gewidmet. Neue Eigenschaften in Bezug auf Elastizität, Festigkeit und elektrische Leitfähigkeit eröffnen faszinierende neue Möglichkeiten der Konstruktion.

CFK (kohlenstofffaserverstärkter Kunststoff)-Strukturen finden im Flugzeug- und Schiffsbau vielfältige Anwendungen. Die Suche geht dahin, geometrische Veränderungen unmittelbar durch Eigenschaften des Materials zu erreichen, also ohne Gelenke, Schienen oder externe Antriebe. Flügelprofile von Flugzeugen passen sich „von alleine" der Geschwindigkeit an und erhöhen den Auftrieb im passenden Moment. Die Übertragung auf Gebäude besteht z. B. in Form von Lüftungs- oder Verschattungslamellen sowie adaptiven Solarfassaden, die sich „wie von selbst" in die richtige Stellung bringen. Sicherlich noch in der Prototypenphase, werden solche Konstruktionen bereits in der Praxis erprobt.

Selbst im Bereich des Brückenbaus, einem auf eine Haltbarkeit von 100 Jahren ausgelegten Bereich des Bauens, werden neue, teilweise adaptive Materialien zunehmend eine Rolle spielen.

Aber nicht nur das Material, auch dessen Herstellungsmöglichkeiten bieten ein neues Feld für bewegliche Architekturelemente. Der 3D-Druck ermöglicht die Herstellung von funktionsfähigen Gelenken ohne das Zusammenfügen einzelner Teile. In einem Herstellungsschritt entstehen so Ketten, Scharniere und sogar ganze Getriebe.

Sicherlich wird die Architektur in der Breite nicht zu den Vorreitern auf dem Gebiet der Innovation in Bezug auf Materialentwicklung gehören, weil auf der Seite der Materialien die Dauerhaftigkeit über lange Zeiträume und auf der Seite der Bauten die üblicherweise, anders als etwa bei Fahr- bzw. Flugzeugen, gesicherte Wartung nicht gegeben sind.

Aber der Drang innovativer und ästhetisch geschulter Architekten und Ingenieure (Masters of Science, und Masters of Art), deren Berufsbild schon immer in der Zusammenarbeit verschiedenster Disziplinen lag, und die Pflicht zu einem mehr und mehr wirklich nachhaltigen Umgang mit unserem Planeten werden uns ästhetisch und funktional neue und wundervolle Möglichkeiten erschließen, unsere gebaute Umwelt zu erleben und zu genießen.

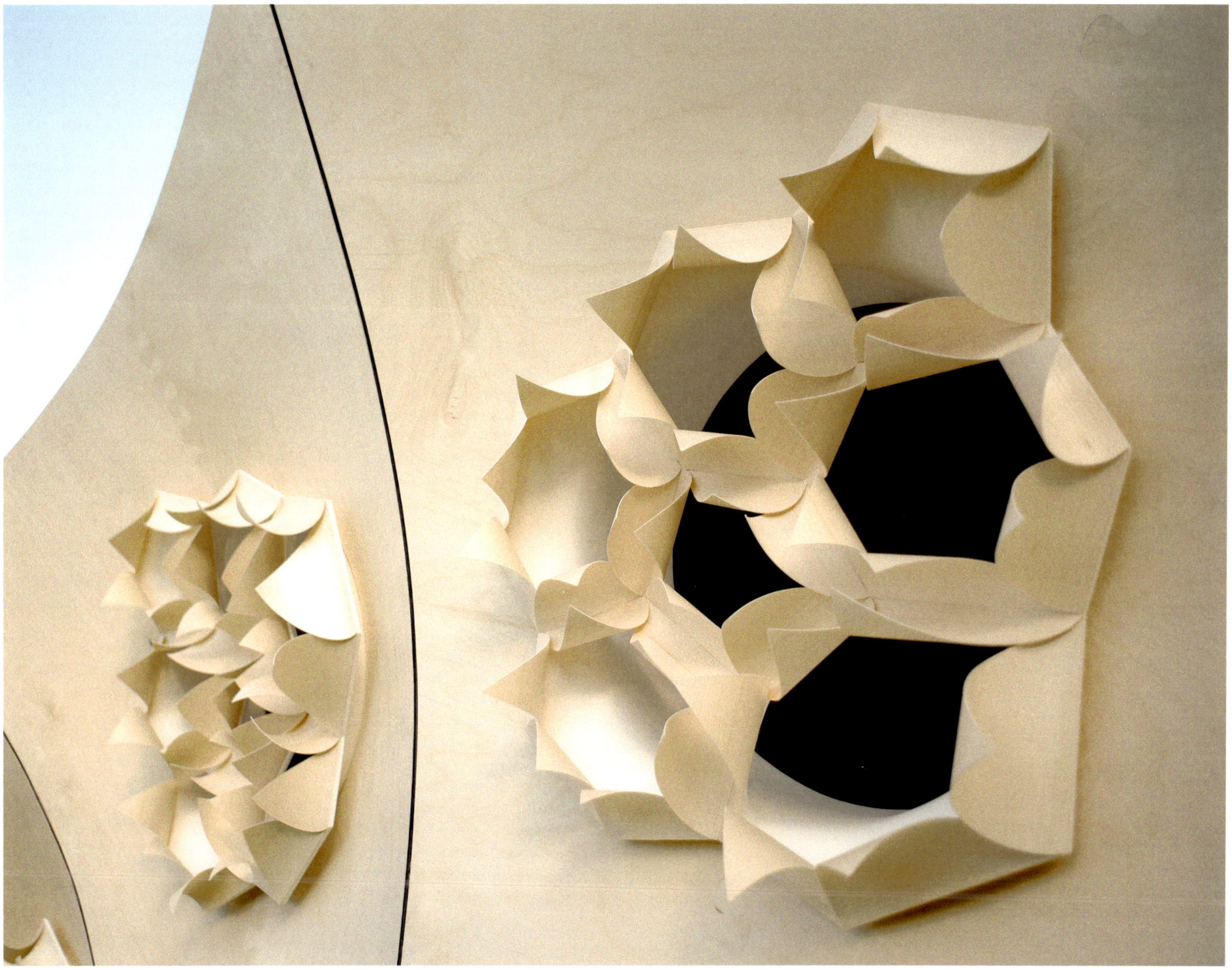

HygroSkin: adaptive Holzlamellen beim Meteorosensitive Pavilion, ICD Universität Stuttgart – Achim Menges in Zusammenarbeit mit Oliver David Krieg und Steffen Reichert

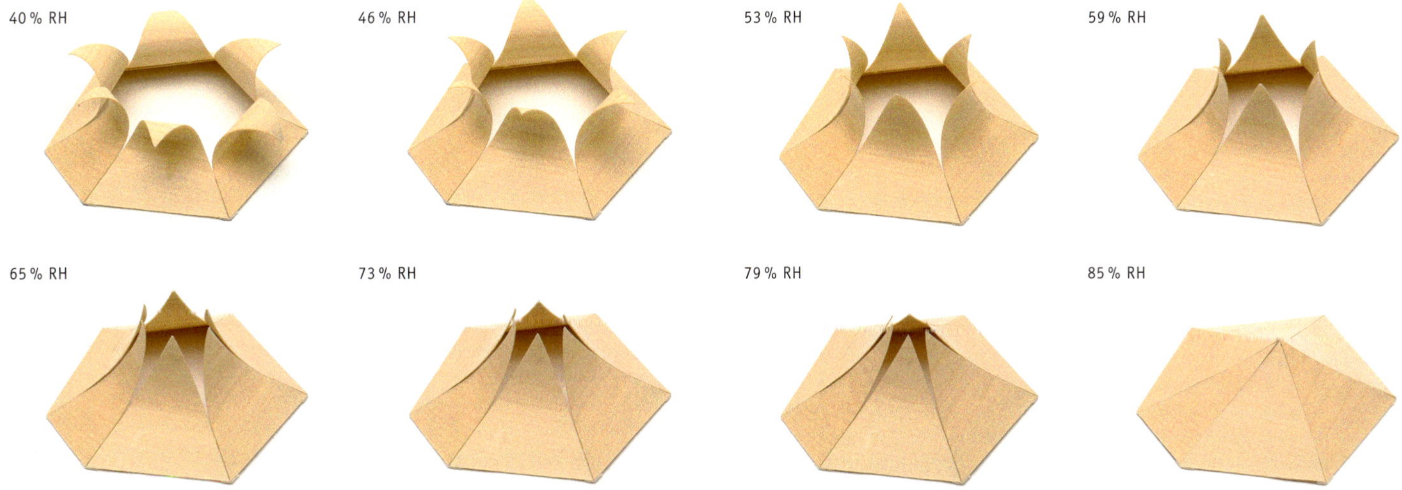

Detail Hygroskin – Öffnungsmaß in Abhängigkeit der Luftfeuchtigkeit; Materialforschung und Fassadenstudie, ICD Universität Stuttgart – Achim Menges in Zusammenarbeit mit Oliver David Krieg und Steffen Reichert

Endless Theatre, Friedrich Kiesler, 1925, Grundriss[1]

▪ Bewegung: Visionen

Christina Chalupsky

Angetrieben durch die Hoffnung auf eine bessere Welt, waren Visionen und utopische Ideen schon immer ein elementarer Bestandteil der Architektur. Fortschritt ist dabei mit Bewegung assoziiert, mit einer gerichteten Bewegung hin zu etwas erstrebenswertem Neuem. Auf diese Weise richten sich bewegliche visionäre Projekte an der Schnittstelle von Architektur und Kunst auf eine Gestaltung der Zukunft.

Visionäres Raumtheater

Friedrich Kiesler, der österreichisch-amerikanische Architekt, Künstler und Theatervisionär, beschäftigte sich zeit seines Lebens mit Fragen der Flexibilität und Multifunktionalität. Seine Vorstellungen über eine permanente Raumkontinuität und das Endlose entwickelte er dabei im Rahmen verschiedener Projekte fortlaufend weiter. 1924 präsentierte er auf der „Internationalen Ausstellung neuer Theatertechnik" in Wien die Raumbühne, welche im Wiener Konzerthaus aufgebaut war. Die offene Konstruktion verfügte über mehrere Bühnenpodeste, welche durch eine spiralförmige Spielrampe, ein Trittleitersystem sowie einen elektrischen Aufzug miteinander verbunden waren. Dieser konstruktivistische Bühnenturm ermöglichte es, Szenen gleichzeitig und auf verschiedenen Höhen darzustellen. Kulissen entfielen gänzlich; der Bühnenraum wurde in alle Richtungen offen gehalten. Ziel war es, die Handlung auf unterschiedlichen Ebenen erfahrbar zu machen und den Zuschauer aus seiner passiven Rolle, die er im Traditionstheater zu spielen hatte, herauszuholen. Inszenierung, Selbsterfahrung und Erlebnis sollten untrennbar miteinander verbunden sein. Ganz visionär hatte Kiesler für das Publikum rotierende Flächen vorgesehen, welche um die Raumbühne herum schweben sollten. In der konkreten Situation des Konzerthaussaales saßen die Zuschauer jedoch hoch oben am Balkon, welcher die Raumbühne U-förmig umgab.

Auch wenn die experimentelle Raumbühne zunächst auf große Kritik stieß, setzte sie sich später als Ideengeber für Theaterleute, wie z. B. den Amerikaner Julian Beck mit seinem Living Theatre, durch. Einige Jahre später reflektierte Kiesler das Provisorium der Raumbühne erneut und transportierte sie frei von jeglicher Realisierungsabsicht in die sphärische Theaterform des Endless Theatre. Im Grundriss er-

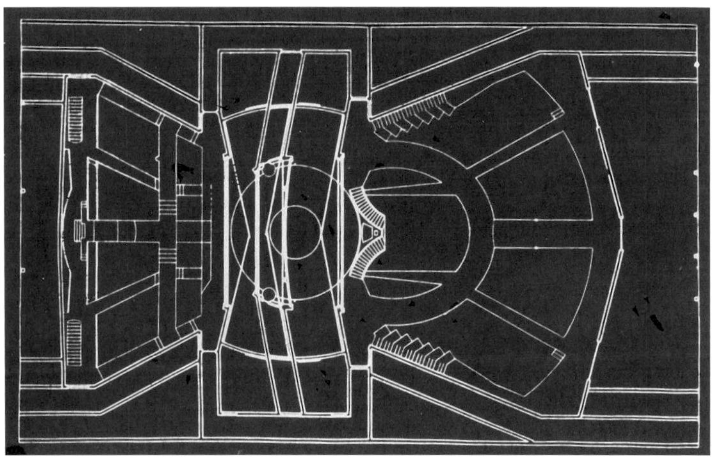

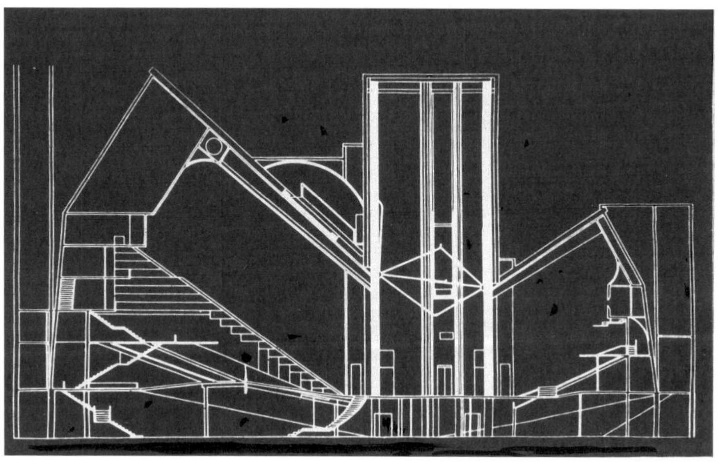

Grundriß und Schnitt zu einem Theaterentwurf für Brooklyn Heights, Friedrich Kiesler, 1926. Doppeltheater mit gemeinsamer Bühne, zusammen und getrennt zu bespielen (kleines und großes Haus).[1]

Nachtansicht der Skulptur „Galaxy", Dvizhenie, 1967

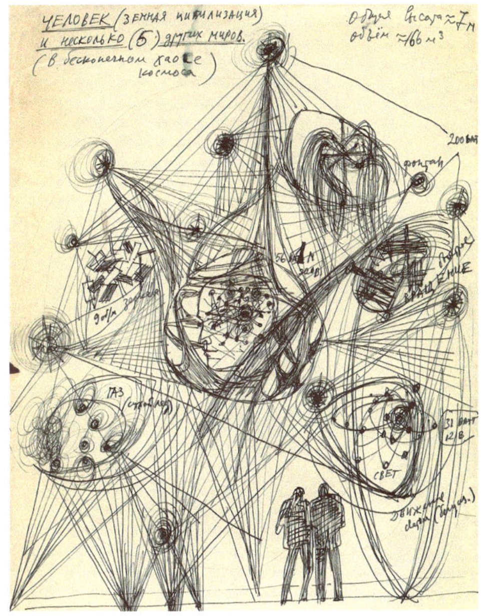

Entwurfsskizze „Galactica", Lev Nussberg, 1967

scheint die Bühne hier als eine Zusammensetzung aus konzentrischen Kreisen; im Schnitt zeigt sich der Entwurf ellipsenförmig, durchzogen von feinen schleifenförmigen Bahnen.

Kieslers Fokus auf den endlos fließenden Raum könnte in seinem großen Interesse an Physiologie und Psychologie begründet gewesen sein. Er war der Überzeugung, dass flexible Räume gut für die Entwicklung der menschlichen Psyche seien, da durch die Wechselwirkung zwischen Mensch und Bauwerk Input und Output generiert würden. Aus diesem Gedanken heraus entwickelte Kiesler später die Designtheorie des Correalismus.

Am Beispiel Kieslers ist der potenzielle Laborcharakter des Theaters gut zu erkennen. In den 1920er Jahren nutzten auch viele andere Künstler das Theater als Ort, um ihre utopischen Raumkonzepte hinsichtlich einer neuen Ästhetik sowie Gesellschaftsordnung praktisch zu erproben.

Utopische Fantasien

Auch bei Lev Nussberg dreht sich das künstlerische Schaffen um die Beziehung der Elemente zueinander und ihre Transformation in einen neuen Zustand. Der russische Künstler, Architekt und Designer ist für seine kinetischen Spektakel bekannt. Er gründete die Künstlergruppe „Dvizhenie" („Bewegung") und gilt als ein Vertreter der kinetischen Kunst, einer abstrakten Kunst, welche sich sowohl im Raum als auch in der Zeit realisiert.

Nussberg arbeitete unaufhörlich daran, die Probleme des Menschen und der Gesellschaft nicht nur festzustellen, sondern auch darzustellen. Dabei stand stets die Idee im Vordergrund, da eine angemessene Ausführung aufgrund der schlechten materiellen und finanziellen Bedingungen meist nicht realisierbar war. Nichtsdestotrotz sind das Ausmaß und die Anzahl der Kunstaktionen, die Nussberg und seine Gruppe „Bewegung" teils halblegal unter sowjetischen Bedingungen realisierten, bemerkenswert. Er erhob dabei die Symmetrie zu einer der wichtigsten Bedingungen seiner Kunst.

Die Skulptur „Galaxy", eine etwa 3 m hohe kristalline Struktur, wurde aus Metallstreben und synthetischer Schnur gefertigt und von der Gruppe „Bewegung" im Oktober 1967 im Rahmen der Ausstellung „Technischer Fortschritt und Jugend" in Moskau ausgestellt – als Prototyp einer Skulptur im öffentlichen Raum für neu geplante Stadtzentren in der gesamten Sowjetunion. Elektromotoren beleben das Herz der kinetischen Installation; die eckigen Formen bewegen sich begleitend zur Musik und sind nachts farbig beleuchtet.

Radikale Maschinenarchitektur

Der britische Architekt und Visionär Cedric Price setzte sich ebenso mit der aktiven Rolle des Betrachters auseinander und versuchte diese neu zu definieren. Viel beachtet wurde insbesondere sein Konzept für den Fun Palace, einen kybernetischen Kultur- und Veranstaltungsort, mit dem Ziel, einem breiten Massenpublikum Angebote wie Theater, Konzerte und Bildungsveranstaltungen zugänglich zu machen und dadurch Kulturproduktion und Gemeinschaft anzuregen. Unterstützt durch die Theaterregisseurin Joan Littlewood und gefördert durch britische Intellektuelle, sollte das ambitionierte Projekt den Zuschauer in den Mittelpunkt der Inszenierung stellen und ein aktives statt passives Kulturerlebnis fördern. Programme und Inhalte sollten sich gänzlich aus den Interessen der Besucher ergeben. Aufbauend auf diesem Verständnis wurde für die Architektur des Fun Palace kein konkretes Raumprogramm festgelegt, sondern eine offene Raumstruktur aus beweglichen Elementen vorgesehen. Diverse Raumelemente, wie z. B. Vortragssäle, Bühnen, Stege und Rampen, sollten dabei von der Decke einer offenen Stahlstruktur hängen und mechanisch und elektronisch gesteuert immer wieder neue Raumkonfigurationen bilden, welche sich mittels Sensoren und Feedback-Mechanismen nahezu unsichtbar an die Aktivitäten der Nutzer anpassen. Unzählige Kombinationsmöglichkeiten sollten den Besuchern größtmögliche Bewegungsfreiheit geben. Wenn auch nie realisiert, diente Cedric Prices Fun Palace z. B. als Inspiration für das Centre Pompidou, entworfen von Renzo Piano, Richard Rogers und Gianfranco Franchini, in Paris.

Das idealistische Denken der beschriebenen Protagonisten und ihre visionären Projekte für Theater, Kunst und Stadtraum stehen im Dienst eines gesellschaftlichen Erneuerungsprozesses. Bewegliche Komponenten dienen dabei als Schlüsselelemente und eröffnen neue Handlungsmöglichkeiten im Raum.

1 Abbildungen © 2019 Österreichische Friedrich und Lillian Kiesler-Privatstiftung

Zukünftige urbane Mobilität als Inspiration für nachhaltige Stadtplanung

■ Urbane Mobilität und Stadtstruktur

Max Schwitalla

Festgefahrene Stadttypologien

Die Bewegung von Menschen und der Transport von Gütern erfolgten schon immer in differenziert ausgebauten Strukturen und räumlichen Ausprägungen. Städte entstanden an Wegkreuzungen respektive um Marktplätze oder entlang von Schifffahrtsrouten. Urbane Wohn- und Arbeitsstrukturen erforderten seit jeher adäquate Mobilitätslösungen, sowohl in der Horizontalen als auch in der Vertikalen. Für Ludwig Hilberseimer galten die neuen Mobilitätstechnologien Anfang des 20. Jahrhunderts gar als Hoffnungsträger. Sein visionärer Entwurf für die Hochhausstadt von 1924 war funktional aufgeteilt, von unten nach oben geschichtet: Fern- und Stadtbahn, Auto und darüber Fußgänger.[1]

Das aktuelle Wachstum der Weltbevölkerung, die sich allein in den letzten 50 Jahren auf ca. 7,5 Milliarden Menschen verdoppelte, hat zu einer dramatischen Urbanisierung unseres Planeten geführt. Zwar konnte der technologische Fortschritt die Lebensqualität verbessern, doch die räumliche Logik der Verstädterung folgt bis heute den mehr als einhundert Jahre alten Mobilitätstechnologien Auto und Aufzug.

Die Stadttypologien aus dem 20. Jahrhundert stoßen an die Grenzen der Nachhaltigkeit: Die horizontale Autostadt basiert auf enormem Flächenverbrauch, der Pendlerverkehr produziert klimaschädliche Schadstoffe und richtet durch akkumulierten Zeitverlust im Stau volkwirtschaftlichen Schaden an. Die vertikale Aufzugsstadt hat längst die Grenzen sozialer Nachhaltigkeit erreicht. Das Missverhältnis von zunehmend privatem Raum, gestapelt in den Türmen für Wohnen und Arbeiten, zu dem, relativ betrachtet, schwindenden öffentlichen Stadtraum minimiert den Begegnungsraum für Menschen. Die anwachsende Kommerzialisierung des urbanen Raums führt zu einer sozialen Segregation in den Städten. So entsteht das neue Phänomen der Dark Towers in New York City oder London: Hochhäuser, die abends dunkel bleiben, weil sie zu Spekulationsobjekten geworden sind, in denen keine Menschen wohnen, sondern nur noch Geld „residiert".[2] Keine der heute bekannten Stadttypologien erfüllt ausreichend die menschlichen Bedürfnisse nach räumlicher Qualität und kann auf das zukünftige immense Wachstum eine hoffnungsvolle Antwort liefern.[3] Der Mobilitätsexperte Stephan Rammler fordert deshalb längst eine neue Art der Stadt- und Verkehrsentwicklung als systemische Neuerfindung der Mobilität, in der Produkt- und Nutzungsinnovationen strategisch verknüpft werden.[4]

Stadtstruktur neu denken: Netzwerk von Nachbarschaften

Nicht zuletzt durch die Digitalisierung erleben wir derzeit einen epochalen Umbruch in der urbanen Mobilität und damit eine Neuverhandlung von urbanem Raum für Mobilität und Immobilität. Immobilienentwickler haben bereits erkannt, dass die Mobilitätsgarantie für die Bewohner durch ein Flottenmanagement die kostengünstigere Alternative zur

Festgefahrene Stadttypologien: Auto- und Aufzugstadt (z. B. L. A. und NYC)

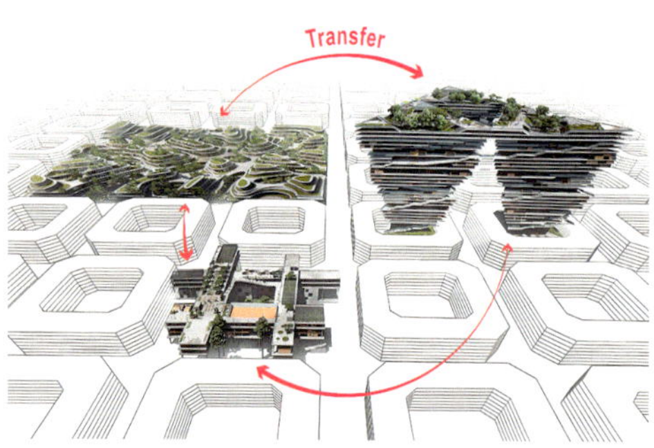

Organismus Stadt als Netzwerk von Nachbarschaften

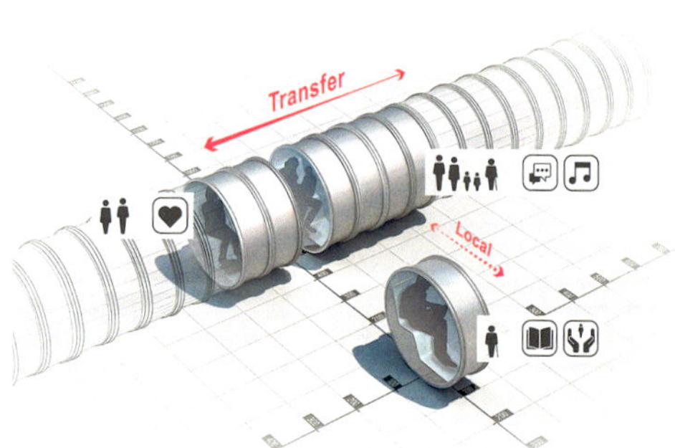

Mobilitätskonzept „Flywheel"

Nachbarschaften mit menschlichem Maßstab, z. B. Quartier der kurzen Wege

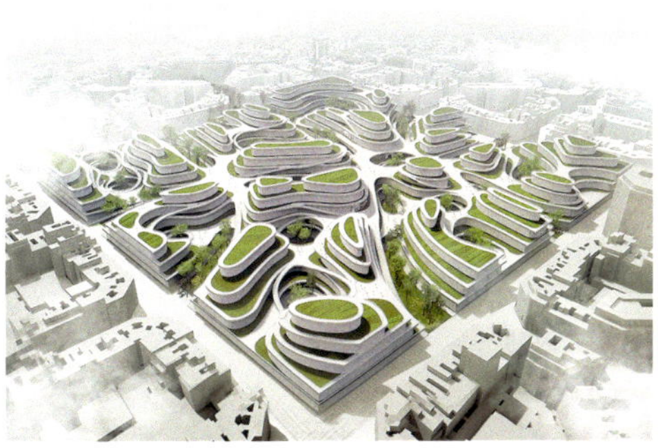

Neue Nachbarschaftstypologien durch Elektro-Mikromobilität

Das „Urbane Regal": Nachbarschaft mit räumlichen Qualitäten

Tiefgarage für private PKWs darstellen kann. Nutzen wir bald Mobilitätsangebote mit geteilten und autonom fahrenden Fahrzeugen, die nicht mehr geparkt werden müssen, wird wertvoller innerstädtischer Parkraum zur Umnutzung verfügbar. Ebenso erlauben neue oder weiterentwickelte Mobilitätstechnologien, wie etwa leise, aber leistungsstarke E-Bikes, in völlig neuen räumlichen Strukturen zu denken. Wie können wir Stadt im 21. Jahrhundert neu verstehen und anstelle horizontaler Straßenraster und vertikaler Aufzugssackgassen innovative Typologien gestalten?
Der ehemalige Baubürgermeister von Barcelona, Antoni Vives, definiert aus praktischer Erfahrung die Stadt als ein Ensemble von „Hyperconnected Neighbourhoods".[5] Der urbane Raum als ein Organismus aus Nachbarschaften, hochvernetzt durch öffentlichen Verkehr wie BRT, Metro und Seilbahn oder zukünftig durch Drohnenbus-Direktverbindungen. Zusammen mit der Feinverteilung von Menschen und Gütern über Mobility-/Logistik-Hubs in der Nachbarschaft entsteht eine intermodale Mobilitätskette mit verschiedenen Maßstäben von transfer/schnell zu lokal/langsam, die einem menschengerechteren Mobilitätsverständnis gerecht werden kann.

„Flywheel": Konzept für zukünftige Netzwerke

Das Mobilitätskonzept „Flywheel" könnte beide Maßstäbe bedienen, den Transferverkehr zwischen den Nachbarschaften sowie den lokalen Transport innerhalb der Nachbarschaft. Die Grundlage ist ein platzsparender Einsitzer, der sich modular als Zug für den energie- und raumeffizienten Transferverkehr zusammenkoppeln als auch für den letzten Reiseabschnitt im Zielquartier wieder entkoppeln lässt.[6] Dieses Mobilitätskonzept sowie Überlegungen zu neuen Nachbarschaftstypologien sind in interdisziplinärer Kooperation zwischen dem Autor und dem Mobilitätsunternehmen Schindler Aufzüge AG entstanden.

Die Nachbarschaft: menschlicher Maßstab

Eine nachhaltige Quartiersplanung mit kleinmaßstäblicher Funktionsdurchmischung reduziert den Mobilitätsbedarf und fördert die Identifikation mit der eigenen Nachbarschaft. Die kleinste entschleunigte Mobilitätseinheit ist unser Schuhwerk. Darauf basierend, ermöglicht das Quartier der kurzen Wege eine Alternative zum autogerechten, linearen und monotonen Straßenquerschnitt. Kleinteilige Blockgrößen mit variierenden abwechslungsreichen Zwischenräumen von engen privaten hin zu weiten öffentlichen Räumen tragen in ihrer Abfolge ganz natürlich zur räumlichen Orientierung bei.

Neue Mobilitätstechnologien: neue Nachbarschaftstypologien

Soziale Medien und neue Kommunikationstechnologien verändern das Erkunden und Navigieren im urbanen Raum. Verkaufsflächen müssen nicht zwingend auf Straßenniveau geplant werden, sie können sich heute mit einem virtuellen Schaufenster medial bemerk- und auffindbar machen. Die Grenzen der traditionellen funktionalen Aufteilung in gewerbliche Sockelzone und darüber angeordnetem Wohnen/Arbeiten sind aufgehoben, und Nachbarschaften lassen sich neu als dreidimensionale Netzwerke denken. Die Elektrifizierung der Mikromobilität erlaubt solche Netzwerke zugleich als Erschließungskonzept zu verstehen. Zum Beispiel kann man mit dem E-Bike schneller fahren, interessanter ist aber, dass Menschen bis ins hohe Alter mit diesen Technologien Höhenunterschiede bequem meistern können. Eine Nachbarschaft kann als Hügellandschaft aus Plattformen geplant werden: gleich einem durch den Fluss von Menschen erodiertes Gebirge, mit an- und absteigenden Radwegen und terrassierten Flächen für den öffentlichen Raum.
Die über Rampen erschlossenen, doppelgeschossigen Plattformen bilden das „Urbane Regal", eine tragende Megastruktur mit Boden, Decke und technischer Infrastruktur. Die bauliche Struktur ermöglicht Veränderungen zwischen den Plattformen und somit Nachhaltigkeit durch Anpassungsfähigkeit sowie die Partizipation der Nutzer bis hin zum Selbstbau. Zweigeschossige Maisonette-Häuser bzw. Townhouses auf den Plattformen mit einer Vorzone für Parkplätze für kleine Fahrzeuge (z. B. E-Bikes) bieten ausreichend Privatsphäre für die Bewohner der öffentlichen Megastruktur.
Bereits in den 1950er und 60er Jahren entstanden Ideen zu Megastrukturen oder flexiblen Ausbauten wie bei Constant Anton Nieuwenhuys (1920–2005) in seinem utopischen Projekt „New Babylon",[7] oder bei Yona Friedman (geb. 1923) in seiner „Ville Spatiale".[8] Aber erst heute, im Kontext der dramatischen Urbanisierung, wird die Dringlichkeit evident, urbanen Raum von hoher Qualität, verdichtet, anpassungsfähig und damit nachhaltig zu gestalten. Dafür stehen jetzt neue Technologien zur Verfügung, um einst utopische Konzepte Realität werden zu lassen und um Antworten auf die drängenden Fragen zukünftiger Stadtentwicklung zu finden. Dazu gehören neben modularem Bauen, digitalen Produktionsverfahren, neuen Materialien oder innovativen Brandschutzkonzepten vor allem Mobilitätstechnologien, die es uns erlauben, neue Wege zu gehen: Wir müssen wieder Städte für Stadtbewohner bauen, mit dem Fokus auf räumliche Qualitäten für Menschen und nicht für Autos und Aufzüge!

1 Hilberseimer, Ludwig, *Groszstadtarchitektur*, Stuttgart, 1927, S. 17.
2 Sassen, Saskia, „Global Capital and Urban Land", Urban Age Conference „Shaping Cities", Venedig, 14.07.2016.
3 Rammler, Stephan; Schöller-Schwedes, Oliver, *Mobile Cities. Dynamiken weltweiter Stadt- und Verkehrsentwicklung*, 2. erg. und überarb. Aufl., Berlin, 2012, S. 242.
4 Rammler, Stephan, *Die Neuerfindung der Mobilität. Mobilität als Weltdesign*, Braunschweig, 2010.
5 Vives, Antoni, „Smart Sustainability for European Cities", Konferenz „Decarbonising Transport: Smart Mobility Innovation for Sustainable Cities", Berlin, 15.11.2016.
6 Maak, Niklas, „Das beschleunigte Leben", *Frankfurter Allgemeine Quarterly*, Ausgabe 06/Frühjahr 2018, Audi Urban Future Award 2014 – Team Berlin, https://vimeo.com/111542258, aufgerufen am 09.08.2018.
7 van Schaik, Martin; Máčel, Otakar, *Exit Utopia: Architectural Provocations, 1956–1976*, München, 2005.
8 Friedman, Yona, „Vers un urbanisme tridimensionnel", *Architecture d'Aujourd'hui*, Jg. 33, Nr. 102, 1962, S. 76–77.

A

Theorie und Planung

1

Konzepte von Bewegung am Objekt und im Raum

SkySong Phoenix – schwebende Dynamik

■ 1.1 Perfect Skin – Faszination neue Materialien

Klaudia Kruse

Bewegung und Dynamik, also die Möglichkeit zur Veränderung der Erscheinung und Stofflichkeit, ist etwas, woran sich unsere Wahrnehmung begeistert entzündet. Das Potenzial zu überraschen, Gestaltungsform und Charakter zu verändern, Identitäten zu schaffen, neue Einsatzbereiche und Umsetzungsmöglichkeiten zu entwickeln, kann sich in ihren unterschiedlichsten Formen zeigen. Innovationen in den Herstellungsprozessen wie 3D-Druck, in der Materialforschung zu Themen wie „leicht + hochfest" – wie das vor 15 Jahren entdeckte Material Graphen –, aber auch Entwicklungen in Technologie und Wissenschaft, wie künstliche Intelligenz, ermöglichen noch größere Freiheitsgrade in der Gestaltung.

Der Wunsch, die Schönheit in der Einfachheit zu finden, das Pure und doch Geheimnisvolle hinter einer unaufgeregten Oberfläche zu vermuten, stellt einen tatsächlichen Wert dar und ist mehr als nur ein Trend. Besondere Schwerpunkte in Forschung und Entwicklung liegen seit langem auf dem Thema Nachhaltigkeit, auf Re- und Upcycling, Re-Creation und Re-Use. Wo Schönheit und Poesie mit Nachhaltigkeit und Funktionalität zusammengehen („biotiful"), entstehen erlebbare Werte.

Interdisziplinäre Aspekte wie die Fusion von Material, Verarbeitungsprozessen und Informationen zeigen sich auch in der Erfüllung des Wunsches nach Vernetzung sowie intuitiver Bedienung und Nutzung. Die Zugänglichkeit und Funktionalität von Smart Technology und künstlicher Intelligenz unmittelbar in dem uns umgebenden Raum zu erleben – in der Architektur und Innenarchitektur, im Automobildesign, in der Mode oder im Produktdesign –, dies entwickelt sich immer mehr in eine Richtung, die für den Menschen leicht anzunehmen und zu adaptieren ist. Benutzerfreundliche interaktive Systeme machen uns das Leben leichter, sie sind aber dennoch auch mit kritischem Blick zu betrachten.

Inspirationsquellen für Gestaltung und Anwendung kommen aus den unterschiedlichsten Bereichen der Forschung und Entwicklung. Oft fachgebietsübergreifend, nutzen und entwickeln sie Synergien. Der Kontext, in dem sich ein neues Produkt oder der Betrachter bewegen, und die Geschichte, die hinter allem steckt, sind es, die dem Nutzer den Zugang erleichtern. Die Faszination für das Unbekannte und für spannende Kontraste, ob fest oder fließend, beweglich oder statisch, perfekt oder imperfekt, der Wechsel von Farben, Oberflächen oder Informationen bilden zusammen das Momentum, das unsere Wahrnehmung triggert und zum Erlebnis wird.

BMW Gina – eine sinnliche Stoffhülle

BMW Gina – ein Kleid fürs Auto

BMW Vision Next 100 – bewegte Geometrie

Wynyard Walk Sydney – Infotainment auf dem Weg

ARCHITEKTUR + MODE + MOBILITÄT

GINA BMW Konzeptstudie, 2008

Transformation – Die Hülle selbst als perfekter Ausdruck von Bewegung

Das GINA Light Visionary Model mit seinem flexiblen Textilbezug hat eine fast nahtlose Außenhaut, die sich über eine bewegliche Unterkonstruktion spannt. Die veränderbare Hülle ermöglicht geschwindigkeitsanpassende Adaptionen. Im Innenraum bietet sie eine flexible Volumenerweiterung des Stauraumes und die Möglichkeit, bestimmte Funktionen nur dann anzuzeigen, wenn sie benötigt werden.

Dieses Gestaltungsprinzip „Minimalflächen" und der Einsatz ungewöhnlicher Materialien finden sich so in der Architektur des Automobils, der Mode entlehnt.

Ein hochelastisches Material – von mir auf der Première Vision in Paris entdeckt und ursprünglich für Badekleidung entwickelt.

Das Material für diesen Zweck einzusetzen, war der revolutionäre Impuls und Startpunkt für einen neuen Kreativprozess und nicht zuletzt für eine neue Designsprache bei BMW.

Es schuf unerwartete Freiheitsgrade in Funktionalität und Gestaltung, aber auch wegweisende Produktions- und Vertriebsstrategien.

ARCHITEKTUR + DYNAMIK

Die Beweglichkeit der Flächen, die Transparenz und neue Formensprache inspirierten das BMW Design Team auch zur

BMW Vision Next 100 Konzeptstudie, 2016

Ausdruck von Dynamik, Veränderbarkeit, Individualität – maßgeschneidert mit intelligenten Materialien und neuen Herstellungsprozessen für ein emotionales, intuitives Erleben einer veränderbaren Geometrie. Inspiration und Zusammenspiel von automobilen Oberflächen und der Architektur der Zeltdächer des Olympiastadions München von Frei Otto erschaffen dynamische, revolutionäre Skulpturen.

VERBINDLICH SCHWEBEND

ASU SkySong Infrastruktur, Arizona State University, Phoenix

FTL Design Engineering Studio NYC, Nic Goldsmith, 2010

FTL entwickelte das ikonische Infrastrukturprojekt, das sich über zwei sich kreuzende Straßen und vier Plätze erstreckt. Die schattigen Plätze sind Herzstück eines neuen Zentrums mit Geschäften und Restaurants unter einer passiv gekühlten Struktur mit Regenwasser-Rückgewinnung. FTLs Tensegrity-Träger ermöglichen die Gestaltung des Schattenelements, um die umgebenden Gebäude zu vereinen, ohne sich mit ihnen zu verbinden, und lassen eine schwebend dynamische Architektur entstehen.

MOBILE ARCHITEKTUR

Crashtest Volvo Cars Safety Centre, Göteborg, 2000

Die dynamische Formveränderung der Architektur ist hier die Antwort auf die Anforderungen an die technischen Bedürfnisse. Das Gebäude ist so konzipiert, dass ein Teil auf Luftkissen gelagert und auf einer Kreisbahn um 90° zum übrigen Gebäude frei beweglich ist. Dadurch können unterschiedliche Aufprallwinkel von Fahrzeugen für Crashtests simuliert werden. In der Weiterentwicklung dieser Idee könnten ganze Gebäude, von einem Luftkissen getragen, von ihrem stationären Ort wegbewegt werden – aus der Immobilie würde eine Mobilie.

ON THE MOVE – INFOTAINMENT

Wynyard Walk Studio, Sydney

Woods Bagot Architects für Transport New South Wales, 2016

Der Wynyard Walk ist ein 9 m breiter, 180 m langer Fußgängertunnel, der den Bahnhof Wynyard mit Barangaroo in Sydney Harbour verbindet. Die mehrfach preisgekrönte Fußgängerverbindung lässt mit sechs integrierten, großflächigen Bildschirmen mit digitaler Bildkunst den Weg der Fußgänger zu einem besonderen Erlebnis werden. Das Designkonzept basiert auf der Idee vom Flow als Metapher für den steten Fluss der Fußgänger, inspiriert von der Natur und der Geologie der Region mit ihrer Landschaft aus tiefen Klippen, Schluchten, Stränden und Flussmündungen. Dieser ebenso kreative wie funktionale Raum verbindet Kunst, Kultur und Technologie zu einer Reihe von visuellen Erlebnissen.

GRDXKN – angewandter Strukturdruck

NEUE MATERIALEFFEKTE
GRDXKN
Bastian Müller, Industriedesigner, 2017
Diese neue Textildrucktechnologie erlaubt zweidimensionalen Farben, dreidimensional zu werden. Textilien, die mit dieser technischen Farbe verstärkt werden, sind gleichzeitig leicht und robust, flexibel und abriebfest. Die ehemals rein dekorative Farbe wird hier zu einer funktionalen, plastischen Struktur transformiert.

ÄSTHETISCHE VERÄNDERUNG
VAPOUR Light
von Studio Thier&vanDaalen, 2016
Die Faszination für die Bewegung von Strukturen in der Natur und den Kontrast zwischen geometrischen und organischen Formen inspirierte diese Lichtskulptur. Indem die flexible Außenhaut aus Nylongewebe verdreht oder gezogen wird, können die unterschiedlichsten Formen entstehen, Farben und Lichtintensität variieren nach Wunsch.

3D-DRUCK – AUXETISCHES MATERIAL
Eric Esser, Produktdesigner M. A., 2017
AuxTex ist das Zusammenspiel einer auxetischen Struktur mit flexiblem, gummiartigem TPE-Kunststoff. Durch diese Synthese aus Geometrie und Material ist das Textil sehr leicht, geschmeidig fließend, luftdurchlässig, belastbar und in der Lage, auf Zug um das Doppelte seiner Fläche zu expandieren. Bei Dehnung wird Material normalerweise länger und dünner – auxetisches Material dagegen wird bei Zug länger und dicker. Die Einsatzmöglichkeiten sind vielseitig: vom reinen Textil für den Modebereich, in der Medizintechnik als Teil einer Orthese, im Automobilbereich als Schutz oder Knautschzone bis hin zu statischen Zwecken in der Architektur.

INTELLIGENTE MATERIALIEN
Jacquard – Smart Wearables
Google ATAP Team, 2014 – 2017
Die Entwicklung leitfähiger Garne und Stoffe ermöglicht die Integration funktionsfähiger Bedienelemente in Kleidung. Konnektivität und Interaktivität werden buchstäblich verwoben in unsere Alltagsdinge. Elektronik bildet hier eine Brücke von der physikalischen zur digitalen Welt für On-the-Move-Anwendungen wie Kommunizieren, Navigieren und Musikhören. Kleidung versteht verschiedene Berührungsgesten, aktiviert digitale Dienste oder reagiert mit Licht und haptischem Feedback. Realität ist das bereits in einer Levi's Jeans – von hier zur Anwendung in der Innenarchitektur ist es nur ein kleiner Schritt.

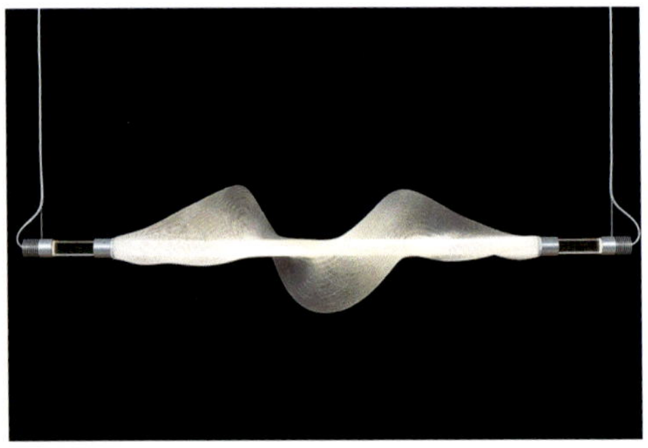

Vapour – Licht- und Formspiel

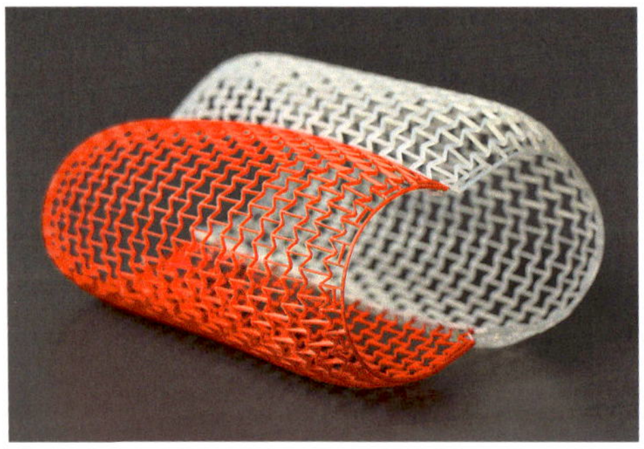

AuxTex – auxetischer 3D-Druck

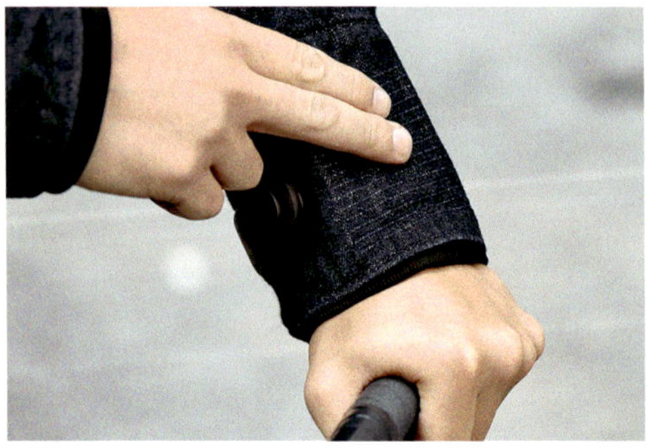

Jacquard Smart – sensibler Stoff

Selbstwachsender Stuhl – Bio-Tiful

Haus der Zukunft Berlin – Bio-Tektur

NEW MINDSET – ALTE MATERIALIEN UND NEUE DENKANSÄTZE – BIO-TIFUL
Plant yourself a chair
Studio Werner Aisslinger, 2012

Do it Yourself by Nature – eine einfache wie radikale Produktionsutopie. Schnellwachsender Bambus wird in einem Stuhl-Stahlkorsett zu einem selbstwachsenden Stuhl – eine neue Art, die Produktion im Möbeldesign von einer globalisierten Serienfertigung zu einer ressourcenschonenden, lokalen Produktion umzukehren.

SOLI – SENSORIK UND FEINSTE GESTENERKENNUNG DURCH RADAR
Google ATAP Team, 2015
Bedienarten wie Drücken, Drehen, Schieben werden zukünftig durch Soli ohne das Vorhandensein einer Mechanik ermöglicht – Soli macht den Touchscreen überflüssig. Diese Art der intuitiven Bedienung kommt auch analog denkenden Menschen sehr entgegen.

FASZINATION ZUKUNFT
Living Plant Constructions
Haus der Zukunft Berlin, Dr.-Ing. F. Ludwig/ D. Schönle, 2012
Baubotanische Strukturen bilden lebende, sich verändernde Fassaden und sind integraler Bestandteil dieses klimatischen Gebäudekonzepts im Außen- und Innenraum. Im Wechsel der Jahreszeiten – schattenspendend im Sommer, Farbspiel im Herbst, transparent im Frühjahr und licht im Winter – zeigen sich neben ästhetischen auch die ökologischen Vorzüge. Die Konstruktion besteht aus mehreren Bäumen, deren Geäst sich ineinander verflicht und zu einem Gesamtorganismus verwächst. Seine Stabilität nimmt zu, die Grundgeometrie bleibt erhalten.

Die verschiedenen Entwicklungen, Denkansätze und Strategien zeigen, dass die auf uns zukommenden Veränderungen und Erfindungen faszinierend, aber auch herausfordernd sind. Der holistische Blick darauf lässt innovative Möglichkeiten erahnen, wenn sich die einzelnen Aspekte kreuzen, verbinden und stärken.
Das Denken einer flexiblen Außenhaut für Fahrzeuge, die Idee, einen Stuhl oder eine Fassade sich selbst wachsen zu lassen oder mit Gesten in der Luft komplexe Maschinen zu steuern, zeigen, dass oft nur die Limitierung unserer Fantasie die Grenze für weitere Entwicklungen darstellt.
Die anstehenden emotionalen, sozialen und technischen Fragen beschäftigen sich mit Weiterentwicklung, Veränderung und Dynamik.
Wohin also entwickelt sich Materialität zukünftig?
Welche Prozesse machen Undenkbares denkbar?
Welche neuen Perspektiven gilt es zu erobern?
Und wie lässt sich Zukunft weiterdenken und aus Visionen eine für alle positive Realität entwickeln?

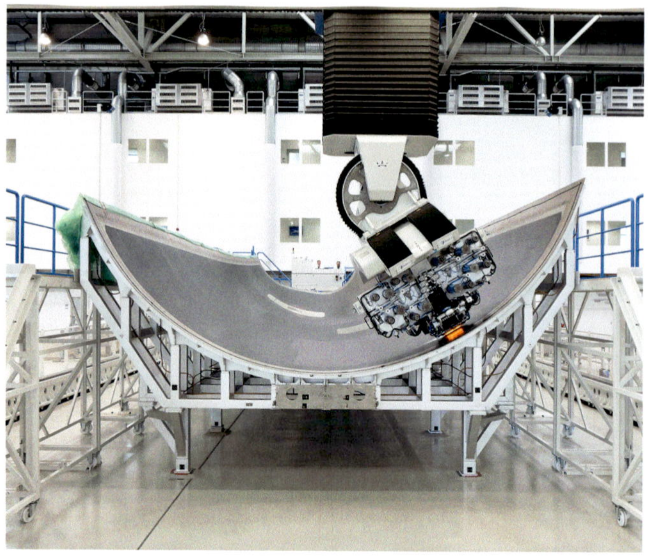

Automatisierte Herstellung einer A350-Seitenschale bei Premium Aerotec im Automated Fiber Placement

■ 1.2 CFK-Strukturen: Verwendung in der Luftfahrt – Anwendung in der Architektur

Carsten Schmidt

Im Flugzeugbau werden Faserverbundstrukturen, insbesondere auf kohlenstofffaserverstärkten Kunststoffen (CFK) basierte, in weiten Teilen in der Primär- und Sekundärstruktur angewendet. Prominenteste Beispiele hierfür sind der Airbus A350 XWB und der Boeing 787 Dreamliner. Die Hälfte ihres Strukturgewichts besteht aus dem faserverstärkten Material. Dazu zählen tragende Teile wie Flügel- und Rumpfschalen, aber auch die Leitwerke.

Grund für die Beliebtheit der CFK-Strukturen bei den Flugzeugentwicklern sind die ausgezeichnete gewichtsspezifische Festigkeit und Steifigkeit. Der Verbund aus Kunststoffmatrix und Verstärkungsfasern erlaubt über die Wechselwirkung von Adhäsion und Kohäsion eine Kraftübertragung untereinander. Aufgrund der Variabilität der Fasern (HAT, UHM, HM), der Faserorientierung innerhalb der Struktur (isotrop und anisotrop, d. h. richtungsabhängig und richtungsunabhängig) und der Matrixwerkstoffe (z. B. Thermoplast, Duroplaste) lassen sich die Eigenschaften von CFK-Strukturen in einem weiten Bereich einstellen. Möglich wird dies durch den schichtweisen generativen Aufbau der Strukturen, der im Flugzeugbau überwiegend in hochautomatisierten Produktionssystemen ausgeführt wird.

Hybride Materialkonzepte

Neben den reinen CFK-Strukturen existieren auch Lösungen, die die Vorteile von faserverstärkten und metallischen Strukturen vereinen. Ein Beispiel für diese Hybridverbunde sind Faser-Metall-Laminate. So wird beispielsweise der Rumpf des Airbus A380 teilweise aus mehrfach geschichteten Glasfaser-Aluminium-Lagen gebaut. Durch den zusätzlichen Schritt der Hybridisierung besitzt diese Struktur ausgezeichnete Eigenschaften bezüglich Schadenstoleranz und Feuerwiderstand, wodurch die Bauteilzuverlässigkeit noch einmal steigt.

Lokal angewendet, verbessern hybridisierte Strukturbereiche auch die Fähigkeit von Hochleistungs-Faserverbunden, große Lasten aus angrenzenden Strukturen aufzunehmen. Dabei lassen sich die einzelnen dünnen Metalllagen der sogenannten intrinsischen Hybridverbunde in Form und Material individuell auslegen, in Abhängigkeit von der zu erwartenden Beanspruchung und auch bezüglich eines gewünschten Schadenverhaltens. Das Schadenverhalten kann anstelle der Metallschichten auch mittels Elastomerschichten, die die Schlagzähigkeit von CFK-Strukturen steigern, verbessert werden. Zudem eignen sich Elastomerschichten als passive Dämpfung in Faserverbundstrukturen zur Reduktion der Schallabstrahlung.

Anwendungen in der Architektur

In der Architektur ist die Verbreitung von kohlenstofffaserverstärkten Kunststoffstrukturen aufgrund der hohen Materialkosten noch sehr eingeschränkt.

GFK

Glasfaserverstärkte Kunststoffe jedoch sind bereits vielfach in Anwendung, z. B. für großflächige Fassadenelemente an Gebäudefronten. Ein berühmtes Beispiel sind die großen „Stimmgabeln" an der Elbphilharmonie. Die sphärisch gebogenen Fassadenelemente bestehen aus einem Verbund von GFK-Stimmgabel und dreidimensional gebogener Glasscheibe. Sie sind bis zu 5 m hoch und bekleiden 16000 m² der Gebäudefassade.[1]

Ein weiterer Vorteil des Verbundes von Glas und glasfaserverstärktem Kunststoff sind die weitgehend selbsttragenden Eigenschaften mit hoher Festigkeit und Steifigkeit. So erlaubt das Verbundsystem großflächige Verglasungen mit kaum sichtbaren Rahmenkonstruktionen. Diese weisen dann durch den Einsatz der Glasfasern das gleiche Wärmeausdehnungsverhalten auf wie die Glasscheibe. Diese transluzenten Fassadenelemente erzeugen durch Lichtstreuung ein lebendiges Fassadenbild und liefern zudem durch ihren niedrigen Energiebedarf für Heizung und Beleuchtung einen wesentlichen Beitrag zur Energiebilanz von Gebäuden.

CFK

Weitaus weniger Lösungen sind gegenwärtig auf Basis kohlenstofffaserverstärkter Strukturen auszumachen. Die meisten von ihnen haben konzeptionellen Charakter oder stehen in Verbindung mit zukunftsweisender Architektur.

Ein Beispiel für einen technisch notwendigen Einsatz einer Kohlenstofffaserverstärkung zeigt Apples Steve-Jobs-Theater im Silicon Valley.[2] Die weltweit größte selbsttragende Carbon-Dachkonstruktion überspannt eine Fläche von 1734 m² bei einem Durchmesser von 47 m. Die 44 insgesamt nur 80 t schweren Dachsegmente scheinen dabei auf der tragenden Gebäudehülle aus Glas zu schweben.

Neuartige, der Natur nachempfundene Herstellungsverfahren von Faserverbundstrukturen haben scha-

CFK-Rumpfschale des Airbus A350

lungslose Bauten ermöglicht.[3] Als Vorbild für die Architektur des Forschungspavillons ICD/ITKE in Stuttgart diente die Deckflügelschale (Elytron) flugfähiger Käfer.[4] Das Bauwerk aus Kohlenstoff- und Glasfasersegmenten zeigt deutlich, wie durch interdisziplinäres Wirken von Architekten, Bauingenieuren und Produktionstechnikern völlig neuartige Struktur- und Produktionskonzepte entstehen können, die über ein möglichst werkstoffgerechtes Vorgehen zu sehr effizienten Faserverbund-Bauten führen können.

Formänderungen – Inspirationen aus dem Flugzeugbau

Hybride Materialkonzepte aus steifen, faserverstärkten duromeren und flexiblen elastomeren Bauteilzonen befähigen zu aktiven Formänderungen und ermöglichen damit sich bewegende Strukturen. Ein Beispiel hierfür sind formveränderliche Flügelstrukturen („morphing aerofoil") wie die formvariable Flügelvorderkante.[5] Hier erlauben die schubweichen elastomeren Zwischenschichten durch Verringerung elastischer Rückstellkräfte größere Verformungsgrade.

Gesteuerte Formänderung

Über in den Flügel integrierte Aktoren, beispielsweise elektrisch angetriebene Hebel oder in die Struktur integrierte Piezofolien, wird das Flügelprofil in Abhängigkeit verschiedener Flugphasen besser an die aerodynamischen Anforderungen angepasst. Die geschlossene Flügeloberfläche verbessert die Aerodynamik und verringert die Lärmemission im Flug. Von der Natur inspiriert, finden sich pneumatische Stellmechanismen wie die von der Venusfliegenfalle (*Dionaea muscipula*) inspirierte Flügelhinterkante.[6] Analog zu einer durch Druckänderung in den Blattzellen erfolgenden Schließung der Fangblätter der Pflanze verformen sich die mit unterschiedlichen Drücken beaufschlagten Kunststoffzellen der Landeklappe. Bei langsamer Fluggeschwindigkeit kann die Klappe auf diese Weise die Wölbung der Tragfläche vergrößern, somit den Auftriebsbeiwert erhöhen und dadurch den Geschwindigkeitsverlust kompensieren.

Da die gesamte Kontur einer Tragfläche Einfluss auf die Luftkräfte nimmt, gibt es formveränderliche Strukturkonzepte für den gesamten Flügelquerschnitt. Angelehnt an ein Fischgrätenmuster, kann sich die Flügelstruktur entlang der „Wirbelsäule" verformen.[7] Hierfür verantwortlich ist ein Sehnenpaar, das oberhalb und unterhalb der „Wirbelsäule" verläuft und durch Zug einer der Sehnen eine Auf- oder Abwärtsbewegung der Struktur bewirkt. Durch die Erhöhung der Anzahl eingesetzter Aktoren lassen sich noch individuellere Flügelquerschnitte erzeugen. Mit fünf Freiheitsgraden ausgestattet ist z. B. eine formveränderliche Tragfläche mit integrierten Ultraschall-Piezomotoren.[8] Diese bewegen sich auf einer nachgiebigen Traverse und verschieben dadurch die Krafteinleitungspunkte der inneren Tragstruktur, mit der Folge, dass sich die äußere Hülle des Flügels verformt.

Eine Sonderform stellen bistabile Formänderungsmechanismen dar.[9] Grundlage hierfür ist ein unsymmetrisch ausgelegter Lagenaufbau innerhalb der CFK-Struktur. Dieser führt beim Aushärten zu Verzugsdeformationen aufgrund von Eigenspannungen. Es entstehen zwei oder mehrere Verformungszustände, die die innere Spannung ausgleichen. Gegenüber konventionellen Stellgliedern ist dabei von Vorteil, dass keine kontinuierliche Energieversorgung zur Aufrechterhaltung der Deformation erforderlich ist.

Pultrudierte Lay Light Profile von Fiberline kamen zum Einsatz beim Serpentine Pavilion 2016, BIG (Bjarke Ingels Group), Kensington Gardens, London.

Der reversible Wechsel zwischen den Gleichgewichtszuständen erfolgt beispielsweise über piezokeramische Aktoren.

Situative Formänderung

Neben der aktiven, gesteuerten Verformung gibt es auch Strukturlösungen, die sich selbsttätig an ihre Umgebungsbedingungen durch Formveränderung anpassen können.[10] Diese werden unter anderem eingesetzt, um eine passive Entlastung der Tragflächen unter aerodynamischen Lasten zu bewirken. Zu diesem Zweck bilden zelluläre Strukturen im Kern des Flügels einen inhärenten Mechanismus. Dieser besitzt eine einstellbare Steifigkeit und Flexibilität, die von den eingesetzten Materialien, aber auch von der Geometrie und der Anordnung der Zellen abhängig sind. Infolge der Strukturbelastung, die aus der Fluid-Struktur-Interaktion resultiert, verformt sich der Flügel gezielt und ermöglicht so die Entlastung der Struktur durch Formänderung.

Vorschläge für die Architektur

Forschungsarbeiten im Bereich des Flugzeugbaus zeigen vielversprechende Ansätze, die sich auch in der Architektur anwenden ließen. So könnten formändernde Fassadenelemente als Verschattungssysteme dazu beitragen, den Lichteinfall in Abhängigkeit des Lichtbedarfs zu regulieren. Alternativ wären Fassadenelemente zur Energieerzeugung denkbar, die integrierte Photovoltaik-Module in Abhängigkeit des Sonnenlichts optimal ausrichten. Gebäudefassaden könnten aber auch über Strukturen nach dem Vorbild von Fischkiemen verfügen, deren formveränderliche Öffnungen ein passives Belüftungssystem darstellen, das sich dem Gebäudeklima und den Windbedingungen autonom anpasst. Ein Beispiel hierzu gibt der One Ocean Pavilion der EXPO 2012 in Südkorea.[11] Seine kinetische Fassade verfügt über 108 zwischen 3 m und 13 m hohe Lamellen aus GFK. Die durch Biegung verursachte Formänderung dient der Belüftung und dem Sonnenschutz und sie reguliert durch ihre fließende Bewegung gleichzeitig den Lichtbedarf im Gebäude.

Beispiele wie dieses nutzen die spezifischen, mit Hilfe des Herstellungsverfahrens beeinflussbaren mechanischen Eigenschaften von Faserverbundstrukturen auf optimale Weise. Somit sind von der Natur inspirierte, zukunftsweisende Bauten ein Zusammenspiel von Architekten, Bauingenieuren und Produktionstechnikern, funktionsintegrierten Elementen und neuen Materialien sowie Mut, sich gemeinsam über die Grenzen des bisher Möglichen hinwegzusetzen.

1 Mack, G., *Herzog & de Meuron – Elbphilharmonie Hamburg*, Basel, 2018, S. 194.
2 Foster + Partners, https://www.fosterandpartners.com/projects/steve-jobs-theater/#construction, aufgerufen am 07.06.2018.
3 Centgraf, S., „Schalungslose Faserverbundwerkstoffe. Forschungspavillon ICD/ITKE, Stuttgart", *DBZ*, Jg. 62, Nr. 7, 2014, S. 50–55.
4 Ebd.
5 Rudenko, A.; Hannig, A.; Monner, H. P.; Horst, P., „Extremely deformable morphing leading edge: Optimization, design and structural testing", *Journal of Intelligent Material Systems and Structures*, Band 29, Nr. 5, 2018, S. 764–773.
6 Gramüller, B., *On Pressure-Actuated Cellular Structures*, Dissertation, Technische Universität Carolo-Wilhelmina zu Braunschweig, 2016.
7 Shaw, A. D.; Dayyani, I.; Friswell, M. I., „Optimisation of composite corrugated skins for buckling in morphing aircraft", *Composite Structures*, Band 119, 2015, S. 227–237.
8 Wu, R.; Soutis, C.; Zhong, S.; Filippone, A., „A morphing aerofoil with highly controllable aerodynamic performance", *The Aeronautical Journal*, 121 (1235), 2017, S. 54–72.
9 Bilgen, O.; Arrieta, A.; Friswell, M.; Hagedorn, P., „Dynamic control of a bistable wing under aerodynamic loading", *Smart Materials and Structures*, Band 22, Nr. 2, 2013.
10 Heo, H.; Ju, J.; Kim, D.-M., „Compliant cellular structures: Application to a passive morphing airfoil", *Composite Structures*, Band 106, 2013, S. 560–569.
11 Marboe, I., „Biomimetischer Wellenschlag. Themenpavillon EXPO 2012, Yeosu/KR", *DBZ*, Jg. 60, Nr. 9, 2012, S. 32–39.

Flugzeugflügel passen sich über adaptive Formänderung an unterschiedliche Phasen im Flug und damit verbundene aerodynamische Anforderungen an (v. o. n. u.): über Seilzüge,[7] pneumatische Stellmechanismen,[6] Ultraschall-Piezomotoren[8] und über elektromechanische Stellantriebe[5].

Slow Furl Installation: Textilmembran auf Holzskelett als interaktives Raumelement, entwickelt von Mette Ramsgard Thomsen, Karin Bech und Sofie Aandahl, CITA, Royal Danish Academy of Fine Arts, 2008

■ 1.3 Textil in Bewegung

Sara Nester, Shankar K. Jha

Flexibilität, Leichtigkeit und Anpassungsfähigkeit: Diese Charakteristiken sind die Gründe, aus denen wir Textil tagtäglich als zweite Haut an unserem Körper tragen. Der Körper verändert sich permanent und formt neue Geometrien, an die sich das Textil aufgrund seiner besonderen Eigenschaften hinsichtlich Fallvermögen und Drapierbarkeit anpassen kann. Textil schafft es, trotz anderer Funktionen wie Schutz und Isolation die Bewegungsfreiheit des Körpers kaum einzuschränken. Die natürliche Symbiose zwischen Trägerkonstrukt und Textil scheint im ersten Moment trivial, rechtfertigt es jedoch, Textilien auch für andere dynamische Problemstellungen in Erwägung zu ziehen. Um das Potenzial bei der Konstruktion beweglicher Architekturkomponenten besser greifen zu können, werden nachfolgend zunächst etablierte Anwendungen vorgestellt, anschließend wird diskutiert, welche Eigenschaften und Innovationen das Textil für den Einsatz in der Architektur qualifizieren. Hieraus kann wiederum das Potenzial für den Einsatz bei beweglichen Architekturkomponenten abgeleitet werden.

Textil und Raum

Textil im Raum dient als gestaltendes Element, welches durch Struktur und Form den Komfort verbessert. Ebenso werden Textilien im Raum als abgrenzendes Element genutzt, als vertikaler Raumabschluss, der flexibel und leicht zu bewegen ist: Es wird eine räumliche Abgrenzung, eine Art Raum im Raum geschaffen, ohne die Endgültigkeit einer geschlossenen Tür zu vermitteln.

Doch Textilien können nicht nur im Raum abgrenzend wirken, sondern auch selbst zum raumbildenden Element werden. Im Zeltbau werden sie als flächige Füllelemente eingesetzt, um den Innen- vom Außenbereich zu trennen und temporäre Räume zu schaffen. Dabei wird das Textil über pneumatische oder mechanische Trägerstrukturen auf Zug belastet und zu einem tragenden Baustoff versteift. Diese Bauweise ist im Vergleich zum Massivbau simpel im Aufbau und weist ein reduziertes Gewicht auf; auch Konstruktionen mit großen Spannweiten sind leicht zu transportieren und schnell aufzubauen. Beispiele für derartige dynamische Konstruktionen reichen vom Zweimannzelt bis hin zu textilen Fassaden- oder Dachstrukturen. Auch als Verbundwerkstoff wird das Textil zum raumbildenden Element: Eine Textilbewehrung im Beton macht dünnwandige und leichte Bauteile möglich.

Materialqualifikation und Innovation

Die dargestellten Anwendungen sind nur aufgrund der hohen Materialdiversität und Wandelbarkeit des Werkstoffes möglich. Unterschiedliche Fasermaterialien, Verarbeitungstechniken und Nachbehandlungen können miteinander kombiniert werden, um dem Anforderungsprofil der jeweiligen Anwendung zu entsprechen. Das Textil bietet in Struktur und Design unzählige Möglichkeiten. Über Dichte und Verarbeitung des Textils können beispielsweise die Lichtdurchlässigkeit und die Schallabsorption des Elements im Raum individuell eingestellt werden.
Neben sichtbaren und fühlbaren Eigenschaften werden jedoch auch immer mehr unsichtbare Anforderungen erfüllt. Die Pflegeleichtigkeit textiler Strukturen wird durch verschiedene Nachbehandlungstechniken stetig verbessert. Es sind faltenfreie, fleckenresistente, schnelltrocknende oder sogar selbstreinigende Textilien verfügbar. Letzteres basiert auf neuartigen Nanotechnologien an der Werkstoffoberfläche, welche Wasser abperlen lassen. Wenn der Wassertropfen abrollt, nimmt er Schmutzpartikel an der Oberfläche auf, es wird eine Reinigung ohne zusätzlichen mechanischen Aufwand möglich.
Derartige Technologien basieren auf dem hohen Innovationspotenzial des Textils, dessen Entwicklung seit Jahrzehnten in Bewegung bleibt. Neue Faser- und Oberflächenmodifikationen ermöglichen es Textilien inzwischen, auch aggressiven Umweltbelastungen standzuhalten. Die hohen physischen und chemischen Widerstandsfähigkeiten können sich positiv auf die Lebenszeit der Bauelemente auswirken. Vor allem die hohe Zugfestigkeit bei vergleichsweise geringem Flächengewicht macht Textilien zum idealen Werkstoff für stabile, leistungsfähige Leichtbaukonstruktionen.
Textilien bieten zudem eine hohe Kompatibilität zu anderen Werkstoffen, was Verbundmaterialien mit erweiterten Funktionen möglich macht. Garne mit leitenden oder fluoreszierenden Eigenschaften, aber auch elektronische Hardware kann in die Struktur eingebracht werden. Neben beheizten oder beleuchteten Textilien haben sich deshalb Membranen mit integrierten flexiblen Dünnschichtsolarzellen in der Architektur etabliert.

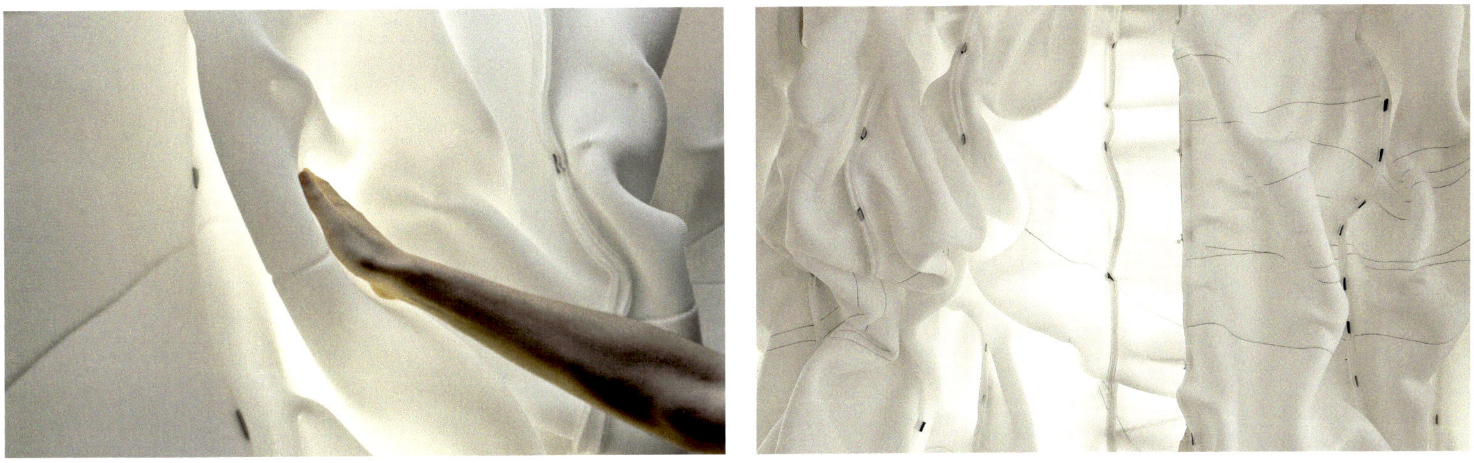

Textil als gestaltendes und sensitives Element im Raum, Slow Furl Installation, Royal Danish Academy of Fine Arts, 2008

Textil in Bewegung

Wie bereits eingangs festgestellt, hat sich das Textil aufgrund der hohen Bewegungsfreiheit, die es gewährt, in der Bekleidung etabliert. Bewegung und somit Änderung der Geometrie bringt Faltenbildung, Dehnung und Reibung mit sich. Das Fallvermögen und die Drapierbarkeit von Textilien, in Verbindung mit ihrer hohen Zugfestigkeit, machen es möglich, diesen mechanischen Belastungen standzuhalten. Die aufgewendete Energie für mechanische Bewegung minimiert sich zudem mit dem zu bewegenden Gewicht: Je leichter die Bekleidung, desto höher der Tragekomfort. Textilien eignen sich aufgrund ihres relativ geringen Flächengewichts für bewegliche Konstruktionen, da sie das zu bewegende Gesamtgewicht und somit auch den Energieaufwand reduzieren. Das Prinzip basiert auf einer Trägerkonstruktion, welche mit der faltbaren Textilmembran überspannt wird. Hier bewegt sich die Trägerkonstruktion aktiv, während das Textil lediglich mitbewegt wird. Beispiele reichen vom Sonnenschirm bis hin zur ausladenden Stadiondachkonstruktion.

Eine interaktive Variante zeigt das Projekt „Slow Furl“ von Mette Ramsgaard Thomsen am Centre for Information Technology and Architecture in Kopenhagen. Es handelt sich hierbei um eine raumgroße, textile Installation, die sich langsam und fließend bewegt. Sensoren an der Textiloberfläche nehmen Bewegungen in der Umgebung wahr. Das Holzskelett der Konstruktion reagiert auf diese Informationen mit langsamen mechanischen Bewegungen, die sich auf die darüberliegende textile Haut übertragen. Es entsteht die Illusion einer fließenden, atmenden Oberfläche.

Interaktive Materialien

Wenn nun im Gegensatz zu diesem Skelett-Membran-Prinzip der Werkstoff Textil selbst zum dynamischen, interaktiven Element wird, ergeben sich neue Möglichkeiten für die Konstruktion beweglicher Komponenten. Ein Ansatz können hier die sogenannten selbstaktivierenden Textilien sein. Diese Materialien basieren auf einer Technologie, die reversible und reproduzierbare Eigenschaftsveränderungen gewährleistet. Sie aktivieren sich selbst über variierende Umwelteinflüsse und führen dadurch spezifische Veränderungen von Form, Farbe oder Lichtdurchlässigkeit herbei.

Ein Beispiel hierfür sind die Shape Memory Materials (SMM). Diese verändern ihre Form bei Variation von Temperatur oder Luftfeuchtigkeit. Bei einer Einflussgröße oberhalb eines Grenzwertes bewegt sich der Werkstoff ohne äußere Krafteinwirkung von einem temporären Zustand in den vorbestimmten Ausgangszustand zurück. Die eigenständige Bewegung macht eine pneumatische oder mechanische Trägerkonstruktion zumindest für die Ausführung der Bewegung überflüssig. Neue Möglichkeiten werden eröffnet, wie etwa der Entwurf einer adaptiven Textilfassade, welche sich je nach Temperatur öffnet und schließt und somit das Klima für dahinterliegende Räume ohne einen zusätzlichen Energieaufwand reguliert.

Die Architektin Doris Sung realisiert derartige Strukturen, basierend auf der Funktionsweise von Thermobimetallen. Hierbei handelt es sich nicht um SMM-Werkstoffe, sondern um einen Verbund aus zwei verschiedenen Metallschichten mit unterschiedlichem Wärmeausdehnungsverhalten. Durch Wärmeeinwirkung lassen sich reproduzierbare Biegungen der Bimetallelemente hervorrufen, welche eine thermoregulierte Fassadenstruktur möglich machen. Aufgrund ihrer vorteiligen Eigenschaften hinsichtlich Lichtlenkung, Gewicht und Flexibilität könnten Textilien aus Shape Memory Polymers (SMP) die Funktionalität der Konstruktionen deutlich verbessern.

Cremers, Jan, „Integration von Photovoltaik in Membrankonstruktionen“, DETAIL Magazin, 2009, https://www.detail.de/artikel/integration-von-photovoltaik-in-membrankonstruktionen-1618/, aufgerufen am 12.04.2018.

Fritz, Susanne, Bau-Stoff: Textile Architektur 1, (Hrsg.) Architonic, 2011, https://www.architonic.com/de/story/susanne-fritz-bau-stoff-textile-architektur-teil-1/7000625, aufgerufen am 12.04.2018.

Grunwald, Gregor, „Mechanisch vorgespannte, doppellagige Membranmodule in ihrer Anwendung als zweite Gebäudehülle“, Dissertation, TU Berlin, 2007.

Hu, Jinlian, *Shape Memory Polymers and Textiles*, Cambridge, UK, 2007.

Koch, Klaus-Michael, „Renaissance im Bauen mit Membranen“, in: Knecht, Petra, *Technische Textilien*, Frankfurt am Main, 2006.

Krüger, Sylvie, „Textile Architektur – damals und heute“, *Modulor Magazin*, Nr. 3, 2011.

Mattila, H. R. (Hrsg.), *Intelligent textiles and clothing*, Cambridge, UK, 2006.

Motro, René (Hrsg.), *Flexible Verbundmaterialien in Architektur, Bauwesen und Innenarchitektur*, Basel, 2013.

Meyer-Storck, Sebastian, „Forschungsaufgabe technische Textilien“, in: Knecht, Petra, *Technische Textilien*. Frankfurt am Main, 2006.

Mustafina, Diana (2017), „Doris Sung: The Art of Architecture Inspired by Biology“, in: Yonah Fund, http://yonah.org/channel/doris-sung-art-architecture, aufgerufen am 18.12.2018.

Pohl, Goeran (Hrsg.), *Textiles, polymers and composites for buildings*, Cambridge, UK, 2010.

Ramsgaard Thomsen, Mette, „Textile Logics in a Moving Architecture“, Transitive Materials Workshop, Royal Danish Academy of Fine Arts, 2009.

Roye, Andreas u. a., „Textilbewehrter Beton“, in: Knecht, Petra *Technische Textilien*. Frankfurt am Main, 2006.

Griffith Winton, Alexa; Schneidermann, Deborah (Hrsg.), *Textile Technology and Design: From Interior Space to Outer Space*, London, 2016.

Sobek, Werner; Speth, Martin, „Von der Faser zum Gewebe, Textile Werkstoffe im Bauwesen“, *Deutsche Bauzeitung* Jg. 127, Nr. 9, 1993, S. 74–81.

Sobek, Werner, „Wandelbare Überdachungen aus textilen Werkstoffen“, Konferenzbeitrag, Internationales Techtextil-Symposium 1993. 4.2: Textiles Bauen, neue Textilarchitektur, Frankfurt, 1993. S. 1–6.

Xu, Han, „Clothing and Architecture: more in common“, ohne Ort, 2004.

Die *Strelizia reginae* diente als biologisches Vorbild für den flectofin®.

■ 1.4 Bioinspirierte Elastizität

Jan Knippers, Axel Körner

Adaptive und bewegliche Gebäudehüllen werden meist aus steifen Bauteilen oder aber flexiblen Textilien mit Hilfe von Scharnieren, Rollen usw. realisiert. Diese mechanisch komplexen Systeme basieren in der Regel auf linearen Verschiebungs- oder Rotationsachsen, was zu geometrischen Einschränkungen im Entwurf führt. Zudem können Verschattungssysteme dieser Art unter harschen Witterungsbedingungen nur innenliegend verbaut werden.

Im Gegensatz dazu offenbart ein Blick in die Natur zahlreiche Bewegungsmechanismen, die auf elastischer Biegung faserartiger Materialien beruhen und zudem überaus robust sind. Diese biegsamen Mechanismen („Compliant Mechanisms") bieten das Potenzial, die mechanische Komplexität von beweglichen Bauteilen zu reduzieren und dabei gleichzeitig eine Vielzahl von komplexen und effizienten Bewegungsprinzipien zu ermöglichen, die für die Anwendung für komplexe architektonische Formen besser geeignet erscheinen.

Abgesehen von technischen Vorteilen, bieten elastische Mechanismen interessante Gestaltungsmöglichkeiten. Während sich in vielen technischen Anwendungen meist starre Körper gegeneinander verschieben oder rotieren, führt in biegsamen Mechanismen ein oft relativ kleiner Aktuierungsimpuls zu komplexen dreidimensionalen Verformungen, die für den Betrachter plausibel, wenn auch weniger konkret ablesbar sind als bei Mechanismen, die auf klassischen Gelenken beruhen. In der Biologie basieren diese Bewegungsmuster auf lokalen Adaptierungen von Materialeigenschaften, durch welche zugleich hohe Spannungskonzentrationen vermieden werden.[1]

Abstraktionsprinzip und Methodik

Für die Entwicklung erster prototypischer bionischer Mechanismen wurde am Institut für Tragkonstruktionen und Konstruktives Entwerfen (ITKE) der Universität Stuttgart eine Methodik entwickelt, um entsprechende biologische Eigenschaften zu abstrahieren und in architektonisch relevante technische Anwendungen zu übertragen. Basierend auf kinematischen und kinetischen Modellen, werden geometrische und physikalische Parameter von Einflüssen auf die Bewegungsprinzipien identifiziert und klassifiziert. Als günstig identifizierte Material- und Geometrieeigenschaften werden dann in physischen Prototypen getestet. Einzelne oder Kombinationen unterschiedlicher bio-inspirierter Bewegungsmechanismen können schließlich in die Anwendung übertragen werden.[2]

Flectofin®

Der Flectofin® war eines der ersten am itke entwickelten bionischen Verschattungselemente, die auf elastischen Verformungen basieren. Als biologischer Ideengeber diente die Paradiesvogelblume (*Strelitzia reginae*). Landet ein Vogel auf der Blütenstange, so führt dies zu einem seitlichen Aufklappen der an der Stange anschließenden Blütenblätter. Der Pollen wird freigelegt und haftet am Vogel, der diesen nun zur nächsten Blume trägt. Das für die technische Anwendung relevante Bewegungsprinzip kann also vereinfacht als ein Stab dargestellt werden, an dem eine dünne Lamelle angebracht ist. Verbiegt sich der Stab, klappt die Lamelle zur Seite – ein Phänomen, das in der traditionellen Baustatik als Biegedrillknickversagen bekannt ist und unter allen Umständen zu vermeiden gesucht wird. Im biologischen Vorbild wird dieses vermeintliche Versagen jedoch genutzt, um mit einer kleinen Kraft eine große Verformung zu aktuieren. Es kann verschleißfrei mehrere tausend Mal wiederholt werden. Für die Entwicklung des Fassadenelements Flectofin® wurde dieses Prinzip dann auf einen architektonisch relevanten Maßstab skaliert und aus glasfaserverstärktem Kunststoff (GFK) konstruiert. Eine Kraft führt zu einer relativ geringen Biegeverformung eines steifen, stabförmigen Elementes und dies löst, wie in der Blume, eine seitliche Klappbewegung aus.[3]

One Ocean Pavilion

Die Analyse von natürlichen Bewegungen auf der Grundlage elastischer Verformungen führte auch zur Entwicklung der kinetischen Fassade des von soma architecture entworfenen One Ocean Pavilion auf der EXPO 2012 in Yeosu, Südkorea. Die Fassade besteht aus 108 zwischen 3 m und 13 m hohen Lamellen aus GFK. Durch lineare Aktuatoren wird am oberen und unteren Ende der Lamellen eine einseitige Druckbeanspruchung aufgebracht, die zu einer elastischen Verformung in den Lamellen führt – die Fassade öffnet und schließt sich. Jede der Lamellen kann individuell angesteuert werden, nicht nur, um die Lichtbedingungen im Innenraum zu steuern, sondern auch, um die Fassade mit choreographischen Bewegungsmustern in Szene zu setzen.[4]

Flectofold

Der Materialaufbau im Flectofin® führt zu vergleichbar hohen Spannungen am Übergang von Stab zu Lamelle und erfordert daher hohe Aktuierungskräfte. Um dies zu umgehen, wurde für die Entwicklung des Flectofolds nach biologischen Vorbildern gesucht, die auf diskreten elastischen Gelenkzonen basieren. Das Wasserrad (*Aldrovanda vesiculosa*), eine aquatische fleischfressende Pflanze, verfügt über ca. 5 mm große Schnappfallen, die aus zwei gekrümmten Schalenhälften bestehen. Diese werden über gekrümmte Falten von verringerter Materialstärke an eine Mittelrippe angeschlossen. Wird von einem Beutetier durch Berührung eine Krümmung der Mittelrippe aktuiert, führt diese vergleichsweise leichte Krümmungsänderung zu einer beschleunigten Faltbewegung in den Klappen, die sich dadurch schließen.
Das zugrundeliegende Bewegungsprinzip kann in ein „curved-line folding"-Modell (d. h. das Falten entlang einer Kurve) abstrahiert werden, bei dem zwei Klappen mit erhöhter Steifigkeit über lokale Gelenkzonen mit geringerer Biegesteifigkeit mit einer wiederum versteiften linsenförmigen Mittelrippe verbunden sind.[5] Während des Faltprozesses werden die beiden Klappen entlang der gekrümmten Faltlinie gebogen. Eine relativ geringe Biegekrümmung in der Mittelrippe führt so zu einer verstärkten Faltbewegung der über die Gelenkzone verbundenen Klappen. Das Prinzip der Faltung dient hier somit der Bewegungsamplifizierung.
Um die integrierten Gelenkzonen des Flectofolds zu realisieren und die hohe Anzahl an Biegewechseln ohne Schaden zu überstehen, wurden neben den Glasfasermatten auch Elastomerfolien eingebracht. Die Biegeaktuierung erfolgt über ein pneumatisches Kissen mit einem Luftdruck von lediglich 0,3 bar, das zwischen der linsenförmigen Mittelrippe und einer Unterkonstruktion angebracht ist.[6]
Für die Ausstellung „Baubionik – Biologie beflügelt Architektur" im Museum für Naturkunde Stuttgart wurde ein exemplarischer Fassadenausschnitt realisiert, der eine mögliche Anwendung des Flectofolds auf gekrümmten Flächen im architektonischen Kontext demonstriert. Hierfür wurde ein hyperbolisches Paraboloid mit 36 Flectofolds belegt, die aktiv und individuell von einer web-basierten Benutzeroberfläche angesteuert und mit Hilfe von Proportional-Druckventilen und pneumatischen Kissen aktuiert werden können.

Fazit

Die Entwicklung bio-inspirierter Verschattungssysteme veranschaulicht das Potenzial von bionischer Grundlagenforschung für die Entwicklung neuartiger technischer Anwendungen, die sich nicht nur positiv auf quantifizierbare Aspekte wie die Kontrolle der Sonneneinstrahlung auswirken, sondern auch neue Möglichkeiten für die Gestaltung von komplexen Bewegungen und deren Choreographie eröffnen.

1 Lienhard, J.; Schleicher, S.; Poppinga, S.; Masselter, T.; Milwich, M.; Speck, T.; Knippers, J., „Flectofin – a hingeless flapping mechanism inspired by nature", *Bioinspiration & Biomimetics*, Band 6, Nr. 4, 2011; Knippers, J.; Speck, T., „Design and construction principles in nature and architecture", *Bioinspiration & Biomimetics*, Band 7, Nr. 1, 2012; Poppinga S.; Körner, A.; Sachse, R.; Born, L.; Westermeier, A. S.; Knippers, J.; Bischoff, M.; Gresser, G. T.; Speck, T., „Compliant mechanisms in plants and architecture", in: Knippers, J.; Nickel, K.; Speck, T. (Hrsg.), *Biomimetic Research for Architecture and Building Construction*, Cham, Switzerland, 2016, S. 169 – 193; Körner, A.; Born, L.; Mader, A.; Sachse, R.; Saffarian, S.; Westermeier, A. S.; Poppinga, S.; Bischoff, M.; Gresser, G. T.; Milwich, M.; Speck, T.; Knippers, J., „Flectofold – A biomimetic compliant shading device for complex free form facades", *Smart Materials and Structures*, Band 27, Nr. 1, 2018.
2 Schleicher, S., „Bio-inspired compliant mechanisms for architectural design – Transferring bending and folding principles of plant leaves to flexible kinetic structures", Dissertation, Universität Stuttgart, 2016.
3 Lienhard u. a., 2011, op. cit.
4 Knippers u. a., 2013, op. cit.
5 Schleicher, 2016, op. cit.
6 Körner u. a., 2018, op. cit.

Flectofold-Großdemonstrator für die Sonderausstellung „Baubionik: Biologie beflügelt Architektur" im Staatlichen Museum für Naturkunde Stuttgart, Schloss Rosenstein

flectofin®-Demonstrator

In Portland, Oregon, errichtete das Architekturbüro agps mit der Aerial Tramway eine Seilbahn als „schwebenden Korridor" zwischen zwei Gebäuden des Universitätsklinikums.

■ 1.5 Urbane Seilbahnen als dynamische Elemente in Stadt und Architektur

Laura Kienbaum

Eine Seilbahnfahrt ist eine in gewissem Sinn entmaterialisierte Form der Fortbewegung. Sie erzeugt ein Gefühl des geräuschlosen, ferngeleiteten Schwebens. Während Seilbahnen bisher vor allem Bergwelten erschlossen haben und für touristische Zwecke genutzt wurden, lassen Geschwindigkeit, Ausblick und eine eher flüchtige, „panoramatische" Wahrnehmung der Umgebung zunehmend auch das alltägliche Bewegen in der Stadt zu einem besonderen Erlebnis werden.

Der sich bewegende und den Passagier während der Fahrt umgebende Raum ist die Kabine, die durch ihre exponierte Position und ihre kontinuierliche Bewegung am Himmel Blickpunkt und Aussichtspunkt zugleich ist. Aber auch die Stationen und Haltestellen sind als Start- und Endpunkte Bestandteil der Erfahrung. Die gesamte Seilbahnanlage prägt das Bild der Stadt, choreographiert Bewegungsströme und kann als Inspiration für neue Ansätze in der Architektur und dynamische Konzepte für die Stadt dienen.

Bewegung entwerfen

Die Architektur einer Seilbahn umfasst Stationen, Masten sowie die sich in Landschaft oder städtischem Raum bewegenden Kabinen. Während die Streckenelemente wie Masten und Kabinen nur selten in den Gestaltungsbereich von Architekten fallen, sind die Stationsbauten durch eine enorme architektonische Vielfalt geprägt. Es existieren sowohl massive als auch filigrane, betont technische als auch betont künstlerische Bauformen. Einmal steht der Ort im Vordergrund, ein andermal die Technik, manche Bauten wirken eher funktional, andere eher expressiv. Um Wirkungszusammenhänge von Architektur und Bewegung zu identifizieren, sollen zunächst typologische Charakteristika und bedeutsame Entwurfsbausteine von Seilbahnstationen dargelegt werden.

Die Anforderungen an und Auswirkungen auf Stationsarchitekturen sind durch technische Elemente wie Antriebs- und Abspanneinrichtungen, weiterhin die sogenannten Stationseinrichtungen und schließlich funktionale Elemente wie Bahnsteige, Zu- und Abgänge oder Kontrollräume bedingt. Sie haben Einfluss auf die Flächen- und Raumbedarfe der Stationen, auf die Wegeführung und auf die Organisation des Raumprogramms.

Die Gebäudehülle umschließt in ihrem Grundtyp eine Station durch Dach und drei Seiten, die vierte Seite bleibt als Ein- und Ausfahrt für das Fahrzeug offen. Varianten dieses Grundtyps existieren beispielsweise bezüglich des Öffnungsgrades und der Form.

Die Führung der Passagiere erfolgt aus dem umgebenden Raum durch die Station hindurch bis in das Fahrzeug. Es lassen sich zwei Grundsysteme der Wegeführung erkennen: kompakte Erschließungssysteme und den Besucherstrom stark organisierende Zwei- oder Drei-Wege-Systeme.

Alle Programmeinheiten werden in der Regel auf mehreren, durchbrochenen Ebenen organisiert. Außerdem verfügen Seilbahnstationen oftmals über programmatische Erweiterungen, die zum Kernprogramm auf unterschiedliche Weise in Beziehung gesetzt werden.

Diese Charakteristika und Entwurfsbausteine lassen eine Vielzahl an individuellen Entwurfsentscheidungen zu, um auf konkrete Standorte zu reagieren und Bewegung in vielfältiger Weise zu thematisieren. Ein kontextbezogener Umgang mit den Entwurfsbausteinen wird im Folgenden anhand einer Fallstudie verdeutlicht.

Der schwebende Korridor

In der nordamerikanischen Stadt Portland, Oregon, wurde 2006 eine Seilbahn errichtet, die zwei funktional zusammengehörende Gebäudekomplexe verbindet. Aus einer geplanten Erweiterung des Universitätsklinikums war die Notwendigkeit entstanden, eine direkte und schnelle Verbindung zwischen zwei Campusarealen zu errichten. Das Besondere aus architektonischer Sicht ist, dass die Seilbahn wie ein Korridor funktioniert, dabei aber zugleich ein eigenständiges Bauwerk darstellt. Dies gelingt zum einen dadurch, dass neben den Stationsbauten auch die Kabinen und der Mast Bestandteil der Gestaltungsaufgabe der Architekten waren und so ein homogenes Gesamtbild geschaffen werden konnte. Zum anderen sind die Stationsbauten sowohl programmatisch als auch choreographisch mit den Bestandsgebäuden verzahnt.

Die Talstation der Portland Aerial Tram ist als Pavillon mit ebenerdig liegender Einstiegsplattform ausgebildet, die von geschlossenen Räumen freigehalten wurde. Es befinden sich dort lediglich zwei Betonscheiben, die sowohl der Seilverankerung als auch der Aufständerung der Steuerzentrale dienen, welche in einer rot verkleideten Box auf der darü-

Die Talstation wird als offener Pavillon Teil des öffentlichen Raums.

Ein ebenerdiger Bahnsteig ermöglicht den schwellenlosen Zutritt zur Seilbahnkabine.

Die Bergstation ist als Turmbau ausgebildet und über eine gläserne Brücke mit dem Bestandsgebäude verbunden.

berliegenden Ebene untergebracht ist. Der offene Stationsraum wird durch eine semitransparente Streckmetallhülle gefasst, die sich polygonal um die beiden Längsseiten und das 14 m hohe Stationsdach faltet, jedoch nicht bis auf den Boden geführt wird. In Fahrtrichtung wird der Raum einzig durch eine Absenkung des Bodens, die der Unterfahrt der Kabine dient, begrenzt. Die ebenerdige Lage der Einstiegsplattform, der von geschlossenen Einheiten freigehaltene Grundriss und die tunnelartige Ausrichtung der Gebäudehülle ermöglichen eine Durchdringung von öffentlichem Raum und Stationsraum, einen ungehinderten Bewegungsfluss der Passagiere wie auch direkte Sichtbezüge zum nebenliegenden Klinikgebäude.

Die beiden Kabinen der Bahn zeichnen sich durch ihre außergewöhnliche gekrümmte Form und ihre Materialisierung aus. Auf einer Stahlrahmenkonstruktion sind einzelne schalenförmige Aluminiumbleche und Glaselemente fugenlos und ohne Stoßkanten aneinandergefügt, sodass ein monolithartiger Eindruck entsteht. Die Oberflächen wurden mit speziellen Lackierungen und Beschichtungen versehen, sodass insbesondere die Glasflächen einfallendes Licht sehr stark reflektieren und sogar spiegeln. Bei der Fahrt lassen sie an Seifenblasen denken, die sich am Himmel bewegen; sie wirken zeitgemäß und elegant, nichts erinnert an ihre alpinen Vorbilder. Nach Beginn der Fahrt werden die Kabinen schnell auf die Höhe von 70 m geführt, um eine Verkehrsachse zu überwinden. Die dafür notwendige und einzige Stütze der Anlage ist durch ihre auffallende Form als Landmarke weithin sichtbar. Sie ist als Einfachstütze in einer kompakten Konstruktionsweise errichtet und neigt sich in einem 90°-Winkel zu den Seilen der Bahn. Die Stütze weist eine extravagante, sich nach oben verjüngende und dann wieder aufweitende Form auf. Auch sie hat eine matt reflektierende, metallische Oberfläche und fügt sich damit in die Gestaltungsfamilie der Seilbahnkomponenten ein. Während der Fahrt schweift der Blick in die Weite; die Krümmung der Kabine und eine besondere Beschichtung der unteren Glaselemente soll direkte Blicke auf darunterliegende Privatgrundstücke verhindern.

Nach einer etwa dreiminütigen Fahrt gelangt man zur Bergstation, die durch ähnliche Gestaltungsprinzipien und Materialien wie ihr Pendant im Tal geprägt ist, jedoch nicht als Pavillon, sondern als Turmbau vor einem Bestandsgebäude des Klinikums am Hang ausgebildet ist. Der Bahnsteig ist bis auf die Höhe der öffentlichen Ebene des Klinikums angehoben und dort über eine gläserne Brücke mit ihm verbunden. Die weitere Erschließung erfolgt in mehreren Sequenzen durch das Klinikum hindurch und über eine rückseitig an den Bestand anschließende Rampenanlage. Der Neubau durchdringt das Bestandsgebäude förmlich und macht auf diese Weise die öffentlichen Servicebereiche der Klinik auch für die Nutzer der Seilbahn zugänglich und nutzbar. Alle Baukörper der Anlage sind formal eigenständige Setzungen, die dennoch klar als Einheit lesbar werden. Sie verkörpern Dynamik und sind stark identitätsstiftend wirksam. Beide Stationen sind sowohl programmatisch als auch choreographisch mit den Bestandsgebäuden der Klinik verbunden und bedienen sich scheinbar parasitär bestehender Infrastrukturen.

Der architektonische Umgang – und dabei insbesondere die bewussten Entwurfsentscheidungen in Bezug auf die drei Bausteine Hülle, Weg und Programm – lassen die Seilbahn zu einem alltäglichen Erschließungsweg werden, der ganz selbstverständlich, fast wie ein Korridor, sowohl von Ärzten, Patienten und Besuchern der Klinik genutzt wird.

Urbane Transformationen

Viele weitere Beispiele zeigen andere Facetten und Mehrwerte urbaner Seilbahnen für Stadt und Architektur. Seilbahnen können ganze Stadtteile erschließen und zu zusammenhängenden Verkehrsnetzen ausgebaut werden. Sie verändern dann zunehmend das Bewegen in der Stadt als dadurch auch das Erleben von Stadt. Seilbahnstationen können außerdem Mehrfachfunktionen übernehmen, um neben Transitraum beispielsweise auch öffentliche Einrichtungen wie Behörden, Kultur- und Sportangebote oder auch soziale Einrichtungen aufzunehmen. Solche hybriden Nutzungskonzepte können Seilbahnen zu öffentlichen Orten in der Stadt machen, die über die Kabinen direkt miteinander verbunden sind. Das Versammeln unterschiedlicher Menschen, gesellschaftliche Ereignisse oder auch informelle Aktivitäten erzeugen dabei Orte mit urbanem Charakter und strahlen auf umgebende Stadträume aus. Durch die systemimmanente Prägnanz im Stadtraum, die sich bewegenden Komponenten (die Kabinen) sowie ihre ortsbezogene Ausformulierung kann eine Seilbahnanlage innerhalb kürzester Zeit einen Platz im kollektiven Gedächtnis der Stadtbewohner und -besucher finden sowie als Symbol für räumliche Zusammenhänge und nachhaltigen Stadtverkehr wirksam werden.

A

Theorie und Planung

2 Grundlagen von Bewegung und Konstruktion

■ 2.1 Raum auf Abruf – Flexible Architekturen für wandelbare Städte

Paul Clemens Bart, Marvin Bratke

„Architektur als vermutete Zukunft" (Frei Otto)
Im Stummfilm *One Week* erzählt der amerikanische Komiker Buster Keaton als Planer, Erbauer und Bewohner das kurze, aber bewegte Leben seines Eigenheims. Formen und Funktionen werden „on the fly" noch während des Baus umverteilt. Klimatische Umstände bringen das Haus wortwörtlich zum Rotieren, komplette Fassaden werden zur vertikalen Erschließung umfunktioniert, und am Ende wird das gesamte Haus – beim Versuch, es in Bewegung zu setzen – treffenderweise noch auf den Gleisen vom Zug überrollt und wieder in seine Einzelteile zerlegt. In nur 15 Minuten wird dem Zuschauer der gesamte Lebenszyklus eines Gebäudes vorgeführt, mit allen Höhen und Tiefen, Freuden und Frust und – wechselnden Anforderungen ausgesetzt – ständig in Bewegung und in konstanter Rekonfiguration.
Heutzutage steuert der Architekt den Lebenszyklus eines Gebäudes über mehrere Jahre oder gar Jahrzehnte in einer Planung, die Vermutungen über den technologischen Fortschritt, die Bedürfnisse des Nutzers, variierende sozio-ökonomische Strömungen, neuartige Produktionsprozesse, mögliche Bewegungen politischer Rahmenbedingungen, klimatische Veränderungen und Verfügbarkeiten von Materialien antizipieren muss. Eine schwierige Aufgabe, die Raum für Spontanität im Planungsprozess und Flexibilität in der späteren Nutzung erfordert – und die von größter Bedeutung ist, um zu vermeiden, dass ein Gebäude zum Zeitpunkt seiner Vollendung schon nicht mehr aktuellen Anforderungen entspricht. Kein Gebäude wird für die Gegenwart geplant, jedes für die Zukunft.

Tetraeder-Drachen-Experimente, Alexander Graham Bell, 1903

Kinetische Gebäudehülle für flexiblen programmierbaren Raum, The Shed, New York City, Diller Scofidio + Renfro, 2018

Einsatz robotischer Akteure in den vollständig autonomen Distributionszentren von Amazon, Massachusetts, Amazon Robotics, 2017

Der Beginn einer adaptiven Ökologie des Bauens

Heute entstehen durch die rasant beschleunigte Übermittlung von Wissen und sich immer schneller verändernde soziale Dynamiken programmatische Ansprüche an eine flexiblere Auslegung der Baukonstruktion. Architektur, die den Wandel hin zu einer autonomen Mobilität und einer On-Demand-Gesellschaft mit vollziehen will, muss in der Lage sein, auf Dienstleistungstrends zu reagieren. Architektur muss in Bewegung sein – nicht nur in der Flexibilität und Transformierbarkeit des fertigen Gebäudes, sondern auch im Prozessdenken und -management des Planens und Bauens.

Die Paradigmen statisch festgeschriebener Konstruktionsmethoden lassen häufig wenig Spielraum, auf die Veränderungen im dynamischen Konstrukt der modernen Stadt zu reagieren. Während in den letzten Jahrzehnten die Effizienz in Sektoren wie der Automobilindustrie und der Unterhaltungselektronik dramatisch angestiegen ist, ist die Arbeitsproduktivität im Baugewerbe weltweit beständig gesunken.[1] Es liegt nahe, die Chancen gegenwärtiger disruptiver Technologien aus anderen Industriesektoren auch in der Architektur zu nutzen. Der technologische Fortschritt, der Aufstieg von künstlicher Intelligenz, autonomen Systemen und Robotik, gepaart mit dem Wandel zur autonomen Mobilität und Logistik, werden für eine dynamische und adaptive Entwicklung von neuen Infrastrukturen eine entscheidende Rolle spielen. Um auf diese Ströme einzugehen, ist es unabdinglich, unsere zukünftigen Architekturen als resiliente, flexible Systeme mit einem zirkulären Lebenszyklus zu planen.

Architektur, die bewegt, reagiert und adaptiert

Der Wunsch nach anpassungsfähigeren Gebäuden, die imstande sind, die ständige Mobilität des Lebens zu verstehen und in flexiblen Raumkonstrukten einzufangen, ist kein neuer Gedanke. So wechselten schon die Zugbrücken der mittelalterlichen Burg ihre Funktion aktiv von einem Teil der Gebäudefassade zu einem Element der Infrastruktur. Den Bedarf für multifunktionale Architekturen erkannte auch Alexander Graham Bell im frühen 20. Jahrhundert. Als einer der Pioniere der modernen Massenkommunikation führte er die ersten Experimente an flexiblen Tragwerkssystemen aus. Bells Interesse galt der Entwicklung von Mobilitätsprinzipien, um seine Tragwerksgerüste durch Wind in Bewegung zu setzen. Die in empirischen Studien mit seinen mobilen Konstrukten gewonnenen Erfahrungen setzte er später in komplette architektonische Bauwerke größeren Maßstabs um. Hier verfolgte Bell die Implikationen der Kinetik und Mobilität seiner früheren fliegenden Experimente nach neuen Prinzipien – er sah seine tetraedrischen Einheiten nicht als eine isolierte Komponente, sondern als Teil eines größeren Netzwerks in ständigem Austausch und ständiger Bewegung.[2]

Nach einer langen Phase des Reduktionismus und Funktionalismus – einer Folge der Industriellen Revolution – war es primär die architektonische Avantgarde der 1950er und 1960er Jahre, die eine neue Ära der urbanen Temporalität, Bewegung und Spontanität zelebrierte. Gebäude, Maschinen und Städte begannen zu atmen, zu gehen, sich einander anzuschließen und zu reden. Yona Friedman, Konrad Wachsmann, Buckminster Fuller und die Architektengruppe Archigram forschten an adaptiven und mobilen Systemen, die ihrer Architektur Adaptivität und Bewegung ermöglichen sollten. Die Vision offener, flexibler Systeme als raumdefinierende Elemente und autonome „plug-ins" sollte die spontane Rekonfiguration und die Benutzerpartizipation fördern. Dabei waren Raumfolge, Standort und Nutzungsszenarios immer an die wechselnden Bedürfnisse des Menschen angepasst – so beispielsweise in Cedric Prices zentraler Arbeit, dem sich fortwährend selbst weiterentwickelnden Fun Palace (1961), der intellektuellen Vorlage des Centre Pompidou. Archigrams Plug-and-play-Vision einer modularen Stadt in Plug-in City (1964) zeigte ähnliche Ansätze, vergrößerte die Anwendung aber auf einen städtebaulichen Maßstab. In ihrer Zeit sind die Ansprüche dieser Projekte über die Grenzen des technologisch Machbaren gegangen und rein spekulativ geblieben – heute sind sie in ihren Ambitionen hochaktuell, die notwendige Technologie ist größtenteils vorhanden und bereits großflächig in anderen Sektoren im Einsatz.

Bewegter Raum von heute – ein interdisziplinärer Schulterblick

Aktive und anpassungsfähige Raumkonzepte zeigen das Potenzial moderner Technologie als Wegbereiter flexibler Architekturen.

Auf der West Side von Manhattan, im Zentrum des neuen Entwicklungsprojekts Hudson Yards, eröffnete

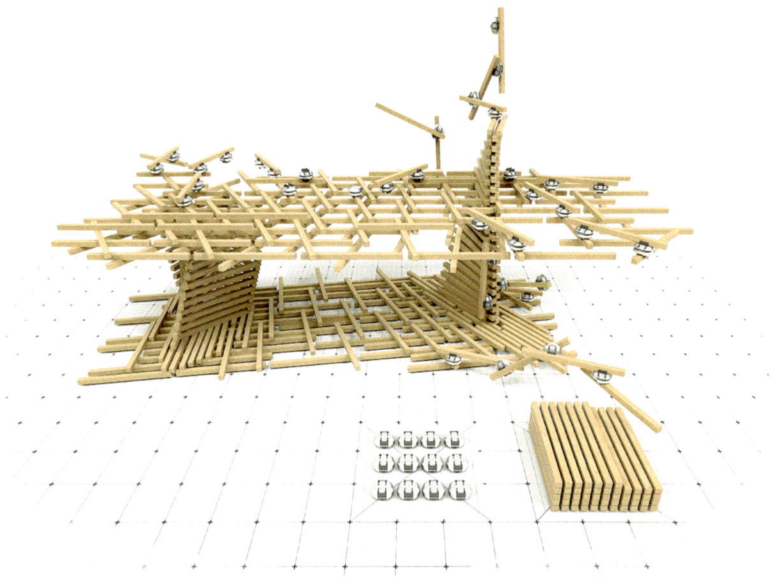

Dezentrales robotisches Montagesystem für In-situ-Holzbau, ITECH, Samuel Leder, Ramon Weber, 2018

2019 das momentan größte und wohl ambitionierteste im Bau befindliche Beispiel adaptiver Architektur. The Shed von Diller Scofidio + Renfro verspricht Cedric Prices Traum eines flexiblen Kultur- und Kunstzentrums nach 50 Jahren (zumindest in Teilen) einzulösen. Über die acht Stockwerke des Shed finden sich Ausstellungs-, Bildungs- und Versammlungsflächen verteilt – flexibel programmierbar unter Verwendung einer kinetischen Gebäudehülle. Während permanente Hinterhausfunktionen – Mitarbeiterbüros, Haustechnik, Lager – im angrenzenden Wohnturm verstaut sind, ist die 35 m hohe Gebäudehülle frei ein- und ausfahrbar und kann somit das Raumprogramm flexibel öffnen, um es um einen mehrgeschossigen Kunstraum zu erweitern oder um, vollständig eingefahren, einen öffentlichen Platz im Freien freizulegen.[3] So erlaubt das Gebäude eine adaptive Architektur, die das Bauwerk über seinen eigentlichen Zweck hinaus erweitert und auf individuelle Anforderungen des Stadtraumes reagieren lässt. Der Fokus liegt in diesem Beispiel auf spezifischen Nutzungsszenarien für ein ambitioniertes und repräsentatives öffentliches Gebäude. Dabei trifft der Einsatz großformatiger transformierbarer Räume in Bewegung und flexibler Infrastrukturen auf ähnliche Limitierungen wie vergleichbare Prozesse in Logistik und industrieller Fabrikation. So verlaufen die Produktionsprozesse eines Airbus A380 in einem geradezu choreographierten Spiel mehrerer im Verbund orchestrierter und automatisierter Akteure, die sich wie ein großes bewegendes Gebäude um das Flugzeug arrangieren. Limitierender Faktor ist die Skalierbarkeit der Prozesse: Um eine Maschine dieser Größenordnung herzustellen, muss die eingesetzte Maschine größer sein als das eigentliche Produkt – oder auf die Architektur bezogen: als der zu konstruierende Raumkörper. Bei einer seriellen Massenfertigung wie der eines Flugzeuges mag dies ökonomisch vertretbar sein, in der Architektur gilt jedoch: Die meisten derartigen Häuser erheben den Anspruch eines Unikats oder eines Prototypen – serielle Automatisierung ist dementsprechend schwierig.[4]

Aus Gründen der Konstruktion und Wandelbarkeit entsteht der Bedarf nach flexibleren Räumen und Infrastrukturen, die in Echtzeit reagieren können, in Kombination mit neuartigen Konstruktionsmethoden, wie sie in anderen Industrien bereits großflächig eingesetzt werden. In den höchst komplexen Verpackungs- und Logistikprozessen von Online-Dienstleistungsunternehmen gibt es vergleichbare Anforderungen an Skalierbarkeit und Flexibilität. So entwickelte Amazon in Distributionszentren ein Gegenmodell zu den üblichen maschinell gesteuerten Verpackungsprozessen am Fließband, in dem das traditionelle Konzept von Infrastruktur umgedreht wird: Anstatt die Mitarbeiter zum Regal zu bringen, werden die Regale zu den Mitarbeitern befördert. Dies geschieht mittels eines intelligenten Schwarms kleiner, kniehoher Roboter, die als eine choreographierte Einheit agieren, unter die Regale fahren, diese anheben und je nach Bedarf platzieren. Die Bauteile arrangieren sich um den Menschen neu – je nachdem, in welcher Situation sie benötigt werden.[5]

Die Chance für einen ähnlichen Paradigmenwechsel in der Architektur – flexiblen Raum auf Abruf zu schaffen – liegt in der Verknüpfung dezentraler, mobiler Einheiten, die Netzwerkeffekte ausschöpfen und automatisierte Knotenpunkte ausbilden können. Durch vollständig autonome, bewegliche Systeme in kleinerem Maßstab und mit hoher Flexibilität können kollektiv adaptive Architekturen und temporäre Strukturen, die auf ihre Umgebung aktiv reagieren, verwirklicht werden.

Der Automobilhersteller Toyota stellte auf der CES 2018 in Las Vegas seine Vision einer „multifunctional moving city" vor. In einer radikalen Neuinterpretation der eigenen Firmenphilosophie deklarierte Toyota das Ende des bisherigen Verständnisses urbaner Infrastruktur als Güter-, Personen- und Dienstleistungstransport hin zu einer modularen Serie mobiler Services – in der Form von Minibussen, die als reisende Schaufenster, Mitfahrgelegenheiten oder mobile Büros das Stadtbild prägen.[6] Infrastruktur, Unterhaltungselektronik und urbane Architektur verschmelzen hier zu einem Hybrid, der in seiner Ambition auf kollektiven Einsatz über das Bild von „Architektur auf Rädern" weit hinausgeht.

Ein solcher Ansatz zeigt sich auch im aktuellen Interesse der akademischen Architekturforschung an modularen, kleinteiligen Architektursystemen, die sich durch non-finite Lebenszyklen auszeichnen: Bauelemente, die sich selbst aktiv oder passiv aggregieren und neu zusammensetzen können und damit imstande sind, adaptive Architekturen zu formen, haben das Potenzial, die Limitierungen moderner Fertigungsmethoden generischer industrieller 6-Achs-Roboterarme zu überwinden.

So wirken in dem Forschungsprojekt „Distributed Timber Construction" des Institute for Computational Design and Construction der Universität Stuttgart unter der Leitung von Professor Achim Menges mehrere kleinteilige, einachsige Roboter, die speziell für die Verwendung standardisierter Holzstreben als Baumaterial und als Fortbewegungssystem konzipiert wurden. Kollaborative flexible Prozesse erlauben dem System belastbarere und reaktionsschnellere Fertigungsmethoden, da sie durch ein dezentrales System verwaltet werden.[7]

Am Design Research Lab der Architectural Association in London forscht Theodore Spyropoulos an mobilen Systemen, die sich der Prinzipien modularer Robotik bedienen, um temporäre Architekturen zu ermöglichen.[8] Die Ursprünge des modularen, sich ständig weiterentwickelnden Fabrikationssytems noMad sind in diesem universitären Kontext entstanden. noMad zielt darauf ab, Architektur um ein sensorisches System zu erweitern, das die Entscheidungsgrundlage von Bauprozessen von Bauteil zu Bauteil jeweils neu lokalisiert, anstatt einem deterministischen überlagerten Gebäudeplan zu folgen. Verankert in der Welt der sich selbst strukturierenden Polyeder, basiert noMad auf Buckminster Fullers Prinzipien der Synergetik, dem Studium von Geometrie in Transformation und dem Einfluss einer lokalen Veränderung auf das globale Systemverhalten eines Tragwerksystems. Von einem Polyeder zum nächsten kann eine einzelne Einheit durch eine einfache Rotationsbewegung mittels einer inneren Motorik die Form autonom verändern und ihr Volumen um ein Vielfaches vergrößern. Dabei agiert noMad auf verschiedenen Ebenen kollektiver Intelligenz und Autonomie, die sich selbst organisieren – von einem hochmobilen, nomadischen Cluster bis zu tragenden räumlichen Konfigurationen. So stellt noMad ein System dar, das sich selbst reguliert, auf äußere Einflüsse und Anforderungen reagiert und sowohl Interaktion als auch Kommunikation fördern kann.[9]

Vom Errichter von Masse zum Kurator von Prozessen – die wechselnde Rolle des Architekten

Das Konzept einer adaptiven Architektur kann als Reaktion auf sich schnell verändernde Anforderungen an die Infrastruktur eine Perspektive bieten: Urbaner Raum organisiert sich quasi auf Abruf zu immer neuen Gebäudeformationen. Dabei erlaubt das Aufzeichnen, die Analyse und die Auswertung von immer größeren Datenmengen (Big Data) den Entwurf selbstbestimmter Architektursysteme, die sich durch intelligente Kommunikation sowohl untereinander als auch mit dem Benutzer und mit der Stadt vernetzen und fähig sind, auf die dynamischen Anforderungen einer sich wandelnden urbanen Umgebung aktiv einzugehen – die Synergie von Stadt, Architektur, (autonomer) Mobilität und Mensch.

Wird damit der Architekt vom Errichter von Masse zum Gestalter von Prozessen? Gibt er damit den Weg frei für demokratische Bottom-up-Prozesse, die dem Nutzer größere Gestaltungsfreiheit und die Möglichkeit zur Rekonfiguration von Raum geben?

Die Profession der Architektur befindet sich im Wandel zu einer Auffassung, die den Architekten selber als Systemdesigner begreift, als Gestalter des Regelwerks für resiliente Raumsysteme. Dieser emanzipatorische Ansatz macht den Nutzer zum „pro-sumer" – sowohl „consumer" als auch „producer" – eine Entwicklung, die sich in vielen Bereichen, wie z. B. der individualisierten Form der Mengenherstellung, bereits vollzieht. Die Architektur ist in Bewegung geraten, der Benutzer von morgen wird bebauten Raum weniger als statische Masse, sondern vielmehr als vom Architekten kuratierten Raum auf Abruf erfahren.

1 McAfee, Andrew; Brynjolfsson, Erik, *Machine Platform Crowd: Harnessing Our Digital Future*, New York, 2017, S. 103.
2 Bell, Alexander Graham, „Tetrahedral principle in kite structures", *National Geographic Magazine*, Band 14, Nr. 6, 1914, S. 219ff.
3 Barista, David, „Kinetic Architecture", *Building Design + Construction*, 20.05.2014, https://www.bdcnetwork.com/kinetic-architecture-new-book-explores-innovations-active-facades, aufgerufen am 05.01.2018.
4 Tibbits, Skylar (Hrsg.), *Autonomous Assembly: Designing for a New Era of Collective Construction*, Architectural Design 248, Oxford, UK, 2017, S. 12ff.
5 McAfee/Brynjolfsson, op. cit., S. 103.
6 Toyota, *E-Palette, 2018*, https://www.cnet.com/videos/toyota-e-palette-is-its-vision-for-a-multifunctional-moving-city/, aufgerufen am 15.02.2018.
7 Leder, Samuel; Weber, Ramon, „Distributed Robotic Assembly System for In Situ Timber Construction", ITECH Master of Science Thesis, 2018.
8 Spyropoulos, Theodore, *Adaptive Ecologies*, London, 2013, http://drl.aaschool.ac.uk/, aufgerufen am 15.02.2018.
9 Bart//Bratke, *Project noMad*, 2014, http://bartbratke.com/portfolio_page/nomad-behavioural-fabrication/, aufgerufen am 22.01.2018.

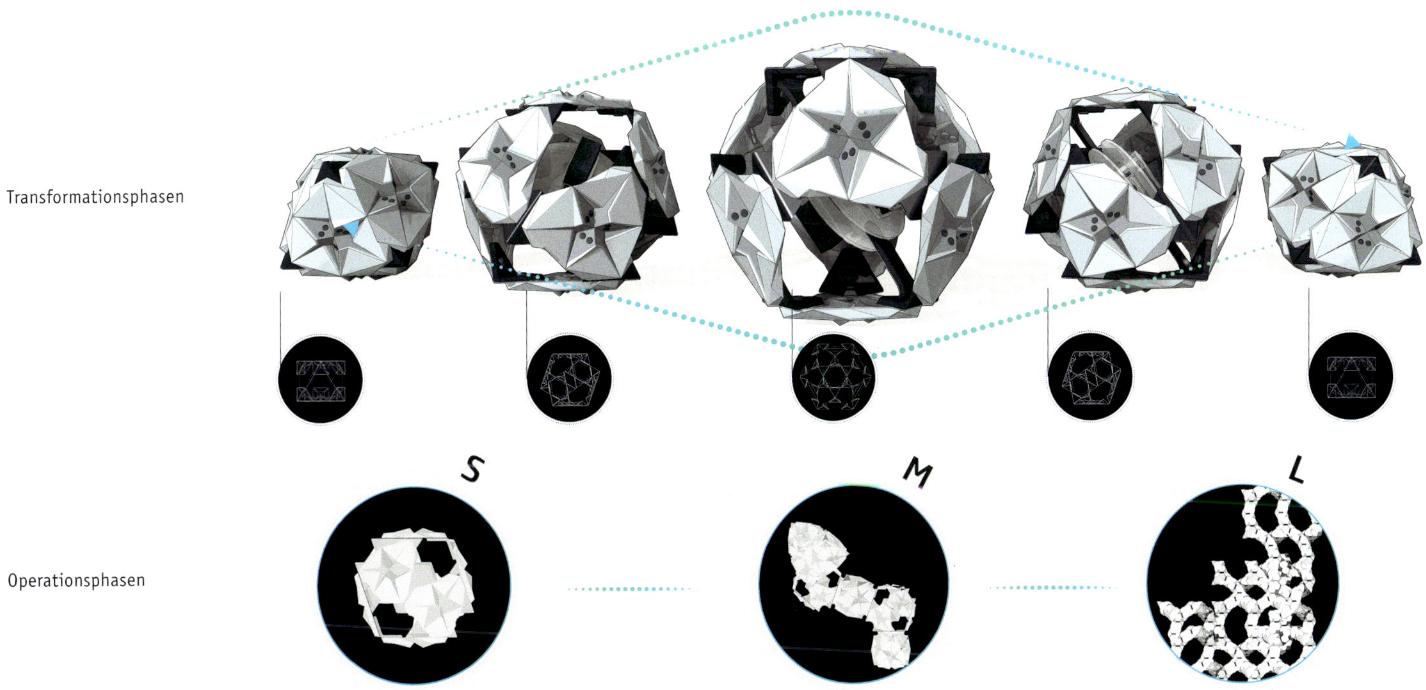

Autonome modulare Konstruktionssysteme für eine mobile Architektur, noMad Behavioural Assembly System, AADRL, BART//BRATKE, 2015

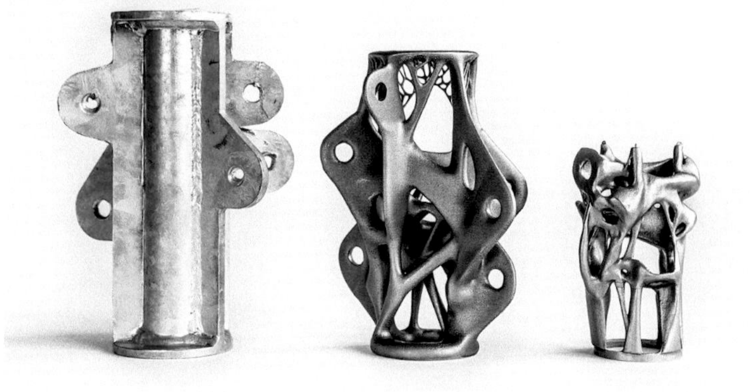

Topologisch optimierter Stahlverbinder

■ 2.2 3D-Druckverfahren: Replicate Architecture

Mirco Becker

3D-Druck ist ein Sammelbegriff für eine ganze Reihe unterschiedlichster additiver Fertigungsverfahren, die in der Medizin, Industrie und im Haushalt vielfältige Anwendungen finden. Bei diesen wird Material flüssig oder als Pulver computergesteuert in dünnen Schichten zu einem festen Gegenstand aufgebaut. Dies geschieht allein auf der Grundlage eines digitalen Modells. Diese Technologie steht im Begriff, sowohl die Produktionsbedingungen von Gütern wie auch Fragen der Autorenschaft von Produkten grundlegend zu verändern. Die wohl gravierendste Veränderung für Designer ist jedoch, dass mit diesen Verfahren die formale Komplexität eines Gegenstands keinerlei Auswirkung mehr auf dessen Herstellungskosten hat; allein die Menge des verbauten Materials ist entscheidend. Damit folgt die Formgebung einem biologischen, ressourcenschonenden Paradigma, wie der Bionik-Ingenieur Julian Vincent konstatiert: „In biology material is expensive but shape is cheap. As of today, the opposite was true in the case of technology."[1]

Die Anfänge einer neuen Produktionstechnologie

3D-Druckverfahren wurden seit den 1980er Jahren kommerziell zum Modell- und Prototypenbau eingesetzt, waren zuerst aber noch relativ teuer und auf kleine Bauteile beschränkt. Erst in den 1990er Jahren konnten mit Sinterverfahren die Materiallimitierungen der frühen, auf flüssigen Harzen beruhenden Verfahren überwunden werden. Mit robusten Kunststoffen und Metallen werden seither auch tatsächlich funktionale Teile und Produkte gefertigt. Damit eröffnen sich neue Perspektiven für den Einsatz von 3D-Druck in der Fertigung, was zu grundsätzlichen Verschiebungen in der traditionellen Produktlogik führt. Bauteile mit geringer Losgröße können wirtschaftlich hergestellt werden, da teurer Formenbau wie bei der Spritzgussfertigung wegfällt. Vormals arbeitsintensive Teile müssen nun nicht mehr an Niedriglohnstandorten gefertigt werden, sondern können lokal 3D-gedruckt werden und sind schneller und unter Umständen auch günstiger verfügbar. Waren es zu Beginn noch Geräte, deren Anschaffungspreis dem eines Mittelklassenwagens entsprach, kosten heutige Desktop-3D-Drucker nicht mehr als ein Laptop.

Der Einzug des 3D-Drucks in die Architektur

Für Architekten wurde der 3D-Druck Anfang der 2000er Jahre mit Gipsdrucken-Inkjetverfahren für den Architekturmodellbau interessant, ein heute gängiges Verfahren in der Praxis und an Hochschulen. Die größte Schwierigkeit, den 3D-Druck für die tatsächliche Produktion von Architektur einzusetzen, war für lange Zeit die Skalierung auf den Maßstab realer Bauteile und Gebäude.

Von Beginn an barg die Technologie des 3D-Drucks den Traum von Architekten, ganze Gebäude aus dem Drucker entstehen zu lassen. Zwei Protagonisten näherten sich diesem Traum auf sehr unterschiedliche Weise. Enrico Dini, ein Ingenieur, Künstler und Erfinder, baute in seiner Werkstatt um 2010 einen mehrere Meter großen 3D-Pulver-Drucker, mit dem Zement zu Beton verdruckt werden kann. Dinis geradezu epische Suche nach technischen Lösungen, Geldgebern und passenden baulichen Anwendungen wurde von Marc Webb in der Dokumentation *The Man Who Prints Houses*[2] festgehalten. Der Zweite, der versuchte, diesen Traum Realität werden zu lassen, war Behrokh Khoshnevis mit seinem Forschungsteam an der University of Southern California. Schon 2004 stellte er die Technologie des Contour Crafting vor.[3] Dabei trägt ein Extruder wandbreite, wenige Zentimeter hohe Betonschichten auf. In den Wänden sind alle erforderlichen Haustechnikleitungen integriert. Der Extruder ist an einem Portalkran montiert, der das gesamte zu druckende Gebäude überspannt. Seither werden sowohl die Kommerzialisierung der Technologie in einer Ausgründung wie auch weitreichende Anwendungen wie der Einsatz für den Bau auf Mond und Mars von Behrokh Khoshnevis mit Investoren und Forschungspartnern vorangebracht.

So unterschiedlich die beiden vorgestellten Verfahren und Ergebnisse auch sind, haben beide gemein, dass die Maschine deutlich größer als das zu fertigende Bauteil ist. Während die Verfahren von Dini den Gesetzmäßigkeiten der Vorfertigung und bauseitigen Montage folgen, beruht Khoshnevis' Methode auf schalungsfreier Vorortfertigung. In beiden Fällen würde eine Skalierung der Maschine auf Bauteilgröße bzw. auf Gebäudegröße zu kurz greifen. Zwar hat es bis heute keines der beiden Verfahren zur Marktreife gebracht, es sind aber neue Forschungsansätze entstanden, die sich einer Lösung aus der Perspektive des Entwerfens nähern.

Kinetische Bauteile

Die formalen Freiheiten des 3D-Drucks erlauben es, bewegliche Mechaniken zu drucken, die nicht wie ihre traditionell gefertigten Vorgänger aus Einzelteilen zusammengesetzt werden müssen, sondern mit ihrer vollen kinetischen Funktion aus dem Drucker kommen. So können vollständige Ketten, Gelenke oder sogar funktionsfähige Getriebemodelle hergestellt werden. Ein sehr eindrückliches Beispiel ist im Bereich Mode das Kinematic Dress von den Architekten Nervous System,[4] das aus Tausenden gelenkig miteinander verbundenen Nylonplatten besteht. Das ganze Kleid wird in einem Stück im Selective-Laser-Sintering (SLS)-Verfahren hergestellt. Der Einsatz dieser 3D-gedruckten Mechaniken ist jedoch aufgrund seiner verfahrensimmanenten Toleranzen nur für wenige Anwendungen geeignet. Selbst bei avancierten Verfahren wie dem Selective Laser Melting, bei dem Metalle in annähernd gewohnter Qualität verdruckt werden können, liegt die Sichtstärke bei 30 µm, die Korngröße wenig darunter, während im klassischen Maschinenbau oft Toleranzen von unter 5 µm gefordert sind.

Ein möglicher Vorteil von kinetischen Bauteilen aus dem 3D-Drucker könnte im Bereich der Compliant Mechanisms liegen. Das klassische Beispiel sind Pinzetten, die keine mechanischen Gelenke haben, sondern ihre kinetische Funktion allein aus der Elastizität des Materials beziehen. Dass Compliant Mechanisms mittels 3D-Druck zu vollkommen neuen Lösungen führen können, zeigen beispielsweise die Arbeit zu Digital Mechanical Metamaterials von Patrick Baudisch und anderen[5] oder die von Skylar Tibbits 3D-gedruckten pneumatischen Soft Robots.[6]

Designimplikationen

Eine ganze Reihe von Wissenschaftlern beschäftigen sich mit 3D-Druckverfahren und deren Designimplikationen, bei denen der Extruder auf einer intelligenten, mobilen Einheit sitzt. Am weitesten geht dabei zurzeit wohl das Unternehmen MX3D[7] mit dem Designer Joris Laarman, das eine Brücke aus Edelstahl druckt. Die Gruppe arbeitet mit einem Metallextruder, basierend auf MIG-Schweißtechnologie, und einer mobilen Einheit, die sich ähnlich wie beim Brückenvorbau auf der gefertigten Struktur fortbewegen kann. Grundsätzlich wird mit solch einem Prozess die Abhängigkeit zwischen Maschinengröße und Bauteilgröße aufgehoben: Auch sehr große 3D-gedruckte Gebäude sind denkbar. Es kann so auch die zweite Hürde genommen werden, die geringe Druckgeschwindigkeit, da nun mehrere 3D-Drucker auf mobilen Einheiten parallel am gleichen Bauwerk drucken können.

Topologieoptimierung

Das Design der MX3D-Brücke in Amsterdam zeichnet sich auch dadurch aus, dass die Freiheiten des 3D-Drucks ausgeschöpft werden. Mittels der generativen Designmethode der Topologieoptimierung entstehen in digitaler Simulation materialoptimierte Bauteile mit zum Teil unvorhergesehenen Formen. Dabei wird, ausgehend von einem Grobvolumen und den anliegenden Kräften, über Tausende von Optimierungszyklen Material an Stellen geringer Beanspruchung entfernt. Das Ergebnis ist ein Bauteil, das mehr gefunden als erdacht ist. Ähnlich wie in der Natur zeichnen sich diese Bauteile durch sehr geringen Materialaufwand, aber große formale Komplexität aus – eine Komplexität, die mit traditionellem Formenbau nicht zu erreichen wäre.

Dass damit das oben genannte Versprechen von Julian Vincent bezüglich der neuen Ökonomie von Form und Material eingelöst wird, zeigt sich auch an anderen Projekten. So hat Arup 2015 einen 3D-gedruckten Stahlverbindungsknoten entwickelt, der ganz dem Paradigma der Topologieoptimierung folgt.[8] Für einen jeden Knoten eines Stabtragwerks oder einer Seilnetzkonstruktion wird gemäß seiner spezifischen statischen Beanspruchung und der geforderten Sicherheit eine Form mit minimalem Materialeinsatz gefunden. An einem weiteren Ansatz im Bereich der Topologieoptimierung auf architektonischem Maßstab arbeitet das Team um Benjamin Dillenburger an der ETH Zürich mit Smart Slab[9] daran, Deckenmodule als verlorene Schalung in Beton zu drucken. Jedes einzelne Modul hat eine Länge von 7,4 m, ist auf der Unterseite topologieoptimiert und kann auch Kanäle für mögliche Vorspannungselemente aufnehmen. Das System wurde 2018 als Demonstrator im Forschungsgebäude NEST auf einer Fläche von 78 m² im schweizerischen Dübendorf zum ersten Mal baulich umgesetzt.

Agile additive Fertigung

Dieser Stand der Dinge beim Einsatz von 3D-Druck in der Architektur zeigt, welche Innovationen durch eine neue Technologie hervorgebracht werden können. Es wird aber auch deutlich, dass es gewisser technischer und gestalterischer Anstrengungen bedarf, bevor alte Vorstellungen überwunden sind. Wagt man einen Blick nach vorn, gibt es zahlreiche Aspekte im Bereich des 3D-Drucks, die noch nicht für die Architektur erschlossen sind. Dazu gehört zum einen das 3D-Drucken von Materialien, deren Eigenschaften wie Dichte, Festigkeit und Duktilität variiert werden können. Das könnte dazu genutzt werden, ganze Wandaufbauten mit ihren Schichtungen von Funktionen als Functionally Graded Materials (FGM) in einem Gang zu drucken. Dieses Gebiet der FGM entwickelt sich sowohl in der klassischen Materialwissenschaft und im 3D-Druck wie auch in den Gestaltungsdisziplinen rasant.

Große 3D-Druckfarmen für die Herstellung von Produkten sind schon heute Realität. Um den unterschiedlichen Maßstäben und Toleranzen in der Architektur gerecht zu werden, kann der 3D-Druck nur dort erfolgreich sein, wo eine Vielzahl von unterschiedlichen agilen 3D-Druckrobotern gemeinsam an der Erstellung eines Gebäudes arbeiten. Der vorgestellte Ansatz der MX3D-Brücke geht in diese Richtung.

So führt die 3D-Drucktechnik nicht unbedingt zu dynamischeren Architekturen, aber doch wohl zu hochgradig agilen Herstellungsprozessen, bei denen Scharen von autonomen 3D-Druckern Material auf der Baustelle verteilen, auftragen und verfestigen.

1 Vincent, Julian, „Biomimetic Patterns in Architecture", *Architectural Design*, Band 79, Nr. 6, 2009, S. 74 – 81.
2 *The Man Who Prints Houses*, Dokumentarfilm von Jack Wake-Walker und Marc Webb, Algorithm Films, 2013.
3 https://web.archive.org/web/20100225032636/http://www.usc.edu/uscnews/stories/10009.html, aufgerufen am 20.03.2018.
4 https://n-e-r-v-o-u-s.com/projects/sets/kinematics-dress/, aufgerufen am 20.03.2018.
5 https://hpi.de/baudisch/projects/metamaterial-mechanisms.html, aufgerufen am 20.03.2018.
6 https://selfassemblylab.mit.edu/liquid-printed-pneumatics/, aufgerufen am 20.03.2018.
7 http://mx3d.com, aufgerufen am 20.03.2018.
8 Galjaard, Salomé, „Optimizing Structural Building Elements in Metal by using Additive Manufacturing", in: *Proceedings IASS Annual Symposia, IASS 2015 Amsterdam Symposium, Future Visions – Emerging Technologies: 3D Printing and Robotics*, S. 1 – 12.
9 http://dbt.arch.ethz.ch/project/smart-slab/, aufgerufen am 20.03.2018.

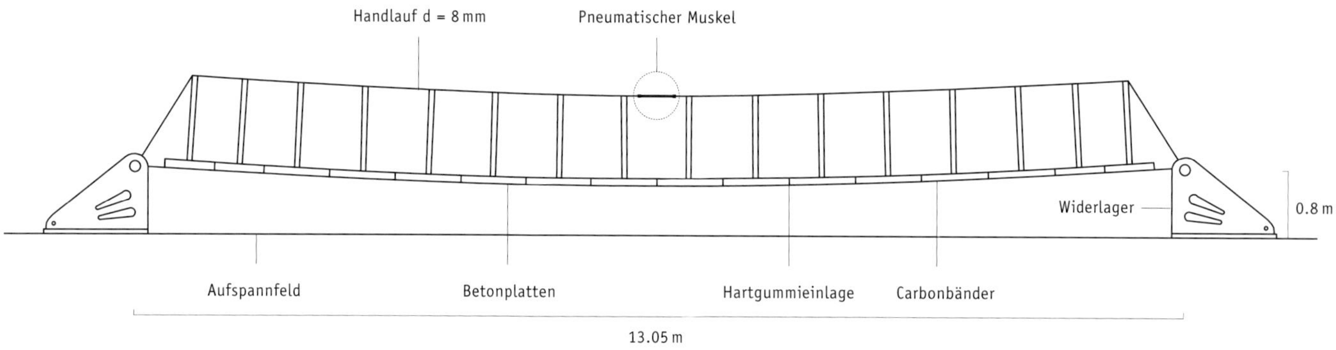

Längsansicht der Spannbandbrücke, TU Berlin, mit Carbonbändern und 16 Betonplatten

■ 2.3 Aktiv und wandelbar: zukünftige Bewegungsstrategien

Arndt Goldack, Mike Schlaich

„Autonome Brücken" war der Titel eines Artikels, der 1999 in der Zeitschrift *Bauingenieur*[1] erschien und sich mit der Zukunft des Brückenbaus beschäftigte. Miteinander kommunizierende selbstspannende Carbonseile, die Verformungen eliminieren, Lärmschutznetze, die mit geräuscheliminierenden Lautsprechern bestückt sind, mit Mikrosystemfolien versehene Brückenquerschnitte, die auftreffendem Wind virtuelle Querschnitte entgegenstellen und Wirbelablösung beeinflussen, wurden darin angedacht. Seither haben wir das iPhone bekommen, selbstfahrende Autos und Drohnen – alles wird intelligenter und beweglicher, aber im Brückenbau hat sich vergleichsweise wenig getan.

Dafür gibt es Gründe. Brücken sind schwere, hochbelastete und oft weit spannende Tragwerke, die für eine 100-jährige Lebensdauer ausgelegt werden müssen, weit länger als die oben genannten leichten und kleinen (Mikro-)Systeme anderer Industrien. Diese haben im Brückenbau zumindest zu besseren Überwachungssystemen geführt: Monitoringsysteme können Phänomene wie Verformungen, Setzungen, Risse, Beschleunigungen erkennen und messen; was aber dann mit dem gewonnenen Datenwust zu tun ist, bleibt meist unklar.

Natürlich gibt es weiterhin die Fortschritte der Technik; neue Werkstoffe und Fertigungsmethoden führen auch immer wieder zu überraschenden Lösungen im Brückenbau. Der Klimawandel und die Nachhaltigkeitsdiskussion führen aber auch wieder zu ansprechenden Leichtbauten, die materialminimierend, ressourcenschonend und damit nachhaltig sind. Auch der Verkehr wird sich ändern. Mehr Fahrradverkehr und selbstfahrende Autos werden auch zu leichteren Brücken führen. Solche leichten Systeme sind aber „lebendig", Wind und Verkehr regen leichte Brücken auch leicht zum Schwingen an. Diese kleinen Bewegungen können zwar Brücken in der Regel nicht zum Einsturz bringen, aber sie führen zu Materialermüdung und sie beeinträchtigen den Nutzerkomfort.

Bewegliche Brücken

Bewegliche Brücken werden dort eingesetzt, wo Kreuzungen oder Durchfahrten temporär freigegeben werden müssen, aber kein Platz für die Rampen vorhanden ist. Es gibt eine große Vielfalt an Mechanismen für bewegliche Brücken. Hub-, Klapp- und Drehbrücken bewegen in wenigen Minuten gewaltige Träger mit großen Massen. Auch hier gibt es neue und innovative Lösungen, die den technischen Fortschritt nutzen, beispielsweise hinsichtlich Antriebstechnik und Werkstoffen.

Einen neuartigen, aber auch komplexen und sehr ausgefallenen Bewegungsablauf zeigt die Hörnbrücke in Kiel, eine dreigliedrige Faltbrücke für Fußgänger mit 25,6 m Spannweite. Es handelt sich um eine sehr interessante und weltweit einzigartige Konstruktion, an der nicht nur deren Bewegungen beobachtet werden können, sondern auch die Seile und Umlenkrollen bei ihrer Arbeit. Hier zählt jedes Gramm der Konstruktion, da das Gewicht des Brückendecks nicht wie bei einer Wippbrücke von einem Gegengewicht austariert wird.

Einen anderen, ebenso neuartigen Öffnungsmechanismus zeigt die Katzenbuckelbrücke, eine rückverankerte Hänge-Hubbrücke mit einer Spannweite von 73 m, im Binnenhafen von Duisburg. Die Brücke weist einen leicht nach oben gekrümmten, flexiblen Brückenträger auf, der bei Bedarf um bis zu 8 m in der Feldmitte nach oben gekrümmt werden kann. Dies geschieht durch Seile, die die Masten der Hängekonstruktion nach hinten kippen. Dabei kann der Brückenträger sich aufgrund seiner besonderen Konstruktion so stark verlängern, dass er ohne weiteres nach oben gekrümmt werden kann.

Beide Brücken stellen Herausforderungen in Bezug auf den Leichtbau dar, um unnötige träge Masse zu vermeiden. Im geschlossenen Zustand müssen solche beweglichen Brücken aber eine ausreichende Steifigkeit aufweisen, um gebrauchstauglich zu sein. Übermäßige Schwingungen sind nicht erwünscht, und dagegen hilft unter anderem, paradoxerweise, eine träge Masse.

Intelligente Systeme zur Schwingungskontrolle

Leichtbau führt bei Fußgängerbrücken oftmals zu personeninduzierten Schwingungen. Mit neuen Hochleistungswerkstoffen wie Carbon können sehr leichte Brücken mit großen Spannweiten realisiert werden. Schwingungsprobleme sind dabei nicht zu unterschätzen. Es fehlt träge Masse, die gegen diese Schwingungen arbeitet. An der TU Berlin wurde vor einigen Jahren eine neuartige Konstruktion gewagt. Eine Spannbandbrücke mit 13 m Spannweite wurde mit sechs Carbonbändern, weniger als 1 mm dick und 50 mm breit, in der Peter-Behrens-Halle, der Versuchshalle des Instituts für Bauingenieurwesen, aufgebaut. Auf diesen Carbonbändern wurden acht

Spannbandbrücke an der TU Berlin mit Schwingungskontrolle durch Computer und sechs pneumatische Muskeln im Handlauf

Pneumatischer Muskel (schwarz) mit Wegaufnehmer zur Messung der Verformungen

Betonplatten montiert, die als Brückendeck dienen. In den 1 cm breiten Fugen zwischen den Betonplatten sind nur Hartgummis eingelegt, was diese Brücke sehr weich und flexibel macht. Seit mehreren Jahren ist diese Brücke nun in Benutzung, Studierende machen in Lehrveranstaltungen Schwingungstests, und die Dauerhaftigkeit sowie die Ermüdungsfestigkeit wurde und wird über einen längeren Zeitraum beobachtet. Schon zu Beginn des Projekts war klar, dass die geringe Masse und die Flexibilität der Spannbänder zu großen Schwingungen führen würden. Es wurde daher schon früh begonnen, Systeme für eine aktive Schwingungskontrolle zu entwickeln und zu testen. Man entschied sich, mittels pneumatischer Aktuatoren impulsartige Kräfte gezielt und zum richtigen Zeitpunkt in die Geländerpfosten einzubringen. Dazu sind zahlreiche Sensoren auf der Brücke angebracht, die die Bewegung der Brücke beobachten und diese Informationen an einen Rechner weiterleiten. Es wurden in Zusammenarbeit mit Elektrotechnikern verschiedene Regelkreise implementiert und getestet, um die pneumatischen Aktuatoren zu steuern. Eine interessante Frage in diesem Zusammenhang ist, wie sich der Regelkreis und die Steuerung verhalten, wenn sich die dynamischen Eigenschaften der Brücke verändern, weil mehr Personen auf der Brücke sind, die Vorspannkraft der Spannbänder abnimmt, die Brücke sich erwärmt oder die Fugen einfach verstopft sind. Moderne Systeme müssen auch Veränderungen der Tragwerke erfassen und, am Beispiel der Spannbandbrücke, bei der Steuerung der pneumatischen Muskeln berücksichtigen. Dazu gehört auch, wie sich solche Regelkreise in Bauwerken selbst initiieren und einrichten können. Wie viel Ingenieurleistung muss für die individuelle Anpassung an jede Brücke erbracht werden? Können diese Systeme zukünftig die dynamischen Eigenschaften der Brücken identifizieren und entsprechend richtige Entscheidungen treffen und sich adaptieren? Praktikable Lösungen würden intelligente Systeme zur Schwingungskontrolle für die Baupraxis ermöglichen.

Bei der aktiven Schwingungskontrolle wie bei der Spannbandbrücke muss Energie für die Beruhigung der Schwingung sowie für die intelligente Steuerung bereitgestellt werden. Die Hardware und Verkabelung, Sensoren und Software veralten im Laufe der Zeit, mechanische Teile müssen gewartet werden, eben wie bei den beweglichen Brücken. Jedenfalls kann, im Vergleich zu den herkömmlichen Lösungen zur Schwingungsreduktion mit Schwingungstilgern, auf diese Weise noch mehr Masse eingespart werden – ein Beitrag zum leichten Bauen.

1 Korvink, J.; Schlaich, M., „Autonome Brücken – ein Blick in die ferne Zukunft des Brückenbaus", *Bauingenieur*, Band 75, Heft 1, 2000, S. 29 – 34.

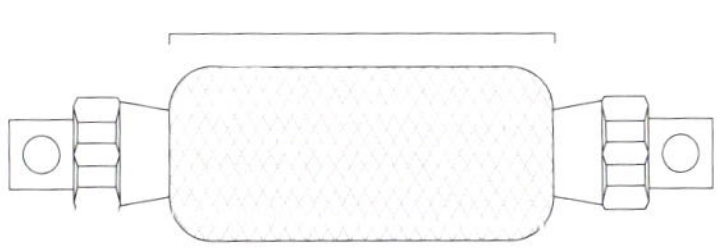

Vollständig gestaucht

Pneumatischer Muskel mit Druckluft, dehnt sich in Querrichtung aus, zieht sich dabei zusammen und erzeugt eine Zugkraft

Teilweise gestaucht

Pneumatischer Muskel, teilweise durch Druckluft gestaucht

Vollständig gestreckt

Pneumatischer Muskel, entspannt und ohne Druckluft

Nahaufnahme des Demonstrators, bekannt als Solar Curtain

■ 2.4 Shape Memory – Bewegung durch Formgedächtnislegierungen

Jonas Kleuderlein, Sara Kukovec

Kraftbetriebene Bauteile an Gebäuden, wie beispielsweise Sonnenschutzanlagen, Türantriebe oder Lüftungsklappen, werden heute mit Elektromotoren und sensorgestützter Steuerung realisiert. In der Regel ist hierfür eine elektrische Infrastruktur zur Stromversorgung und Ansteuerung der Aktoren erforderlich, welche in die Gebäudeleittechnik integriert werden muss. Mittels Formgedächtnislegierung (FGL, englisch: shape memory alloy, SMA) ist es hingegen möglich, Aktor und Sensor in einem Bauteil zu vereinen. Eine elektrische Infrastruktur, z. B. ein Bussystem, kann dadurch gänzlich überflüssig werden. Durch intensive Forschungsaktivitäten im Bereich der Materialwissenschaft werden konfigurierbare Funktionswerkstoffe zukünftig auch in der Architektur einsetzbar.

Wirkprinzip

Formgedächtnislegierungen gehören zu den formveränderbaren Materialien, welche ihren Zustand und ihre Beschaffenheit aufgrund äußerer Einwirkungen reversibel verändern können und dadurch Bewegungszyklen ermöglichen. Die Grundlage dafür bilden kristallographisch reversible Martensit-Austenit-Phasenumwandlungen. Dadurch ist es z. B. möglich, ein Bauteil aus einer gegebenen Grundform mittels einer äußeren Einwirkung (z. B. Krafteinwirkung) zu verformen. Wird das Material im nächsten Schritt thermisch behandelt, kehrt das Bauteil durch die Rückstellkräfte in seine Ausgangsform zurück. Über die Art und Zusammensetzung der Legierung können dabei sowohl die mechanische Kraftkomponente als auch die Schalttemperatur sowie die Verformungsgeschwindigkeit beeinflusst werden.

FGL zeichnen sich durch ein hohes gewichtsspezifisches Leistungsvermögen aus. Ein FGL-Aktor ist in der Lage, bis zum Hundertfachen des eigenen Gewichtes zu bewegen. Damit haben die FGL die höchste Energiedichte aller bis heute bekannten Aktorprinzipien. Die Energiedichte bei NiTi liegt in der Größenordnung von 10 J/cm³.[1] Ein Draht von 2 mm

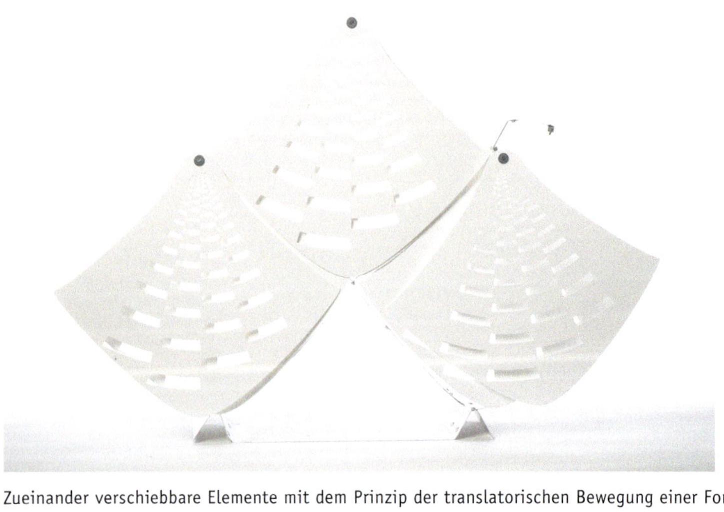

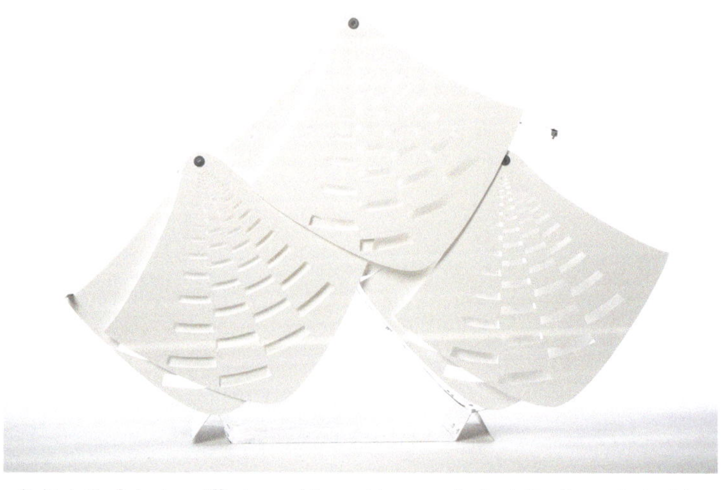

Zueinander verschiebbare Elemente mit dem Prinzip der translatorischen Bewegung einer Formgedächtnis-Zugfeder in geöffnetem und in geschlossenem Zustand. Der Demonstrator ist bekannt als Chamäleon Membran.

Blütenförmige textile Faltschirme in Form eines Sonnen-, Blend- oder Sichtschutzes, gesteuert nach dem Prinzip der translatorischen Bewegung einer Formgedächtnis-Zugfeder.

	Materialverformung	Aktuatorform	Vorteile	Nachteile
Translation	Kontraktion	Zug-Draht, Stab, Rohr	homogene Belastung hohe Belastbarkeit hohe Lebensdauer kurze Zyklenzeiten kostengünstig	geringer Stellweg Verbindungstechnik notwendig
	Dehnung	Druck-Stab, Rohr		
	Schub	Schraubenfeder	sehr großer Stellwinkel geringer Bauraumbedarf einfacher Einbau	inhomogene Belastung spezielle Temperaturform ungleichmäßige Abkühlung lange Zyklenzeiten eingeschränkte Lebensdauer
Rotation	Biegung	Drehschraubenfeder		
	Biegung	Blattfeder	großer Stellwinkel einfacher Einbau	inhomogene Belastung lange Zyklenzeiten eingeschränkte Lebensdauer problematische Rückverformung
	Schub	Dreh-Draht, Stab, Rohr	großer Stellwinkel	inhomogene Belastung eingeschränkte Lebensdauer gleichmäßige Rückverformung problematisch lange Zyklenzeiten

Tabelle 1: Bauformen und Bewegungsarten von Formgedächtniselementen mit den jeweiligen Vor- und Nachteilen

Durchmesser und 1 m Länge ist somit in der Lage, ein Gewicht von über 100 kg um 5 cm zu versetzen. Typische FGL-Legierungen sind CuZnAl, CuAlNi, FeNiCoTi, FeMnSi und NiTi. Dabei sind NiTi-basierte Legierungen für den Architekturbereich besonders interessant, da sie bis zu einer Million Arbeitszyklen ermüdungsfrei ermöglichen.

Die Geometrie der FGL-Aktoren kann anwendungsorientiert ausgelegt werden. Als Bauteile kommen feste oder flexible Elemente in Frage, die ihre Form durch Rotation und Translation oder eine Kombination aus beidem ändern. Typische Bauformen und Bewegungsarten der FGL-Aktoren sowie deren konstruktive Vor- und Nachteile sind in der Tabelle 1 aufgelistet. Grundsätzlich sind die Möglichkeiten der Formgebungen und Bewegungsmechanismen nahezu unbegrenzt. So sind z. B. auch textile Gewebe mit FGL-Fäden oder frei geformte Lamellenstrukturen vorstellbar, die ihre Form temperaturabhängig ändern.

Grundsätzliche FGL-Anwendungsgebiete

FGL werden in zahlreichen Gebieten wie der Medizin, der Automobiltechnik, der Elektrotechnik, der Luft- und Raumfahrt, der Datenverarbeitung sowie der Befestigungs- und Verbindungstechniken bereits erfolgreich eingesetzt. Beispielsweise werden chir urgische Werkzeuge und Implantate, etwa Stents und Herzklappen, aus diesem Funktionswerkstoff hergestellt. Im Bauwesen finden FGL derzeit in der Regelungstechnik für Thermostate oder Brandschutzklappen nennenswerte Anwendung. Auch gibt es erste Ansätze, FGL in der Baudynamik als Dämpfungsmaterial gegen Erdbebenschwingungen sowie im Brückenbau als Vorspannelemente einzusetzen.

Architektonisch relevante FGL-Anwendungen

In der Architektur werden derzeit unterschiedliche Ansätze zur Verwendung vor allem in der Gebäudehülle verfolgt. Den Schwerpunkt in der Forschung bilden dabei energieautarke Sonnenschutzprinzipien, die im Unterschied zu herkömmlichen Verschattungsanlagen ohne Motor, Sensorik und Steuerung und auch ohne Stromzufuhr auskommen. Dadurch besteht die Möglichkeit, Gebäude wartungsfrei, geräuschfrei und temperaturadaptiv, dabei dezentral und somit bedarfsgerecht zu verschatten. Auch werden fehleranfällige Messwertgeber wie Windwachter, Fotosensoren und Zeitschaltungen überflüssig.

Um Sonnenschutzlösungen FGL-gerecht zu konstruieren, sind grundlegend neue Verschattungsprinzipien zu entwickeln. Beispielhaft seien hier die Ansätze „Chamäleon Membran“[2] und „Solar Curtain“[3] genannt. Die im Rahmen des Innovationsnetzwerks smart^3 entwickelten Verschattungsprinzipien arbeiten beide mit FGL als Sensor-Aktor-Einheit. Bei der „Chamäleon Membran“ wird durch Sonneneinstrahlung bzw. Temperaturveränderung ein Farbwechsel erzielt, indem perforierte farbige Fassadenelemente mit Hilfe von Formgedächtnislegierungen zueinander verschoben werden. Je nach Umgebungstemperatur und solarer Strahlungsbelastung ändern sich folglich der Transparenzgrad und die Farbgebung. Beim „Solar Curtain“ werden blütenförmige textile Faltschirme über FGL-Drähte gesteuert, die ihre Form bzw. Länge durch Wärmeeinwirkung oder Stromimpulse verändern, um sich zu öffnen, und die anschließend mittels Rückstellfeder geschlossen werden. Dieser Sonnenschutz ist für großflächige Verglasungen konzipiert und kann je nach Gestaltung an der äußeren Verglasung oder im Scheibenzwischenraum einer mehrschichtigen Klimafassade angebracht werden.

Diese Beispiele zeigen erste Ansätze der Verstellbarkeit von Bauteilen bzw. ihrer Formänderung durch FGL. Beim Ausschöpfen des Potenzials dieser Technologie steht man noch ganz am Anfang. Laufende Forschungsprojekte[4] sollen weitere Konstruktionsansätze sowie die Grundlagen für marktgerechte Systeme erbringen.

1 Krulevitch, P.; Lee, P.; Ramsey, P. B.; Trevino, J. C.; Hamilton, J.; Northrup, M. A., „Thin Film Shape Memory Alloy Microactuators“, *Journal of Microelectromechanical Systems*, Band 5, Nr. 4, 1996, S. 270.

2 „Chamäleon Membran“ wurde zeitlich vor smart^3 an der Weißensee Kunsthochschule Berlin als Diplomarbeit entwickelt, betreut von Prof. Dr. Zane Berzina (2013), und in Kooperation Weißensee Kunsthochschule mit Fraunhofer IWU in Demonstratoren umgesetzt.

3 „Solar Curtain“ wurde als Semesterentwurf (2014) an der Weißensee Kunsthochschule Berlin entwickelt, betreut von Prof. Christiane Sauer, und in Kooperation mit Fraunhofer IWU in Demonstratoren umgesetzt.

4 „Adaptex“(sowie „Chamäleon Membran“ und „Solar Curtain“) ist ein laufendes Forschungsprojekt in Rahmen des Innovationsnetzwerks smart^3, an dem die Autoren mit anderen Kooperationspartnern beteiligt sind. Inhalte stehen unter Geheimhaltung.

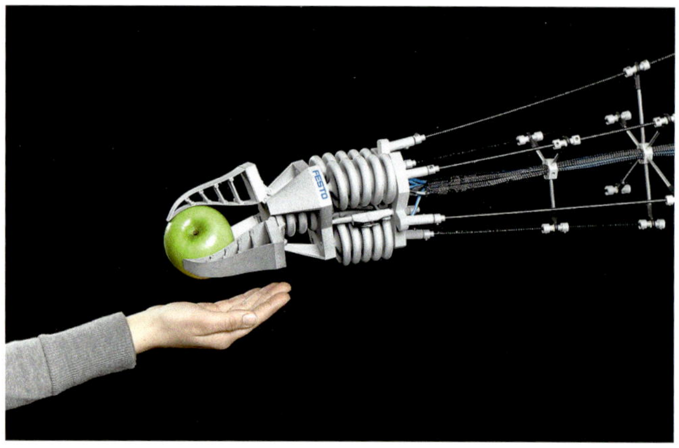

Flexibler Roboter mit adaptivem Greifer

■ 2.5 Soft Robotics: Verformung und Bewegung von weichen Komponenten

Annika Raatz, Mats Wiese

Wo Bewegung als Teil der Architektur auftritt, ist sie in der Regel durch die Bewegung starrer Elemente entlang von Pfaden bestimmt, die von diskreten Gelenken vorgegeben werden. Türen oder Fenster öffnen sich in der Regel als Ganzes und vollführen dabei eine Rotationsbewegung um die Türangeln. Schubladen lassen sich entlang linearer Führungen öffnen, Klappstühle und -tische entfalten sich ebenfalls durch die relative Bewegung starrer Elemente zueinander.

Ein Entwicklungszweig in der Robotik ist das Forschungsfeld der Soft Robotics. Im Gegensatz zu den geschilderten diskreten Bewegungen beschäftigt sich Soft Robotics mit der kontinuierlichen Verformung und Bewegung von weichen Komponenten. Softe Roboter bestehen aus hochelastischen Materialien, die eine Bewegung nicht nur entlang diskreter Gelenke, sondern in jedem Punkt ermöglichen. Bewegungen werden nicht mehr in rein rotatorische und translatorische Bewegungen starrer Bauteile unterschieden. Durch die kontinuierliche Verformbarkeit ermöglicht Soft Robotics organischere Formen und Bewegungen. Softe Roboter lassen einen flüssigen Bewegungsablauf zu, bei dem die Gestalt eines als Einheit bestehenden Bauteils sich in sich verändert.

Wie in vielen Bereichen der Wissenschaft kommt die Inspiration für solche Systeme häufig aus der Natur. Ein Oktopus etwa kommt ohne eine harte Stützstruktur oder Skelett aus, kann aber dennoch durch geschickte Ansteuerung von Muskeln in seinen weichen Tentakeln beispielsweise Schraubverschlüsse öffnen oder sich auf unebenem Terrain fortbewegen. Der flexible Rüssel eines Elefanten erlaubt es diesem, enge, schwer zugängliche Stellen tastend zu erkunden. Er ermöglicht die Handhabung vergleichsweise kleiner Objekte und die feinfühlige Manipulation fragiler Gegenstände.

Die Soft Robotics greift diese Prinzipien auf und eröffnet damit vollkommen neue Möglichkeiten in der Erzeugung von Bewegung. Sie zielt auf eine hohe Veränderlichkeit von Formen und Geometrien ihrer Komponenten. Materialien wie Polymere oder Elastomere lassen große reversible Dehnungen zu, die es der Gestalt eines soften Roboters erlauben, sich als Ganzes zu modifizieren und anzupassen.

Neben der reinen Ästhetik spielt vor allem die Anpassungsfähigkeit weicher Materialien eine große Rolle auf dem Gebiet der Soft Robotics. Diese Anpassungsfähigkeit bietet enorme Vorteile im direkten Kontakt mit Menschen oder Objekten. Softe Roboter sind in der Lage, durch ihre elastische Deformation Energie zu absorbieren und zu speichern. Die Weichheit softer Roboter erlaubt es ihnen, sich an Objekte anzuschmiegen oder diese zu manipulieren, ohne dabei ihre Umwelt oder sich selbst zu beschädigen. So können softe Roboter beispielswei-

Konzept für einen Pavillon unter Verwendung von gegossenen Silikonaktoren. Pneumatisch betriebene Aktoren ermöglichen unendlich viele Muster und Bewegungen der Umgebung.

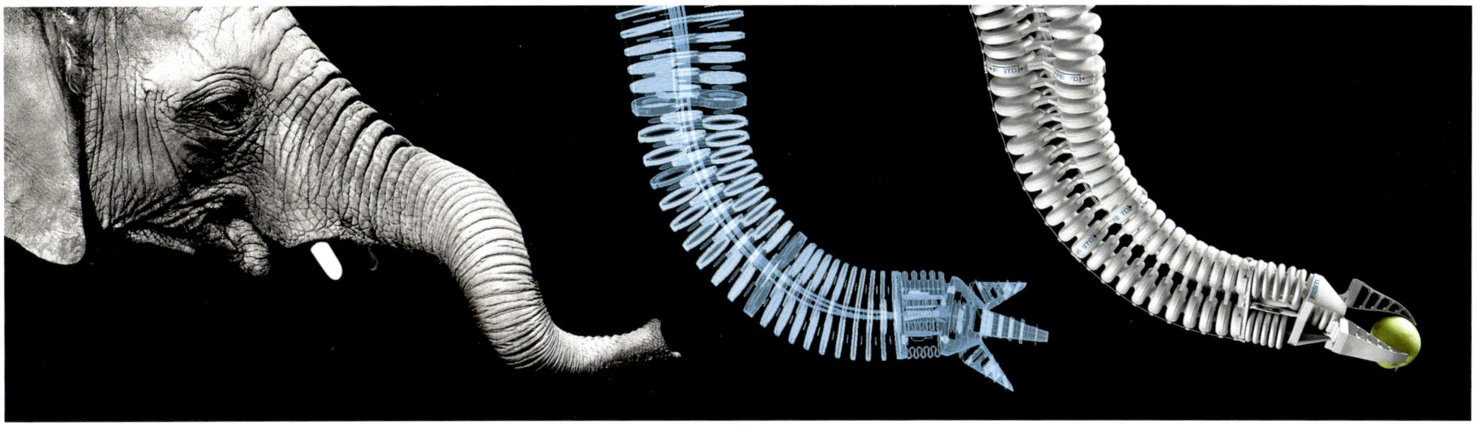

Flexibler Roboter nach Vorbild eines Elefantenrüssels

se flexibel ganz unterschiedlich geformte Objekte greifen, indem sie diese mit ihrem nachgiebigen Körper umschließen. Mit Hilfe von steifigkeitsvariablen Aktoren ließen sich dem Körperbau anpassende Stühle entwickeln, ganze Bänke könnten aus Wänden geformt werden. Im formlabilen Zustand kann die Struktur verformt werden, anschließend wird sie versteift, sodass die Form erhalten bleibt.

Ein Verfahren dafür, diese variable Steifigkeit zu realisieren, ist das „Jamming". Granulares Material wie beispielsweise Sand oder Kunststoffkugeln werden dafür in eine luftundurchlässige Membran gefüllt. Die gefüllte Membran ist im Ausgangszustand weich und verformbar. Wird ein Unterdruck in der Membran erzeugt, werden die Kugeln und die Membran zusammengepresst, sodass ein stabiler Zustand entsteht, in dem sich die Partikel nicht mehr relativ zueinander bewegen können und somit auch makroskopisch die Struktur in einen formstabilen Zustand übergeht. Ein ähnliches Prinzip wird beim „Layer Jamming" genutzt. Dünne, formlabile Schichten werden gestapelt und ebenfalls von einer luftundurchlässigen Membran umhüllt. Auch hier sorgt der Unterdruck für den Wechsel der Steifigkeit vom formlabilen in den formstabilen Zustand.

Um aktiv Bewegung in Strukturen zu erzeugen, existieren im Bereich Aktorik in der Soft Robotics verschiedene Ansätze. Ein großes Forschungsfeld sind pneumatisch getriebene Aktoren. In Silikon- oder Elastomerkörpern eingelassene Hohlräume werden dabei mit Druck beaufschlagt, der dazu führt, dass sich diese Hohlräume ausdehnen und somit die Gestalt des gesamten Aktors ändern. Die gezielte Platzierung von einem oder mehreren Hohlräumen in einem Körper sowie variabel einstellbare Drücke ermöglichen zielgerichtete Bewegungen des soften Aktors. Diese Art von Aktoren werden häufig im Kontext der flexiblen Greifertechnik erforscht und entwickelt. Hintereinandergeschaltete Segmente ermöglichen armähnliche Strukturen, die dem erwähnten Elefantenrüssel und dem flexiblen Oktopusarm nahekommen. Denkbar sind aber auch flächige Strukturen, die – auf einer Wand appliziert – durch die pneumatische Ansteuerung von Druckkammern gezielt akustische Eigenschaften eines Raumes verändern können. Pneumatische Aktoren können mit relativ wenig Energie große Stellwege erreichen. Pneumatisch betätigte Sonnensegel sind denkbar, die sich durch die Beaufschlagung mit Druck entfalten und entsprechend der Sonneneinstrahlung stellen lassen.

Eine weitere Art der Bewegungserzeugung stellen Aktoren aus Formgedächtnislegierungen (FGL) dar. Das Aktuierungsprinzip beruht auf dem Effekt, dass bestimmte Metalllegierungen sich in gewisser Weise an einen bestimmten Zustand „erinnern" können und in der Lage sind, diesen auch nach großen Verformungen wieder einzunehmen. Die Metalle werden dafür im kalten Zustand verformt. Anschließendes Aufheizen führt dazu, dass sich das Material in seinen Ausgangszustand zurückverformt. Attraktiv macht diese Form der Aktuierung vor allem die Effizienz der verwendeten Materialien. So lassen sich vergleichsweise große Kräfte bei nur geringem Gewicht der Bauteile realisieren. Geräuschloser Betrieb, hohe Lebenszeiten und die Möglichkeit, den Effekt auch als Sensor nutzbar zu machen, sind weitere wünschenswerte Eigenschaften.

Getrieben wird die Soft Robotics auch durch die voranschreitende Forschung und Entwicklung im Bereich weiterer aktiver Materialien, die auf verschiedene Umwelteinflüsse wie Drücke, Dehnungen, Kontakt, aber auch Temperatur oder Licht reagieren, indem sie beispielsweise ihre Form, Steifigkeit, Farbe oder elektrische Leitfähigkeit verändern. Der Körper eines soften Roboters dient aufgrund der verwendeten aktiven Materialien sowohl als Aktor wie auch als Sensor. Auf ein Fenster applizierte temperaturempfindliche Aktoren, die sich bei Wärme ausdehnen, können beispielsweise dazu beitragen, den Sonneneinfall zu blockieren und weiteres Aufheizen von Innenräumen zu verhindern. Die Temperaturregelung geschieht damit adaptiv, also ohne eine explizite Regelung, die auf energieintensivem Heizen und Kühlen beruht. Die Soft Robotics lässt damit die Grenzen zwischen einzelnen Roboterkomponenten verschwimmen und weist den Weg in Richtung einer erhöhten Funktionsintegration: Aktive Materialien bilden den Körper softer Roboter und übernehmen gleichzeitig Aufgaben der Sensorik; die Anpassungsfähigkeit und gleichmäßige Spannungsverteilung beim Anschmiegen an ein Objekt vereinfachen eine ansonsten komplexe Regelung.

Häufig genannte Einsatzgebiete der Soft Robotics sind die industrielle Handhabung mit formvariablen Greifern und der Möglichkeit zur Mensch-Roboter-Kollaboration sowie die Medizin- und Rehabilitationstechnik. Weiche Roboter könnten das Verletzungsrisiko des umgebenden Gewebes bei der minimalinvasiven Chirurgie verringern, bei der eine Kamera oder Operationswerkzeug durch kleine Öffnungen im Körper manövriert wird. Ihre Anpassbarkeit und sichere Interaktion mit der Umgebung prädestiniert softe Roboter auch für die Explorationsrobotik beispielsweise in Katastrophengebieten.

Exoskelette, die steifigkeitsvariabel den Menschen beim Heben schwerer Lasten unterstützen; flexibel einsetzbare Greifer und Manipulatoren, die dem Menschen im täglichen Leben zur Seite stehen; aber auch robotische Haustiere, die möglichst lebendig erscheinen und sich entsprechend anfühlen – vieles ist denkbar. Adaptive Temperaturregelung durch aktive Materialien, individuell formbare Möbel – das Forschungsfeld der Soft Robotics ebnet den Weg für eine neue Generation von Robotern, deren weitreichende Einsatzmöglichkeiten heute noch nicht absehbar sind.

B

Anwendungen und Funktionen

1 Nutzungen ändern und erweitern

Reduktion auf das Minimum: „Propeller Folding Stool", Klapphocker von Kaare Klint, Hersteller: Carl Hansen

■ 1.1 Moving Mobiliar

Olaf Schroeder

Moving Mobiliar bezeichnet solitäre Möbel, die aufgrund ihrer Konstruktion Zustandsveränderungen vollziehen können. Es geht dabei sowohl um Minimierung von Material und Konstruktion als auch um ästhetisch und räumlich relevante Aspekte eines Möbels in seinen unterschiedlichen dreidimensionalen Zuständen.

In der Geschichte des Mobiliars sind schon immer Produkte entwickelt worden, die im Rahmen ihrer Konstruktion bewegliche Bauteile aufweisen. Ob Volumenmöbel wie z. B. Truhen und Schränke oder Kleinmöbel wie Sekretäre oder Kommoden, stets ging es um die Integration von Klappen, Türen oder Schubladen, die verstaute Dinge unsichtbar machen. Sitzhocker aus der Bronzezeit oder auch des Mittelalters, die mit einfachen Achsen beweglich gemacht wurden, vollziehen bereits eine deutliche Volumenminimierung, um den Transport dieser Möbel zu ermöglichen.

Das Thema Moving Mobiliar setzt hier an. Es geht um markante Zustandsveränderungen, die erst durch das Aufkommen serieller Möbelfertigung technisch umsetzbar wurden. Spezialisierte Zulieferer bieten neben bekannten und preiswert einsetzbaren mechanischen Prinzipien immer raffiniertere, systemische Verbindungs- und Ausziehtechnologien an, die neue Entwicklungen im Möbeldesign ermöglichen.

Primäre Bedürfnisse im Sinne von komfortablem Sitzen und Liegen sind heute preiswert gelöst. Zugleich befinden wir uns im Zeitalter kompetitiver und gesättigter Märkte, was Designer zu immer experimentelleren mobiliaren Lösungen treibt – zu Lösungen, die in ihren Zustandsveränderungen einen hohen ästhetischen, ikonographischen Anspruch verfolgen.

Und damit zurück an den Anfang, zur einfachen Klapphocker-Konstruktion. Unter dem Aspekt „maximale Minimalisierung" verringert ein Hocker in diversen Nutzungskontexten (Camping, Militär, Veranstaltung) sein Volumen besonders ökonomisch. Eine der nach wie vor schönsten Lösungen dieser Möbelkategorie ist der „Propeller Folding Stool" von Kaare Klint. Die aus massiven Rundstäben gefräste Beinkonstruktion ist in ihrer Schnitttechnik einem Propeller nachempfunden und schmiegt sich im zusammengelegten Zustand zurück in einen ästhetischen Stab. Der bereits 1930 entstandene Entwurf konnte erst 1962 seriell realisiert werden, da die Ausfräsung des massiven Rundstabs bis dahin technisch nicht möglich war.

Dem technischen Prinzip des Scherengitters könnte man ein eigenes Buch widmen, so viele Anwendungen gibt es dazu. Eine quantitativ besonders beeindruckende Lösung machte 1987 auf sich aufmerksam: „Tabula Rasa" (Uwe Fischer, Achim Heine) bildet aus einer Volumen-Box eine bis zu 5 m lange, ausziehbare Tisch- und Sitzfläche. Dieses objekthaf-

Volumenveränderung vom Zweidimensionalen ins Dreidimensionale: „Rebar", Regal von Jonas Schroeder, Hersteller: Joval

Flächenzuwachs durch die Flexibilität von Multiplex-Schichtholz: „Tojo-V-Bett" von Roy Schäfer, Hersteller: Tojo

Geometrisches Spiel mit beweglichen Konstruktionsteilen: „Lot“, Tisch von Wolfgang Hartauer, Hersteller TECTA

Dekonstruktive Überlagerungen von gleichen Flächen führen zu unterschiedlichen Perspektiven: „Shift“, Tisch von Olaf Schroeder

te Möbel ist in seiner archetypischen Erscheinung ein designgeschichtlicher Meilenstein, bringt es doch durch seine flexible Dosierung des Sitzangebotes eine eigene architektonische Dimension in den Raum.

Eine ebenfalls sehr ästhetische, fast schon asketisch angeordnete Reihung gleicher Verbindungsbauteile zeigt das faltbare Regal „Rebar“ (Jonas Schroeder). Schnörkellos bietet es eine leichte, filigrane und dennoch solide Struktur aus immer gleich dimensionierten Leisten. Die Fixierung und damit Stabilisierung des Systems vertikaler und horizontaler Reihen erfolgt durch gegenseitiges Anpressen der Leisten über rückseitig in den Achsen angebrachte Muttern: eine langlebige und nachhaltige Lösung, die sich in unterschiedlichste Wohn- und Raumkontexte integrieren lässt.

Flexibilität ist das Thema der Bettkonstruktion „Tojo-V-Bett“ (Roy Schäfer). Die Nutzung der federnden Eigenschaft von Multiplex-Schichtholz erlaubt einen horizontalen Flächenzuwachs, der sich den Bedürfnissen seiner Nutzer anpasst. Die durchgespannten V-förmigen Leisten lassen alle gängigen Matratzengrößen, wahlweise über- oder nebeneinander, auf der Unterkonstruktion zu.

Der „Transformable Table“ (Karim Fargeau) springt im wahrsten Sinne des Wortes aus einer Sidetable-Situation grazil auf Esszimmertischhöhe. Dies gelingt über einen Seilzugmechanismus, der die zweigeteilten Beinkonstruktionen zwischen Tischunterseite und Beingelenken hin- und herzieht. Die konstruktive Raffinesse bietet im Handumdrehen zwei sinnvolle Nutzungssituationen mit nur einem Produkt.

Klar dimensionierte Grundformen bilden die Basis für den Tisch „Lot“ (Wolfgang Hartauer). Elegant lassen sich die halbkreisförmigen Segmente der soliden Eichenholz-Konstruktion drehen und klappen, um die Gesamtform des Tisches zu generieren. Ein schönes Spiel der Geometrien, das sowohl im ganzen als auch im geklappten Zustand visuell anziehend wirkt.

Eine vertikale Reihung von Schubladen stellt „Stack“ (Shay Alkalay) dar. Der Designer nutzt für seine Stapelungen eine perfekte Schubladen-Auszugstechnologie, die horizontal in beide Richtungen funktioniert. Eine starke Raumskulptur, die zwischen Konstruktion und Dekonstruktion changiert. Durch die kontrastreiche Farbigkeit werden zusätzliche Akzente gesetzt, die sich durch die Bewegung der einzelnen Schubelemente verstärken.

Der Arbeits- und Wohntisch „Shift“ (Olaf Schroeder) bedient sich zwei deckungsgleicher Platten auf einer Unterkonstruktion. Die obere der beiden Platten wird mit einer vertikalen Achse in Längsrichtung über ein Langloch in der unteren Platte geführt und kann in jeder beliebigen Position bis zu 360° ausgerichtet werden. Die bewußte Dekonstruktion bietet nicht nur eine Erweiterung an Nutzfläche, sondern auch ein sich formal markant veränderndes Möbel.

Eine beinahe endlose Reihung von gefalteten Papierlamellen bildet das innovative Sitzmöbel „Flexible Love“ (Craig Chen). Dank einer besonderen Wabenkonstruktion ist es möglich, auf einer vertikalen Papierkonstruktion komfortabel zu sitzen. Die reine Papierkonstruktion ist verblüffend stabil und lässt sich zusammengefaltet extrem komprimieren. Eine zukunftsweisende Kombination aus Material und Konstruktion, die viel Nutzungspotenzial hat.

„Last Minute“ (Hauke Murken) ist ein Entwurf, bei dem faltbare Flächen zum Einsatz kommen. Mit Textilscharnieren verbundene, schlank dimensionierte Multiplexplatten machen die Konstruktion erstaunlich stabil. Ein schnelles Möbel, das sich im nicht genutzten Zustand aus dem 3D- in den 2D-Modus verwandelt und dekorativ als Wandskulptur präsentieren lässt. Gerade für kleine Wohneinheiten ein hochaktueller Lebensbegleiter.

Die Entwicklung flexibler, sich verändernder Möbel wird, zumindest für den großstädtischen Bereich, aufgrund teuren und knappen Wohnraumes zunehmen. Auch wenn der technische und damit finanzielle Aufwand solcher Konstruktionen hoch ist, liegt genau hier ein Themenfeld, mit dem die von modischem Styling geprägte Möbelbranche innovative und nachhaltige Impulse setzen könnte.

Auch wird es in Zukunft verstärkt um räumliche Gesamtlösungen gehen, wie sie anschaulich in der Rauminstallation „Cella“ (Stefan Wewerka) bereits 1984 prototypisch umgesetzt wurden. Mit dem sowohl experimentellen als auch funktionalen Projekt „Walden“ (Nils Holger Moormann) aus dem Jahr 2006 wird das Thema raumgreifendes Möbel auf den Außenbereich übertragen und liefert damit wichtige Impulse zum Trend der „Cozy Houses“.

Weiter in die Zukunft gedacht, würde dies vom Einzelmöbel wegführen und die Planung des Gesamtraumes als smarter Mikro-Architektur unter den Aspekten der Flexibilität und Veränderbarkeit stärker in den gestalterischen Fokus rücken.

Rauminstallation „Kumo“

■ 1.2 Adaptivität als Methode

Kaja Schelker, Werner Sobek

Der Begriff Adaptivität wird oftmals synonym zum Begriff Veränderbarkeit verwendet. Adaptivität wird auch als die Fähigkeit verstanden, aktiv auf äußere Einwirkungen reagieren zu können. Im Bauwesen kann dies bislang auf der Materialebene, der bauphysikalischen Ebene und – seit der Errichtung der Stuttgart SmartShell, des weltweit ersten adaptiven Schalentragwerks – auch auf der Tragwerksebene umgesetzt werden. In dem hier vorgestellten Konzept der Adaptivität steht der Begriff für einen neuen, ganzheitlichen Planungsansatz innerhalb des Bauwesens, dessen Endprodukt nicht das Kreieren von Architektur, sondern das Entwickeln räumlicher Prozesse ist. Dieser Ansatz schließt alle drei genannten Ebenen des Bauwesens sowie bisherige Definitionen des Begriffes ein.

Der Wunsch nach adaptiver Architektur hat seinen Ursprung in zwei Bestrebungen:

Die Fähigkeit vermeintlich starrer Bauteile oder Bauwerke, sich mit Hilfe eines selbstregulierenden Mechanismus an äußere Bedingungen anzupassen, bietet eine außergewöhnliche Chance zur Materialeinsparung und somit zur Ressourcenschonung. Wo einstmals Masse gegen äußere Einwirkungen gesetzt wurde, sei es im Bereich der Bauphysik oder des Tragwerks, wird nun mit kurzzeitig zugeführter Energie gearbeitet. Somit ist das erste Motiv für adaptive Architektur das Bestreben, Baumaterial zu sparen, um endliche Ressourcen zu schonen.

Das zweite Motiv für adaptive Architektur liegt im Bestreben des Planers, die Nutzer eines Bauwerks in den Mittelpunkt zu rücken. Ihre Wünsche und Bedürfnisse sollen die direkte Umgebung definieren.

Auf dem Weg zu diesem anspruchsvollen Ziel wurden am Institut für Leichtbau Entwerfen und Konstruieren (ILEK) der Universität Stuttgart unter der Leitung von Professor Werner Sobek verschiedene Projekte realisiert, die sich mit diversen Aspekten der Adaptivität in der gebauten Umwelt beschäftigten. Im Folgenden werden drei abgeschlossene Projekte und der laufende Sonderforschungsbereich 1244 „Adaptive Hüllen und Strukturen für die gebaute Umwelt von morgen“ vorgestellt. Dieser Sonderforschungsbereich widmet sich seit 2017 dem Bau des ersten adaptiven Hochhauses und resümiert die Erkenntnisse aller vorangegangenen Projekte.

„Kumo“

Ein Teilaspekt der Adaptivität ist die räumliche Reaktion von Architektur auf äußere Einflüsse. Mit dieser Thematik beschäftigte sich eine Gruppe von 13 Studierenden des ILEK Lab unter Betreuung von Christoph Witte und Stefan Neuhäuser.[1] Sie entwarfen und realisierten für die Designmesse „Blickfang“ in Stuttgart eine interaktive Installation, die von Bildern fallender Tropfen und schwebender Wolken inspiriert war. Die Installation bestand aus 30 fragilen Elementen, von denen ein jedes als kinematische Stabstruktur fungierte. Zusammen bildeten die vertikal ausgerichteten Elemente aus schlanken Stäben eine Art Wolke über dem Loungebereich der Messe. Die Elemente, „Kumo“ genannt (japanisch für „Spinne“ bzw. „Wolke“), öffneten sich, indem die einzelnen Stäbe horizontal expandierten. Sie waren als System so programmiert, dass ihre dynamischen Bewegungsmuster auf die eintreffenden Messebesucher reagierten: Näherte sich ein Besucher der Installation, erzeugte das System eine fliehende Bewegung, als wolle es sich dem Besucher entziehen. Dadurch entstanden ständig neue Raumkonstellationen und Atmosphären.

Die Wirkungsweise des Projekts basierte auf einem System aus Sensoren und Aktoren. Jedes Kumo war über einen Spulenmechanismus, der von einem Motor betrieben wurde, kinematisch aktivierbar. Die Sensoren waren als Bodenpaneele unterhalb der Installation befestigt. Sobald ein Besucher auf das Bodenpaneel trat, wurde der Sensor ausgelöst. Ein im Hintergrund laufendes Programm kontrollierte sowohl die Sensoren als auch die Aktoren – über den Kumos installierte Motoren – und löste gezielt die geometrische Veränderung aus. Die Nutzeroberfläche des Programms erlaubte es, verschiedene Bewegungsmuster über graphische Darstellungen auszuwählen. Der Reiz der schwebenden, fragilen Gebilde entstand durch ihre Bewegung, insbesondere durch die Interaktion mit dem Besucher, der vom Betrachter zum Mitgestalter einer sich stetig verändernden Abfolge von Bewegungsabläufen wurde.

„Paul“

Im Fokus des Projekts „Paul“, das Markus Holzbach im Rahmen seiner Dissertation über adaptive textile Gebäudehüllen am ILEK entwickelte, stand das Ausloten der Grenzen einer bauphysikalischen Veränderbarkeit von Außenhüllen bei unveränderlicher Geometrie.[2,3]

„Paul“ war ein Kokon, bestehend aus einer Unterschale aus einem Glas-Kohle-Hybrid, in die Edel-

Rauminstallation „Kumo" von Studierenden des ILEK Lab unter Betreuung von Christoph Witte und Stefan Neuhäuser für den Loungebereich der Designmesse „Blickfang". Sensoren als Bodenpaneele unterhalb der Installation lösten bei Betreten geometrische Veränderungen durch die Aktoren der Skulptur aus.

stahlrippen als tragende Elemente eingesteckt waren. Den Raumabschluss des etwa 8 m langen und 3 m hohen, begehbaren Objektes bildete ein textiles Multilayersystem, das mit Klettverschlüssen an den Stahlrippen befestigt war. Dieses System war insofern einer lebenden Haut ähnlich, als es aus verschiedenen individuell agierenden Membran- und Funktionsschichten bestand. Die äußere Schicht war die Wetterhaut, die zugleich zur Lichtemission diente: 8 km Glas-Lichtleitfasern und 1200 Lichtpunkte sorgten für freie Farbveränderbarkeit. Die mittlere Schicht diente der Wärmedämmung; sie bestand aus einer Membran, die mit hochisolierenden Keramiken beschichtet war. Die innere Schicht bestand aus einer Membran, in die sogenannte Phase Change Materials zur Speicherung von Wärmeenergie eingearbeitet waren. Isolations- und Speicherschicht waren aus mehr als 60000 Zellen aufgebaut, die auf Veränderungen der Außentemperatur reagieren konnten; sie bewirkten, dass das Multilayersystem bei hohen Temperaturen weicher war als bei tiefen. Die Gesamtdicke der Außenhaut betrug 14 mm, ihre Speicher- und Dämmwerte entsprachen denen einer Massivwand von etwa 150 mm Stärke.
Der gezielte Einsatz von Smart Materials bewirkte, dass „Paul" gezielt auf wechselnde äußere Klima- und Witterungsbedingungen reagieren konnte. Der Kokon besaß unter ästhetischen und bauphysikalischen Aspekten, d. h. hinsichtlich Temperaturhaushalt, Speichervermögen, Lichtdurchlässigkeit und Farbgebung nichtkonstante Eigenschaften. Die Grenzen zwischen Innen- und Außenraum wurden über einen sich stetig ändernden Mittler definiert und nicht über unveränderliche, in sich geschlossene Bauteile.

Stuttgart SmartShell

Das Konzept der Adaptivität kann auch auf Tragwerke übertragen werden. Adaptive Tragwerke re-

Versuchsbau „Paul" mit multifunktionaler textiler Gebäudehülle auf dem Gelände des ILEK

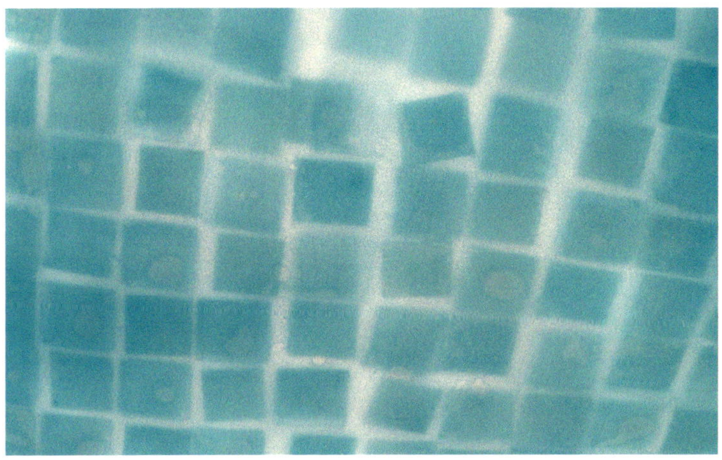

Zellen aus PCM (Phase Change Materials) in der Fassade von „Paul" dienten der Speicherung von Wärmeenergie.

Die Stuttgart SmartShell nutzt Computersimulationen, die das statische Verhalten der Struktur präzise vorausberechnen können. Das Regelungssystem der Schale nutzt die Ergebnisse dieser Simulationen für eine Optimierung der Verschiebungswege der Auflagerpunkte; diese werden so gestellt, dass die Materialspannung immer möglichst gering ist.

agieren auf unterschiedliche Belastungsszenarien, um Effekte wie Verformungen oder Spannungen zu reduzieren, sodass das Bauteil möglichst gleichmäßig beansprucht wird. Dazu wird das Tragwerk mit Sensoren versehen, die statische Veränderungen durch Auswertung von geometrischen Größen wie beispielsweise Dehnungen messen. Kommt es zu einer überdurchschnittlich starken Geometrieveränderung, leitet der Regler entsprechende Gegenmaßnahmen ein. Dazu wird ein Signal an einen Aktor gesendet, der im Tragwerk integriert ist. Die Aktoren beeinflussen das Tragverhalten durch das Aufbringen einer Gegenreaktion – es entsteht ein geschlossener Regelungskreislauf.

Auf dem Weg zu einer anpassungsfähigen Architektur stellt die Stuttgart SmartShell einen ersten Höhepunkt dar. Sie wurde von Stefan Neuhäuser im Rahmen seiner Promotion zum Thema adaptive Tragwerke als Prototyp entwickelt.[4] Gemeinsam mit Martin Weickgenannt (Institut für Systemdynamik) und mit Unterstützung von Bosch Rexroth konnte auf der Forschungsplattform des ILEK im Jahre 2012 das erste adaptive Schalentragwerk der Welt errichtet werden. Es begründet maßgeblich den Ultraleichtbau als materialsparendes Entwerfen und Bauen, das deutlich über den konventionellen Leichtbau hinausgeht.[5] Die nur 4 cm dicke, mehr als 10 m weit spannende Schale aus Holz wäre viel zu dünn, um Extrembelastungen aus Schnee oder Wind aufzunehmen – würde sie nicht im Bedarfsfall durch eine aktive, gezielte Verschiebung von drei ihrer vier Auflagerpunkte immer wieder so verformt, dass Spannungen und Verformungen reduziert und Schwingungen gedämpft werden. Als Aktoren dienen dabei hydraulisch verfahrbare Auflager. Innerhalb von Millisekunden können die Auflager auf Spannungsspitzen innerhalb der Konstruktion reagieren und diese ausgleichen. Die gleiche Methodik wird zur Schwingungsdämpfung des Tragwerkes eingesetzt.

Sonderforschungsbereich 1244 „Adaptive Hüllen und Strukturen für die gebaute Umwelt von morgen"

Die Erkenntnisse aus diesen und weiteren Forschungsprojekten flossen in das Vorhaben ein, bewegliche Architektur nicht als bloße geometrische Veränderbarkeit, sondern als allumfassende Adaptivität zu betrachten. Im Bereich der Tragwerke ermöglicht die Adaptivität große Materialeinsparungen. Im Bereich der Bauphysik lässt sie die schnelle und einfache Anpassung an unterschiedliche Nutzeranforderungen ebenso wie sich ändernde Umweltbedingungen zu. Für die Nutzer ergeben sich daraus ganz neue Möglichkeiten, ihre gebaute Umgebung intuitiv zu verändern. Ziel ist es, Bauwerke als offene Situationen zu konzipieren, bei deren letztendlicher Ausgestaltung der Nutzer mehr Einfluss hat als der Planer.

Im Sonderforschungsbereich 1244 „Adaptive Hüllen und Strukturen für die gebaute Umwelt von morgen", einem interdisziplinären Projekt, dem Professor Werner Sobek als Sprecher vorsteht, forschen 14 Institute der Universität Stuttgart mit weiteren Partnern in Teilprojekten zum Thema des adaptiven Bauens der Zukunft. Die Erkenntnisse und Ergebnisse der Teilprojekte fließen in eine gemeinsame bauliche Vision: Seit Oktober 2018 entsteht auf dem Campus der Universität in Stuttgart-Vaihingen das erste adaptive Hochhaus der Welt.

Der schlanke Turm mit einer Grundfläche von etwa 5 m × 5 m wird in Leichtbauweise konstruiert, um der Forderung nach einer drastischen Senkung des

Eines der beweglichen Hydraulikauflager der Stuttgart SmartShell. Die vom Regelungssystem übermittelten Impulse können dort mit einer Genauigkeit von 2/100 mm innerhalb kürzester Zeit umgesetzt werden.

Ressourcenverbrauchs beim Bauen gerecht zu werden. Zudem sorgt die sogenannte Differentialbauweise, bei der die Komponenten der Bauteile nur punktuell miteinander verbunden werden, dafür, dass alle Bauteile nach ihrem Rückbau sortenrein voneinander getrennt und in technische oder biologische Stoffkreisläufe zurückgeführt werden können. Das Gebäude ist in seinem Inneren beliebig unterteilbar, sodass unterschiedliche Nutzungsszenarien und Ausstattungen untersucht werden können. Dadurch wird beispielsweise das Testen geometrisch veränderlicher Innenwände aus leichten Faltstrukturen, die das Institut für Flugzeugbau entwickelt, möglich.

Das Tragwerk des Gebäudes wird als Stahlstruktur ausgeführt und mit konventionellen Sensoren und Aktoren ausgestattet. Im Laufe des Projekts können diese Komponenten durch neu entwickelte Aktoren und Sensoren ersetzt werden. Mit Hilfe des dadurch entstehenden geschlossenen Regelungskreislaufs kann das Gebäude auf unterschiedliche Lastfälle reagieren. Sollte das Hochhaus beispielsweise durch starke Windeinwirkung in Schwingung geraten, kann dem aktiv begegnet werden. Hierfür entwickelt das Institut für Systemdynamik gemeinsam mit dem Institut für Leichtbau Entwerfen und Konstruieren entsprechende Konzepte.

Jedes der zehn Stockwerke des Gebäudes dient als Testmodul für neuartige Fassadentypen. Diese können z. B. schaltbare gepixelte Glasfassaden auf Basis von Flüssigkristalltechnologien oder atmungsaktive Hüllen basierend auf Kohlenstoffnanoröhrchen sein, wie sie durch das Institut für industrielle Fertigung und Fabrikbetrieb entwickelt werden.

Adaptivität als Methode

Adaptivität wird in dem hier dargelegten Sinne als Methode verstanden, die das Planen von Architektur grundlegend verändert. Die Grenzen zwischen gebauter und natürlicher Umwelt verschmelzen bei diesem Konzept zunehmend. Ziel ist die Steigerung des Komforts für die Nutzer und die weltweite Minimierung des Ressourcenverbrauchs aus Respekt gegenüber den kommenden Generationen.

1 Vgl. Witte, Christoph u. a., „ILEK_Lab – Experimental Approaches in Architectural Education", in: J. D. Obrębski und R. Tarczewski (Hrsg.), *Proceedings of IASS Annual Symposia, IASS 2013 Wroclaw: „Beyond the Limits of Man"*, S. 1 – 8.

2 Vgl. Holzbach, Markus, „Adaptive und konditionierende textile Gebäudehüllen auf Basis hochintegrativer Bauteile: ein interdisziplinäres Funktions- und Formenrepertoire adaptiver Hüllen unter Einsatz von hochisolierenden Keramiken und wärmespeichernden Phasenwechselmaterialien", Dissertation, Universität Stuttgart, 2009.

3 Vgl. Holzbach, Markus; Sobek, Werner, „Paul – adaptive textile Gebäudehüllen", in: *Arch+*, 37, 172, 2004, S. 48 – 49.

4 Vgl. Neuhäuser, Stefan, „Untersuchungen zur Homogenisierung von Spannungsfeldern bei adaptiven Schalentragwerken mittels Auflagerverschiebung", Dissertation, Universität Stuttgart, 2014.

5 Vgl. Sobek, Werner: "Bauen in der Zukunft. Der Schlüssel zum Ultraleichtbau", in: *Deutsches Ingenieurblatt*, 12/2013, S. 16–20.

Parallelausstellfenster mit mechatronischem Beschlag, in teilweise geöffnetem Zustand als „Schalldämm-Lüfter"

■ 1.3 Typologie wandlungsfähiger Fassaden

Winfried Heusler

Die beweglichen Komponenten wandlungsfähiger Fassaden bilden die Grundlage für die Anpassung und Erweiterung eines Gebäudes bei veränderten äußeren Rahmenbedingungen und Nutzeranforderungen. Dadurch kommt Bewegung in die Architektur. Beim Entwerfen wandlungsfähiger Fassaden werden Funktion, Material, Form und Kontext sowie Bedeutung zueinander in Beziehung gesetzt. Dies setzt auch die souveräne Beherrschung technischer Fähigkeiten voraus. Entscheidend für das Ergebnis sind nicht nur die fachgerechte Dimensionierung der Elemente und die Wahl der geeigneten Konstruktion – mit materialgerechter Struktur, Oberfläche und Fügung –, sondern auch die Präzision der Verarbeitung.
Wandlungsfähige Fassaden lassen sich typologisch einordnen bezüglich ihrer

- Bewegungsformen und -mechanismen,
- Betätigungs- und Steuerungsarten sowie Nutzeroberflächen,
- Dimension bzw. Maßstäblichkeit,
- Materialien und Oberflächen.

Die Kinematik definiert unterschiedliche Bewegungsformen,[1] welche großen Einfluss auf die Funktion und Gestaltung der Fassade ausüben. Es geht um maximal sechs prinzipielle Freiheitsgrade, jeweils drei bei den beiden Bewegungsarten Translation und Rotation. Dabei können die Komponenten drei Grundzustände einnehmen: geschlossen, teilweise geöffnet und vollständig geöffnet.

Als Bewegungsmechanismen kommen Beschläge und Aktoren mit oder ohne Getriebe in Frage. Diese haben maßgeblichen Einfluss auf die Nutzungsqualität, insbesondere auch die Wartung. Zudem üben sie Einfluss auf die Geschwindigkeit der Bewegung bzw. den Wechsel zwischen unterschiedlichen Zuständen aus. Die Betätigung der Komponenten kann manuell, mechanisch, motorisch oder mechatronisch sowie individuell oder in Gruppen erfolgen. Bei der Steuerungsart unterscheidet man zwischen manuell, gesteuert oder geregelt sowie zwischen achs-, raum-, geschoss- und fassadenweise. Die Nutzeroberfläche (Griff, Schalter oder Touchscreens bzw. Sprach-, Gesten- oder Mimik-Erkennung) übt großen Einfluss auf den Bedienkomfort aus.
Die Dimension der Komponenten steht im Zusammenhang mit den bewegten Massen (große Massen sind schwer zu beschleunigen und zu stoppen), während ihre Maßstäblichkeit sich auf die Proportionen und damit stark auf die Gestaltung auswirken kann. Die Materialien und Oberflächen der Komponenten sowie deren Bearbeitung und Fügung beeinflussen nicht nur ihre Transparenz bzw. Transluzenz, sondern auch die Luft-, Feuchte- und Rauchdurchlässigkeit sowie die Wärme- und Strahlungsdurchlässigkeit.
Wandlungsfähige Fassaden lassen sich typologisch in die Kategorien mobile, dynamische und agile Fassaden einordnen.

Mobile Fassaden

Mobile Fassaden erfüllen nicht nur technische Funktionen, sondern auch Artikulations- bzw. Ordnungsfunktionen. Sie dienen insbesondere der Bereichsabgrenzung. Durch die Bewegung von Fassadenkomponenten lassen sich Innenräume gegenüber der Umgebung öffnen oder schließen. Damit verändern sich sowohl die architektonische Form als auch der umschlossene Raum.
Die Mobilität kann mit Hilfe unterschiedlicher Bewegungsformen und -mechanismen erzielt werden. Es geht sehr häufig um Schiebe-, gelegentlich aber auch um Dreh-, Falt- oder Schwenkmechanismen. Die einzelnen Komponenten weisen häufig relativ große Dimensionen auf und werden deshalb meist motorisch betätigt. Die Steuerung erfolgt zentral durch den Betreiber oder individuell durch die Nutzer, immer häufiger über zeitgemäße und nutzerfreundliche Touchscreens anstelle von einfachen Schaltern.

Dynamische Fassaden

Gerade für das mitteleuropäische gemäßigte Klima erweisen sich dynamische Fassaden als besonders vorteilhaft, da sich ihre Komponenten an das wechselhafte Wetter anpassen lassen. Sie können prinzipiell aus den gleichen Materialien bestehen sowie die gleichen Bewegungsformen und -mechanismen aufweisen wie mobile Fassaden. Ihre Dimensionen und Massen sind jedoch im Vergleich dazu häufig kleiner. Die Betätigung der beweglichen Teile erfolgt meist durch Motoren, deren Steuerung üblicherweise in Abhängigkeit von wechselnden Außenbedingungen. Die Frage, ob der Nutzer darauf Einfluss nehmen kann, beeinflusst nicht nur die Nutzerzufriedenheit, sondern auch den Energie-

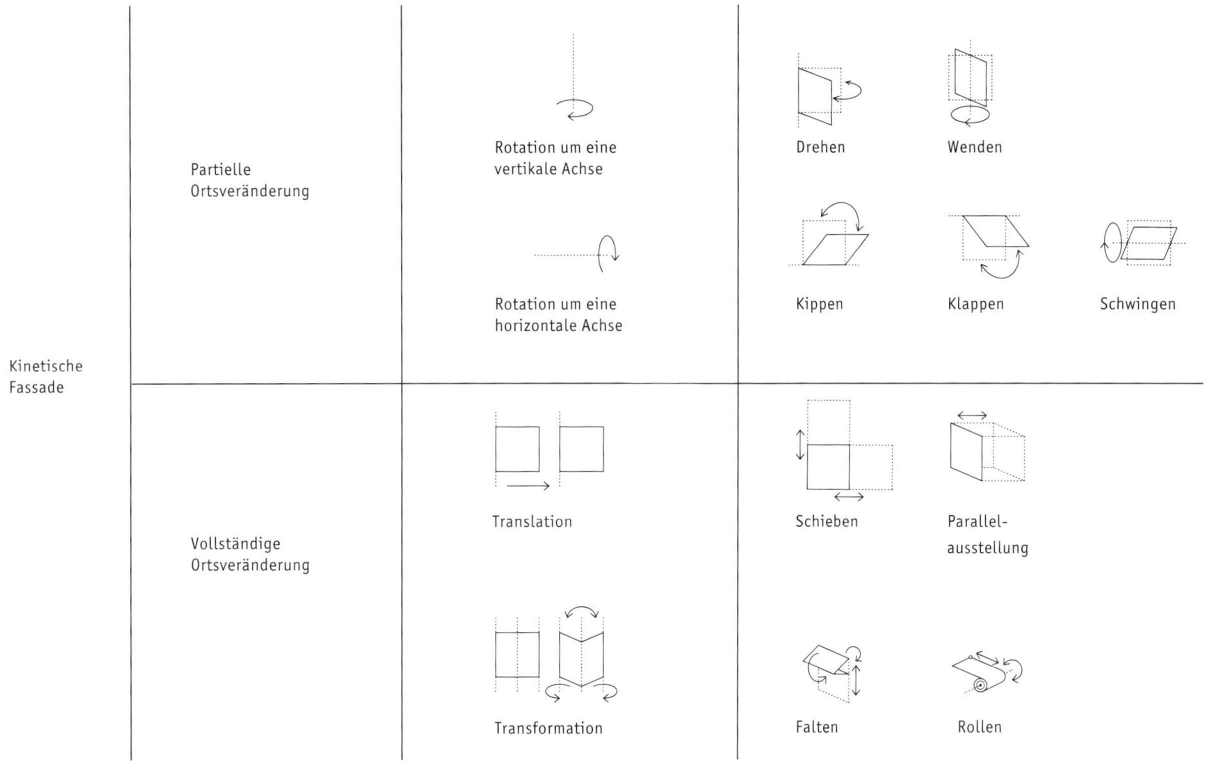

Typologie der Bewegungen der kinetischen Fassade

Dynamische Fassade: Bewegliche Komponenten verändern Funktion und Gestaltung.

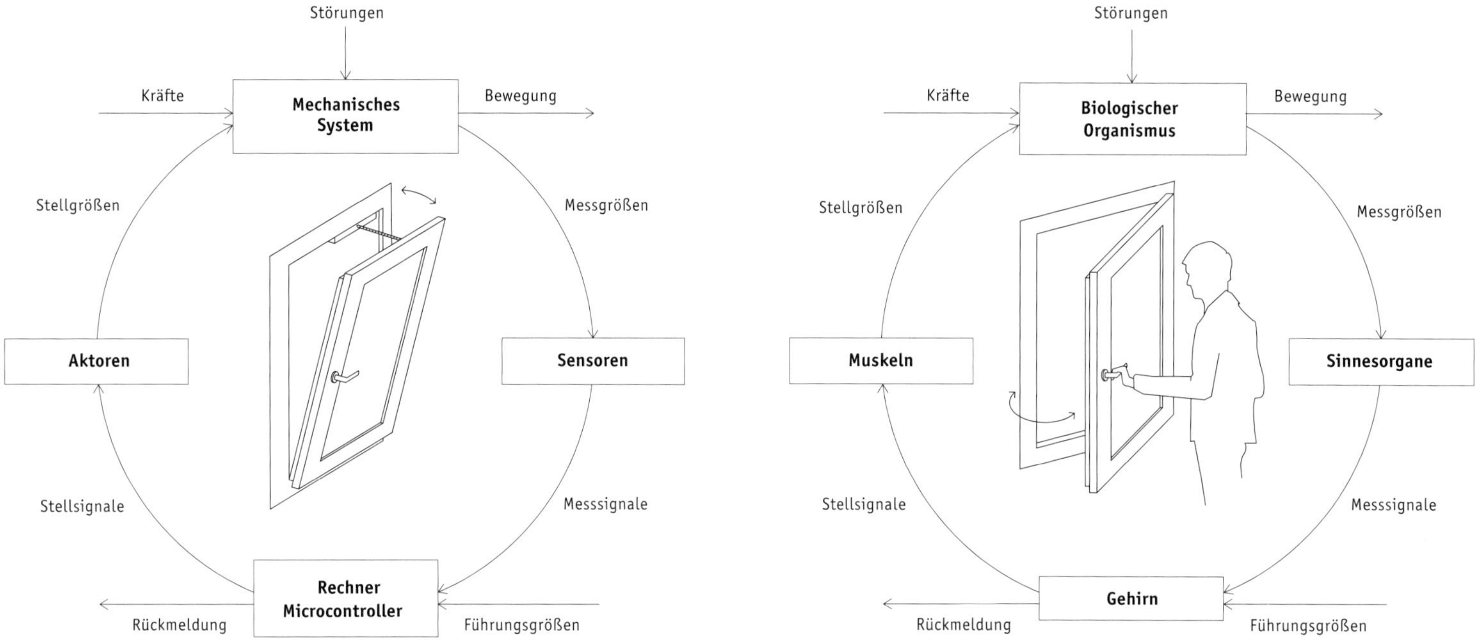

Prinzipien technischer und biologischer Systeme

verbrauch (je nach Typ der beweglichen Fassadenkomponenten für Heizung, Kühlung oder Lüftung) und die äußere Gestaltung des Gebäudes. Zudem wirkt sich die Anordnung der Komponenten (innerhalb der Fassade oder aber raum- bzw. umgebungsseitig) auf die Funktion und Gestaltung der Fassade aus. Dies beeinflusst auch die Reinigungs- und Wartungskosten sowie die Lebensdauer und Dauerhaftigkeit, nicht nur im Sinne von dauerhafter Funktionsfähigkeit.

Um den Betrieb zu optimieren, muss das Gebäude zunächst seinen aktuellen Zustand sowie den der Umgebung kennen. Dann entscheidet ein intelligentes Steuerungssystem anhand der aktuellen Kontextinformationen, welche Aktionen einzuleiten sind. Die Komponenten reagieren auf nichtkontinuierliche, wechselnde interne und externe Bedingungen, die vorhersagbar oder kalkulierbar sind (z. B. Sonnenstand). Bei fortschrittlichen Gebäudesystemen werden auch nicht vorhersagbare Wetter- und Nutzungsaspekte, wie z. B. wechselnde Bewölkung und Anwesenheit von Nutzern, als Steuerungskriterien eingebunden. Hierfür gibt es zwei alternative, in der Praxis auch kombinierbare Vorgehensweisen:

- Das Gebäude wird mit Sensoren für die äußeren wie auch inneren Bedingungen ausgestattet und verfügt über ein personen- und ggf. raumbezogenes Zutrittskontrollsystem.
- Die Steuerung wird über das Internet an die regionale Wettervorhersage und an das GPS der Smartphones der potenziellen Nutzer angekoppelt.

Zudem werden die Subsysteme Gebäudehülle und Haustechnik miteinander verbunden und wirken als Ganzes zusammen.

Die Einzelkomponenten dynamischer Fassaden werden üblicherweise achs-, raum-, geschoss- oder fassadenweise mechanisch gekoppelt und mittels elektrischer Gruppenantriebe betätigt. Davon abhängig lassen sich sowohl aus funktionaler als auch gestalterischer Sicht unterschiedliche Effekte erzielen. So beeinflusst die Art und Weise, wie man Bauelemente verbindet, auch den ästhetischen Ausdruck und die sinnbildliche oder symbolische Erscheinung der Architektur.

Agile Fassaden

Agile Fassaden sind komplexe Systeme, die eigenständig auf sich verändernde Außenbedingungen und individuelle Nutzeranforderungen reagieren. Sie sind aus einer Vielzahl von Elementen, welche zueinander in wechselseitiger dynamischer Beziehung stehen, aufgebaut. Ihre Komponenten können die gleichen Bewegungsformen und -mechanismen wie dynamische Fassaden aufweisen. Sie nutzen jedoch bei deren Betätigung und Steuerung die neuen Möglichkeiten, die mit der digitalen Transformation einhergehen. Das Gleiche gilt für die Nutzeroberflächen. So ist es heute günstiger denn je, digitale Komponenten – Mikrochips, Sensoren oder Kameras – in Objekte mit ursprünglich rein physischer Beschaffenheit einzubetten. Damit werden physische Produkte bezüglich digitaler Fähigkeiten erweitert.

Agile Fassaden lassen sich häufig nicht mehr eindeutig einer der Kategorien analog (rein physisch) oder digital (rein virtuell) zuordnen. Derartige hybride Produkte werden als „Digicals" bezeichnet.[2] Sie verfügen über Mikrocontroller, Kommunikationssysteme, Identifikatoren, Sensoren und Aktoren. Diese werden untereinander über Techniken des Nahbereichsfunks (z. B. NFC, RFID und WLAN oder über Mobilfunknetze) vernetzt. Durch das Aktualisieren der Apps können im laufenden Betrieb auch neue Funktionen hinzugefügt werden. Damit sind sie nicht nur konfigurierbar, sondern auch nachträglich individualisierbar.

Agile Systeme arbeiten nach dem Prinzip der subsymbolischen bzw. neuronalen künstlichen Intelligenz.[3] Sie sind aus mehreren teilautonomen Subsystemen oder Einzelelementen – beispielsweise auch „Digicals" – zusammengesetzt, die untereinander kommunizieren und als Ganzes zusammenwirken. Die parallele Vorverarbeitung externer Signale ermöglicht echtzeitfähige Reaktionen. Agile Systeme haben die Fähigkeiten zur

Die mobile Fassade verändert die architektonische Form und den umschlossenen Raum.

- Wahrnehmung mittels Sensoren (zeitveränderliche Umgebungsbedingungen sowie Nutzerbedürfnisse und -verhalten),
- Prozessverarbeitung mittels Mikrocontrollern (Analyse der erfassten Daten und Entscheidung über Anpassung des eigenen Verhaltens),
- Reaktion mittels Aktoren (Umsetzung der getroffenen Entscheidung durch unmittelbare physikalische Interaktion mit der Umgebung).

Zudem verfügen sie über die Fähigkeit, flexibel, proaktiv, anpassungsfähig, antizipativ und initiativ zu agieren. Dabei lernen die einzelnen Komponenten nicht nur eigenständig auf Basis eigener Wahrnehmung und Erfahrung, sondern auch voneinander.

Inzwischen ist bekannt, dass lebende Organismen und viele technische Systeme in Bezug auf die Interaktion mit der Umwelt nach den gleichen Prinzipien funktionieren. Je mehr Informationen das System über das Verhalten des Gebäudes sowie über das Empfinden und Verhalten repräsentativer Nutzergruppen bzw. sogar einzelner Nutzer unter definierten Bedingungen sammelt, desto höher ist der praktische Nutzen für den Menschen. Diese Erkenntnisse können auch zur Weiterentwicklung der Produkte und ihrer Steuerungen genutzt werden.

Da sich die einzelnen Komponenten individuell ansteuern und betätigen lassen, kann situationsabhängig – aus funktionellen oder gestalterischen Gründen – entschieden werden, ob diese achs-, raum-, geschoss- oder fassadenweise synchron bewegt werden sollen. Dies eröffnet völlig neue Gestaltungsmöglichkeiten. Die Steuerung erfolgt entweder nach einem vorgegebenen Muster („Choreographie") oder – eher spontan – in Abhängigkeit äußerer bzw. innerer Einflüsse. Dabei können als ergänzende Gestaltungsmittel am Tag die Dynamik der Sonnenstrahlung, bei Nacht die künstliche Beleuchtung gezielt eingesetzt werden, mit variablen Einfallswinkeln, Beleuchtungsstärken und Lichtfarben.

1 Westenberger, D., „Untersuchungen zu Vertikalschiebefenstern als Komponenten im Bereich von Fassadenöffnungen", Dissertation, TU München, 2005.

2 Münchner Kreis (Hrsg.), *Neue Produkte in der digitalen Welt – Forschungsprojekt des Münchener Kreis*, München, 2016.

3 Jeschke, S., *Kybernetik und die Intelligenz verteilter Systeme,* IKT.NRW Schriftenreihe „NRW auf dem Weg zum digitalen Industrieland", Wuppertal, 2014.

BC Place Stadium in Vancouver, mit LED-Technologie beleuchtete Fassade

1.4 Wandelbare Dächer

Knut Stockhusen, Knut Göppert

Die zunehmenden Anforderungen in Bezug auf die Nutzungsflexibilität von Veranstaltungsstätten wie Innenhöfen, Arenen oder Stadien stellen neue Herausforderungen an deren Überdachungen. Hinzu kommen die tages- und jahreszeitlich stark variierenden sowohl klimatischen als auch akustischen Bedingungen, die eine Überdachung lösen muss. So sollen beispielsweise moderne offene Stadien innerhalb weniger Minuten in vollständig geschlossene Arenen verwandelt werden. Die Nachfrage nach solchen adaptiven und multifunktionalen Dachstrukturen steigt, wodurch in diesem Bereich bahnbrechende Entwicklungen angestoßen werden.

Innovative Ingenieurlösungen resultieren aus der kontinuierlichen Weiter- und Neuentwicklung von Entwurfsprinzipien und verschieben immer wieder die Grenzen des Machbaren. Dabei werden alltagstaugliche Konstruktionen durch die Kombination ausgefeilter Konzepte, Hochleistungsmaterialien sowie moderner Fahrtechniken und Steuerungen ermöglicht.

Verfahrbare und faltbare Dächer

Adaptivität bzw. Verfahrbarkeit von einzelnen Dach- oder Gebäudeteilen erhöht zu Beginn eines Planungsprozesses die Zahl der Unbekannten. Vor allem die Fahrvorgänge selbst stellen zwar kurzzeitige, aber als kritisch zu betrachtende Zwischenzustände dar. Daher müssen sämtliche unterschiedlichen Fahrzustände technisch analysiert werden. Daraus resultieren verschiedene Belastungsszenarien sowohl für den fixen als auch für den beweglichen Teil der Struktur. Lasteinzugsflächen variieren, Gleichgewichtszustände verändern sich, weshalb die Umströmung und die daraus resultierenden Windlasten für alle Gebäudeteile und alle Zustände zu ermitteln sind. Diese Gebäudekonfigurationen sind wiederum auch bei den Genehmigungsverfahren zu berücksichtigen.

Die Kategorisierung in verfahrbare (solide) und faltbare (textile) Dächer verdeutlicht den planerischen Unterschied: Während verfahrbare Dächer in sich stabil sind, müssen bei ihnen große Massen und Flächen bewegt werden. Faltbare Dächer mit textilen Dachhäuten hingegen sind zwar wesentlich

Innenansicht des Stadiums mit dem zentralen Videowürfel

Fahrvorgang der Innendachmembran

Doppellagige, pneumatisch gestützte Kissen

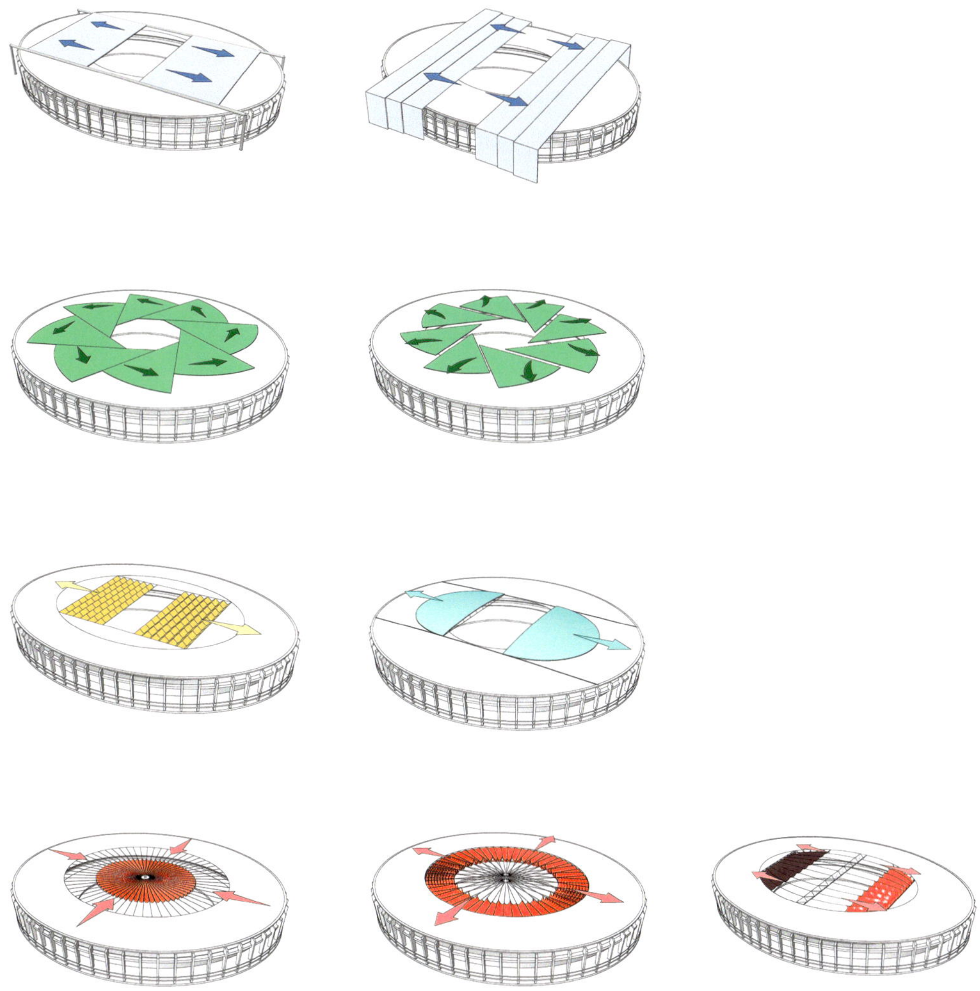

Varianten von verfahrbaren Dächern

leichter und kompakter, sie sind allerdings während des Verfahrens kurzzeitig nicht vorgespannt und erlangen erst in ihrer finalen Position wieder die mechanische oder pneumatische Vorspannung. Diese Zwischenzustände müssen genau betrachtet werden, um die Bedingungen für ein sicheres Verfahren zu definieren. Mittels moderner Sensortechnik besteht die Möglichkeit, diese Grenzzustände im Betrieb zu überwachen und gegebenenfalls durch die automatische Steuerung Einfluss zu nehmen.

Für beide Dacharten gilt, dass bei der Planung sowohl die globalen und lokalen Verformungen und Rotationen als auch die gegenseitige Beeinflussung der tragenden primären Strukturen im Gesamtmodell berücksichtigt werden müssen. Nur so kann die Kompatibilität aller Teile stets gewährleistet werden. Zusätzlich gilt für jede Art von Konstruktion zu beachten, dass je leichter die verfahrbare/faltbare Struktur ist, desto einfacher die Fahrtechnik ausgelegt werden kann, wodurch wiederum die Kosten sinken und die Wartung vereinfacht wird.

Fahrkonzepte

Bei verfahrbaren Dächern werden zu öffnende Bereiche durch großflächige, solide Strukturen überdeckt. Der Kreativität der Planer sind bei der Ausgestaltung kaum Grenzen gesetzt. Die beweglichen Dachteile werden auf Schienen geführt und mechanisch oder auch hydraulisch angetrieben. Bei beengten Platzverhältnissen können mehrteilige Strukturen entwickelt werden, die beispielsweise durch Überlappen oder Verdrehen funktionieren.

Der gesamte zu öffnende Bereich des Daches kann aber auch vertikal über Seilzüge angehoben werden, wodurch ein Lüftungsschlitz entsteht, die gewünschte Verschattung aber gewährleistet bleibt.

Faltbare Elemente für zu öffnende Dächer lassen sich architektonisch verträglich und mit deutlich reduziertem Platzbedarf integrieren. Hier fahren querspannende Träger mit dazwischenliegender und sich faltender Membran oder auch leichte membranbespannte Rahmen mechanisch entlang seitlicher Schienen.

Wird die stählerne Primärstruktur durch Seilkonstruktionen ersetzt, entstehen die im Vergleich zu den anderen Typologien leichtesten Dächer. Die Membran wird hier mittels Fahrwagen an den Seilen punktuell befestigt und fährt, mechanisch angetrieben, auf und zu.

Nicht nur die Membran selbst, sondern auch die Tragseile können mittlerweile verfahren werden. Da-

Geschlossene Dachuntersicht über dem Barahat Al-Nouq Square, Doha, Katar

Unterkonstruktion des verfahrbaren Daches

durch werden, während das Dach nicht benötigt wird, die Sekundär- und die Primärstruktur für den Betrachter unsichtbar geparkt, sodass von der Überdachung und der Unterkonstruktion nichts mehr zu sehen ist. Was bleibt, ist eine vollkommen freie Öffnung.

Besondere faltbare Dächer

Für die Commerzbank-Arena in Frankfurt wurde zur Fußball-WM 2006 das erste faltbare Membrandach dieser Größenordnung realisiert. Diesem Pilotprojekt folgten mit den Stadien in Bukarest und Warschau erfolgreiche Weiterentwicklungen.

Das faltbare Membraninnendach des Nationalstadions in Warschau ist das erste ganzjährig nutzbare seilgestützte Membrandach. Selbst Schneelasten von bis zu 100 kg/m² kann die Dachhaut aufnehmen. Das zur Fußball-Europameisterschaft 2012 geplante Stadion wird dadurch in nur wenigen Minuten zu einer Multifunktionsarena mit über 70000 Sitzplätzen. Im Herbst 2013 fand hier die UN-Klimakonferenz statt. Dafür wurde die Spielfläche zu einem Kongresszentrum mit verschiedenen Tagungsräumen umgebaut. Die bestehenden Logen dienten während der Veranstaltung als kleinere Besprechungsräume. Die faltbare PVC-beschichtete Polyestermembran ist bei geöffnetem Dach in der zentralen Membrangarage verstaut. Wird das Innendach geschlossen, fährt die Garage zunächst einige Meter nach unten. Danach kann die Innendachmembran auf Fahrschlitten entlang der 60 radialen Seile durch Seilwinden in Richtung des festen Außendachs gefahren werden. Unmittelbar nach dem Einrasten der hydraulischen Spannzylinder erfolgt über die mitlaufenden Gurte das Vorspannen.

Noch extremere Wetterbedingungen waren bei dem Entwurf für das Dach des BC Place Stadium im kanadischen Vancouver zu berücksichtigen, da die auf das faltbare Dach wirkenden Schneelasten hier noch weitaus größer sind. Deshalb besteht die Dachhaut aus pneumatisch gestützten Kissen. Die hohe Transluzenz wird durch die Verwendung eines hochwertigen PTFE-beschichteten Gewebes sichergestellt. Nach dem mechanischen Entfalten werden die Kissen unter Innendruck gesetzt. Je nach einwirkender Last stellt sich automatisch der passende Druck zwischen 500 mbar und 2000 mbar ein. Dadurch können Veranstaltungen unabhängig vom wechselhaften Klima durchgeführt werden. Die ganzjährige Auslastung der Multifunktionsarena wurde dadurch wesentlich verbessert: Das Dach ist nahezu wöchentlich im Einsatz. Neben dem verbesserten Komfort für die Besucher führte das neue Dach auch zu einem verbesserten Schallschutz für die Anwohner.

Auch urbane Plätze lassen sich durch verfahrbare Strukturen aufwerten. In dem Projekt Heart of Doha in Katar bietet durch eine solche Struktur der zentrale Platz eines neuen Stadtviertels auch während der heißen Mittagszeit eine besondere Aufenthaltsqualität. Durch das Zusammenspiel des faltbaren Schattendachs mit der voll automatisierten, intelligenten, natürlichen Kühl- und Ventilationstechnik ist eine ganzjährige Nutzung des Platzes für die Anwohner möglich. Individuell ansteuerbare Membranpaneele entfalten sich entlang parallel spannender Seile. Dabei sind die 3 m auf 1,50 m messenden Paneele ähnlich einer Ziehharmonika gefaltet. Durch die ausgefeilte Fahrtechnik können die einzelnen Rahmenreihen individuell in unterschiedlichen Positionen und Faltungen justiert und dadurch Lichteinfall und Beschattung variabel, je nach Sonnenstand, gesteuert werden.

Bauen im Bestand

Bestehende, beispielsweise antike Strukturen können durch die Nachrüstung eines verfahrbaren oder faltbaren Daches geschützt, modernisiert und auch individueller genutzt werden. So wurden bereits vor vielen Jahren die Arenen in Nîmes und Saragossa mit faltbaren Dächern ausgestattet.

Einen weiteren Meilenstein bei der Entwicklung moderner „Verwandlungskünstler" stellt der Entwurf für die Überdachung der Arena di Verona dar. Sie gehört zu den größten und besterhaltenen Amphitheatern aus römischer Zeit. Die 30 n. Chr. unter Kaiser Tiberius erbaute Arena ist heute Weltkulturerbe und Tourismusmagnet der Region. Sie wird seit mehr als 100 Jahren als atmosphärisch beeindruckender Open-Air-Veranstaltungsort für Opern und Konzerte genutzt. In diesem Fall war die Aufgabe, eine wan-

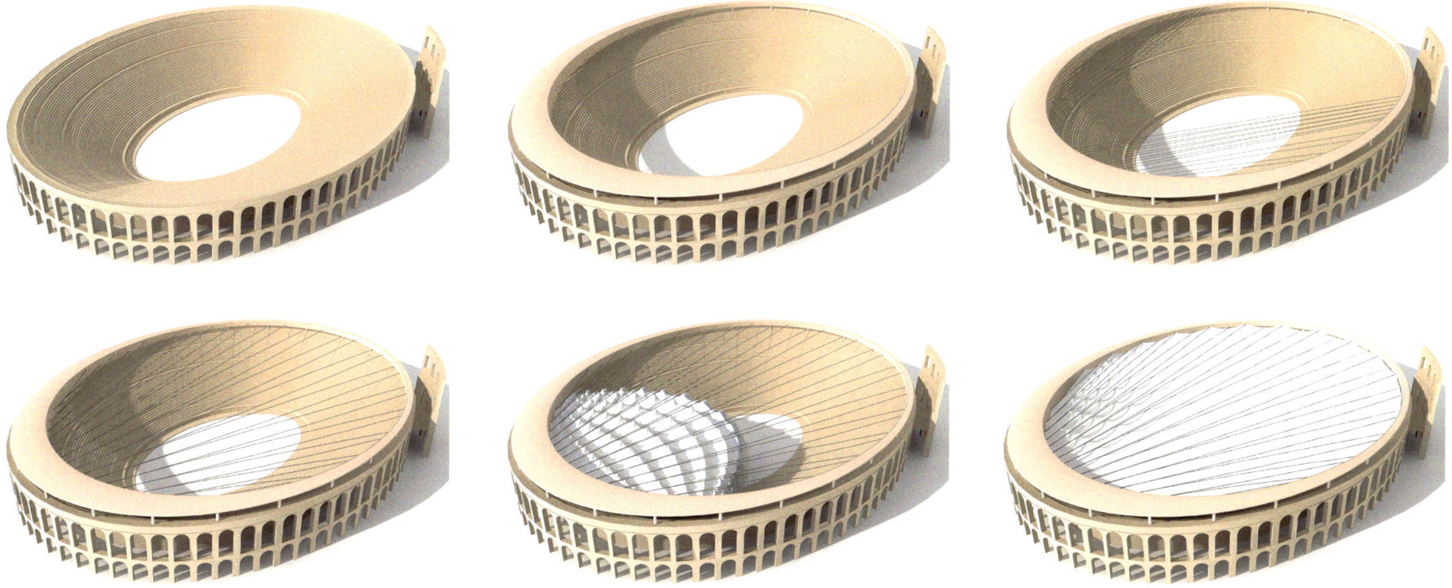

Phasenabfolge des Fahrvorgangs des Daches über der Arena di Verona

delbare und rückbaubare Überdachung zu entwerfen, die die wetterunabhängige Nutzung garantiert und gleichzeitig die Bausubstanz vor Umwelteinflüssen schützt.

Das Konstruktionsprinzip basiert auf der Funktionsweise des Speichenrads. Dabei liegt die Innovation des Entwurfs in der vollständigen Verfahrbarkeit der Membran sowie des gesamten Seilbaus. Die Tragseile sind fächerförmig im Druckringoval angeordnet. Die sich daraus ergebende Asymmetrie erzeugt eine veränderte Belastung des Druckrings, woraus eine zunehmende Bautiefe zu den gebündelten Verankerungspunkten der Seile resultiert. Hierdurch kann gleichzeitig die Größe der dort liegenden Membrangarage passend ausgelegt werden. Die Bautiefe ermöglicht aber auch, die Tragseile nach dem Verfahren der Membran vollständig zurückzufahren, sodass der Blick in den Nachthimmel nicht durch die Unterkonstruktion gestört wird. Aus der Vogelperspektive und auch in der Unteransicht wirkt das geschlossene Dach wie eine schützende Muschel, die sich über den historischen Bau legt. Von außen ist die Überdachung kaum wahrnehmbar – erst mit entsprechender Distanz zum Gebäude sieht man den über der Arena schwebenden schlanken Ring.

Durch das innovative und intelligente Zusammenspiel aus der sich mittig schließenden fächerförmigen Seilstruktur und der Membraneindeckung wird die gesamte Arena – auch der obere, historische Mauerabschluss – bei Bedarf vor Regen oder Unwetter geschützt. Dazu werden von beiden Seiten aus der Membrangarage, ähnlich eines sich schließenden Theatervorhanges, Seile entlang des Druckringes verfahren, bis sie sich mittig über der Arena treffen und die Unterkonstruktion für die Membran bilden. Im Anschluss daran wird die Membranhaut ellipsenförmig über die gesamte Fläche entlang der Seile gespannt. Die radialen Seile sind hinter der Membrangarage auf Seilhaspeln aufgerollt, sodass die Membran auch während der Zwischenlagerung permanent auf den Seilen aufgefädelt bleibt.

Auf der Innenseite des Druckrings liegende Seilköpfe sind gelenkig an speziellen Seilfahrwagen angeschlossen. Diese werden, aktiviert durch individuell und exakt synchronisierte Elektrowinden, entlang der c-förmigen Hauptschiene geführt. So entrollen sich die Tragseile in kontrollierter und synchronisierter Geschwindigkeit. Jeder Seilfahrwagen ist durch allseits angeordnete Schwerlastrollen innerhalb der Schiene geführt und gesichert. Die Seile werden bis zur jeweils erforderlichen Länge und der daraus resultierenden individuellen Einrastposition entrollt. Hydraulische Zylinder verriegeln anschließend die Fahrwagen und die Seilwinden in der Garage, sodass die Seile auf die exakt bestimmte Kraft vorgespannt werden.

Im Anschluss daran wird entlang der gespannten Tragseile die Membran aus der Garage gefahren. Dazu öffnet sich die gefaltete Membran fächerartig. Autark fahrende Traktorspannwagen bewegen sich entlang der gespannten Seile und ziehen die Membran in Position.

Sowohl für die Seile als auch für die Membran wird die benötigte Vorspannkraft so bestimmt, dass die Seile zu keinem Zeitpunkt kraftfrei und damit labil durchhängen. Dadurch wird verhindert, dass die Membran großflächig ausfällt. Das Öffnen des Dachs erfolgt in umgekehrter Reihenfolge, bis die Seile vollständig in der Parkgarage verfahren sind.

Perspektive

Aktiven und anpassbaren Bauwerken und leichten Strukturen gehört die Zukunft, auch in Bezug auf den ressourcenschonenden Umgang mit Baustoffen. In Anbetracht des weltweiten Wachstums der Großstädte wird die flexible Nutzung von Plätzen und Veranstaltungsorten immer häufiger nachgefragt. Verbunden damit fordern moderne Betreiberkonzepte variable Strukturen, die es ermöglichen, Events unterschiedlichster Größe in kurzer Taktfolge durchzuführen, und zwar zunehmend unbeeinflusst von extremen Wetterverhältnissen – von starker Sonneneinstrahlung bis zu großem Schneefall. Neue Konzepte werden die Zukunft bereichern und in Kombination mit neuen Materialien langfristig in unsere Umgebung und damit unseren Alltag integriert.

■ 1.5 Adaptive Wohnhäuser

Richard Murphy

Ich hatte drei Jahre lang an der Universität Newcastle studiert, als ich das große Glück hatte, einen Einjahresjob auf der Insel Santa Lucia in der Karibik zu ergattern. Dort verbrachte ich die meiste Zeit mit dem Entwerfen freistehender Einfamilienhäuser von bescheidener Größe. Nach ungefähr einem Monat hatte sich mein Gehirn dann endlich daran gewöhnt, dass, da die Temperatur nie unter 22 °C fiel, Wände dort nicht dazu dienten, den Elementen zu trotzen. Stattdessen konnte man eine ganze Außenwand total weglassen und das, was ansonsten ein Innenraum war, in eine tiefe Veranda verwandeln, die praktisch zu jeder Tages- und Jahreszeit als Wohnraum diente. Damit ließ sich, vorausgesetzt man konnte das Sicherheitsproblem lösen, der Traum der Moderne von der vollständigen Verschmelzung von Innen- und Außenraum verwirklichen (wir pflegten sogar das Dach über der Dusche wegzulassen: mehr Regen, mehr Dusche!)

Nach Großbritannien zurückgekehrt, wechselte ich an die Universität Edinburgh, wo ich die Temperaturunterschiede sofort am eigenen Leib erlebte: sowohl jene zwischen Schottland und der Karibik als auch jene zwischen schottischem Sommer und Winter. Ich sehnte mich trotzdem danach, dieses Gefühl der völligen Freiheit, das aus der räumlichen Zweideutigkeit zwischen drinnen und draußen entstand, irgendwie wiedererschaffen zu können. Aber hier unterscheiden sich im Winter und Sommer nicht nur die Temperaturen. Im ersten Jahr nach meiner Rückkehr war es der Unterschied zwischen den verfügbaren Stunden an Tageslicht, der mich am meisten beeindruckte. In der Karibik dauert ein Sonnen-

Haus Murphy, Edinburgh. Der Hauptraum mit mehreren Ebenen dient als Wohnraum. Alle Öffnungen können mittels Läden im Winter geschlossen werden.

Hauptfassade, Blick aus der Hart Street. Das Gebäude dient als „Buchstütze" für die unbewältigte Giebelseite der benachbarten Reihenhäuser von 1820 (rechts).

untergang eine halbe Stunde. In Schottland ist es am 21. Dezember um 15:30 Uhr dunkel; und am 21. Juni habe ich noch um 23:00 Uhr bei Tageslicht ein Buch lesen können. Und je weiter man nach Norden geht, desto eindrucksvoller ist der Unterschied beim Tageslicht. Auf den Shetland-Inseln nennt man den Hochsommer „the simmer dim", und es wird dort die ganze Nacht über nie richtig dunkel.

Wir alle tragen je nach Jahreszeit unterschiedliche Kleidung, unsere Gebäude aber bleiben bemerkenswert ähnlich. Im 18. und 19. Jahrhundert hielten innenseitige Holzfensterläden die Nacht in Schach, aber später, im spätviktorianischen Zeitalter, als die Kohle relativ billig geworden war, galten selbst an der Außenwand angebrachte Fensterläden als überflüssig. Dabei geht es nicht nur um die Reaktion auf sich verändernde Temperaturen, sondern eher um die Psychologie des Winters bzw. Sommers. Aldo van Eyck, der berühmte niederländische Architekt, Autor und Lehrer, sagte einmal: „Ein Haus ist sowohl ein Vogelnest als auch eine Höhle" – d. h., ein extrovertierter Ort, der im Sommer zur Landschaft hin offen, im Winter aber eine Zuflucht ist oder, unmittelbarer, ein Ort mit Tages- und Nachtmodi. Die Moderne hat für sommerliche Architektur gut funktioniert. Schritt um Schritt wurden alle geschlossenen Bereiche im Grundriss immer weiter reduziert und durch Glas ersetzt, bis schließlich mit Mies van der Rohes Farnsworth House und, noch deutlicher, Philip Johnsons Glashaus nichts mehr übrig blieb. Die Winterzeit hat aber trotz alledem ihre eigenen psychologischen Bedürfnisse, denen meiner Meinung nach diese Gebäude nicht Rechnung tragen. Charles Rennie Mackintosh verstand die psychologischen Erfordernisse von Winter und Nacht. Beispiele dafür sind die weiße Höhle für das Ehebett im Hill House, die bei geschlossenen Läden nur durch winzige, lilafarbene Sonnenstrahlen erhellt wird, sowie in einem weit größeren Maßstab die Bibliothek der Glasgow School of Art. Letztere beherbergt ein permanent und meiner Meinung nach absichtsvoll finsteres Inneres mit einer herbstlichen, zum Studieren geeigneten Lichtatmosphäre. Selbst im Hochsommer vermag Tageslicht nur schwer durch die hervorspringenden Erkerfenster und tiefen Fensterlaibungen in den dicken Steinmauern einzudringen.

In den letzten 25 Jahren habe ich in meinem Büro mit der Vorstellung experimentiert, dass bei der Wohnarchitektur in Bezug auf die Außenhülle drei Modi zu unterscheiden sind: der Sommermodus, bei dem Fenster und Türen dank Schiebetechnik zum Verschwinden gebracht werden können (oft unter Einsatz des verschwindenden Eckfensters nach Art von Frank Lloyd Wright); der Wintermodus, in dem

Wie im Wohnraum gibt es auch im Hauptschlafzimmer einen Verdunkelungsladen, hier in der Decke, der im Winter geschlossen und im Sommer geöffnet werden kann.

dämmende Läden an Fenstern und Oberlichtern den Innenraum umhüllen, sowie einen Zwischenmodus mit „normaler" Verglasung. Nach den Anfängen mit Wohnhauserweiterungen in und um Edinburgh entstand unser erstes, vollständig mit Läden versehenes Haus in Aberdeenshire, gefolgt von verschiedenen „mews houses", aus ehemaligen Pferdestallungen hervorgegangenen Reihenhäusern, und gekrönt von meinem eigenen Haus im Zentrum der historischen New Town von Edinburgh. Da ich keine Rücksicht auf den Bauherrn nehmen musste, bot sich hier die Möglichkeit, für ein kleines, kompaktes Haus eine Vielzahl und Vielfalt von beweglichen Elementen zu entwickeln. Alle Fenster sind mit Klapp-, Schwenk- oder Schiebeläden versehen. Zwei sehr große Oberlichter im Hauptwohnbereich und Elternschlafzimmer werden nachts mit elektronisch betätigten Klappläden verschlossen, die sich aus der Vertikalen in die Horizontale bewegen. Dadurch wird das Raumvolumen komprimiert und vor allem in seiner psychologischen Wirkung transformiert: Ein Vogelnest wird auf Knopfdruck zu einer Höhle! Und natürlich tragen diese Fensterläden auch wirksam zur Wärmeisolierung bei.

In den 1960er und 1970er Jahren war in Großbritannien in der Architektur der Slogan „long life, loose fit, low energy" populär. Auch die „High-Tech"-Architekten Foster, Rogers, Grimshaw usw. schufen mit diesem Ansatz Ikonen der Architektur wie das Centre Pompidou in Paris, Lloyd's in London oder den Flughafen London-Stansted hervor. Doch keines von ihnen hat sich gut gehalten im Lauf der Zeit. Rogers' mit Besessenheit verfolgte Idee, die Haustechnik außerhalb des Gebäudes anzuordnen, um mehr Innenraum zu schaffen und das Auswechseln kurzlebiger technischer Anlagen bei laufendem Betrieb zu erleichtern, erscheint heute als vollkommen kontraproduktiv. Das Centre Pompidou und Lloyd's haben nicht nur riesige Wartungsbudgets, sondern die große exponierte Gesamtaußenfläche des Gebäudes wirkt dem Ziel eines niedrigen Energiebedarfs geradezu entgegen und verlangt zudem Leistungen, für die sie nicht ausgelegt waren. Der noblen Absicht einer „totalen Flexibilität" wurden nicht nur grundlegende Attribute der Architektur geopfert, es wurde auch zugelassen, dass das Gebäudemanagement in den Architekturentwurf eingreift. Ersteres ist beim Centre Pompidou offensichtlich der Fall: Es gibt keinen beeindruckenden Innenraum, keine Blickführung zwischen innen und außen, keine Hierarchie der Räume, keine Tageslichtführung, keine Inszenierung des Eingangs außer den berühmten Rolltreppen, keine *promenade architecturale*. Letzteres lässt sich an dem ruchlosen Einkaufszentrumsinterior ablesen, das dem offenen und flexiblen Raum von Stansted Airport aufgezwungen wurde. Paradoxerweise ist Fosters „offenes" Gebäude zu einem vollkommen geschlossenen geworden, dessen Schrecken die Abreisenden nun ausgesetzt sind. Interessanterweise scheint Rogers bei seinem Terminal 4 des Flughafens Madrid Barajas in der Hinsicht etwas dazugelernt zu haben: ein bemerkenswert „unflexibles" Gebäude! Meiner Meinung nach ist „Flexibilität" fast immer eine Katastrophe; „Transformierbarkeit" hingegen bietet vollkommen andere Aussichten. Eines meiner Lieblingsgebäude in dieser Hinsicht ist das von Chareau und Bijvoet entworfene Maison de Verre in Paris – Wohnhaus und Arztpraxis zugleich, voller Schiebeelemente, schwenkbarer Schränke, sogar einem einziehbaren Treppenhaus, welche die Räume verändern, kombinieren oder trennen, auf kontrollierte Weise. Ähnlich beim Obergeschossgrundriss von Rietveldts Haus Schröder: Der Wohnraum einer Familie bei Tage lässt sich durch Schiebe- und Schwenkelemente in Schlafzimmer für die Nacht verwandeln. Solche Beispiele einer transformierbaren Architektur erscheinen mir viel interessanter als vage Ideen von Offenheit. Sie waren für uns eine Quelle der Inspiration bei vielen Innenraumgestaltungen. Unser Ziel war es dabei, Gebäude zu schaffen, die bereitwillig der vierten Dimension, der Zeit, Rechnung tragen und auf sie reagieren. Bei Besucherführungen durch mein eigenes Haus ist das Vorführen der vielen beweglichen Elemente ein wesentlicher Teil der Veranstaltung: im Sommer die Räumlichkeiten in den Winter zu versetzen und umgekehrt. Dies verleiht ihm Züge eines auf äußere Einflüsse wie auch innere psychologische Bedürfnisse reagierenden Organismus.

Eine scheinbar transluzente Ecke im Schlafzimmer – gebaut allerdings aus Natursteinpaneelen: Rietveld-Schröder-Haus in Utrecht trifft Scarpas Olivetti-Ausstellungsraum in Venedig!

B

Anwendungen und Funktionen

2 Energie sparen und gewinnen

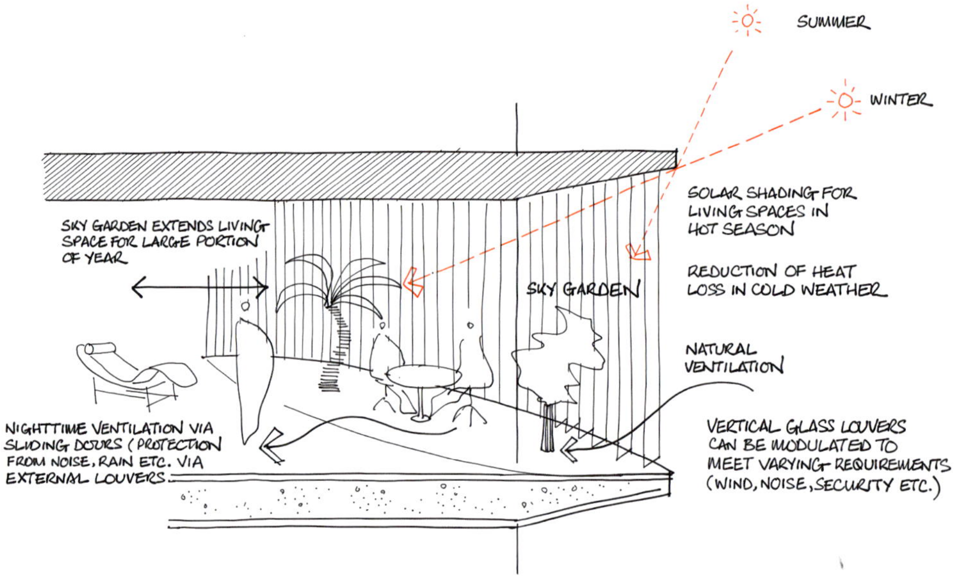

Konzept für Skygarden für Wohnturm in Manhattan, Coop Himmelb(l)au

■ 2.1 Smart Skins

Brian Cody

Die Fassade eines Gebäudes kann als anpassungsfähiger Filter zwischen innen und außen dienen. Die physikalischen Eigenschaften von Fassaden jedoch vermögen sich gegenwärtig nicht nennenswert an sich verändernde Bedingungen anzupassen. Dies gilt sowohl für Klima, Lärm, Luftqualität und Licht wie auch die wechselnden Anforderungen und Bedürfnisse von Gebäudenutzern. Die spezifischen Eigenschaften von Fassaden bezüglich Wärmeleitfähigkeit, Erwärmung durch Sonneneinstrahlung, Transparenz, Porosität usw. sind statisch und bleiben im Wesentlichen über die Zeit konstant, obwohl sich doch die Anforderungen an eine energieeffiziente Gebäudehaut erheblich je nach Klimabedingungen und Nutzungsmustern zu verschiedenen Tages- und Jahreszeiten unterscheiden.

Als Schnittstelle zwischen innen und außen kommt der Gebäudehaut eine wichtige Rolle bei der Schaffung gewünschter Bedingungen im Innenraum zu. Die externen Bedingungen variieren nicht nur im Verlauf des Tages, sondern noch mehr im Verlauf des Jahres. Die von Gebäudenutzern als angenehm empfundenen Bedingungen im Inneren sind mehr oder weniger konstant und unterscheiden sich weltweit relativ wenig. Da wir Gebäude jedoch dynamisch benutzen, indem wir kommen und gehen und unterschiedliche Dinge tun, weist die Innenseite der Schnittstelle eine höchst dynamische Komponente auf. Man darf erwarten, dass eine Gebäudehaut zwecks Energieeffizienz den dynamischen Welten beiderseits der Schnittstelle entsprechen sollte. Doch ob in Manhattan, Moskau, Berlin oder Hongkong: Statische Oberflächen aus Stein, Beton und Glas bleiben unverändert und reaktionslos, vollkommen unabhängig davon, ob es draußen -20 °C und dunkel oder 35 °C und sonnig ist. Daher müssen die Klimaanlagen hohe Leistungen erbringen, um das Innere komfortabel zu halten.

Gebäudehüllen haben dynamisch zu sein. Sie sollten nicht nur Schutz vor den Elementen bieten, sondern auch als Filter zwischen außen und innen wirken, welcher auswählt, vermittelt und moduliert. Dass sie dies meist nicht tun, hat natürlich mit Kosten und Komplexität, vielleicht aber auch mit einigen Träumen zu tun, die wir immer noch in der Architektur zu verwirklichen versuchen. Die berühmten ungebauten Glaswolkenkratzer von Mies van der Rohe aus den 1920er Jahren sind ein gutes Beispiel dafür, ebenso wie die statischen, unveränderlichen Hüllen der heutigen Architektur. Andererseits zeigt uns ein Blick zurück auf Gebäude aus früheren Jahrhunderten Gebäudehüllen, die im Laufe ihrer Entwicklungen zahlreiche Elemente aufnahmen, die auf Sonne, Licht, Temperatur und das Bedürfnis nach Privatsphäre reagieren.

In einem Forschungsprojekt am Institut für Gebäude und Energie der Technischen Universität Graz untersuchen wir die Möglichkeit, Anpassungsfähigkeit unter Verwendung heute verfügbarer Techniken neu zu interpretieren. Die Forschung bildet die wissenschaftliche Grundlage für die Entwicklung von vollkommen neuartigen Fassadenkonstruktionen. Die dabei entstehenden „Smart Skins" maximieren ihre Energieeffizienz, indem sie ihre Eigenschaften an sich verändernde innere und äußere Bedingungen anpassen und dadurch „Space on Demand" schaffen. Ein einfaches Beispiel dafür sind bewegliche, gut isolierte Elemente, die in geschlossener Stellung eine luftdichte Verbindung mit der Hauptgebäudefassade eingehen. Der transparente Teil der Gebäudehaut kann dadurch bis auf 0 % reduziert werden, sofern die dahinter befindlichen Räume nicht genutzt werden bzw. ihre aktuelle Nutzung kein Tageslicht erfordert.

Energie- und Klimakonzepte, die jüngst von Energy Design Cody für verschiedene Projekte entwickelt wurden, zeigen einige Interpretationen von Smart Skins für hohe Energieeffizienz. Für das Wohnhochhaus 101 Murray Street in Manhattan (Architekten: Coop Himmelb(l)au) entwickelten wir eine anpassungsfähige Fassade, die ein innovatives System der natürlichen Belüftung ermöglicht und dabei gleichzeitig eine neue Art von Wintergärten entstehen lässt. Die äußere Schicht ist zur Anpassung an unterschiedliche Wind-, Lärm- und Sicherheitsbedingungen modulierbar. Schiebetüren in der inneren Fassadenschicht, die im Abstand von ca. 2 m angeordnet sind, erlauben eine Ausweitung des bewohnbaren Raumes während eines großen Teils des Jahres. Der „Sky Garden" dient als Pufferzone bei kaltem Wetter, wenn er den Wärmeverlust reduziert, und schützt die Wohnräume in der warmen Jahreszeit vor Sonneneinstrahlung. Natürliche Belüftung sowie Kühlung bei Nacht im Sommer erfolgen durch kontrolliertes Öffnen der beiden Fassadenschichten. Der bewohnbare Zwischenraum dient zugleich Strategien zur energieeffizienten Lüftung und Maximierung der energetischen Performanz. Er übernimmt die Funktionen, die heute gewöhnlich durch kom-

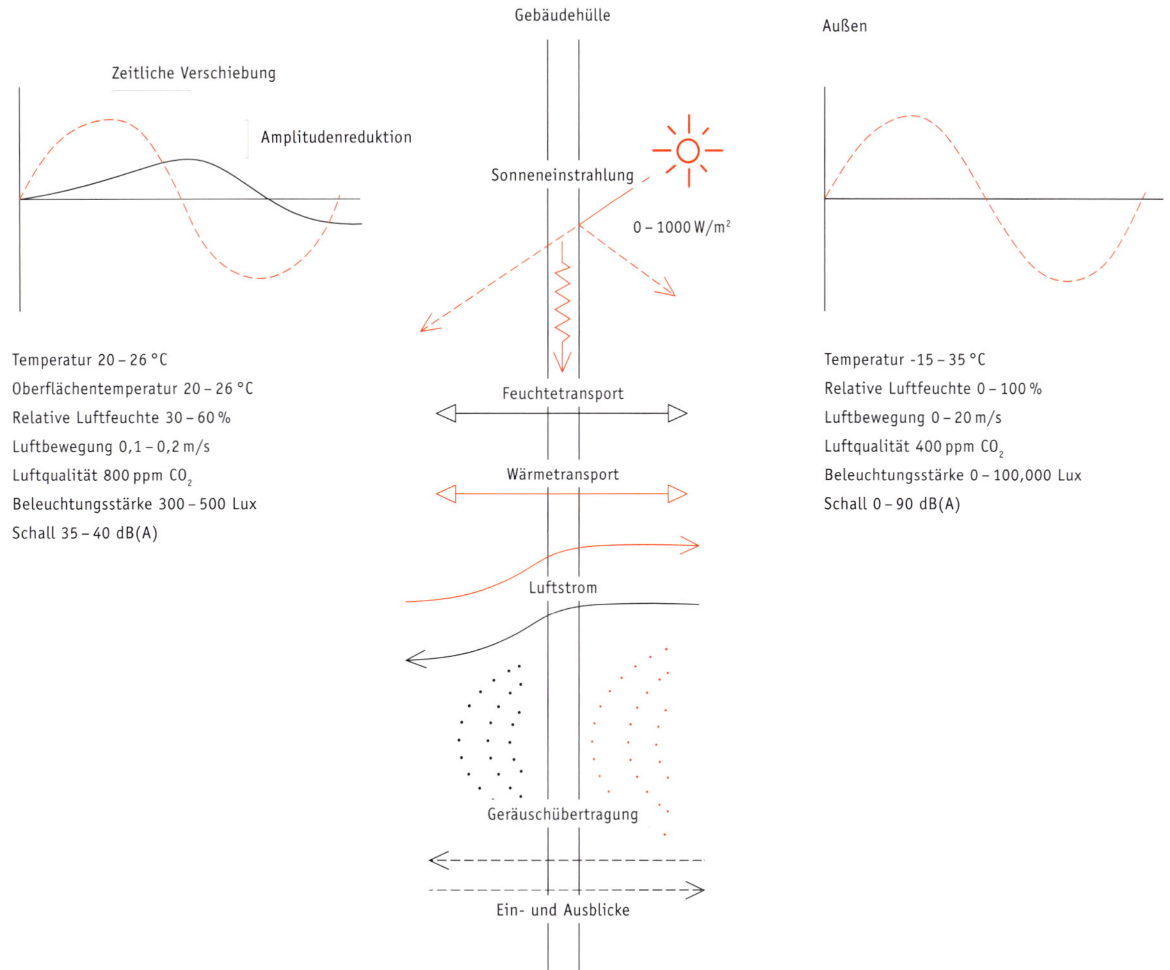

Gebäudehülle als Schnittstelle

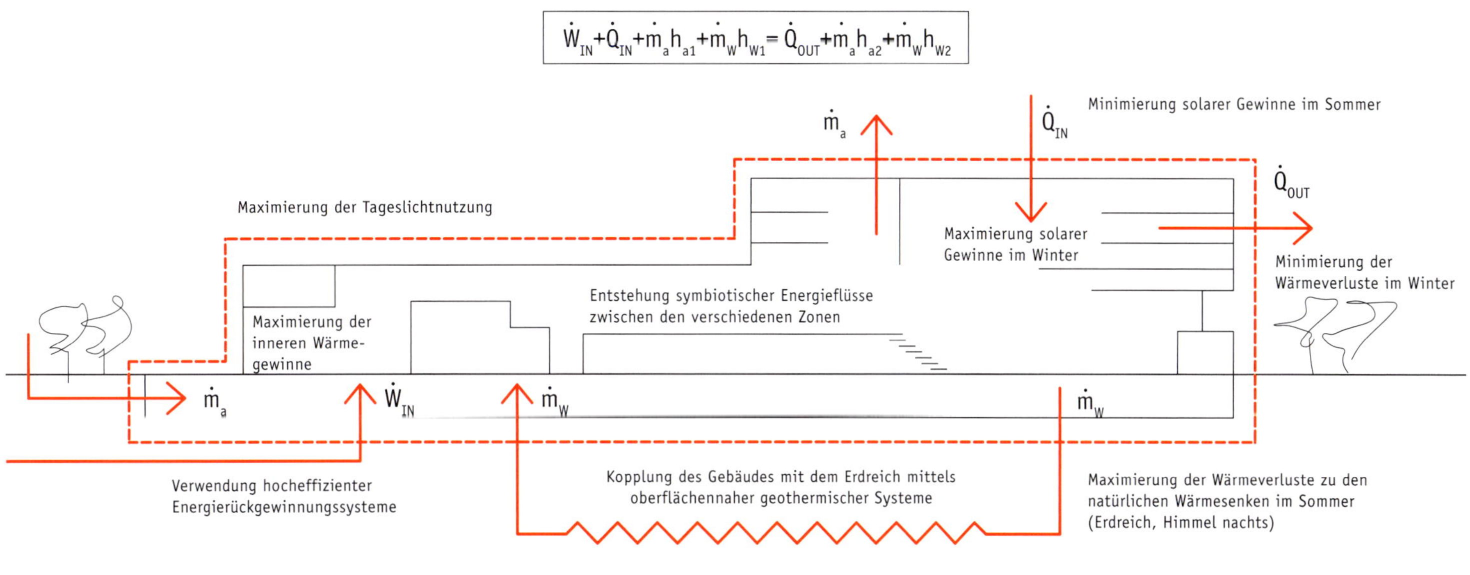

École Centrale Paris, Energiekonzept, OMA

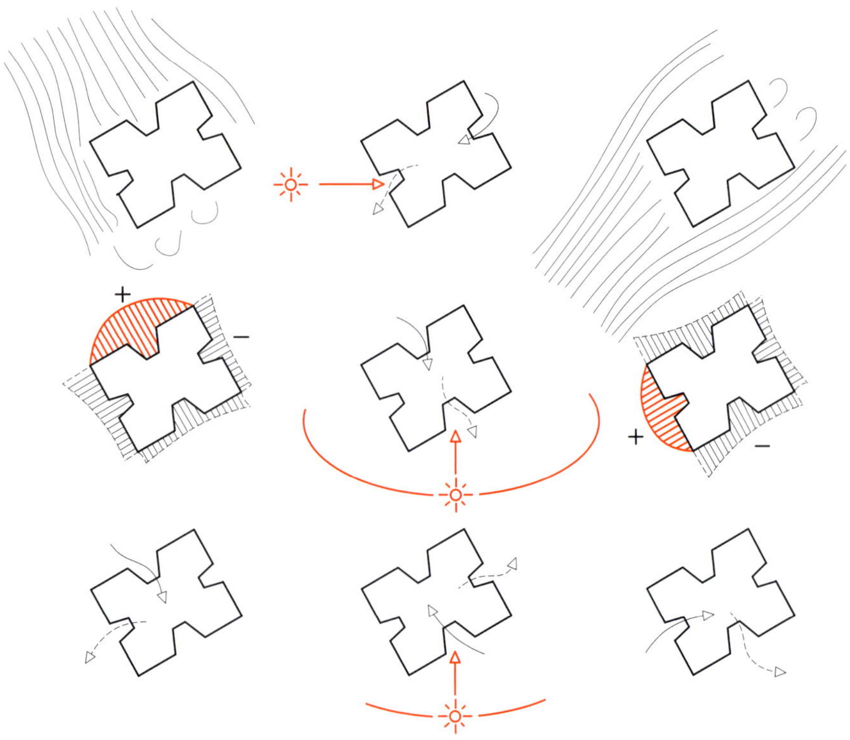

Amorepacific Tower, Entwurfskonzept, Delugan Meissl Associated Architects

Hauptsitz der Europäischen Zentralbank, Coop Himmelb(l)au

plexe mehrschichtige Außenwandkonstruktionen – mit allen ihren Problemen bezüglich der „grauen Energie", der Entsorgung usw. – und durch mechanische Be- und Entlüftungsanlagen mit Wärmerückgewinnung erfüllt werden. Dieses Fassadenkonzept ersetzt gewissermaßen die herkömmliche Wandkonstruktion durch bewohnbaren Raum.

Auf dem neuen Campus der Medizinischen Universität Graz (Architekten: Riegler Riewe) sind die Längsachsen der Gebäude aufgrund der Windbedingungen des lokalen Mikroklimas nordsüdlich ausgerichtet. Die Außenbeschattungsanlagen sind als vertikal angeordnete, perforierte Metallelemente ausgelegt, die Tageslicht und Aussicht automatisch kontrolliert zulassen, während die Sonneneinstrahlung blockiert wird. So wird die Reaktion des Gebäudes auf seine Umweltbedingungen in der Bewegung der Sonnenschutzelemente sichtbar.

Die für den Hauptsitz der Europäischen Zentralbank in Frankfurt (Architekten: Coop Himmelb(l)au) entwickelte Fassade schließt eine Reihe von Vorrichtungen ein, die ein hohes Maß an Selektivität und Anpassungsfähigkeit bieten; darunter hochselektive Glasbeschichtungen, automatisch kontrollierte, bewegliche Sonnenschutzanlagen und eigens entwickelte Elemente für die natürliche Belüftung eines in einer windigen Umgebung angesiedelten Hochhauses. Die monolithische, homogene Anmutung des Äußeren beweist, dass ähnliche Energiedesign-Ansätze im Gebäudeentwurf zu höchst unterschiedlichen Architektursprachen und -konzepten führen können.

Der Entwurfsvorschlag für die neue Zentrale der Amorepacific in Seoul (Architekten: DMAA Delugan Meissl Associated Architects) besitzt auf allen Seiten vertikale „Sky Gardens" als Übergangsräume zwischen innen und außen, welche zugleich die Büros mit gefilterter und temperierter Frischluft versorgen. Temperatur und Feuchte der Zuluft werden mit Hilfe von Grundwasser eingestellt. Das Kondensat wird direkt zur Bewässerung der Anpflanzungen verwendet: eine symbiotische Beziehung zwischen Mensch und Natur, in der die Menschen gekühlte Luft und die Pflanzen das Kondenswasser erhalten. Das Amorepacific-Gebäude selbst ist weiterhin ein statisches Objekt in einem Meer sich verändernder Bedingungen. Doch die Gebäudehülle und -anlagen reagieren dynamisch auf diese Bedingungen. Die Frischlufteinlässe der dezentralen Lüftungsanlagen beziehen ihre Luft aus den Sky Gardens. Diese sind so miteinander verbunden, dass die Frischluftzufuhr dynamisch an die herrschenden Bedingungen angepasst wird: Im Winter wird Außenluft aus Bereichen mit der höchsten Temperatur entnommen, im Sommer aus solchen mit der niedrigsten. Die vertikal verbundenen Sky Gardens unterstützen außerdem den zur Luftverteilung erforderlichen Antriebsdruck, indem der Kamineffekt auf der wärmeren Gebäudeseite in Kombination mit dem statischen Druck des vorherrschenden Windes zur Wirkung kommt.

Das Gebäude der Abteilung Ingenieurwesen der École Centrale Paris (CentraleSupélec) der Université Paris-Saclay (Architekten: OMA) stellt einen neuen Typ eines Campusgebäudes dar. Es erreicht eine hohe Energieeffizienz durch Ausnutzung der Synergien zwischen den verschiedenen Nutzungen und schafft dabei eine neue Art von Raum unter einer „Klimahülle" aus PTFE-Foliendach und Glasfassaden. Das Gebäude umschließt mit der Klimahülle die Un-

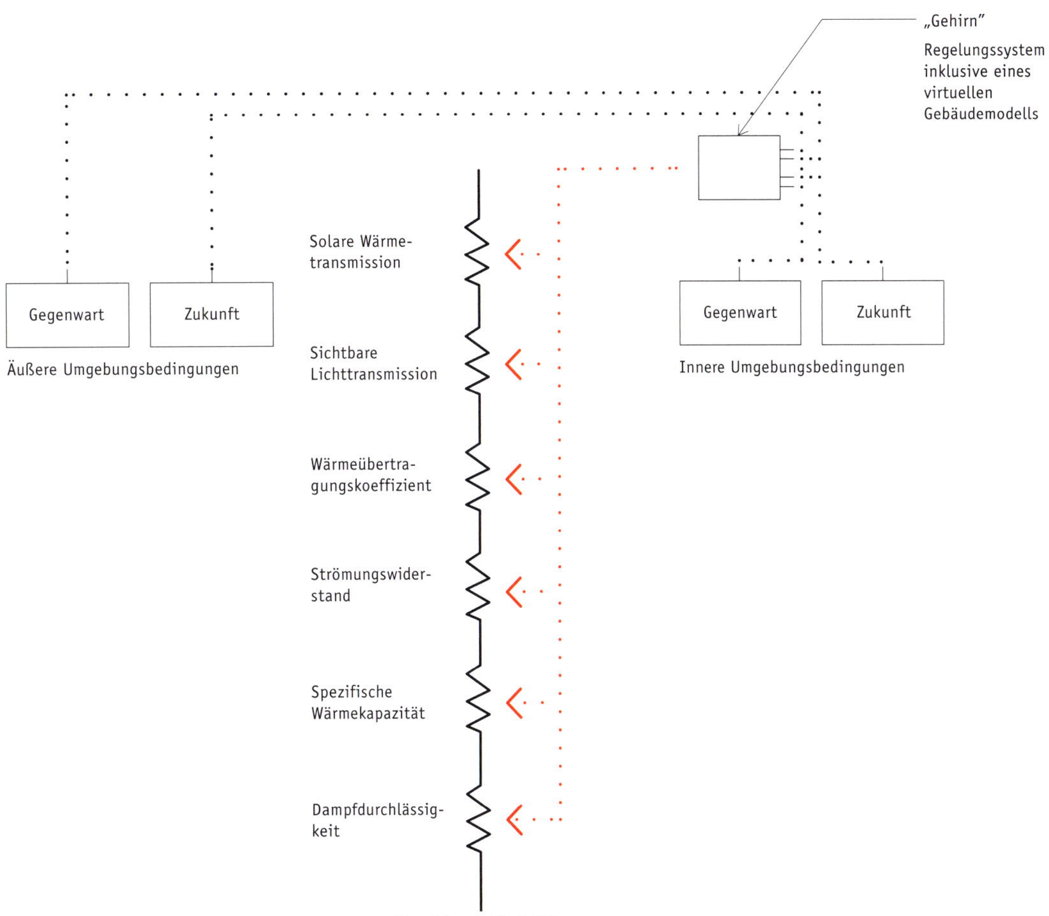

Forschungsprojekt „Smart Skin"

terrichtsräume, Labors und Büros, sodass die Räume dazwischen einen Campus in einem Innenraum bilden. Dieser Entwurf bietet große Vorteile bezüglich der Kommunikation zwischen Forschenden und Studenten sowie zukünftiger Änderungen in der Nutzung und Konfiguration von Büros und Labors. Die allumfassende Klimahülle schafft Kompaktheit, verringert die wärmeleitfähigen Flächen und lässt neuartige Räume zwischen den Büro- und Laborzellen entstehen.

Innerhalb der Klimahülle wird – in erster Linie passiv – ein Makroklima erzeugt, das weniger stark kontrolliert ist als das Innenklima der Labors und Büros. Die Halle schafft einen Übergangsraum, sie unterstützt die Campusatmosphäre sowie die zwanglose Kommunikation. In einem Außenklima wie dem von Paris hat das Mikroklima in der Klimahülle großes Potenzial zur Förderung der Kommunikation und synergetischen Energieströme zwischen den vielen verschiedenen Nutzungsarten, indem überschüssige Wärme von den Labors in Räume mit Wärmebedarf – wie die Büros – geleitet wird.

Das „Smart Skin"-Konzept geht weit über die Strategien hinaus, die wir bis dato in der Praxis umsetzen konnten. Es integriert und verwendet Vorhersagedaten zum Wetter und zum wahrscheinlichen Benutzerverhalten (auf der Grundlage von Erfahrungen in der Vergangenheit und unter Verwendung einer eingebetteten KI-Methode) sowie Echtzeitdaten zur Auswahl der optimalen Konfiguration physikalischer Eigenschaften. Ein speziell entwickeltes dynamisches Simulationsmodell erlaubt wichtige Erkenntnisse über Potenziale und Möglichkeiten. Diese Art Modell könnte als virtuelles Modell in das automatische Gebäudeleitsystem integriert werden und einen Teil der Informationen bereitstellen, die zur optimalen Leistung der Smart Skin notwendig sind. Weitere Forschungen untersuchen, wie der beabsichtigte Anpassungsgrad physikalisch erreicht werden kann: durch mechanische Vorrichtungen, durch mit Flüssigkeit gefüllte Hohlräume oder mit Hilfe von intelligenten Materialien, die in der Lage sind, ihre physikalischen und/oder chemischen Eigenschaften zu verändern.

Ziel ist die Entwicklung anpassungsfähiger Fassaden, die ihre thermischen und optischen Eigenschaften automatisch verändern und sich so kontinuierlich durch die Manipulation variabler Parameter für Wärmedämmung, solaren Energieeintrag, Lichtdurchlässigkeit, Wärmeenergiespeicherung, Luftdichtigkeit und Feuchtigkeitsdiffusion an sich ändernde Anforderungen anpassen, um die gewünschten Bedingungen im Innenraum unter Aufwendung von so wenig Energie wie möglich zu erreichen. Untersuchungen, die in der ersten Phase dieses Projekts durchgeführt wurden, zeigen im Vergleich mit heutigen herkömmlichen energieeffizienten Fassadensystemen ein Energieeinsparungspotenzial von bis zu 90 %.

■ 2.2 Bewegliche Elemente für die Nutzung von Sonnenenergie

Arno Schlüter, Uta Gelbke

Sonnenenergie: aktive Nutzung auf dem Weg zum Standard

Die Sonne ist nicht nur die leistungsstärkste regenerative Energiequelle unserer Umwelt, sondern zugleich auch die dominierende Einflussgröße auf den Energiehaushalt und den Komfort eines Gebäudes. Die Forschung und Entwicklung von Fassaden konzentriert sich diesbezüglich meist auf eine bestmögliche Isolation gegen äußere Witterungseinflüsse und eine passive Nutzung der solaren Energie durch Erwärmung der massiven Bauteile sowie der Innenraumluft im Bereich der Öffnungen. Dem steht aber der Wunsch nach mehr Transparenz in der Fassade entgegen. Er wird heute zwar durch stetig verbesserte Wärmedämmeigenschaften von Verglasungen unterstützt. Jedoch werden dichte, zunehmend stärker gedämmte Gebäudehüllen in Kombination mit hohen Glasanteilen in der Fassade und damit auch hohen solaren Wärmeeinträgen zum Problem: Die Überhitzung des Innenraumes ist die Folge.

Um nun das Potenzial der solaren Energie nicht nur abzuschotten, sondern optimal zu verwerten, bedarf es einer aktiven Nutzung: produzieren statt isolieren. Die Energieerzeugung am Gebäude auf Basis solarer Einstrahlung ist für die Umstellung auf erneuerbare Energien ein wichtiger Baustein. Denn Gebäude bieten den Vorteil einer großen Anzahl bereits existierender und sogar für die Energieerzeugung gut ausgerichteter Flächen. Dies sind zunächst die Dachflächen in weniger dicht besiedelten Gebieten, im städtischen Bereich mit zunehmender Verdichtung aber auch die Fassaden. Werden deren Potenziale genutzt, kann eine weitere Versiegelung neuer Flächen vermieden werden.

Die Fassade als Schnittstelle zwischen Innen- und Außenraum bestimmt den Luft-, Licht- und Wärmehaushalt eines Gebäudes – und damit direkt den Komfort der Nutzer. Der Innen- wie auch der Außenraum sind dabei stochastischer Natur; die jeweili-

Adaptive Solarfassade ASF, Prototyp am House of Natural Resources, ETH Zürich, 2015

Sonnenschutzhaut der Al Bahar Towers, AHR in Zusammenarbeit mit ARUP, Abu Dhabi, 2013. PTFE-beschichtetes Glasfasernetz auf Stahlunterkonstruktion; vorprogrammierte Sonnenstandsinformationen und sensorbasierte Daten erlauben die Steuerung.

gen Zustände sind nicht oder nur vage vorhersehbar. Die Fassade bildet somit die Grenze zwischen zwei dynamischen Umwelten mit schwer vorhersehbarem Verhalten. Aufgrund ihrer vertikalen Ausrichtung bietet die Fassade zwar weniger absolutes Potenzial für die Energiegewinnung als Dachflächen, dafür aber mehr Potenzial bei flachen Sonneneinfallswinkeln und zeitgleich hohem Energiebedarf, wie in den Morgen- und Abendstunden oder im Winter. Zudem können passive und aktive Ansätze in der Fassade gut kombiniert werden. Um diese Möglichkeiten ausschöpfen und auf die volatilen Eigenschaften des Energieträgers Sonne reagieren zu können, muss die Fassade allerdings flexibler als bisher gedacht und gestaltet werden.

Wie können bewegliche Bauteile in der Gebäudehülle aktive und passive Potenziale der Sonnenenergie besser nutzen? Ein historisches Vorbild findet sich in Fensterläden, die über öffenbare Flügel, ausstellbare Verschattungselemente oder drehbare Lamellen die manuelle Regulierung des Lichteinfalls ermöglichen. Je nach Sonnenstand und Bedürfnissen des Nutzers lässt sich der Wärmeeintrag und die passive Nutzung der Sonnenenergie steuern. Dieses vermeintlich einfache Bauteil beweist seine Komplexität und Wandelbarkeit, bleibt aber auf eine punktuelle Anwendung vor dem jeweiligen Fenster beschränkt.

Dagegen ist beispielsweise die Sonnenschutzhaut der Al Bahar Towers in Abu Dhabi, obwohl im Wirkmechanismus mit dem Fensterladen vergleichbar, als durchgängige Ebene der Glasfassade vorgelagert und umhüllt die Gebäude – eine dynamische, moderne Übersetzung des traditionellen gitterartigen Sonnenschutzes islamisch geprägter Architektur. Großformatige Module sind in einer wabenähnlichen Geometrie zusammengefügt und einzelne Cluster können geöffnet oder geschlossen werden. Solare Wärmegewinne und Blendeffekte unter den extremen klimatischen Bedingungen Abu Dhabis können so kontrolliert werden, ohne den Tageslichteinfall zu beeinträchtigen.

Eine aktive Energieerzeugung auf Basis der solaren Strahlung ist jedoch bei diesen genannten Beispielen nicht möglich.

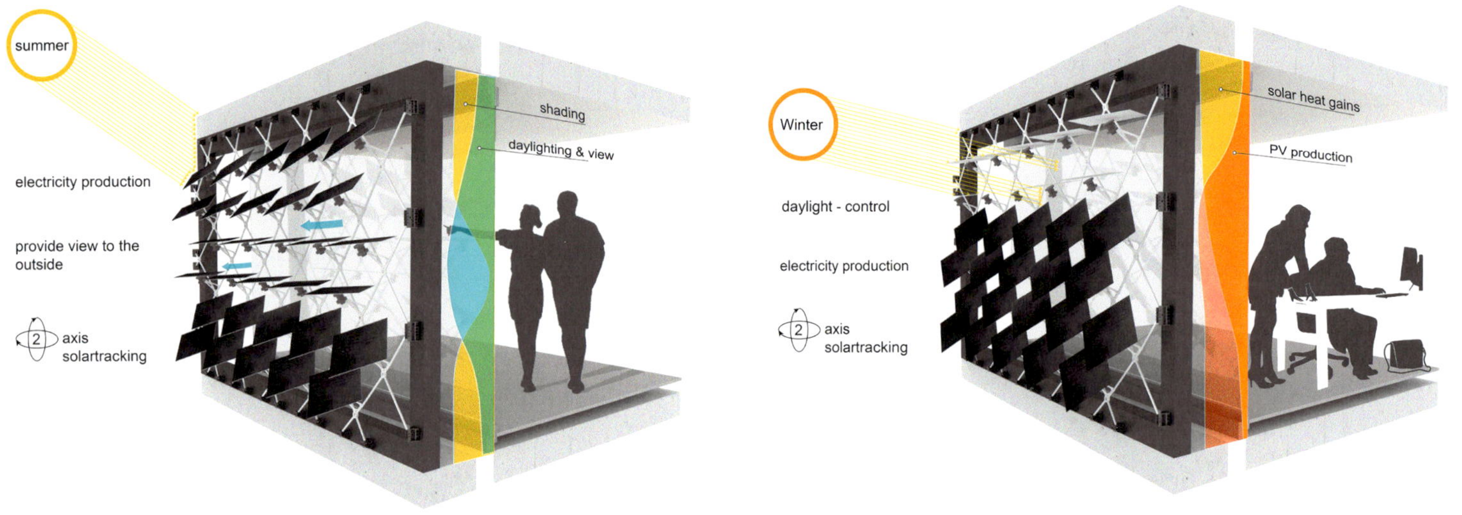

Funktionen der Bereiche der ASF während der Sommer- und Wintermonate. Abbildungen aus Svetozarevic et al.[1]

Die adaptive Solarfassade (ASF)

Die A/S Forschungsgruppe der ETH Zürich hat ein bewegliches, anpassungsfähiges Fassadensystem entwickelt, das die statische Bedingtheit von Gebäudehüllen überwindet, auf unterschiedliche Lichtverhältnisse oder Nutzeranforderungen reagiert und zudem eine optimale Versorgung des Gebäudes mit Solarenergie ermöglicht: die adaptive Solarfassade (ASF).[2]

Die ASF besteht aus individuellen Modulen, die auf einem Seil- oder Stabnetz an der Fassade montiert sind. Sie lassen sich über zwei Achsen individuell rotieren und können dadurch einerseits den Licht- und Wärmeeintrag in den Raum beeinflussen, indem sie mehr oder weniger Sonnenstrahlung durch die Fenster lassen. Andererseits produzieren sie Strom über hocheffiziente Dünnschichtmodule an ihrer Außenseite, indem sie dem Sonnenverlauf folgen. Die adaptive Solarfassade zeichnet sich zudem durch ein sehr geringes Gewicht aus, was ihre Anwendungsmöglichkeiten im Vergleich zu herkömmlichen Photovoltaik-Modulen deutlich erhöht. Sie eignet sich für die Montage an Neubauten wie auch Bestandsgebäuden.

Die ASF ist als integraler Bestandteil des gesamten Gebäudesystems zu verstehen. Ihre Wirksamkeit hängt von Faktoren wie der Ausrichtung und dem Standort, aber auch vom Zusammenspiel mit anderen Komponenten der Gebäudetechnik wie Beleuchtung, Heizung und Lüftung ab. Im Falle einer Gebäudetechnik mit geringer Effizienz und/oder bei hohem CO_2-Ausstoß, wie häufig bei Bestandsgebäuden vorzufinden, kann es vorteilhafter sein, die einfallende Solarstrahlung dafür zu nutzen, den Innenraum vorzuwärmen. Die Segmente können so gestellt werden, dass Teile der Fassade den notwendigen Teil des Raumes verschatten, während andere Segmente Licht indirekt über die Decke leiten und damit den Bedarf an künstlicher Beleuchtung reduzieren. In der architektonischen Wirkung entsteht ein abwechslungsreiches, dynamisches Erscheinungsbild, da die Module kontinuierlich auf Veränderungen in ihrer Umgebung reagieren. Zudem kann die adaptive Solarfassade Energie speichern: Im Falle eines Stromüberschusses wandelt sie diesen in Druckluft um, die gespeichert und später – z. B. bei schlechtem Wetter – für die Bewegung der Module verwendet wird.

Entworfen und entwickelt wurde dieses Fassadensystem unter Verwendung einer parametrischen Entwurfsumgebung. Basierend auf einem in Rhino/Grashopper erstellten parametrischen, geometrischen Modell wurden Berechnungen und Simulationen verschiedener Bereiche kombiniert, so z. B. eine eigens entwickelte, hochaufgelöste Simulation von Einstrahlung, Verschattung und elektrischer Verschaltung der Solarmodule mit statischer Berechnung der Tragstruktur.

Hybrider Aktuator

Die Module der ASF sind dank eines neuartigen, hybriden Aktuators auf zwei Achsen frei rotierbar. Er basiert auf Ansätzen aus dem Bereich der Soft Robotics für die Herstellung aktiv verformbarer Bauteile, hauptsächlich für den Einsatz an biomimetischen Robotern. Vorteile sind der geringe Materialeinsatz und eine Konstruktion ohne komplexe mechanische Elemente, die unter den harten Wetterbedingungen an der Gebäudefassade nur mit großem Aufwand zu realisieren wären. Bewegt werden die Aktuatoren und die darauf montierten dünnen Solarpaneele über Druckluft, welche in speziell entwickelte Kammern eingebracht bzw. ausgelassen wird. Ihnen ist eine Nachgiebigkeit zu eigen, die sie besonders widerstandsfähig gegen äußere Einwirkungen macht. Die kontinuierliche Strukturverformung mit ihrem muskelähnlichen Antrieb erlaubt einen großen Bewegungsradius der Veränderungen bei einfacher räumlicher Integration der beteiligten Elemente.

Optimal der Sonne zu folgen, also sie zu *tracken*, aber auch auf wechselnde Zustände des Außenraumes sowie auf Anforderungen des Innenraumes hinsichtlich solarer Einträge zu reagieren, erfordert die Ausrichtung der PV-Module in unterschiedlichen Winkeln entlang der Horizontal- und Höhenachsen. Der Aktuator besteht aus drei zylindrischen Luftkammern, die symmetrisch um den Mittelpunkt angeordnet sind und oben und unten von Scheiben gehalten werden. Ventile steuern den Luftstrom: Luft wird eingepumpt oder abgelassen, der Aktuator verformt sich und passt die Ausrichtung jedes einzelnen Moduls an.

Auf dem Paneel aus Aluminium sind CIGS-Photovoltaikzellen direkt auflaminiert. Sie erreichen derzeit einen Wirkungsgrad von 12–15 %. Der Aktuator wiegt etwa 200 g, das gesamte Modul inklusive Halterung etwa 800 g.

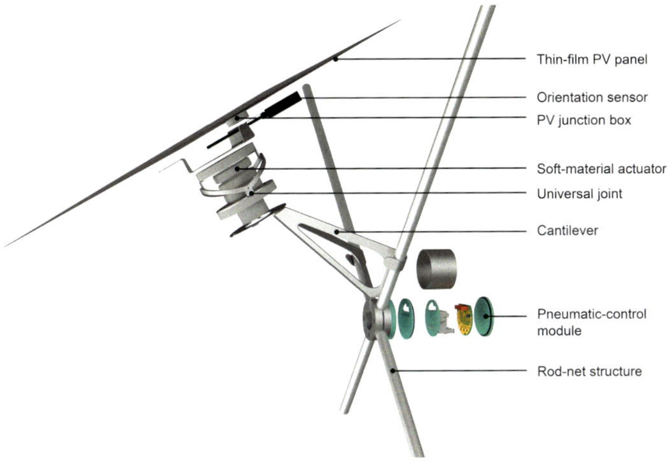

Aufbau eines ASF-Moduls. Abbildung aus Svetozarevic et al.[3]

Detailansicht des ASF Prototyps am NEST-Gebäude, EMPA Campus in Dübendorf, 2017

Energieerzeugung und -einsparung durch die adaptive Solarfassade

Die Wirksamkeit des Fassadensystems wurde mit Hilfe von vier 1:1-Prototypen überprüft. Es wurden Regelkonzepte und -algorithmen entwickelt, die die Fassade jeweils im optimalen Zustand halten. Hinsichtlich der solaren Ausbeute konnte an einem sonnigen Sommertag in Zürich eine Energiesteigerung zwischen 61 % und 73 % im Vergleich zu statischen Modulen an der Referenzposition, d. h. vertikal und parallel zur Fassade, erreicht werden.[4]
Lebenszyklusberechnungen haben gezeigt, dass die ASF nach ca. 18 Monaten die Energie und nach ca. 24 Monaten die Emissionen, die für ihre Herstellung benötigt wurden, wieder eingespielt hat.[5]
Ziel der adaptiven Regelung ist es, dass die Fassade auf veränderte Rahmenbedingungen innen und außen reagieren und anhand der Interaktion mit dem Nutzer ihr Verhalten anpassen kann. Das System lernt aus der Interaktion im Kontext anderer Parameter wie z. B. Wetter, Wochentag, Raumklima etc. Sollte der Nutzer einen anderen Zustand als den vorgeschlagenen bevorzugen, lässt sich die Fassade jederzeit übersteuern und lernt dadurch wiederum hinzu.

Ökonomische Faktoren, Gestaltungsmöglichkeiten und „Solarnetzwerke“: ein Ausblick

Natürlich sind für die großflächige Umsetzung beweglicher Bauteile für die aktive Nutzung von Sonnenenergie am Gebäude ökonomische und soziale Faktoren ausschlaggebend. In einer Massenfertigung bieten sowohl die hybriden Aktuatoren wie auch die CIGS-Paneele das Potenzial für geringe Herstellungskosten. Alle strukturellen Bauteile wie das Seil- bzw. Stabnetz und die Aufhängungen lassen sich direkt aus dem digitalen Modell ableiten und digital fabrizieren. Aktuelle Entwicklungen in der 3D-Drucktechnik hin zum Druck von Multi-Material-Bauteilen werden die kostengünstige Erzeugung von individuellen Bauteilen ermöglichen, sodass der hybride Aktuator durch den Druck von Materialien mit unterschiedlicher Steifheit in einer Komponente realisiert werden könnte.
Neben ökonomischen Faktoren sind die Spielräume der Gestaltung ausschlaggebend. Die ASF lässt sich bezüglich Größe, Abstand, Winkel, Oberfläche, Transparenz und Steuerbarkeit der Module innerhalb bestimmter Bandbreiten frei gestalten. Neue Ansätze und Methoden zum Bedrucken sowie die Entwicklung von Farbfiltern schaffen auch neue Gestaltungsmöglichkeiten. Anhand von Designstudien wurde belegt, dass sich die Paneele mit farbigen, transluzenten oder transparenten Modulen realisieren lassen. In einer Studie im urbanen Maßstab konnte gezeigt werden, dass sich bewegliche Elemente, z. B. mit reflektierenden Modulen, auch dazu eignen, Solarstrahlung auf die Fassaden benachbarter Gebäude zu reflektieren, die keine direkte Sonneneinstrahlung erfahren. Dort kann die Solarstrahlung für die Versorgung mit Tageslicht und zur Strom- oder Wärmeerzeugung verwendet werden. Über solche „Solarnetzwerke“ ließe sich das Angebot an Solarstrahlung unter verschiedenen Gebäuden aufteilen und je nach Angebot und Bedarf optimal nutzen.

1 Svetozarevic, Bratislav; Begle, Moritz; Jayathissa, Prageeth; Caranovic, Stefan; Shepherd, Robert F.; Nagy, Zoltan; Hischier, Illias; Hofer, Johannes; Schlüter, Arno, “Dynamic Photovoltaic Building Envelopes for Adaptive Energy and Comfort Management”, *Nature Energy*, 8. Juli 2019, https://doi.org/10.1038/s41560-019-0424-0.
2 Nagy, Zoltán; Svetozarevic, Bratislav; Jayathissa, Prageeth; Begle, Moritz; Hofer, Johannes; Lydon, Gearóid; Willmann, Anja; Schlüter, Arno, “The Adaptive Solar Facade: From concept to prototypes”, in: *Frontiers of Architectural Research*, 5.2, 2016, S. 143 – 156.
3 Svetozarevic, Bratislav; Begle, Moritz; Jayathissa, Prageeth; Caranovic, Stefan; Shepherd, Robert F.; Nagy, Zoltan; Hischier, Illias; Hofer, Johannes; Schlüter, Arno, “Dynamic Photovoltaic Building Envelopes for Adaptive Energy and Comfort Management”, *Nature Energy*, 8. Juli 2019, https://doi.org/10.1038/s41560-019-0424-0.
4 Svetozarevic, Bratislav; Nagy, Zoltán; Hofer, Johannes; Jacob, Dominic; Begle, Moritz; Chratzi, Eleni; Schlüter, Arno, “SoRo-Track: A two-axis soft robotic platform for solar tracking and building-integrated photovoltaic applications”, in: *2016 IEEE International Conference on Robotics and Automation (ICRA)*, Piscataway, New Jersey, 2016, 6, S. 4945 – 4950.
5 Jayathissa, Prageeth; Jansen, Michiel; Heeren, Niko; Nagy, Zoltan; Schlüter, Arno, “Life cycle assessment of dynamic building integrated photovoltaics”, *Solar energy materials and solar cells*, 156, 2016, S. 75 – 82.

■ 2.3 Robustheit und Autoreaktivität: Temperaturregulierung mittels Dehnstoffelementen

Philipp Lionel Molter, Thomas Auer

Bemühungen um Energieeffizienz und Aufenthaltsqualität waren in der vergangenen Dekade vor allem technologisch getrieben. Jedoch hat die technikintensive Gebäudeausrüstung nicht zu der gewünschten Senkung des Energieverbrauchs geführt, denn gerade aufwendige Raumkonditionierungssysteme funktionieren häufig nicht wie geplant. Zahlreiche wissenschaftliche Studien belegen, dass die gemessenen Energieverbräuche teilweise um das Dreifache größer sind als die vorhergesagten Verbräuche[1,2] und dass die angestrebte Energieeffizienz im Betrieb – wenn überhaupt – erst nach einer Einregulierungsphase erzielt wird.[3,4] Da ein Monitoring, eine ständige Ermittlung der Energieverbräuche, meist nicht durchgeführt wird, liegt der Schluss nahe, dass eine Vielzahl von neuen Gebäuden deutlich mehr Energie verbraucht, als in der Planung berechnet. Diese Differenz wird als Performance Gap bezeichnet. Einen großen Anteil daran hat die Differenz zwischen den angenommenen und den realen Präferenzen der Nutzer.[5]

Vor diesem Hintergrund flammt die Diskussion über die Abwägung zwischen „high-tech" und „low-tech" wieder auf. Die Begriffe werden immer wieder vielseitig verwendet, ohne dass es eine genauere und allgemeingültige Definition in Bezug auf den Gebäudesektor gibt. Jedenfalls lässt sich „low-tech" keinesfalls auf die Minimierung von Technik reduzieren, sondern wie folgt beschreiben:

- einfache Konstruktion mit einfachen Details
- einfache Grundrisse und Gebäudeorganisation
- wenig oder keine Heizungs-, Lüftungs- und Klimatechnik (HLK)
- wenig (und wenn, dann intelligente) Mess-, Steuer- und Regelungstechnik (MSR)

In diesem Kontext ist es sinnvoll, präzisere Begriffe und greifbarere Strategien zu verwenden. Dabei stehen zwei neue Termini im Raum: Robustheit und Autoreaktivität. Robustheit beschreibt einen Optimierungsprozess eines dynamischen Systems und beschreibt damit ein intuitives Verständnis von „low-tech". Ein robustes Verhalten bzw. eine robuste Optimierung lässt sich wissenschaftlich beschreiben.[6,7]

Robustheit

Eine robuste Optimierung ist in vielen Industriezweigen Stand der Technik, hat jedoch im Bauwesen noch keinen Einzug gefunden.[8] Gerade hier bestehen unsichere Rahmenbedingungen, die beispielsweise im Nutzerverhalten, in nicht optimal betriebenen Systemen oder auch im Klimawandel liegen. Bisher haben Planungsprozesse zum Ziel, für die

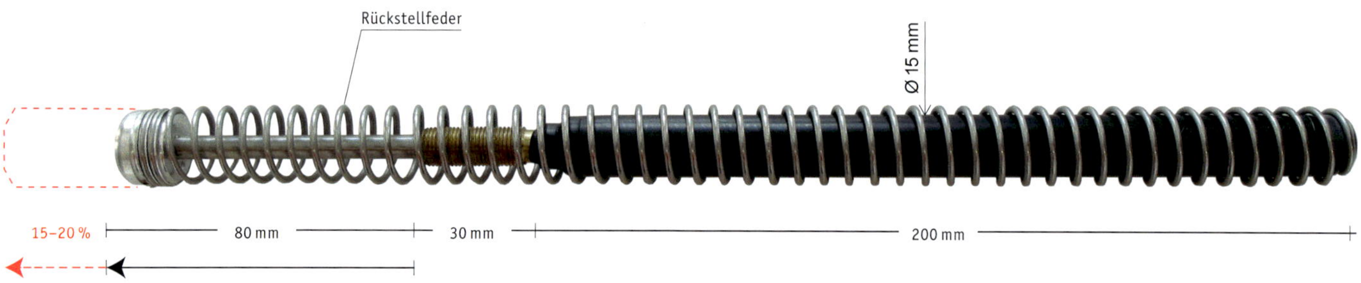

Thermozylinder mit Rückstellfeder

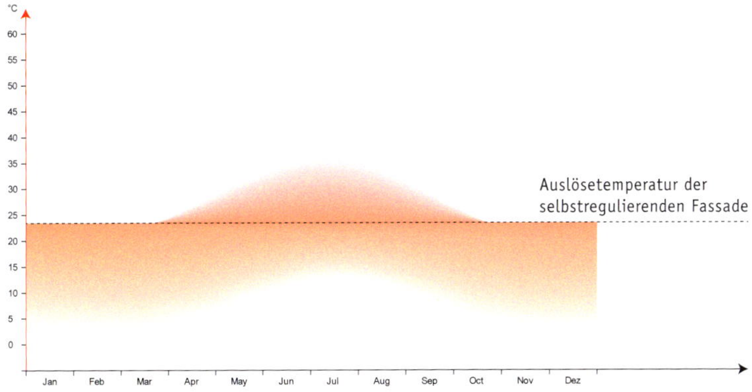

Autoreaktive Fassadenbelüftung: Temperaturniveau im Fassadenzwischenraum

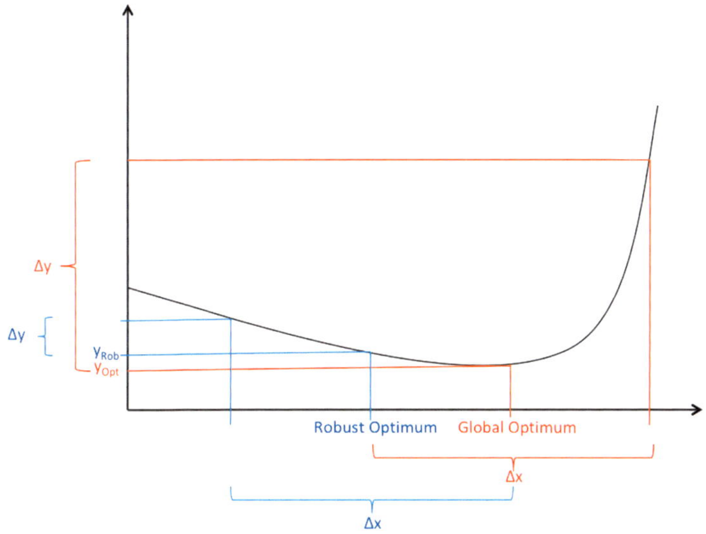

Vergleich von globalem und robustem Optimum

jeweilige Aufgabe das sogenannte globale Minimum zu finden. Unsichere Rahmenbedingungen können dabei das Ergebnis erheblich beeinflussen. Demgegenüber beeinflussen sie bei einer robusten Optimierung das Ergebnis nur geringfügig.
Betrachtet man beispielsweise den Anteil der Fensterfläche in einer Wand, so nimmt der Energiebedarf durch die verbesserte Nutzung von Tageslicht bis zu einem gewissen Punkt ab. Bei einer weiteren Erhöhung des Fensterflächenanteils steigt der Energiebedarf dann jedoch exponentiell an (z. B. durch erhöhten Kühlbedarf, ohne dass der Kunstlichtbedarf weiter abnimmt) – vor allem dann, wenn der Nutzer Einfluss auf den Sonnenschutz nimmt.

Adaptivität

Ein zweiter zentraler Aspekt ist die Adaptivität. Der Begriff der Adaptivität wird vorwiegend in Disziplinen der Naturwissenschaften wie der Biologie verwendet. Aber auch in den Ingenieurdisziplinen sowie im Bereich der künstlichen Intelligenz haben sich adaptive Systeme in den letzten Jahren rasant entwickelt und verbreitet. Adaptivität beschreibt die Fähigkeit einer gesteuerten oder selbstständigen Angleichung eines Systems an sich verändernde Umgebungen und Bedingungen. Adaptive Architektur aktualisiert sich ständig, sie passt sich flexibel Gegebenheiten wie dem Sonnenstand an und wird somit nicht mehr als statisch wahrgenommen, sondern agiert ähnlich der Natur dynamisch. Neben den technischen Aspekten zur Erhöhung der Leistungsfähigkeit von Gebäuden verändert sich damit auch die ästhetische und kulturelle Betrachtungsweise von Architektur. Am besten ablesbar ist die Veränderbarkeit der Architektur zweifelsohne an der Gebäudehülle. Hier kann über adaptive Systeme die größte Wirkung erzielt werden – nicht nur visuell, sondern vor allem auch technisch und energetisch.

Adaptivität: statisch oder dynamisch

Der Begriff der Adaptivität umfasst grundsätzlich zwei unterschiedliche Strategien. Zum einen kann Adaptivität als statischer Zustand wahrgenommen werden, der das Ergebnis eines Prozesses zeigt. In diesem Fall ist das System an eine bestimmte Situation oder einen bestimmten Ort angepasst, adaptiert. Ein Beispiel dafür wäre ein feststehendes außenliegendes Sonnenschutzsystem, dessen Tiefe an einer Ausrichtung – z. B. Süden – angepasst wird. Dieses Bauteil wird dann für diese spezielle Fassade entworfen, und falls es in einer anderen Situation eingesetzt werden soll, wird seine Geometrie noch einmal berechnet und das Bauteil wird dann eine andere Form annehmen.
Andererseits kann die Anpassung als ein dynamischer Prozess verstanden werden, der sich selbst fortwährend verändert und mit der Zeit wandelbar ist. In diesem Fall werden diverse Phasen berücksichtigt, die den unterschiedlichen Konfigurationen des entworfenen Bauteils entsprechen. Dank der Einwirkung von externer Energie (thermischer, elektrischer usw.) findet eine reversible Wandlung statt, d. h. der dynamische Prozess adaptiert sich an die diversen Phasen. Als Beispiel kann man eine außenliegende Sonnenschutzlamelle nennen, die sich durch ihre Rotation am Sonnenstand orientiert und folglich eine optimierte Verbesserung des Innenraumklimas mit sich bringen kann.

Adaptiv oder autoreaktiv

Eine anschließende Einteilung der dynamischen Prozesse besteht in der Unterscheidung zwischen den jeweiligen Prozessen der Umwandlungen. Hierbei wird jeweils beschrieben, wie die Umwandlung stattfindet. Dabei wird hinsichtlich der mittelbaren oder unmittelbaren Veränderung unterschieden. Bei den meisten Regelungsprozessen veränderbarer Systeme gibt es drei Phasen: 1. „sensing", 2. „processing" und 3. „acting": also detektieren oder fühlen, Verarbeitung der Information und ein darauffolgendes Handeln.
Bei gesteuerter Adaption ist zumeist die Zufuhr externer Energie erforderlich. Diese wird eingesetzt, um die Regelung bzw. Steuerung der Sensoren und Aktuatoren zu aktivieren. Externe und zusätzliche Sensoren überprüfen die Beanspruchungen der Umgebung und regeln die Umwandlung des Systems.
Wenn der Prozess direkt, also unmittelbar stattfindet, spricht man von autoreaktiven Systemen. Sie vollziehen in der Regel eine direkte Kopplung von „sensing" und „acting" ohne eine erweiterte Verarbeitung der aufgenommenen Daten. Autoreaktive Systeme reagieren somit direkt auf äußere Einwirkungen, ohne Einsatz von Regelungstechnik. Charakteristisch für diese Systeme ist, dass ihnen elektrische o. ä. Energie von außen zugeführt werden muss, um Adaptionsziele zu erreichen. Ein Vorteil der autoreaktiven Systeme liegt in der Reduktion von Komplexität und in ihrer Autarkie, denn solche

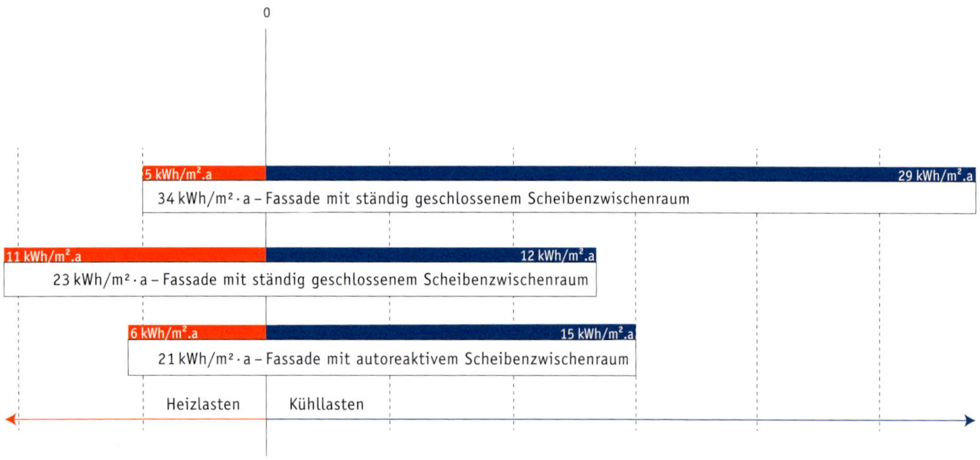

Doppelschalige Glasfassaden im Vergleich: Energieverbrauch pro Jahr und Quadratmeter Fläche

Modell einer Doppelfassade mit autoreaktivem Aktuator

Systeme agieren dezentral und sind nicht an übergreifende Regelungssysteme gebunden.

Autoreaktive Systeme in der Architekturanwendung

Eine Verbesserung der Anpassungsfähigkeit von Gebäudehüllen ist im Hinblick auf die verschärften Energiestandards in den kommenden Jahren unabdingbar. Vor allem für Bürogebäude mit einem hohen Verglasungsanteil wird eine erhöhte Anpassungsfähigkeit zunehmend relevant. Je nach Ausrichtung und Farbe heizen sich Gebäudehüllen auch in Mitteleuropa auf bis zu 80°C auf. Im Winter bewirken Wärmeverluste durch die Gebäudehülle, insbesondere durch schlechte U-Werte der Verglasung, erhebliche Heizlasten. Doch der Wunsch nach viel Tageslicht in Innenräumen und erweitertem Sichtbezug zur Außenwelt lässt den Bedarf nach einem hohen Verglasungsanteil global weiter steigen, auch weil die ausreichende Versorgung mit Tageslicht gerade in den Wintermonaten wichtig für unser Wohlbefinden ist.

Insbesondere in den 1990er und den frühen 2000er Jahren entstanden daher viele Verwaltungsgebäude mit hohem Verglasungsanteil, teilweise mit doppelschaligen Gebäudehüllen, bei denen der außenliegende Sonnenschutz durch eine vorgelagerte Glasscheibe vor Wind geschützt wird und ein Luftraum zwischen äußerer und raumseitiger Verglasung entsteht. Der sich darin befindende Sonnenschutz heizt sich durch Absorption solarer Strahlung auf und gibt diese Wärme an die Luft im Fassadenzwischenraum ab. Die erhöhte Temperatur im Fassadenkorridor führt zwangsläufig zu einem erhöhten Wärmeeintrag in die Innenräume. Um dies zu verhindern, sind Hochhäuser mit doppelschaliger Hülle in ihrer äußeren Ebene mit Lüftungsschlitzen ausgestattet, die eine Durchlüftung des Fassadenzwischenraumes ermöglichen. Diese ständige Öffnung des Fassadenzwischenraumes verhindert zwar die starke Überhitzung der Luft und der angrenzenden Oberflächen, ist aber im Winter nicht optimal, wenn man zur Verbesserung der Wärmedämmung die Luftzirkulation minimieren möchte.

Die dynamische Fassade

Ein neu entwickeltes, autoreaktives Fassadenbelüftungsssytem verhindert durch ein selbstregulierendes dynamisches System diese Überhitzung des Fassadenzwischenraumes und reduziert zugleich seine Verschmutzung. Nach dem Vorbild der menschlichen Haut öffnet und schließt sich der Fassadenzwischenraum in einem kinetischen Prozess selbstständig aufgrund von äußeren Temperaturschwankungen.

Dieses System basiert auf einem herkömmlichen Kastenfenster mit einem textilen Behang oder Raffstore als Sonnenschutz, der sich windgeschützt im Fassadenzwischenraum befindet. Die äußere Scheibe des Kastenfensters ist über einen Scherenmechanismus parallel ausstellbar und an den Ecken über vier mit Paraffin gefüllte Zylinder mit dem Rahmen verbunden. Bei einem Anstieg der Lufttemperatur zwischen den Scheiben auf über 23°C drücken die Paraffinzylinder über die entstehende Volumenausdehnung des Materials die äußere Glasfront um 8 cm parallel nach außen, sodass ein Schlitz zwischen Rahmen und Scheibe entsteht. Kühlere Außenluft dringt ein und die erwärmte Luft des Fassadenkorridors strömt auf natürliche Weise aus, denn an Hochhausfassaden besteht ein ständiger Luftdruck oder Luftsog auf die Fassade, sodass eine kontinuierliche und gute Durchlüftung des Fassadenzwischenraumes gewährleistet ist. Das auf diese Weise herabgesetzte Temperaturniveau reduziert den Wärmestrom zu den Innenräumen und bewirkt somit eine Reduktion der Kühllasten für die dahinterliegenden Räume. Bei einem Abfall der Temperatur auf unter 19 °C schließt sich der Spalt durch eine Rückstellfeder am Teleskopzylinder wieder. Dieser Vorgang kann mehrmals innerhalb einer Stunde wiederholt werden, da das Paraffin eine relativ kurze Reaktionszeit hat.

Diese „Atembewegung“ der Fassade ist außen am Gebäude ablesbar. Im Winter bleibt das Fassadenmodul an kalten Tagen geschlossen und erhöht so den U-Wert der Fassade, denn die entstehende Pufferzone lässt ein Wärmepolster entstehen. Durch die so verringerten Transmissionswärmeverluste kann – in Abhängigkeit von der Glasqualität – der Heizwärmebedarf im Vergleich zu einem ständig geöffneten Fassadenzwischenraum um fast 45 % verringert werden. Das Energieeinsparpotenzial zur Kühlung der Räume liegt bei fast 50 % gegenüber ständig geschlossenen Fassaden im Betrachtungszeitraum über ein Jahr.

Wichtig ist der Umstand, dass der geöffnete Zustand des Fassadenzwischenraumes nur ein Fünftel des Jahres geschaltet ist. Dadurch wird auch die Reini-

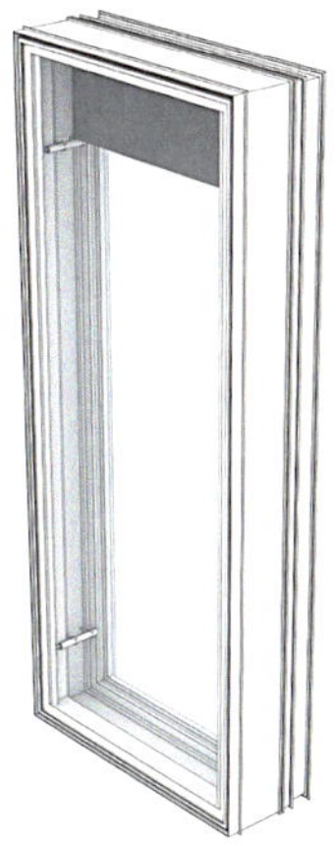

Geschlossener Schaltzustand der Fassade im Winter zur Verbesserung des U-Wertes

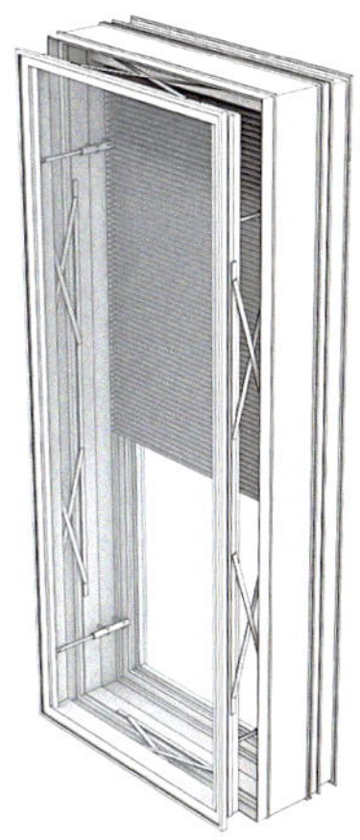

Geöffneter Schaltzustand der Fassade bei hohen Temperaturen im Sommer

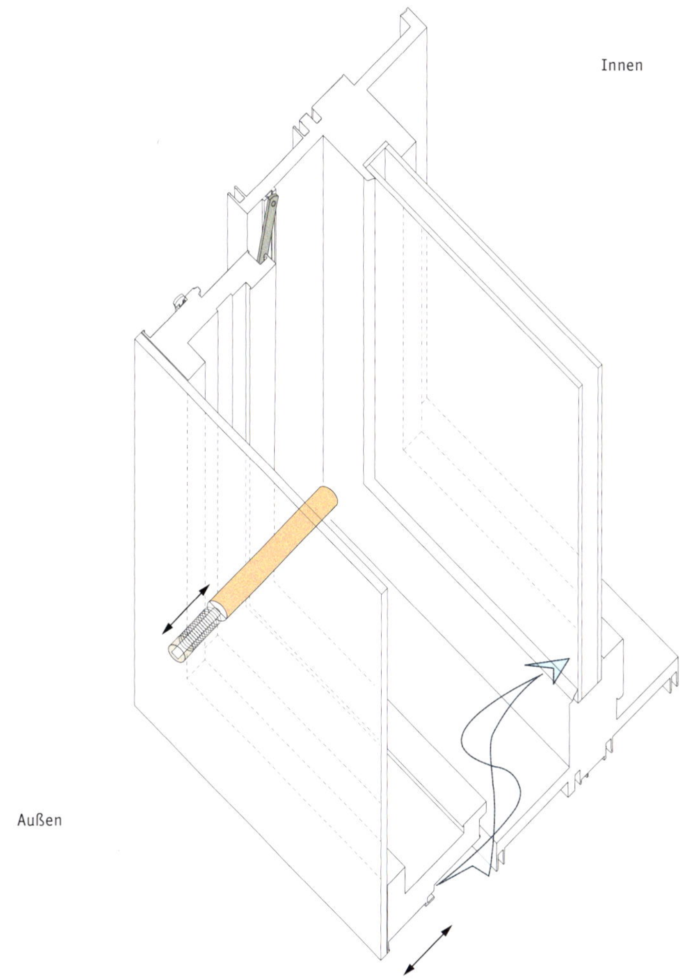

Parallelausstellfenster: Querschnitt einer Kastenfenster-Doppelfassade mit autoreaktiver Fassadenbelüftung

gungs- und Wartungshäufigkeit beträchtlich reduziert, was zu einer wesentlichen Kostenreduzierung gegenüber ständig geöffneten Doppelfassaden führt. Darüber hinaus verhindert das reduzierte Temperaturniveau eine Beschädigung des Sonnenschutzes, denn dauerhaft geschlossene Fassadenzwischenräume heizen sich bis auf 90 °C auf und diese hohen Temperaturen können bei Sonnenschutzeinrichtungen sehr schnell zu Ausfällen oder technischen Problemen an Motoren für Jalousien und deren kinetischen Komponenten führen.

Aus architektonischer Sicht ist relevant, dass es sich um eine technische Lösung handelt, die die Gestaltungsfreiheit von Planern nicht einschränkt. Die Funktionsweise hat kaum Auswirkungen auf die Fassadengestaltung und ist nahezu unsichtbar. Auch für die Dauerhaftigkeit ergeben sich Vorteile, denn die gut erprobten kinetischen Komponenten – sie werden seit Jahrzehnten als Belüftungselemente in Gewächshäusern eingesetzt – stellen eine nahezu wartungsfreie und elektrizitätsunabhängige Lösung dar. Der Wirkstoff Paraffin ist bereits heute in den meisten Heizungsventilen im Wohnbau annähernd wartungsfrei und kostengünstig im Einsatz, um die Heizleistung einer statischen Heizfläche zu regulieren. Erweitert werden könnte das System mit einem feuchtigkeitsregulierenden Polymer, um die Kondensation in Doppelfassaden zu verhindern. Ziel ist es, Gebäudehüllen zu entwickeln, die mit einfachen Technologien zu einer Verringerung der Gebäudetechnik und vor allem zu mehr Nutzerkomfort führen.

1 Oberste Baubehörde im Bayerischen Staatsministerium für Wohnen, Bau und Verkehr, e% – *Energieeffizienter Wohnungsbau. Abschlussbericht der wissenschaftlichen Begleitung des Modellbauvorhabens,* Technische Universität München/Hochschule Augsburg/Hochschule Coburg, 2017.

2 Schneider, B., „Nutzerverhalten bei Sanierungen berücksichtigen", Bine-Projektinfo 02/2015, E.ON Energy Research Center der RWTH Aachen, 2015.

3 Jazizadeh, F., u. a., „Personalized Thermal Comfort Driven Control in HVAC Operated Office Buildings", *Computing in Civil Engineering – Proceedings of the 2013 ASCE International Workshop on Computing in Civil Engineering, 2013,* S. 218 – 225.

4 Fisch, M. N. u. a., EVA – *Evaluierung von Energiekonzepten für Bürogebäude. Abschlussbericht,* TU Braunschweig, Institut für Gebäude- und Solartechnik, 2007.

5 Delzendeh, E. u. a., „The impact of occupants' behaviours on building energy analysis: A research review", *Renewable and Sustainable Energy Reviews,* Band 80, 2017, S. 1061 – 1071.

6 Maderspacher, J., „Robuste Optimierung in der Gebäudesimulation. Entwicklung einer Methode zur robusten Optimierung für die energetische Sanierung von Gebäuden unter unsicheren Randbedingungen", Dissertation, Technische Universität München, 2017.

7 Rhein, B., „Robuste Optimierung mit Quantilmaßen auf globalen Metamodellen", Dissertation, Universität zu Köln, 2014.

8 Nguyen, A.-T. u. a., „A review on simulation-based optimization methods applied to building performance analysis", *Applied Energy,* Band 113, 2014, S. 1043 – 1058.

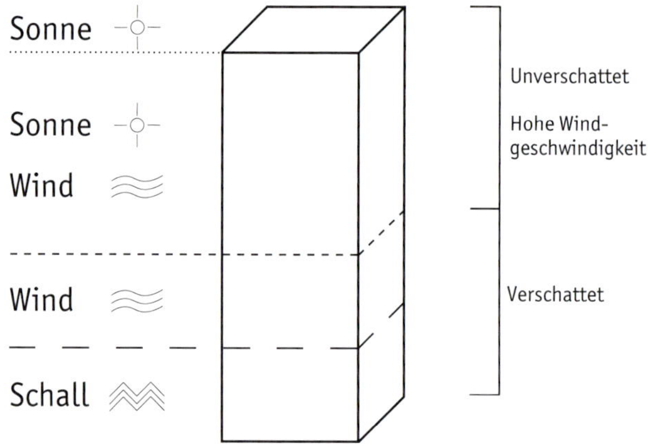

Energieerzeugung auf verschiedenen Ebenen des Gebäudes durch unterschiedliche Kräfte

■ 2.4 Energiegewinnung in der Stadt der Zukunft

Werner Jager, Laura Bugenings, Markus Schaffer

Für das Jahr 2050 wird prognostiziert, dass 70 %[1] der Weltbevölkerung (dann ca. 7 Milliarden Menschen[2]) in urbanen Siedlungen leben werden. Eine derartige Konzentration hat auch eine Verdichtung der Bebauung zur Konsequenz. Wo früher in die Fläche gebaut wurde, wird zukünftig immer mehr in die Höhe gebaut. Dies hat für die zukünftigen Funktionen der Gebäudehülle einen wesentlichen Aspekt: Die Fassaden- und Dachflächen werden überproportional zur bebauten Grundfläche wachsen. Um die so entstehenden Potenziale nutzen zu können, müssen zukünftige Fassaden nicht nur Hüllfläche sein, sie müssen auch Funktionen erfüllen, wie z. B.

- Energieerzeugung
- Belichtung
- Reinigung und Vorkonditionierung der Außenluft
- Absorption von:
  - Wärme
  - Luftschadstoffen
  - Außenlärm

Am Beispiel großer Metropolen, wie etwa Frankfurt am Main, lassen sich die heutigen Herausforderungen ablesen und die möglichen Ansätze exemplarisch darstellen.

Ein wesentliches Thema für Großstädte ist der hohe Außenlärmpegel über den gesamten Tag, der die Nutzung urbaner Räume ebenso erschwert wie die Möglichkeit natürlicher Belüftung. Weitere Herausforderungen, die bei dichter Bebauung auftreten, sind Windeffekte, die je nach Wetterbedingungen und Gebäudestruktur die Windgeschwindigkeiten, insbesondere bei hoher Bebauung, deutlich erhöhen können.
Neben dem immer größeren Bedarf an Wohnraum stellt aber auch der immer größere Energiehunger von Städten Planer in der Zukunft vor eine schwierige Herausforderung. Eine Lösung hierfür kann in

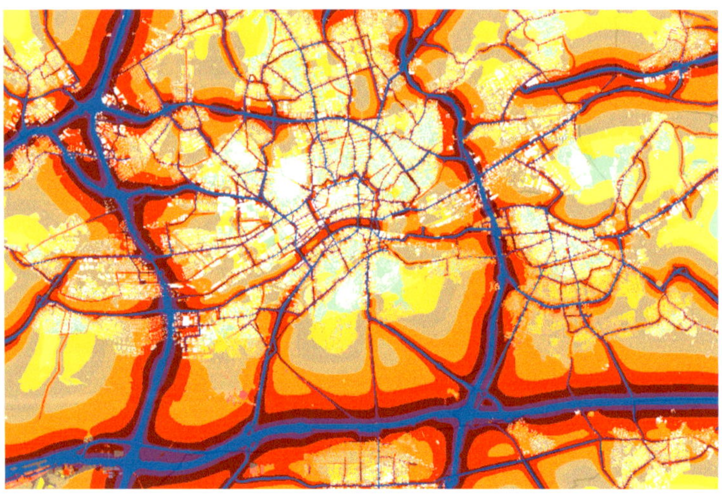

Lärmkarte Großraum Frankfurt am Main mit umliegenden Gemeinden

Lärmkarte Innenstadt Frankfurt am Main mit Hauptbahnhof (rechts)

Transparente Photovoltaik: Wellenlängenselektives LSC

einer dezentralen Quartiersstrategie liegen. Durch Innovationen wie piezoaktive Beschichtungen und Membranen lässt sich selbst mit verschatteten Fassaden, die bisher zur Energiegewinnung nicht nutzbar waren, Energie durch Schall und Wind erzeugen. Die hohe Transparenz moderner Architektur, heute noch schwer vereinbar mit Photovoltaiksystemen, wird in Zukunft mit selektiven transparenten Photovoltaikmodulen kombinierbar werden, ohne den Nutzerkomfort zu beeinträchtigen.

Transparente Photovoltaik

Der Trend der letzten Jahre zeigt, dass der Anteil von Strom aus Photovoltaik bei ca. 6 % stagniert.[3] Es bleibt also viel Potenzial ungenutzt[4], auch weil Photovoltaiksysteme und architektonischer Anspruch sich nicht immer verbinden lassen. Vor allem die Opazität und das markante Erscheinungsbild konventionell gebräuchlicher Photovoltaiksysteme stellen oft einen Hinderungsgrund für deren Integration in den Bestand als auch in Neubauten dar.
Forscher des Massachusetts Institute of Technology (MIT) und der Michigan State University (MSU) haben ein transparentes Photovoltaiksystem entwickelt, welches einen Lösungsansatz für architektonisch anspruchsvolle Situationen darstellen könnte. Prinzipiell ist zwischen opaken, nicht-selektiven und den UV/NIR-selektiven Photovoltaikzellen zu unterscheiden. Bei nicht-selektiven Modulen wird die Transparenz durch dünne, aber an sich opake Schichten erzeugt. Selektive Module hingegen erzeugen Transparenz, indem sie selbst für den Großteil des sichtbaren Tageslichtspektrums transparent sind. Sie nutzen nur den infraroten und ultravioletten Spektrumsbereich zur Stromerzeugung.[5]

Aufbau und Effizienz

Die nötigen physikalischen Eigenschaften erhalten selektive Photovoltaiksysteme durch einen speziellen Aufbau. Die PV-Beschichtung, bestehend aus vielen dünnen Schichten, ist auf Glas, Plastik oder einem anderen transparenten Trägermaterial aufgebracht. In der Mitte der Beschichtung liegen die aktiven Schichten, die das UV- und das NIR-Licht absorbieren und die gewonnene Energie über zwei durchsichtige Elektroden in einen externen Stromkreislauf einspeisen. Ein selektiver Reflektor sorgt dafür, dass UV- und NIR-Licht zu den aktiven Schichten reflektiert wird. Eine Anti-Reflexions-Beschichtung an der Außenseite der Oberfläche erhöht die Menge des eintretenden Lichts durch Reduktion der Reflexion. Die typische, auf das menschliche Auge adaptierte visuelle Transmission (AVT) von selektiven Modulen liegt zwischen 10 % und 86 %, bei einem Nutzungsgrad von 1 % und 9,8 %. Im Vergleich dazu haben konventionelle Fenster eine AVT von 15 % bis 90 % und Zweifachverglasungen mit Low-e-Beschichtung bis zu 70 %. Generell erscheinen Bauteile mit Werten von über 60 % als optisch transparent und neutral.[6]

Zukunft

In der Zukunft könnten transparente Photovoltaiksysteme fixer Bestandteil von unverschatteten Verglasungen werden. Dies würde ein großes neues Potenzial erschließen, ohne in Konflikte mit der architektonischen Gestaltung zu geraten. Ein weiterer Vorteil der beschriebenen Beschichtung ist, dass sie, obwohl für den sichtbaren Spektrumsbereich durchlässig, für das IR-Spektrum undurchlässig ist und somit einen Großteil unerwünschter Wärmestrahlung abhält.[7]

Piezoelektrik

Der piezoelektrische Effekt, von den Brüdern Jacques und Pierre Curie 1880 entdeckt, beschreibt, dass gewisse Materialien bei äußerer Krafteinwirkung elektrische Spannung erzeugen. Aber auch der inverse piezoelektrische Effekt tritt bei diesen Materialien auf, es kommt bei angelegter Spannung zu einer Geometrieänderung. Der piezoelektrische Effekt tritt nur in Materialien mit einer Perowskit-Struktur auf: „Die chemische Zusammensetzung ist ein zweiwertiges Element A^{2+} (z. B. Barium oder Blei), ein vierwertiges Element B^{4+} (z. B. Titan, Zirkon oder Zinn) und Sauerstoff O_3^{2-}."[8]

Aktuelle Anwendung

Aktuell ist bei der Anwendung von piezoelektrischen Materialien zwischen Aktorik (aktive Formänderung auf ein Signal hin) und Sensorik (Auslesen eines Signals, das durch Spannungsänderung bei Formänderung entsteht) zu unterscheiden.[9] Als Aktuatoren sind piezoelektrische Materialien unter anderem de facto verschleißfrei, schnell ansprechend, haben eine hohe Positioniergenauigkeit und eine hohe Steifigkeit. Sie werden unter anderem bei Tintenstrahldruckern zum Abschuss von Tintentröpfchen verwendet oder auch bei der Injektortechnik

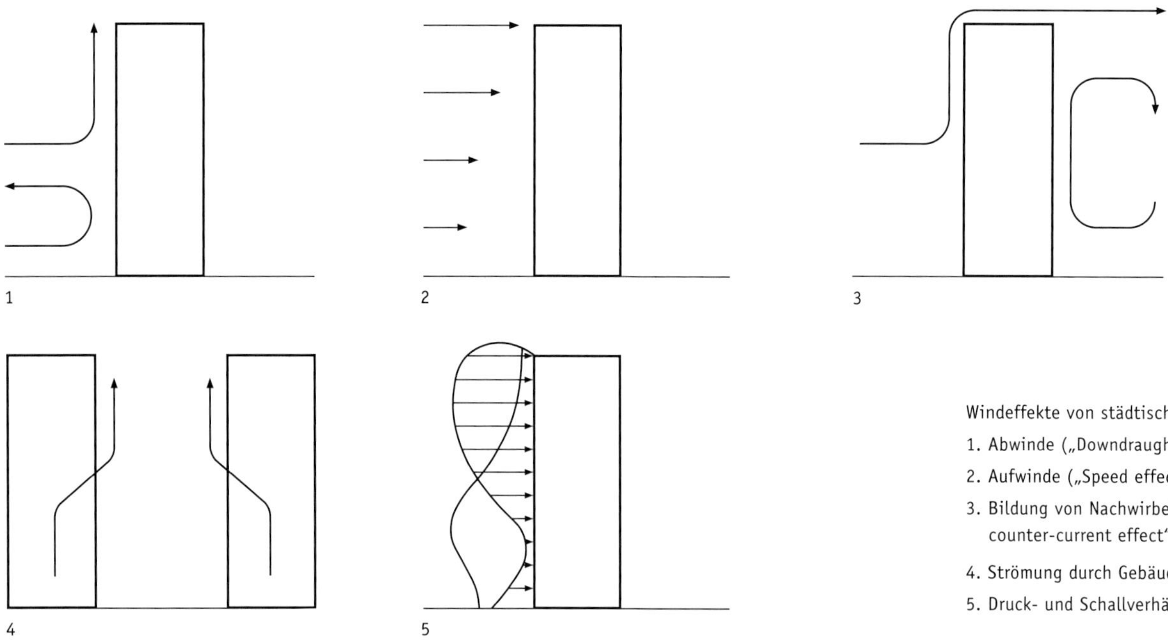

Windeffekte von städtischen Bebauungen:
1. Abwinde („Downdraught effect")
2. Aufwinde („Speed effect")
3. Bildung von Nachwirbeln („Downwind eddy and counter-current effect")
4. Strömung durch Gebäudelücken („Venturi effect")
5. Druck- und Schallverhältnisse Hochhaus

in der Motortechnik für Kraftfahrzeuge.[10] Auch zum Erzeugen von Schall- und Ultraschallwellen etwa in der Medizintechnik oder für die Sonartechnik werden schwingende piezoelektrische Materialien verwendet. Als Sensoren kommen Piezoelektrika in Mikrofonen oder als Klopfsensoren in Fahrzeugen zum Einsatz.[11]
Aktuelle Forschungen[12] zeigen ein neues Feld für Piezoelektrika auf: die Energiegewinnung mittels Umwandlung von Schallenergie. Dabei gibt es zwei prinzipielle Ansätze:

Nanostrukturierte Materialien
Dies betrifft die Verwendung von Nanostäbchen wie z. B. Zinkoxid-Strukturen auf Polymer-Substraten, die meist durch elektrochemische oder chemische Verfahren hergestellt werden.[13] Dies vergrößert die nutzbare Oberfläche und somit den Ertrag gegenüber einer regulären Oberfläche deutlich. Eine 2014 an der Queen Mary University of London in Kooperation mit Microsoft durchgeführte Forschungsarbeit mit Zinkoxid-Piezoelektrika hat die Möglichkeit aufgezeigt, mit einer Fläche von der Größe eines Smartphones im Labor eine Spannung von bis zu 5 V zu erzeugen.[14]

Netzmembran-basierter triboelektrischer Nanogenerator
Dieser Ansatz nutzt eine Kombination aus dem triboelektrischen Effekt (elektrische Aufladung zweier Materialien durch Kontakt-Reibungselektrizität) und elektrostatischer Induktion. Die vibrierende Membran ist bei einem prototypischen Aufbau nur 5 µm dick, die Abstandhalter sind 50 µm dick. Erste Forschungsergebnisse zeigen, dass mit solchen Nanogeneratoren bei einer Fläche von 0,01 m² und Laborbedingungen bei 114 dB 138 LED-Lampen versorgt werden können. In Feldversuchen an der Straße konnten noch 0,1 – 0,8 V erreicht werden.[15]

Anwendung in der Zukunft
Zukünftig könnten flexible netzmembranbasierte triboelektrische Nanogeneratoren als Membranen im Fassadenbau eingesetzt werden. Durch nanostrukturierte Materialbeschichtungen an Flächen der Gebäudehülle könnte durch Wind und Schall genug Strom erzeugt werden, um eine externe Stromversorgung für fassadenintegrierte elektronische Bauteile wie z. B. Schlösser und Fensteröffner zu ersetzen.
Die Gebäudehülle der Zukunft benötigt weitergehende Produkte und Entwicklungen, um durch aktive wie passive Wirkungsweisen das Innenraum- wie das Außenklima auch im urbanen Kontext beeinflussen zu können und behaglich zu gestalten, allen voran in den Bereichen der Nutzerzufriedenheit und beeinflusst durch die folgenden Faktoren:

a. Luftqualität
b. Schallqualität
c. Thermischer Komfort
d. Visueller Komfort
e. Komfort der Steuerung
f. Energetische Autonomie und Mobilität

Die Gebäudehülle der Zukunft wird mehrschichtig und multifunktional sein, um ein adaptives Fassadendesign zur ermöglichen.

Schallstreuung an Fassaden
Die Lärmentwicklung im urbanen Raum wird in Deutschland von fast 40 Millionen Menschen als störend empfunden, von denen nahezu 13 Millionen hierdurch unter gesundheitlichen Belastungen zu leiden haben.[16]
Für die Studie der möglichen Auswirkungen von Gebäudehüllen mit geometrischen Vor- und Rücksprüngen wurde eine 2D-Berechnungsmethode (AFMG Reflex Software) angewendet, um die möglichen Geometrien abschätzen und deren Wirkung darstellen zu können.
Die Geometrie kann einen wichtigen Beitrag zur Verringerung des innerstädtischen Lärms leisten, besonders dann, wenn nicht nur durch die Geometrie, sondern zusätzlich auch durch die Wahl

- der Fassadenmaterialien mit schallabsorbierenden Eigenschaften und/oder
- der Fassadenaufbauten mit schwingungsfähigen Platten und zusätzlicher Schalldämpfungsschicht

Neubau Wohnhochhaus Henninger Turm, Meixner Schlüter Wendt Architekten, Frankfurt am Main

Mehrfach-orientierte Fassadenlösungen von WICONA beim Neubau Henninger Turm, Frankfurt am Main, 2012 – 2017

eine gesamtheitliche Schallplanung an der Fassade sowie im Stadtquartier durchgeführt wird.
Eine akustische Optimierung der Wandoberflächen bietet zusätzliches Potenzial, die Lärmpegel im urbanen Raum zu minimieren. Vom reinen Folienabsorber (raum-akustiks.de) bis zur Wandverkleidung mit Stoff und dahinter angebrachtem Absorber (sergeferrari.com) können für den jeweiligen Frequenzbereich die geeignetsten Aufbauten erzeugt werden.

1 Clos, J., United Nations Sustainable Development Summit 2015, https://unhabitat.org/wp-content/uploads/2015/10/Statement-ED-Joan-Clos-UN-SDGs-Summit.pdf, aufgerufen am 12.04.2018.
2 Population Division Probabilistic Population Projections based on the World Population Prospects: The 2017 Revision, http://esa.un.org/unpd/wpp/, aufgerufen am 2.05.2018.
3 AGEB-Anteil der Photovoltaik an der Bruttostromerzeugung in Deutschland in den Jahren 2002 bis 2017, https://de.statista.com/statistik/daten/studie/250915/umfrage/anteil-der-photovoltaik-an-der-stromerzeugung-in-deutschland/, aufgerufen am 3.04.2018.
4 TU München, Siemens AG, Abschätzung des Photovoltaik-Potentials auf Dachflächen in Deutschland: Symposium Energieinnovation 2010.
5 Traverse, C. J.; Pandey, R.; Barr, M. C. et al., „Emergence of highly transparent photovoltaics for distributed applications", *Nature Energy* 2 (11), 2017, S. 849 – 860. doi: 10.1038/s41560-017-0016-9.
6 Ebd.
7 Stauffer, N. W., Transparent solar cells: Generating power from everyday surfaces (2013), http://energy.mit.edu/news/transparent-solar-cells/, aufgerufen am 3.04.2018.
8 Hering, E.; Martin, R.; Stohrer, M., *Physik für Ingenieure*. Berlin und Heidelberg, 2016.
9 Bäker, M., *Funktionswerkstoffe: Physikalische Grundlagen und Prinzipien*, Wiesbaden, 2014.
10 Czichos, H., *Mechatronik: Grundlagen und Anwendungen technischer Systeme*, Wiesbaden, 2015.
11 Bäker, M., *Funktionswerkstoffe: Physikalische Grundlagen und Prinzipien*, Wiesbaden, 2014.
12 Fang, L. H.; Hassan, S. I. S.; Rahim, R. A. et al., „Exploring Piezoelectric for Sound Wave as Energy Harvester", *Energy Procedia* 105, 2017, S. 459 – 466. doi: 10.1016/j.egypro.2017.03.341; Fang L. H.; Hassan, S. I. S.; Rahim, R. A. et al., „Characterization of Differents Dimension Piezoelectric Transducer for Sound Wave Energy Harvesting", *Energy Procedia* 105, 2017, S. 836–843. doi: 10.1016/j.egypro.2017.03.398; Cui, N.; Gu, L.; Liu, J. et al., „High performance sound driven triboelectric nanogenerator for harvesting noise energy", *Nano Energy* 15, 2015, S. 321 – 328. doi: 10.1016/j.nanoen.2015.04.008; Briscoe, J.; Dunn, S., Mobile phones come alive with the sound of music (2014), https://www.qmul.ac.uk/media/news/items/se/mobile-phones-come-alive-with-the-sound-of-music.html?ref=steemhunt.
13 Briscoe, J.; Dunn, S., *Nanostructured Piezoelectric Energy Harvesters*, Heidelberg und Berlin, 2014.
14 Briscoe, J; Dunn, S., Mobile phones come alive with the sound of music (2014), op. cit.
15 Cui N.; Gu L.; Liu J. et al. (2015) „High performance sound driven triboelectric nanogenerator for harvesting noise energy", op. cit.
16 Mack, B., Schallstreuung an parametrischen Fassaden, Wissenschaftliches Projekt, Hochschule Augsburg, 2015.

■ 2.5 Bewegliche und adaptive Dünnglas-Lösungen

Jürgen Neugebauer, Markus Wallner-Novak

Die im Beitrag über Energiegewinnung in der Stadt der Zukunft dargestellten Aspekte moderner Fassadenkonzepte für die Stadtentwicklung lassen sich noch besser realisieren, wenn eine dynamische, adaptive Komponente der Fassadenentwicklung hinzukommt: Dünn- und Dünnstglas.

Für Bewegungen in der Fassade müssen zunächst deren Prinzipien definiert werden. Translation und Rotation sowie Kombinationen von beidem in Form von ein-, zwei- und dreidimensionalen Kurven bilden die Grundlage für bewegliche und sogenannte „abwickelbare" Flächen.[1] Die Vorteile dieses Flächentyps liegen einerseits in der Herstellung als flach produzierte und kaltgebogene Gläser und andererseits in der Ermöglichung der Bewegungen.

Gauß'sche Krümmung

Die Bewertung der „Abwickelbarkeit" einer Fläche kann mit Hilfe der Gauß'schen Krümmung durchgeführt werden. Bei dieser Krümmungsanalyse werden mathematische Prinzipien der Geometrie an einer dreidimensionalen Oberfläche angewendet. Normalebenen werden durch den zur Oberfläche rechtwinkligen Normalvektor eines beliebigen Punktes definiert. Aus dem Verschneiden der Normalebenen, die diesen Normalvektor beinhalten, mit der Oberfläche entstehen Raumkurven.[2] Minimal- und Maximalwerte der Krümmung dieser Raumkurven ergeben sich durch Analysieren der weiteren Punkte an der Oberfläche und werden als Hauptkrümmungen k_1, k_2 der Oberfläche bezeichnet. Durch Multiplikation beider Hauptkrümmungen gemäß der angewandten Gleichung entsteht die Gauß'sche Krümmung K. Diese kann einen positiven, negativen oder den Wert Null annehmen. Nur wenn die Gauß'sche Krümmung den Wert Null annimmt, ist die Fläche abwickelbar und damit eine Herstellung bzw. Bearbeitung als kaltgebogenes Dünnglas durchführbar.

Festigkeiten von Dünnglas und Biegeradien

Um diese Flächen hinsichtlich ihrer Anwendbarkeit beispielsweise in Fassaden beurteilen zu können, sind sowohl die Glasfestigkeiten als auch die Flexibilität zu beachten. Werte für minimale Radien bzw. maximale Krümmungen bieten einen ersten Näherungsansatz. Aus den charakteristischen Festig-

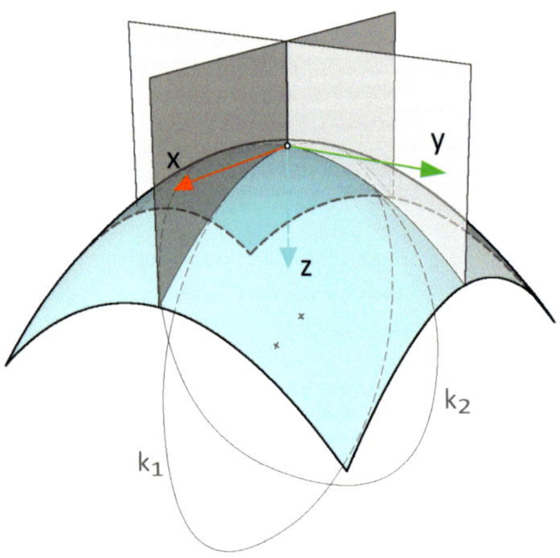

Gauß'sche Krümmung

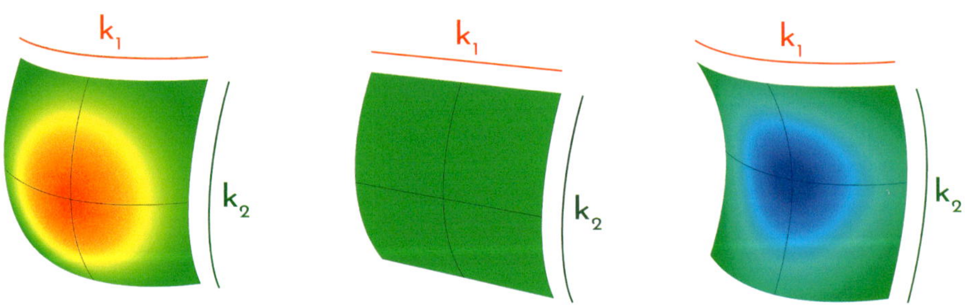

Arten der Gauß'schen Krümmung

Science Tower in Graz von DI Markus Pernthaler Architekten

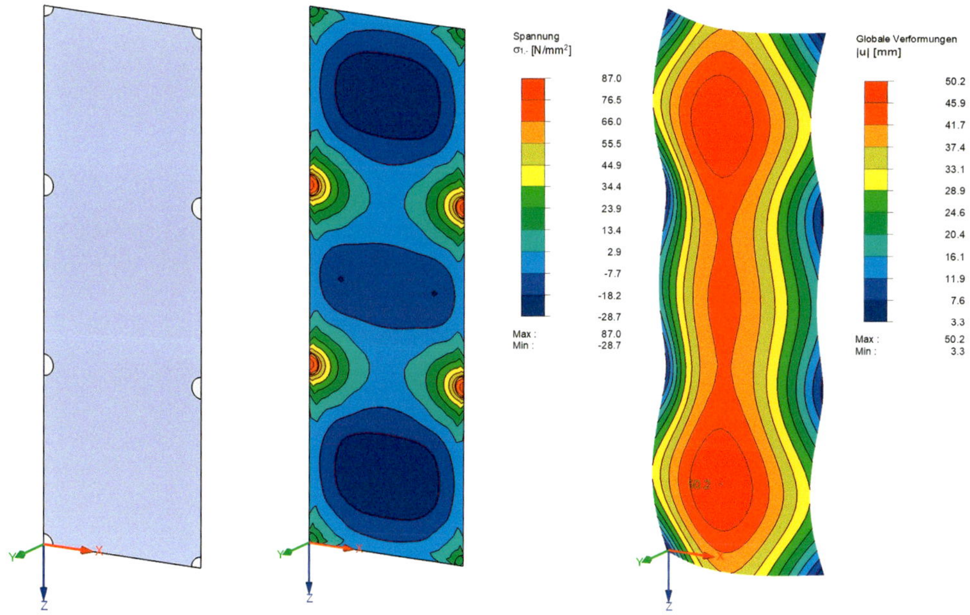

FE-Analyse der Dünnglaselemente des Science Tower

keitswerten kann sodann auf der Basis der Differentialgleichungen der Biegetheorie ein minimaler Krümmungsradius (bzw. die maximale Krümmung) gemäß der angewandten Gleichung ermittelt werden. In der begleitenden Tabelle sind beispielhaft einige Werte für den kleinsten Biegeradius in Abhängigkeit von der Glasdicke d, dem E-Modul von Glas E und den laut Normen charakteristischen Festigkeiten fk angegeben.[3] Bei beweglichen Systemen ist außerdem eine mögliche Abminderung der Festigkeiten durch zyklische Ermüdung zu beachten.[4]
Dünngläser können entweder thermisch (durch Erwärmung über den Transformationspunkt T_g) oder chemisch (durch Ionenaustausch unterhalb des Transformationspunktes T_g) vorgespannt werden. Die charakteristischen Werte für die höheren Festigkeiten[5, 6, 7] werden in Normen angegeben.

Konstruktionen aus Dünnglas

Durch die hohe Flexibilität ist Dünnglas sehr gut für Glaselemente oder Fassaden geeignet, die aus kaltgebogenen Dünngläsern oder aus mittels Laminationsbiegen vorgekrümmten Verbundsicherheitsgläsern (VSG) hergestellt werden. Diese hohe Flexibilität eröffnet des Weiteren bei beweglichen Fassaden eine Vielzahl von neuen Möglichkeiten für Größen- und Geometrieänderungen durch das Biegen der Gläser anstatt des Implementierens von Scharnieren in einem System aus faltbaren starren Elementen.
Ein weiterer wesentlicher Vorteil, der für die Anwendung von Dünnglas spricht, ist dessen günstiger ökologischer Fußabdruck durch geringeren Materialbedarf und sekundäre Einflüsse wie z. B. geringeres Gewicht beim Transport. Auch die Montage wird einfacher, falls durch das geringere Eigengewicht der einzelnen Glaselemente auf den Einsatz von Kränen verzichtet werden kann.
Konstruktionen aus Dünnglas können in starre, bewegliche und adaptive Strukturen eingeteilt werden.

Starre Strukturen

Bei starren Strukturen nutzt man die Flexibilität dünner Gläser aus, um diese kalt zu verformen. Diese Gläser behalten ihre verformte Geometrie über ihre gesamte Lebensdauer.
Bei Mehrscheibenisoliergläsern mit zwei oder mehr Kammern sind die innenliegenden Gläser schon seit längerem als Dünnglas analysiert und auch schon in laufenden Produktionen realisiert worden. Die dadurch erzielte Gewichtsreduktion erbrachte eine Reihe von Vorteilen, z. B. für die Auslegung der Befestigungen und Beschläge von Fenstern. Weiterführende Überlegungen gehen dahin, die hohe Flexibilität kaltverformter Gläser und das günstige Verhalten beim Lastabtrag durch Membrankräfte in der Glasfläche für den Einsatz bei gekrümmten Isoliergläsern zu nutzen.

Science Tower

Das Beispiel des Science Tower von SFL Engineering in Graz zeigt das hohe Potenzial von Dünngläsern. Die äußere Hülle der zweischaligen Fassade wurde im unteren Bereich bis zur siebten Etage mit einem VSG aus 2 × 2 mm thermisch vorgespanntem Dünnglas realisiert. Die darüberliegenden Gläser wurden zufolge der höheren Windbelastung als VSG aus 2 x 3 mm ausgeführt. Die Gläser wurden an den vier Ecken bzw. an vier Punkten der Längskanten gelagert.
Eine qualitativ durchgeführte FE-Berechnung mit einer Einheitsflächenlast von q = 1,0 kN/m² ergab für den anzusetzenden Wind von ca. w = 0,3 kN/m² für die äußere Hülle, dass zwar der Spannungsnachweis erbracht werden kann, der Verformungsnachweis jedoch nicht erfüllt wird. Daher muss für den statischen Nachweis der Tragfähigkeit und Gebrauchstauglichkeit eine Diskussion über maximal zulässige Verformungen eröffnet werden. Diese muss ebenso eine mögliche Festigkeitsreduktion durch zyklische Ermüdung berücksichtigen.

Bewegliche Strukturen

Im Gegensatz zu starren Strukturen unterliegen bewegliche (wie auch adaptive) Dünnglassysteme einer permanenten zyklischen oder einer anlassbezogenen Verformung. Die folgenden studentischen Arbeiten auf Master-Level demonstrieren das enorme Potenzial der Flexibilität von Dünnglas.

Blüte

Als biologisches Vorbild für diese Studie dienten die fleischfressende Unterwasserpflanze *Aldrovanda vesiculosa* bzw. die bekanntere Venusfliegenfalle *Dionaea muscipula* mit ihren Fallenbewegungen. Zwei seitliche Lappen sind mit einer Mittelrippe gelenkig verbunden und werden durch trickreiche Auslösemechanismen zur Falle. Die Lappen und der zentrale Bereich weisen eine höhere Steifigkeit auf als die flexibleren Gelenkzonen, die eine gekrümmte Falt-

Modell der Dancing Facade: Verknüpfung von Lenkung natürlicher Sonneneinstrahlung sowie Blend- und Sonnenschutzanforderungen in einem System

kurve bilden. Hervorgerufen durch eine Änderung des Turgor-Drucks verändert sich nach dem Auslösen die Biegungskrümmung der Mittelrippe. Die Krümmung wird von Faltmechanismen verstärkt und führt zu einem vollständigen Verschluss der Falle. Auf der Basis von Vorstudien für die Abstraktion und technische Anwendbarkeit entstand eine Parameterstudie in geöffneter bzw. geschlossener Stellung. Übertragen auf Fassaden, lassen sich durch die Anordnung unterschiedlichste Varianten im Erscheinungsbild durch unterschiedliche geöffnete bzw. geschlossene Blüten erzeugen.

Dancing Facade

Im urbanen Kontext der Metropole Manhattan verleiht eine innovative Dünnglasfassade einem Stadthochhaus eine architektonische Hülle, die es ermöglicht, natürliches Licht tief in den Innenraum zu lenken und die konventionellen Blend- und Sonnenschutzanforderungen in einem System zu verknüpfen. Das Tageslicht wird über Reflexionen an der Glasoberfläche in den Innenraum gelenkt und erzeugt dort eine diffuse Lichtstimmung. Die „tanzenden" Fassadenmodule lassen sich stufenlos verstellen, sodass der Sonnenlichteintrag über den Tagesverlauf maximiert wird. Das Erscheinungsbild der Fassade entwickelt sich damit in Abhängigkeit von den Bedürfnissen der Nutzer und der Tageslichtnutzung. An einem 1:1-Modell wurden der Bewegungsmechanismus studiert und die Fassadengeometrie vermessen. Die Aufnahme der Naturmaße wurde mit dem System Proliner von Prodim durchgeführt, das durch eine sehr große Anzahl von Messpunkten eine 3D-Geometrie der Flächen erstellt. Mittels CAD wurden vertikale und horizontale Schnitte durch Flächen gelegt. Anhand dieser Schnitte und der daraus ermittelten Biegeradien wurden die Ergebnisse der FE-Berechnungen validiert.

Chamäleon-Fassade

Die „Chamäleon-Fassade" macht sich die spezifischen Eigenschaften von Bimetallstreifen zunutze. Ein Bimetallstreifen besteht aus zwei kraftschlüssig miteinander verbundenen Metallen mit unterschiedlichen Wärmeausdehnungskoeffizienten. Unter Wärmeeinfluss verbiegt sich der Bimetallstreifen in eine Richtung, da sich eines der beiden Metalle stärker ausdehnt als das andere. Eine 40 × 40 cm große, zylindrisch gebogene Verbund-Dünnglasscheibe mit einer Gesamtdicke von etwa 2 mm wird auf der Vorderseite mit Bimetallstreifen (1 cm breit) umrandet, welche kraftschlüssig mit ihr verklebt werden. Drei Ecken der Glasscheibe werden mit der Unterkonstruktion fest verankert, sind somit also starr. Die vierte Ecke wird mit einem Abstandhalter von der Unterkonstruktion auf Distanz gehalten und bleibt nach außen hin frei beweglich. Erhitzen sich aufgrund von Sonneneinstrahlung die Bimetallstreifen, beginnen sie sich zu krümmen und die Glasscheibe nimmt die Bewegung der Streifen auf, was zu einem Spalt in der Fassade führt. Dieser kann beispielsweise zu einer autonomen und energiesparenden Belüftung eines Raumes dienen. Ein weiteres Feature dieser Fassade ist eine thermochrome Folie, die auf Wärme reagiert und zwischen zwei Glasscheiben angebracht wird. Erhöht sich mit zunehmender Sonneneinstrahlung die Temperatur, wird die Folie undurchsichtig. Elektrochrome Folien erzielen denselben Effekt, benötigen dafür jedoch Strom und sind daher nicht autonom.

Adaptive Strukturen

Adaptivität beschreibt im Zusammenhang mit Dünnglas die Fähigkeit, gesteuert oder autonom auf äußere Einflüsse zu reagieren. Änderungen an der Geometrie können durch Aktuatoren vorgenommen werden. Steuerung und Regelung der Aktorik benötigt eine Sensorik, die in der Lage ist, die Auswirkungen der Umgebungseinflüsse auf das System zu erfassen. Daraufhin kann eine gesteuerte oder geregelte Reaktion der Aktorik erfolgen, um das System

Bewegungsschema der Dancing Facade

optimal für die vorherrschende Situation zu konfigurieren.[8] Neben gesteuerten Systemen gibt es auch Systeme, die autonom reagieren, wie es schon am Beispiel der Chamäleon-Fassade beschrieben wurde. Mittels Sensoren wie Thermometer, Hygrometer oder Pyranometer werden Umwelteinflüsse wie Temperatur, Feuchtigkeit oder Sonneneinstrahlung gemessen und in elektrische Impulse umgewandelt. Diese Impulse dienen der Systemsteuerung zur Erzeugung der Ansteuerungssignale der Aktuatoren. Bei Aktuatoren handelt es sich meist um Elektromotoren oder elektromagnetische Ventile, die in der Motorsteuerung und in Komfortsystemen zum Einsatz kommen. Sie sind dafür zuständig, die Signale des Steuergerätes in eine Aktion umzusetzen.

Gesteuerte Aktuatoren

Ein Impuls, welcher von Sensoren erfasst wird, steht bei den kontrollierten Systemen am Anfang der Prozesskette. Zum Aktuator wird ein Befehl weitergeleitet, der dann die Bewegung auslöst. Zum Beispiel wandeln Elektro-Linearaktuatoren elektrische Energie in geradlinige Bewegung um.

Autonome Aktuatoren

Intelligente oder „smarte" Materialien führen, bedingt durch ihre Eigenschaften, den Kontrollprozess selbst, ohne zusätzlichen Technologieeinsatz durch. „Semi-smarte" Materialien können Veränderungen ein- bis mehrmalig aufnehmen, während „smarte" Materialien permanent reversible Eigenschaften aufweisen. Physikalische Einflüsse wie Temperatur, Luftfeuchtigkeit, Licht, Druck, elektrische, magnetische oder chemische Impulse können solche Veränderungen bei diesen Materialien auslösen.[9] Thermobimetall-Aktuatoren sind thermisch aktive Bauteile, die bei Temperaturänderung eine kontinuierliche Bewegung ausführen. Neben den Bimetallen in Streifenform oder in aufgewickelter Form stellen die thermischen Schnappscheiben und Schnappelemente, die aufgrund ihrer Geometrie diskontinuierliche Arbeit verrichten, eine Sonderanwendung dar.

Bi-Wood-Aktuatoren

Während bei Thermobimetallen Temperaturänderungen die Bewegung steuern, sorgt bei feuchteaktiven Elementen die Luftfeuchtigkeit für Formveränderungen. Bi-Wood-Aktuatoren machen sich das Quellverhalten von Holz zunutze. Bei Holz wird diese Feuchtigkeitsverformung als Quellen und Schwinden bezeichnet. Mit zwei quellunterschiedlichen Holzelementen entsteht ein aus der Natur aufgegriffener Typ von Antrieb, der durch natürliche Prozesse ermöglicht wird.[10]

Ausblick

Bauphysikalische Prinzipien zeigen als Schnittstelle zwischen der Außenumgebung und dem Innenraum die wichtige Rolle der Fassade bei der Steuerung des Energieflusses und des Energieverbrauchs von Gebäuden. Adaptive bzw. bewegliche Fassadenelemente zeigen, dass die Behaglichkeit im Gebäudeinneren positiv beeinflusst werden kann. Hierbei eröffnet der Einsatz von dünnem Glas mit einer Dicke von 0,5 mm bis 2 mm ein brandneues Feld für neue Anwendungen in der Gebäudehülle.

1 Schumacher, M.; Schaeffer, O.; Vogt, M.-M., *MOVE: Architektur in Bewegung – Dynamische Komponenten und Bauteile*; Basel, 2010.
2 Neugebauer, J.; Lehner, T.; Baumgartner, M.; Wallner-Novak, M.; Wrulich, Ch., „Adaptive and Moveable Structures Made from Thin Glass", in: FCA International (Hrsg.), *GlassConGlobal Conference Proceedings: Innovation in Glass Technology*, Chicago, September 2018.
3 Ebd.
4 Hilcken, J., *Zyklische Ermüdung von thermisch entspanntem und thermisch vorgespanntem Kalk-Natron-Silikatglas*, Heidelberg und Berlin, 2015.
5 Floatglas fk = 45 N/mm², TVG fk = 70 N/mm², ESG fk = 120 N/mm² [4]; ÖNORM B 3716-1: Glas im Bauwesen – Konstruktiver Glasbau, Teil 1: Grundlagen; 2012.
6 CVG – chemisch vorgespanntes Glas – fk = 150 N/mm²; EN 12337-1; Glas im Bauwesen – Chemischvorgespanntes Kalknatronglas – Teil 1: Definition und Beschreibung.
7 Neugebauer, J.; Lehner, T.; Baumgartner, M.; Wallner-Novak, M.; Wrulich, Ch., „Adaptive and Moveable Structures Made from Thin Glass", op. cit.
8 Institut für Baustatik und Baudynamik, Universität Stuttgart, https://www.ibb.uni-stuttgart.de/forschung/nichtlinear-und-adaptiv/Institut.
9 Schumacher, M.; Schaeffer, O.; Vogt, M.-M., *MOVE: Architektur in Bewegung – Dynamische Komponenten und Bauteile*, op. cit.
10 Poppinga, S.; Zollfrank, C.; Prucker, O.; Rühe, J.; Menges, A.; Cheng, T.; Speck, T., „Toward a New Generation of Smart Biomimetic Actuators for Architecture", *Advanced Materials*, Bd. 30, Nr. 19, 2018, S. 1 – 10.

B

Anwendungen und Funktionen

3

Interaktion: Bewegung aufnehmen, lenken und abbilden

■ 3.1 Dynamische Gestaltung mit Licht: Medienfassaden

Thomas Schielke

Im Vergleich zu mechanisch beweglichen Bauteilen bieten softwaregesteuerte Lichtpixel eine faszinierende Freiheit, Dynamik in der Architektur zu gestalten und ohne erheblichen konstruktiven Aufwand immer wieder neu zu definieren.

Die Vielzahl der Bilder, mit denen viele Medienfassaden nach Aufmerksamkeit im Stadtraum ringen, erinnert mit dem dichten Bilderstrom an das große Mitteilungsbedürfnis in den sozialen Medien. Deutlich vertreten diese Gebäude die Haltung, dass eine statische Präsenz nicht mehr zeitgemäß für repräsentative Bedürfnisse und Bewegung unverzichtbar sei. Das Streben nach neuartigen Erscheinungsformen zielt sowohl auf quantitative Leistungen als auch auf qualitative gestalterische Möglichkeiten, wie beispielsweise am Shanghai Tower, dessen dynamische Lichtmuster entlang des mehr als 600 m hohen Gebäudes bestrebt sind, in der bunt beleuchteten Skyline als modern aufzufallen. Die qualitative Debatte hingegen fällt ungleich komplexer aus, denn die ästhetischen, kommunikativen und technischen Dimensionen lassen eine Vielfalt an Varianten und Kombinationen zu. Mit der Digitalisierung eröffnen sich vielfältige Optionen, um über Licht Bewegung auf Fassaden abzubilden und zugleich eine architektonische Qualität zu entwickeln. In Asien lässt sich, wenn zahlreiche Hochhäuser wie in Shenzhen oder Hangzhou miteinander synchronisiert sind und den Stadtraum in Bewegung versetzen, bereits von einem städtebaulichen Ausdruck sprechen.

Ästhetik der Dynamik

Die nächtlichen Erzählungen von Medienfassaden mittels wechselnder Lichtmuster und mit farbigem Licht setzen den gläsernen Gebäuden der Moderne mit ihren glatten, spiegelnden Fassaden ihre Auffas-

Am New Yorker Times Square haben innovative Reklametafeln mit Licht eine lange Tradition. Die einzeln in der Tiefe verfahrbaren LED-Würfel lassen eine auch räumlich dynamische Medienfassade entstehen.

Dynamische Lichtinszenierungen für künstlerische Inhalte, Werbung und Eigenwerbung des Klubhauses St. Pauli in Hamburg schaffen eine eindrucksvolle Identität bei Tag und Nacht. Die Bewegung des Aufzugs gehört zum Bestandteil der Inszenierung.

sung von Schönheit im digitalen Zeitalter entgegen. Softwaregesteuerte Lichtpixel auf Oberflächen haben zu einer Renaissance von barocker Opulenz geführt und die kubische Polyperspektive in Dynamik übersetzt. Die Vielzahl der Bildwelten stellt das Statische der Architektur in Frage. Begriffe wie Langlebigkeit und Nachhaltigkeit irritieren bei den bunten schnellen Szenographien. Auch die Verfechter von Dark Sky, die den dunklen nächtlichen Himmel als Qualität erachten, sehen in der Lichtemission negative Folgen für Mensch und Umwelt und fordern strikte Maßnahmen zum Schutz der Nacht.

Licht als Kommunikationsmedium

Der Reiz von Medienfassaden liegt für Eigentümer in der Bewegung und der Andersartigkeit gegenüber konventionellen Fassaden in der Umgebung und in der flexiblen Bespielung für repräsentative Intentionen. Ein markantes Zeichen im urbanen Umfeld zu setzen, zählt sicherlich zu den zentralen Motiven des Storytelling mittels Licht. Über das Design und den Inhalt der Medienfassade entsteht zugleich auch ein Beitrag zur Markenkommunikation. Die Rezeption dieser Markenwerte hängt jedoch vom Standort und kulturellen Umfeld ab. In Bereichen, wo ein regionaler Bezug von Architektur eine hohe Wertschätzung erfährt, wirken technoide Medienfassaden als Störung der lokalen Harmonie. Da Medienfassaden eine nicht unerhebliche Leuchtdichte aufweisen können, stellt sich zudem die Frage nach dem Mitspracherecht der Nachbarn, um sich gegenüber Lichtimmission beispielsweise im Wohn- oder Schlafzimmer zu wehren. Asiatische Metropolen zeigen, dass glitzernde Reflexe sowie spektakuläre Farbsequenzen nicht mit einem Verlust an Seriosität einhergehen müssen.

LED-Technologie

Mit der Miniaturisierung der Lichtquelle durch LEDs setzte eine dynamische Entwicklung bei Medienfassaden ein. Die kleinformatigen Lichtelemente lassen sich optimal in Fassadenelemente integrieren und verfügen zugleich über eine sehr lange Lebensdauer. Durch die additive Farbmischung der RGB-Technik steht eine Vielzahl von Farben zur Verfügung, die einfach verändert werden können. Diese Gestaltungsfreiheit bei der Farbe geht einher mit einem erheblich niedrigeren technischen Aufwand als bei konventionellen Leuchtmitteln und erreicht zugleich eine wesentlich höhere Energieeffizienz. Die Begeisterung über diese Technologie hat freilich an vielen Stellen zu betont bunten Lösungen geführt, bei denen man eine ebenso ambitionierte Farbgestaltung vermisst. Ein langfristiges kuratorisches Konzept ist bei der Planung von Medienfassaden ebenso wichtig wie die technisch-gestalterische Dimension.

Datenströme aufnehmen und mittels Licht visualisieren

Die Integration von Sensoren hat sich zu einer faszinierenden Methode entwickelt, um interaktive Fassadenelemente zu schaffen, die auf ihre Umgebung reagieren. Mit der Kombination von der Software für Steuerung und Gestaltung mit der Hardware der LED-Chips lassen sich LED-Elemente wie Computerpixel eines Bildschirmes verwenden. Eine Vielzahl von Eingangssignalen – Bilder oder Töne, Wetterinformationen, Daten aus Social Media oder von Computerspielen bis hin zu Gehirnströmen – lässt

Mit der Kombination von Drohnentechnologie, farbigen LEDs und Lichtsteuerung beginnen Lichtpixel zu fliegen.

sich automatisiert über Algorithmen verarbeiten und zu einer Inszenierung verwandeln. Die Spannweite des Storytelling über die Fassade reicht von dynamischen Installationen, bei denen die Geschichten und Muster komplett vorprogrammiert sind, über responsive Ansätze mit lokalen Eingangssignalen, wobei Sensorik die Ausgabe verändert, bis hin zu interaktiven Projekten, bei denen die Bürger aktiv Informationen über Sensoren, mobile Geräte oder andere Schnittstellen eingeben.
Toyo Itos Tower of Winds (1986) zählt zu den frühen dynamischen Beleuchtungsprojekten, die auf die Wind- und Straßenlärmparameter der Umgebung reagieren und Bewegung mit Licht erzeugen. Das Lichtkonzept registriert Veränderungen im urbanen Nachtbild zwischen der konstanten städtischen Straßenbeleuchtung und den wechselnden Bildern der Lichtwerbung. Das Konzept der responsiven Medienfassaden haben Unternehmen schon früh aufgegriffen, um Kunden mittels bewegter Bildwelten zu gewinnen, z. B. für Einkaufszentren wie der Zeilgalerie (1992) in Frankfurt von Kramm & Strigl und Christian Möller.
Mit den zunehmenden Möglichkeiten von großen hochauflösenden Außenbildschirmen haben die Gestalter nach neuen Wegen gesucht, um die ästhetischen Möglichkeiten von Medienfassaden mit aufmerksamkeitsstarken Videoanzeigen zu kombinieren. Gelingt es plausibel, eine niedrige Bildauflösung vorzusehen, so lässt sich das Interesse der Werbetreibenden mit ihren hochaufgelösten Markenfilmen geschickt zurückdrängen. Realities:united hat für das Wilkie Edge (2008) in Singapur eine solche Installation geschaffen, in der kommerzielle Inhalte mit einer dynamischen Architekturbeleuchtung ergänzt werden.

Die Kunst des Pixels: Punkte, Linien, Flächen und Volumen

Mit dem Einzug von Pixeln auf Fassaden als dekorativem Gestaltungselement hat ein Diskurs zur Ästhetik des Pixels eingesetzt: Wie verändert sich die Wahrnehmung bei der Annäherung an das Gebäude, welche formale sowie plastische Anmutung kann der Pixel als solcher erhalten?
Da man den Wettlauf, mit der modernsten Technologie zu arbeiten, nur so lange gewinnen kann, bis die nächste neue Medienfassade in Betrieb geht, entstanden Lösungen, die sich diesem Wettbewerb bewusst entzogen haben. Die Medienfassade des Kunsthauses Graz (2003) hat daher explizit auf ein Retro-Design mit runden Leuchtstofflampen anstatt auf kleinteilige LEDs zurückgegriffen. Über die Größe der Pixel und deren Abstände lässt sich steuern, wie weit sich ein Lichtmuster bei der Annäherung an das Gebäude verändert und neue Details zum Vorschein bringt. Aus der Ferne ergab sich bei der „SPOTS"-Installation (2005) von realities:united am Potsdamer Platz ein flächiges Gesamtbild, während man unmittelbar vor dem Gebäude die Zweischichtigkeit von farbiger Folie und plastischem Leuchtmittel erkennen konnte.
Um nicht mit der Flächigkeit des Bildschirmes eines Smartphones oder Fernsehers mit einer hohen Auflösungsrate zu konkurrieren, zeigen sich an vielen Stellen plastische Entwürfe von Pixeln. So wurde beispielsweise der Lichtfries am Neubau des Kunstmuseums Basel (2016) aus dem horizontalen Fugenbild des Mauerwerks entwickelt. Am Hanjie Wanda Square (2013) in Wuhan sind die Pixel dagegen unterschiedlich groß und kugelförmig und können Licht nach vorn wie auch nach hinten abstrahlen. Durch die Kombination von Edelstahl und gemustertem Glas ergibt sich eine glitzernde sowie spiegelnde Oberfläche für das Einkaufszentrum. Die Größe und Vielseitigkeit der Pixel am Centro de Creación Contemporánea de Andalucía (C3A, 2013) hat nochmals zugenommen, und vor allem haben diese durch ihre kristalline Form eine starke plastische Wirkung, obwohl die Konstruktion nur eine geringe Bautiefe aufweist.
Während Medienfassaden oft am Tag eine weit geringere Attraktivität als am Abend aufweisen, entsteht am C3A durch das Sonnenlicht ein abwechslungsreiches Schattenspiel auf der plastischen Fassade. Selbst wenn die Geometrie des Pixels statisch ist, so entsteht dennoch Bewegung auf der Fassade durch das Licht.
Kinetische Installationen mit LED-Pixeln wie der „Brilliant Cube" (2013) an der Gangnam Station in Seoul, das „Spaxels"-Projekt der Ars Electronica mit 100 leuchtenden Drohnen über Linz (2016) oder kommerzielle Installationen wie die Werbefläche von Coca-Cola am Times Square in New York (2017) lassen erahnen, dass mediale Inszenierungen im urbanen Raum noch stärker auf Bewegung setzen werden. Position und Form der Pixel sind dabei ebenfalls in Bewegung. Solche umfassenden Konzepte, bei der Licht und Pixel sich dynamisch verändern, lösen sich noch mehr von der konventionellen statischen Architektur und rücken stattdessen die Bewegung in den Vordergrund.

Choreographien von leuchtenden Drohnenschwärmen lösen die Medienfassaden auf und eröffnen vielfältige Optionen für Inszenierungen im Luftraum.

Plissee aus 3D-Textilien: scharnierloser Öffnungsmechanismus mit Transparenzregelung auf der Makro- wie Mesoebene

3.2 4dTEX

Claudia Lüling, Johanna Beuscher

Dreidimensionale, mehrlagige Textilien eröffnen durch ihre Geometrie und einstellbare Materialstärke spezifische, konstruktiv-ästhetische Möglichkeiten. Insbesondere die Integration von Bewegungsmechanismen bietet neuartige Optionen der Lichtmodulation bei geringem Energieeinsatz. Bewegung und der Faktor Zeit werden als vierte Dimension in der Textilgestaltung berücksichtigt.

Material Textil

In seinem „Stammbaum der Werkstoffe"[1] hat Gerd Auer 1995 zwischen organischen und anorganischen Werkstoffen unterschieden. Beginnend mit den Materialien der Urhütte und deren Weiterentwicklung über verformende Bearbeitungen wie Schneiden, Behauen und Pressen; chemophysikalische Umwandlungen wie Zerkleinern, Schmelzen, Brennen oder Gießen; Synthetisierung wie Kondensieren, Polymerisieren oder Carbonisieren; bis hin zu Hybriden und Heterosen über Vernetzen, Legieren oder Laminieren hat diese Zusammenstellung nichts an Aktualität eingebüßt. Auch der finale Ausblick auf nanotechnische Generierung ist inzwischen Wirklichkeit geworden. Textilien tauchen in dieser Übersicht nur einmal und unter dem Aspekt Hybride als „Misch-Textilien" auf. Aufgezählt werden zuvor hingegen Wolle und Mineralfasern, die wie andere Faserwerkstoffe die eigentliche Materialität textiler Strukturen definieren. Denn Textil selbst kann man nicht wirklich als Material bezeichnen. „Textil" sind die Fügetechniken, die diesen linearen Werkstoffen in Form von teils uralten Techniken wie Stricken, Wirken, Weben, Legen, Flechten, Filzen und Knüpfen ihre eigentliche Gestalt geben. Auf der Basis dieser Techniken erlaubt die Kombination unterschiedlicher Fasermaterialien in der Konsequenz erst die Konzeption optimierter Verbundmaterialstrukturen, die als Hybride schon in den 1990er Jahren als zukunftsweisende Entwicklung definiert wurden.

Technische Textilien, dreidimensional

Dabei spielen sogenannte technische Textilien nicht nur in der Luftfahrt, im Bereich Automotive, in der Medizin oder im Umweltschutz eine Rolle. Im Archi-

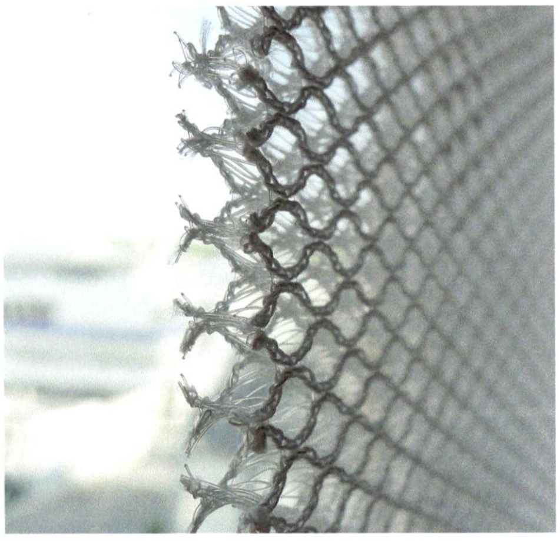

Transparenzänderung eines 3D-Textils durch Verschieben der Decklagen parallel zueinander

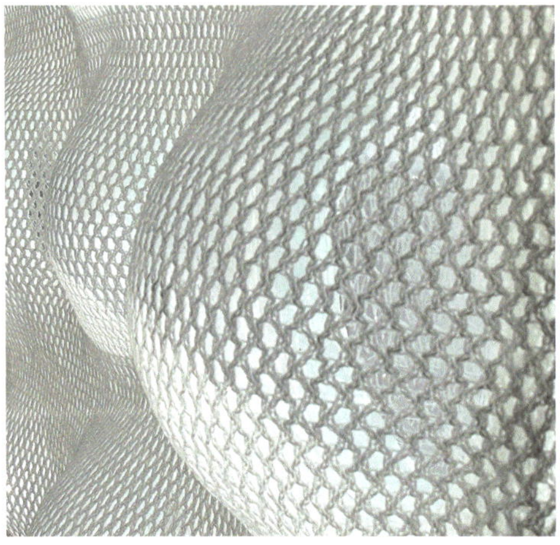

Transparenzänderung eines 3D-Textils durch Dehnung der Decklagen senkrecht zueinander

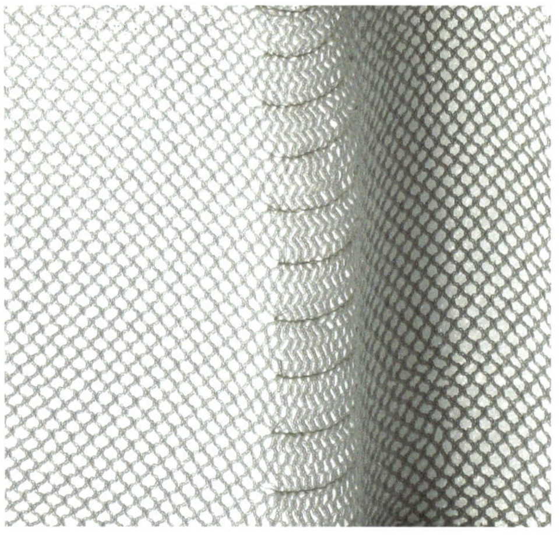

Transparenzänderung eines 3D-Textils durch Biegen und Stauchen der Decklagen

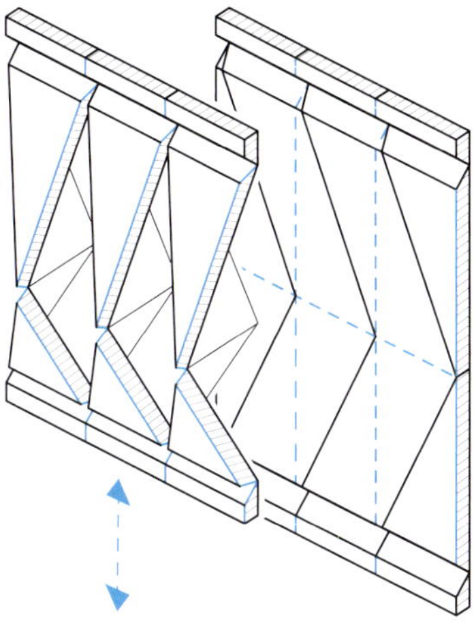

Mesoebene Falten und Klappen: Plissee aus 3D-Textilien mit vorkonfektionierten Falten und Einschnitten

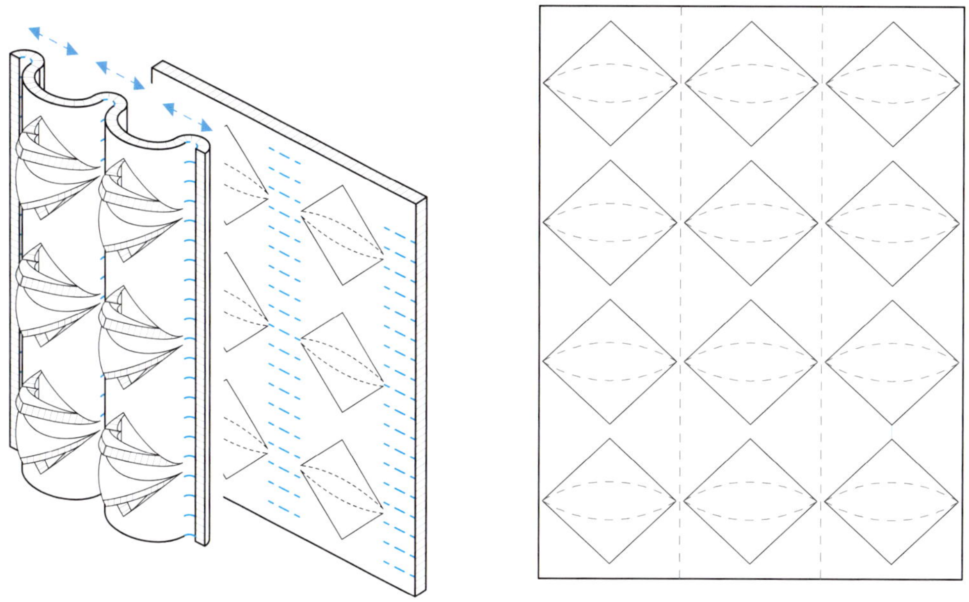

Mesoebene Biegen und Klappen: Biegedrillknicken („Flectofold")[3] übertragen auf 3D-Textilien

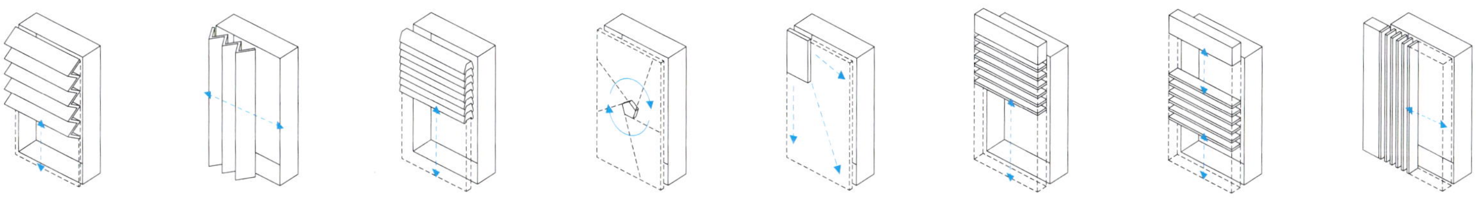

Makroebene: Bewegungsvarianten flächiger, gefalteter und geraffter Sonnenschutzelemente aus 3D-Textilien

tekturbereich erobern textile Bewehrungen den Massivbau, revolutionieren Hightechfasern den Leichtbau und kommen diese inzwischen auch für Dämm- wie Sonnenschutzelemente zum Einsatz. Das Frankfurter Forschungsinstitut FFin und die Fachgruppe Textiler Leichtbau der Frankfurt University of Applied Sciences forschen in diesem Bereich seit längerem insbesondere zu textilen Mehrlagenstrukturen und dynamischen Bauteilkomponenten aus sogenannten Abstandstextilien. Derzeit sind diese je nach Abstand in Materialstärken bis zu 200 mm produzierbar; mögliche Materialien sind Polyester und Polyamid, aber auch Hightechfasern wie Carbon-, Glas- und Basaltfasern.

Abstandstextilien und Sonnenschutz, vierdimensionale Textilien

Abstandstextilen können in ihrem Eigenschaftsprofil an unterschiedliche Anforderungen angepasst werden. Ihr Dämpfungsvolumen wird genutzt bei Matratzen, Polsterungen, im Sportschuhbereich und bei Filteranlagen. Anwendungen für bewegliche Elemente werden derzeit am FFin erstmalig im Bereich Sonnenschutz[2] untersucht. Schwerpunkt der Forschungen ist die Frage, inwieweit sich aufgrund der speziellen textilen Struktur der Abstandstextilien zum einen eine definierte Transparenz in Bezug auf spezifische Sonneneinstrahlwinkel einstellen lässt. Zum anderen werden Bewegungsmechanismen zum Öffnen und Schließen bzw. zur Steuerung von Durchsicht und Lichteinfall erforscht mit dem Ziel, robuste und wenig wartungsintensive Bauteile für den Fassadenbereich zu entwickeln. Sie können im geschlossenen Zustand zudem temporär den Energieverlust bzw. das Aufheizen dahinterliegender Räume reduzieren. Ausgehend von traditionellen Sonnenschutzsystemen wie Läden, Raffstores (Jalousien) und Plisseeanlagen wird am FFin zum einen das steuerbare Tageslichtmanagement mittels Abstandstextilien über die als Ganzes beweglichen Elemente auf der Makroebene untersucht. Zum anderen werden Bewegungen auf der Mesoebene, d. h. in der Struktur der Abstandstextilien selbst untersucht.

Gebogenes und gestauchtes 3D-Textil mit Transparenzregelung auf der Makro- wie Mesoebene

Gefaltetes und geschnittenes 3D-Textil mit Transparenzregelung auf der Makro- wie Mesoebene

Transparenz und Durchsicht auf der Mesoebene reguliert durch punktuelle Dehnung der Decklagen von 3D-Textilien

Dynamische Bewegungsmechanismen: Falten und Biegen

Klassische Textilien sind formlabile, biegeschlaffe, bewegliche Halbzeuge, die flächenbezogene Bewegungen und Größenänderungen durch z. B. reversibles Falten bzw. Entfalten, Raffen, Knüllen oder auch weiches Falten, d. h. Biegen erlauben. Gleichzeitig können sie durch Falten, Tränken, Füllen etc. auch stabilisiert werden. Für Bewegungsmechanismen bieten Abstandstextilien besondere Optionen: Mehrlagige Abstandsgewebe können im Labormaßstab bereits so konfektioniert und industriell hergestellt werden, dass sie durch den programmierbaren Abstand der Textillagen zueinander unterschiedliche Dicken aufweisen. Steife und dicke bzw. bewegliche und dünne Bereiche können entsprechend alternierend angeordnet werden. Die Textilien lassen sich dadurch insgesamt zusammenfalten (Makroebene), während gleichzeitig über unterschiedlich dichte textile Decklagen auf der Mesoebene eine definierte Grundtransparenz einstellbar ist.

Neben diesem simplen Faltmechanismus, bei dem jeder Faltbereich ungerichtet ist und gleichermaßen als Berg- wie Talfalte funktioniert, können über wechselseitige Teileinschnitte in das Abstandstextil und unter Erhalt der dem Einschnitt jeweils gegenüberliegenden Decklage auch gerichtete Faltstrukturen erreicht werden. Die inzwischen aus diesen Untersuchungen für Klapp-, Hebeklapp- und Faltmechanismen vom FFin entwickelten Mechanismen sind gebrauchsmustergeschützt. Ästhetisch überzeugen sie durch ihre Formen, die an Sandwichstrukturen erinnern, sich von diesen aber durch differenzierte Transluzenz, diskontinuierliche Stärken und teils gerundete Kanten unterscheiden. Mittels der genannten Teileinschnitte können dabei scharnierlose Gelenke geschaffen werden. Durchgängige Schnitte in die textile Struktur erlauben darüber hinaus auch transparente Bereiche für Aus- und Einblicke. Es entstehen neuartige Plisseestrukturen, die als außenliegender Sonnenschutz eingesetzt werden können. Ihre Stabilität wird durch Beschichtung und Teilfüllungen erhöht.

Um offene Kanten bzw. Einschnitte zu vermeiden und wartungsrobuste Elemente zu erhalten, werden parallel dazu auch Biegemechanismen untersucht. Die bislang realisierten Elemente sind weicher in der Anmutung als die Faltstrukturen. Auf der Mesoebene entsteht durch Biegung bei Abstandstextilien automatisch eine Stauchung bzw. Verdichtung der Textur der innenliegenden Deckschicht, sodass über die Biegebewegung Bereiche mit geringerer Transluzenz gezielt eingestellt werden können. Die Elemente können ebenfalls außenliegend montiert werden und wirken wie ein dicker, stabiler, dabei gleichzeitig transluzenter Vorhang.

Dynamische Bewegungsmechanismen: Dehnen und Stauchen

Neben dem Falten bzw. Biegen bieten Dehnen bzw. Stretchen und Stauchen weitere Bewegungsoptionen, um Textilien unter Nutzung ihres Elastizitäts- und Dehnungsverhaltens zur Steuerung des Lichteinfalls zu transformieren. In Bezug auf diese Mechanismen zeigen experimentelle Untersuchungen mit Abstandstextilien auch hier deren großes Potenzial. Die Oberflächen von Abstandstextilien werden durch Polfäden zueinander auf Distanz gehalten, deren Anzahl und Lage ebenso wie die Struktur der Decklagen programmierbar sind. Entsprechend lassen sich unterschiedlich dichte Decklagen zueinander verschieben und lässt sich so durch die Bewegung der Lichteinfall steuern. Auch dieses Konzept ist geschützt.

Zum anderen lassen sich Abstandsgewirke aufgrund ihrer Maschenstruktur dehnen bzw. lassen sich Abstandsgewebe durch elastische Faseranteile dehnbar gestalten. Ähnlich wie durch Biegung der Textilien ändert auch hier die Bewegung die Transluzenz. Dies kann durch Zugeinwirkung auf die gesamte textile Struktur in der Flächenachse beeinflusst werden, wobei sich die textile Struktur dehnt und transluzenter wird. Oder aber das Abstandstextil kann durch gegenüberliegende Einschnitte der Deckflächen so präpariert werden, dass Dehnung und Transparenz durch das Auseinanderziehen der dann nur noch über Polfäden zusammengehaltenen Deckflächen entsteht. Auch die Dehnung einzelner, polfadenfreier Textilbereiche senkrecht zu den Deckflächen ist möglich, ebenso wie die Dehnung einzelner, linearer, einander gegenüberliegender Deckflächenzonen durch Aufwölben. Dabei entstehen organisch anmutende, kiemenartige Öffnungszonen, welche

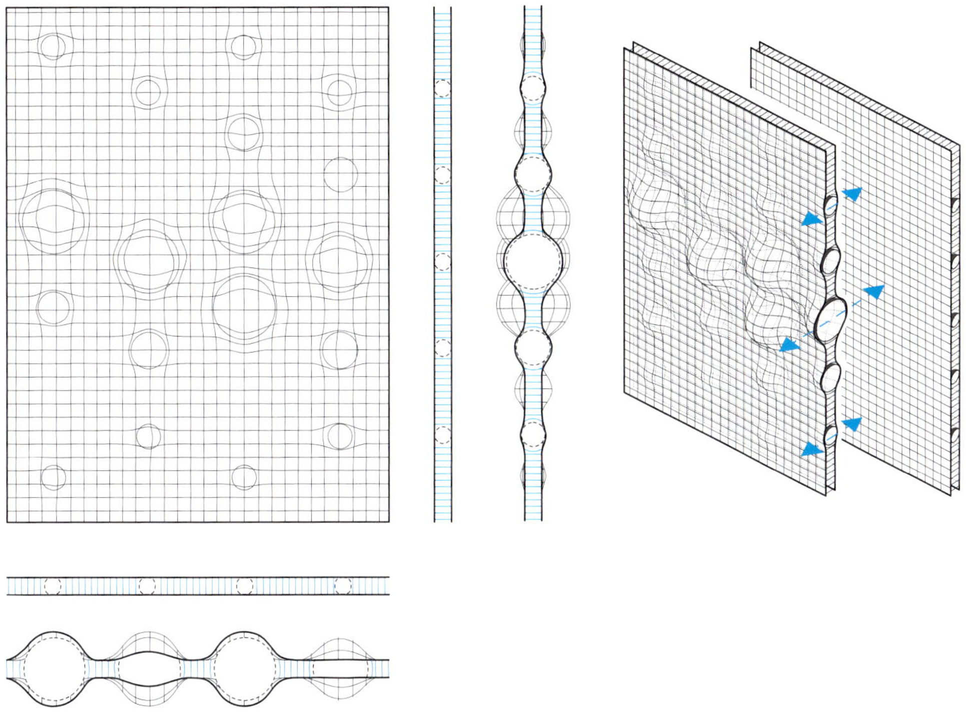

Mesoebene Dehnen: Steuerung der Transparenz durch punktuelle Volumenänderung und Dehnung von 3D-Textilien

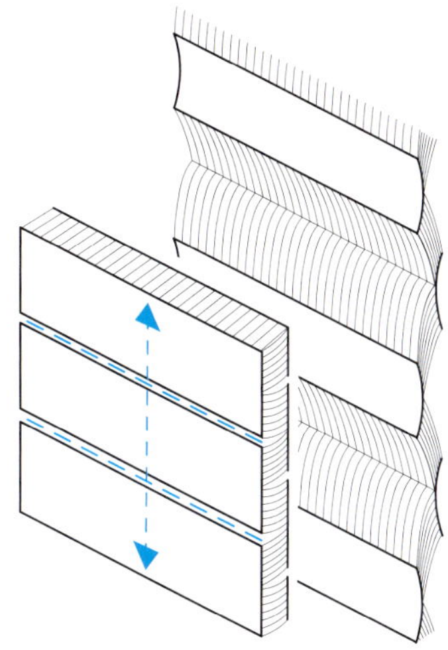

Mesoebene Stretchen: 3D-Textil mit alternierenden Einschnitten in den Decklagen, Steuerung der Transparenz durch Auseinanderziehen

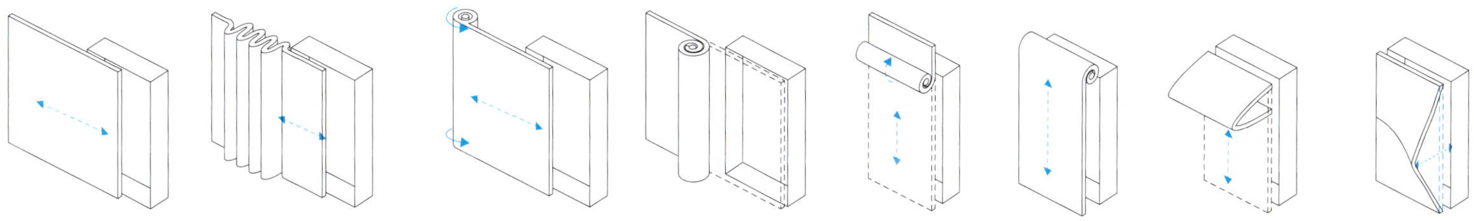

Makroebene: Bewegungsvarianten flächiger, dehnbarer, biegbarer Sonnenschutzelemente aus 3D-Textilien

die Durchsicht nach außen ermöglichen. Auch diese Mechanismen wurden gebrauchsmustergeschützt.

Falten, Biegen, Dehnen, Stauchen – Auslöseoptionen und zusätzliche Funktionalisierungen

Durch die Geometrien und die Materialstärken der Abstandstextilien, wie auch durch deren textile Strukturen selbst, ergeben sich Halbzeuge mit dynamischen Optionen. Sie ermöglichen großflächige Bewegungen wie auch Bewegungen innerhalb der textilen Struktur. Beides sind ästhetisch reizvolle, funktionale und im Öffnungsbereich überzeugende Optionen zur Steuerung von Tageslichteinfall, Erwärmung und Sichtbezügen. Die Krafteinwirkungen, die erforderlich sind, um diese Bewegungen auszulösen, können unterschiedlichster Natur sein. Denkbar sind bei den Plissee- und Biegestrukturen ebenso wie bei Dehn- und Stauchmechanismen manuelle, elektrische, magnetische oder auch pneumatische Antriebe. Ebenso bieten sich adaptive Faser-, Beschichtungs- oder Füllmaterialien an, die auf Basis von Formgedächtnislegierungen (FGL) oder Formgedächtnispolymeren (FGP) Bewegungen über Temperatur, Licht oder Wärme auslösen. Angedacht werden am FFin derzeit Möglichkeiten der Integration von FGLs oder alternativ FGPs mit Wechseleigenschaften nach dem Two-Way-Prinzip oder als One-Way-Prinzip in Kombination mit elastischen Textilien als Rückstellmechanismus.

Zusätzlich können Qualitäten wie beispielsweise die natürlichen Dämmeigenschaften des Abstandstextils verbessert werden und darüber hinaus Funktionalitäten innerhalb der Mikrostruktur des Textils, etwa Licht- und Wärmeleitung, Wassertransport, Filterfunktionen oder Sensoreigenschaften, durch Spezialfasern mit lichtleitenden, hydrophilen bzw. stromleitenden Komponenten implementiert werden.

1 Auer, G., „Stammbaum der Werkstoffe", *Daidalos*, 56, 1995.
2 „Reversibel faltbare, energetisch wirksame 3D-Textilien im Baubereich" (ReFaTex), Förderlinie Innovationsfonds Forschung Hessen (IFOFO), Wiss. Mitarbeiter: M. A. Johanna Beuscher, Dipl.-Ing. Natalija Miodragovic.
3 Flectofold: Gelenklose Fassadenverschattung nach Vorbild der Unterwasserschnappfalle, Forschungsprojekt der Universitäten Stuttgart, Freiburg und Tübingen (Transregio 141)

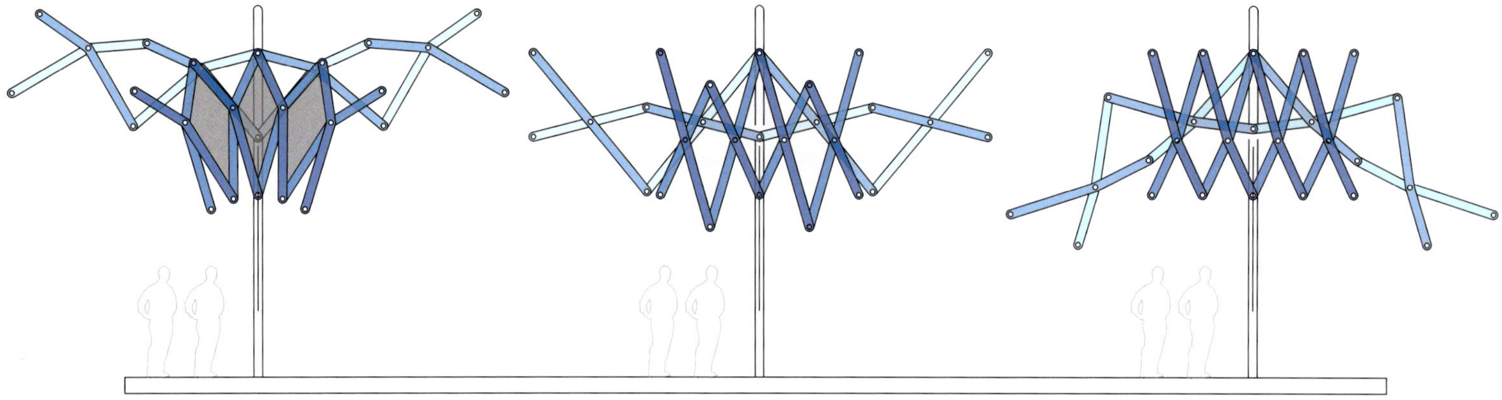

In unterschiedlichen Bewegungen resultierende Scherengestänge desselben Schleifentyps (Drachen)

3.3 Scherengestänge als Elemente adaptiver Morphologien

Yenal Akgün, Feray Maden, Şebnem Gür, Gökhan Kiper, Koray Korkmaz,
Engin Aktaş, Müjde Yar Uncu

Zu allen Zeiten haben Menschen versucht, flexible Gebäude zu bauen, die sich ständig verändernden Anforderungen und Umweltbedingungen anpassen. Die Einbeziehung von Bewegung in die Architektur ist der Versuch, auf veränderliche Umstände mit neuen Lösungen zu reagieren. Das Konzept der Bewegung ist in der Tat nicht neu für die Architektur. Die Wurzeln gehen bis in die Antike zurück. Einfache, mit flexiblen Außenhäuten gebaute Nomadenzelte können als das erste Beispiel für adaptive Strukturen angesehen werden, die zum Schutz vor extremen Umweltbedingungen dienten.[1] Die zum Abdecken des Daches im Colosseum von Rom verwendeten Leinwandbahnen sind ein weiteres Beispiel. Sie bildeten Markisen, die nicht nur Sonnenschutz boten, sondern für die Zuschauer durch ihr Durchhängen zur Mitte hin auch eine Brise einfingen.[2]
Adaptive Dächer wurden in mobilen Theatern als Schutz vor Sonne und Regen verwendet, wenn auch die abgedeckte Fläche nicht größer als ein paar Quadratmeter war. Das Konzept von Bewegung in der Architektur spielte weiter eine wichtige Rolle während der Renaissance. Im 18. Jahrhundert fanden Markisenkonstruktionen in Europa weite Verbreitung. Im 19. Jahrhundert boten im Zuge der industriellen Revolution neue Baumaterialien wie Gusseisen, Stahl und Glas in Bezug auf Größe, Form und Funktion Möglichkeiten und Freiheiten, die zuvor unvorstellbar waren.[3]
Im 20. Jahrhundert wurden technologische Entwicklungen zu einem immer größeren Faktor, der neue Dimensionen für adaptive Konstruktionsformen erschloss. Entwicklungen in der rechnergestützten Architektur und in der Materialwissenschaft etwa haben die Anwendung von adaptiven/expandierbaren Konstruktionen befördert. Die wachsende Relevanz solcher Konstruktionsformen aufgrund ihrer Vorteile im Vergleich zu herkömmlichen Bauweisen führte zur Entwicklung verschiedener Typen von adaptiven Konstruktionen.
Expandierbare Strukturen umfassen jeweils eine kompakte und eine entfaltete Form. Sie bestehen meist aus Baugruppen steifer, durch Gelenke verbundener Körper und erlauben geometrische Transformationen zur Erfüllung praktischer Anforderungen. Aufgrund ihrer Fähigkeit, ihre Form wiederholt von der einen zur anderen Konfiguration zu verändern, ist hier zusätzlich zum architektonischen und konstruktiven Entwurf die Kinematik beteiligt, ein Teilgebiet der Mechanik. Die Komplexität der Entwurfs-, Bau- und Konstruktionsprozesse für adaptive/expandierbare Gebäudeelemente erfordert eine interdisziplinäre Entwurfsmethodik mit neuartigen theoretischen Prinzipien und Analysemethoden.

Scherengestänge: Anwendungen in der Architektur

Scherengestänge sind einer der häufigsten Typen adaptiver/expandierbarer Strukturen. Seit der griechischen und römischen Antike werden sie in Architektur und Bauwesen verwendet, etwa als expandierbare Dachstrukturen, für Schalen und im Möbeldesign. Scherengestänge sind weit verbreitet, weil sie sehr einfache Bewegungsprinzipien aufweisen und sowohl planare, balkenähnliche expandierbare Strukturen wie auch expandierbare räumliche Schalen mit verschiedenen Geometrien ausbilden können.
Verglichen mit anderen Typen adaptiver Strukturen (Platten-, Streben-/Kabel- und Membranstrukturen) besitzen Scherengestänge ein einfaches System, da sie aus Scherenelementen zusammengesetzt sind. Zur Erstellung einer einfachen primären Schereneinheit verbindet man zwei steife Stangen an einem Zwischenpunkt durch eine Drehverbindung miteinander, die ihnen ein freies Rotieren um eine im rechten Winkel zu ihrer gemeinsamen Ebene verlaufenden Achse erlaubt. Planare und räumlich expandierbare Strukturen mit unterschiedlichen geometrischen Formen lassen sich durch Verbinden von Scheren miteinander an ihren Endknoten erzeugen. Um adaptive Strukturen zu erstellen, müssen eine Reihe geometrischer Prinzipien und bestimmte Bedingungen für die Aktivierbarkeit gegeben sein. Zum Verständnis dieser Prinzipien und Bedingungen werden zunächst gängige Entwurfsmethoden anhand der Literatur und anschließend zwei Entwurfsmethoden mit Anwendungen von Scherengestängen dargestellt.

Entwurfsmethoden

Zum Entwerfen expandierbarer Scherengestänge gibt es im Prinzip zwei Methoden: die einheitenbasierte Methode und die Methode der Schleifenanordnung. Sie unterscheiden sich in ihren Ansätzen und Vorteilen. Beide sind auf planare Scherenbalken und Schalen anwendbar.

a. Translatorische Schereneinheit

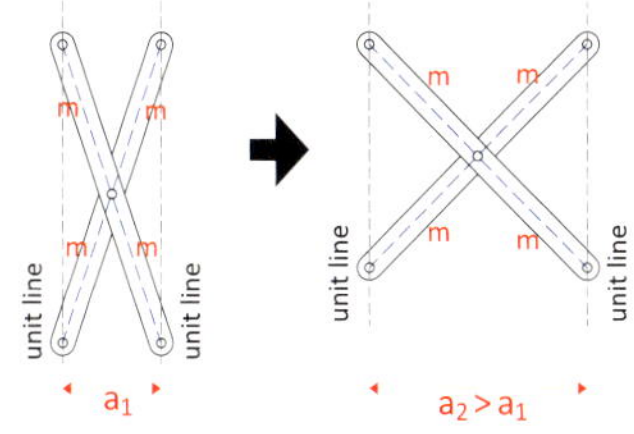

b. Polare Schereneinheit

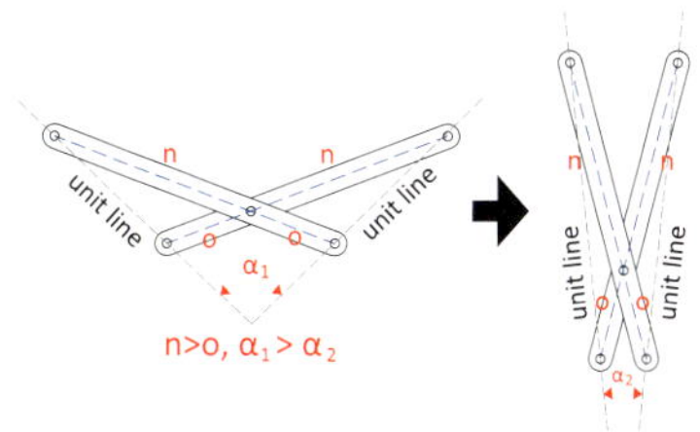

c. Gewinkelte Schereneinheit

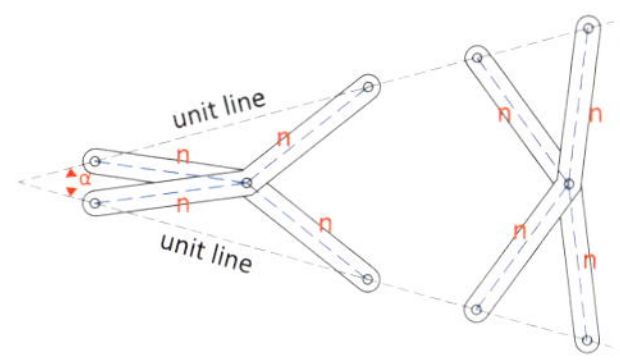

Translatorisches planares Scherengestänge

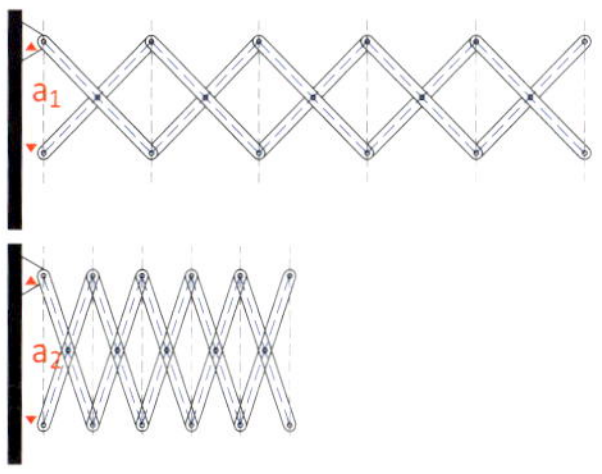

Polares planares Scherengestänge

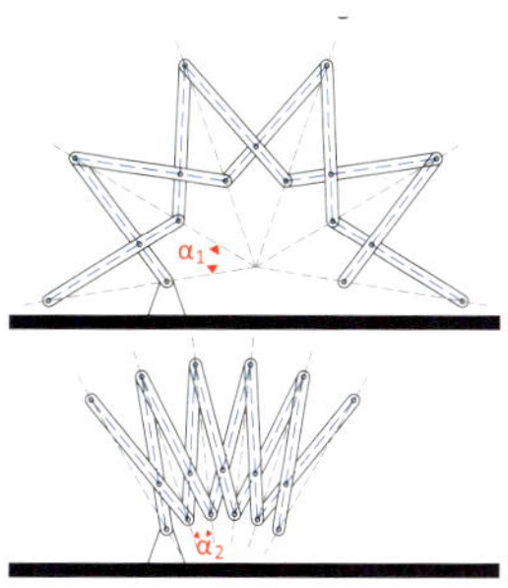

Planares Scherengestänge mit abgewinkelter Schereneinheit

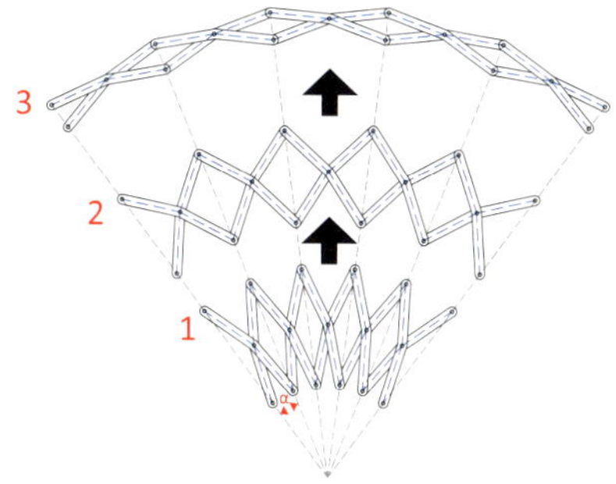

Häufige primäre planare Schereneinheiten und ihre Entfaltung

1. Einheitenbasierte Methode

Die einheitenbasierte Methode („unit-based method") ermöglicht die Erstellung eines expandierbaren Scherengestänges durch serielle Multiplikation einer Schereneinheit eines bestimmten Typs, wobei diese „primären Einheiten" durch endseitige Gelenke miteinander verbunden werden. Die Scherengestänge lassen sich durch Vervielfältigung einer der primären Einheiten oder aber durch serielle Anordnung mehrerer, unter Verwendung von primären Einheiten erzeugten Teilgestängen erstellen. Auf diese Weise lassen sich verschiedene Scherengestänge mit unterschiedlichen Krümmungen generieren.

Diese Methode beruht auf den geometrischen Eigenschaften der primären Schereneinheiten. Alle Arten primärer Schereneinheiten verwenden eine imaginäre Linie, die „Einheitslinie" zwischen den einander entsprechenden oberen und unteren Enden der Stangen. Wenn die Einheitslinien während des Entfaltungsprozesses parallel zueinander bleiben, erhält man eine „translatorische Schereneinheit". Eine „polare Schereneinheit" ergibt sich durch Verbinden zweier gerader Stangen mit Scherengelenken, die von den Mittelpunkten der Stangen wegweisen. In diesem Fall schneiden sich die Einheitenlinien in einem Punkt, und der Segmentwinkel (α) verändert sich während der Entfaltung.[4] Eine „abgewinkelte Schereneinheit" erhält man durch Verbinden zweier abgeknickter Stangen mit einem Biegewinkel zwischen 90° und 180° anstelle von geraden Stangen; die Struktur wird radial entfaltet, und der Segmentwinkel (α) zwischen zwei Einheitslinien bleibt während der Entfaltung konstant.

Bei der einheitenbasierten Methode handelt es sich um einen induktiven Entwurfsprozess, der sehr effektiv ist in Fällen, wo die Zielgeometrie des Gestänges als Form klar definiert ist oder wo beabsichtigt wird, primäre planare oder räumlich expandierbare Geometrien zu erstellen, wie z. B. einen

a. Translatorisches räumliches Scherengestänge

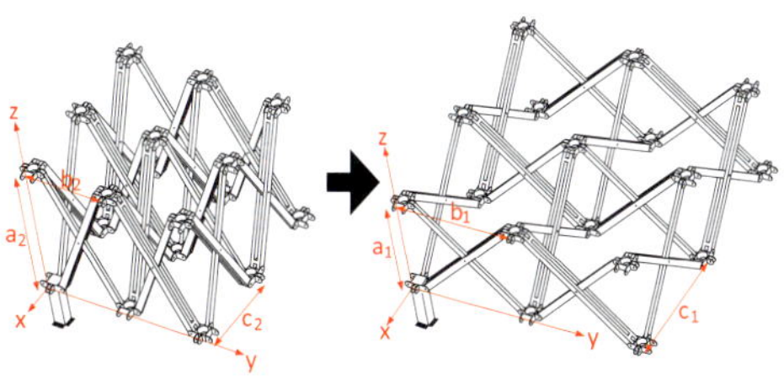

b. Polares räumliches Scherengestänge

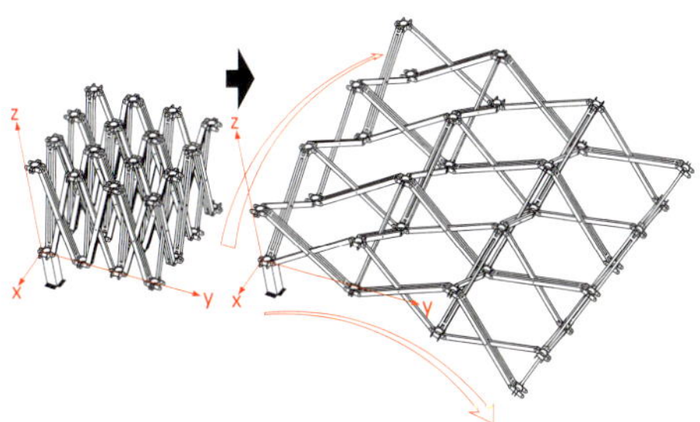

c. Planares, aus gewinkelter Schereneinheit abgeleitetes Scherengestänge

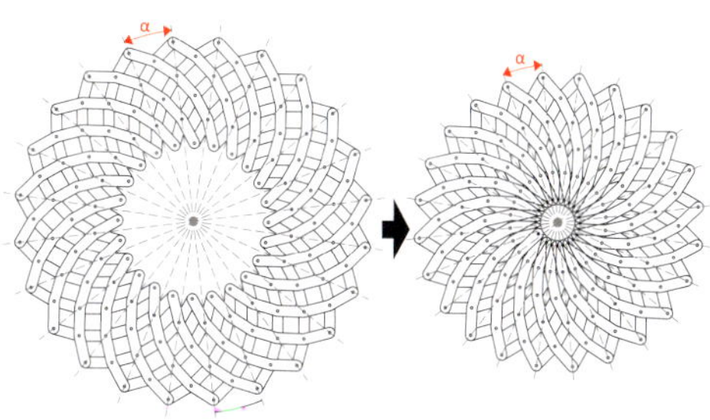

Räumliche und planare Scherengestänge und Entfaltungsbeispiel

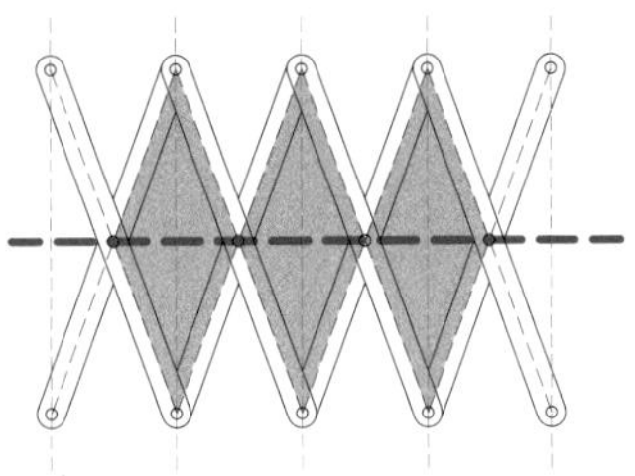

Rhombenschleifen

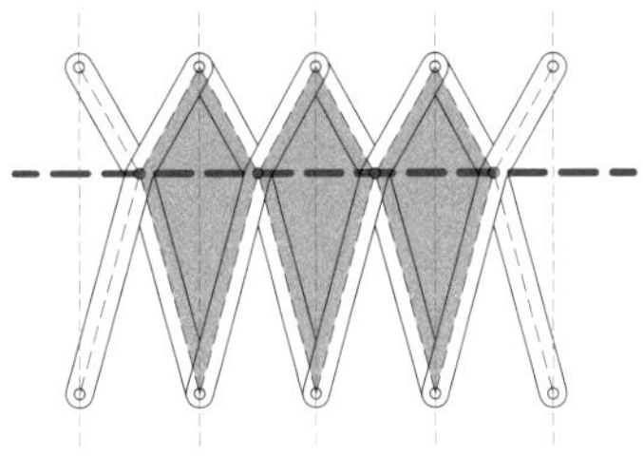

Drachenschleifen

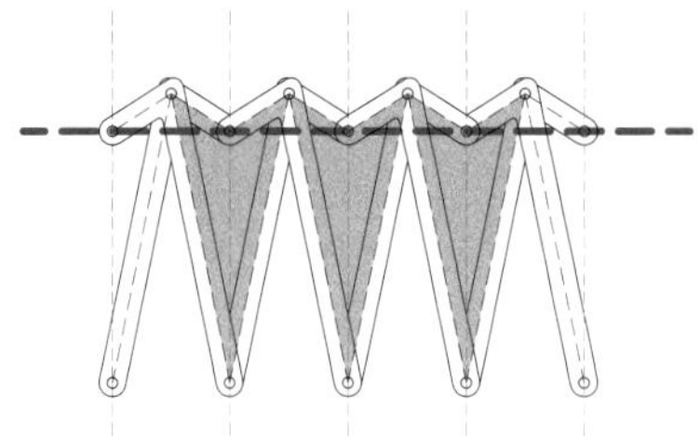

Pfeilschleifen

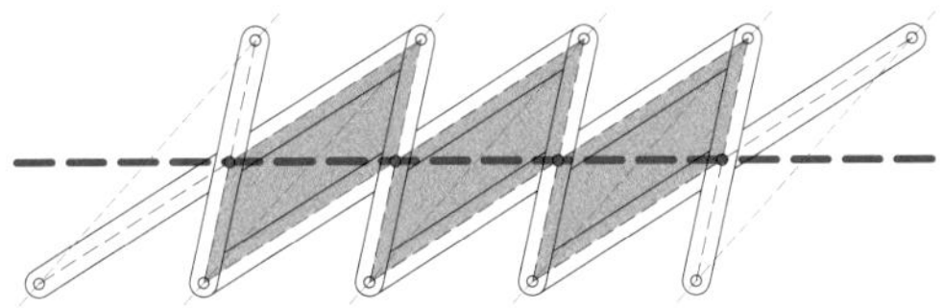

Parallelogramm-Schleifen

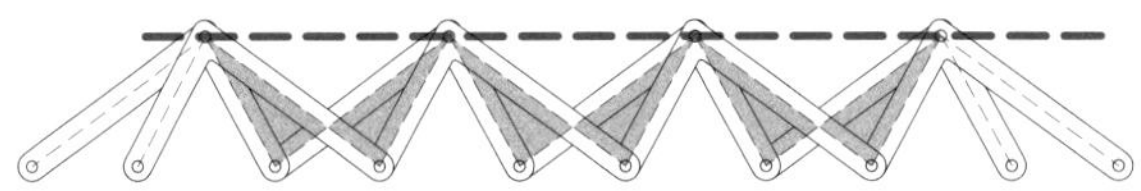

Anti-Parallelogramm-Schleifen

Schleifentypen und sich aus diesen ergebende planare expandierbare Scherengestänge

planaren Bogen, einen linearen Balken oder eine kuppelförmige Schale. Der spanische Architekt Emilio Pérez Piñero ist ein Pionier in der Verwendung der einheitenbasierten Methode für expandierbare Scherengestänge in der Architektur. Er hat zahlreiche Kuppeln und räumliche Gitter für mobile Theater, Pavillons und Ausstellungsgebäude entwickelt.[5] In der Nachfolge Piñeros haben Félix Escrig Pallares und seine Kollegen das Thema erweitert und geometrische Bedingungen für die Anwendung von Scherengestängen aus translatorischen und polaren Schereneinheiten präsentiert. Sie entwickelten neue kugelförmige Gitterstrukturen und mehrere Typen expandierbarer Scherenstrukturen, einschließlich vierseitig expandierbarer Schirmstrukturen, expandierbarer polyedrischer Strukturen und kompakt gefalteter zylindrischer, sphärischer und geodätischer Strukturen.[6,7]

Chuck Hoberman gelang mit der „gewinkelten Schereneinheit" eine bemerkenswerte Erfindung im Bereich der Scherengestänge. Sie erweitert deren Anwendungsbereich, indem ein Entfalten des Gestänges vom Rand auf den Mittelpunkt hin möglich wird, sodass eine Öffnung im Mittelpunkt entsteht.[8,9] Unter Verwendung des gewinkelten Elements entwarf er den Hoberman-Bogen, die Iris-Kuppel und eine Anzahl weiterer Strukturen.

Viele andere Wissenschaftler, unter ihnen Zhong You und Sergio Pellegrino[10] sowie Charis Gantes[11], haben die Hauptprinzipien und geometrischen Eigenschaften und Formbeschränkungen von planaren und räumlichen expandierbaren Scherengestängen erläutert.

2. Methode der Schleifenanordnung

Ein anderer Ansatz zum Definieren expandierbarer Scherengestänge ist die Methode der Schleifenanordnung („loop assembly method"). Diese Methode ermöglicht mehrere Kombinationen verschiedener Schleifen und gewünschter Geometrien, was eine praktische Möglichkeit zum Entwerfen von Scherengestängen mit freien Kurvenformen bietet. Anstatt die jeweils erforderlichen Gliedlängen und -winkel einzeln zu berechnen, wird ein Schleifentyp ausgewählt und die gewünschte Anzahl von Schleifen auf der Kurve ausgerichtet. In einem weiteren Schritt werden die Glieder und die primären Schereneinheiten bestimmt, indem man den Rändern der Schleifen folgt. Auf diese Weise sind der oder die primären Einheitentypen ein Ergebnis dieses Prozesses, nicht dessen anfänglicher Input.

Diese Methode wurde zuerst von Chuck Hoberman verwendet. Er beschrieb die Weise, in der identische gewinkelte Elemente als Paar angeordnet werden, um gewinkelte Scherenpaare zu bilden, als Mechanismen, die er „loop assemblies" nannte. In einer späteren Phase beschrieb er in einem am Massachusetts Institute of Technology (MIT) gehaltenen Vortrag seine Konstruktion expandierender Polygone als eine Baugruppe aus „hinged rhombs", mit Scharnieren versehenen Rhomben.

Die Schleifenanordnungen werden aus vierseitigen Schleifen gebildet, dies sind die einfachsten beweglichen Schleifen. Vierseiter heißen je nach ihrer Geometrie „Rhombus", „Drachen", „Pfeil", „Parallelogramm" und „Anti-Parallelogramm". Wenn alle vier Paare der vierseitigen Schleife von gleicher Länge sind, bezeichnet man diese als Rhombus. Wenn die beiden benachbarten Paare gleich sind, erhält man einen Drachen. Ein konkaver Drachen ist ein Pfeil. Ein Parallelogramm ist ein konvexer Vierseiter, bei dem die paarweise gegenüberliegenden Seiten parallel und gleich lang sind; ein Anti-Parallelogramm ist ein Vierseiter, bei dem jedes Paar gegenüberliegender Seiten gleich, aber nicht parallel zu den anderen beiden Seiten ist. Durch Zusammenbauen solcher Schleifen erhält man expandierbare planare oder räumliche Scherengestänge oder Schalen.

Verschiedene Schleifentypen lassen sich auf dieselbe beabsichtigte Geometrie anwenden. Wie oben beschrieben, kann man verschiedene Arten von Schleifen entlang einer Linie anordnen, während sich die primäre Schereneinheit und die Entfaltungsgeometrie je nach der Geometrie des Schleifentyps unterscheiden.

Durch Verwendung verschiedener Schleifentypen sind planare Freiformgeometrien erreichbar. In die-

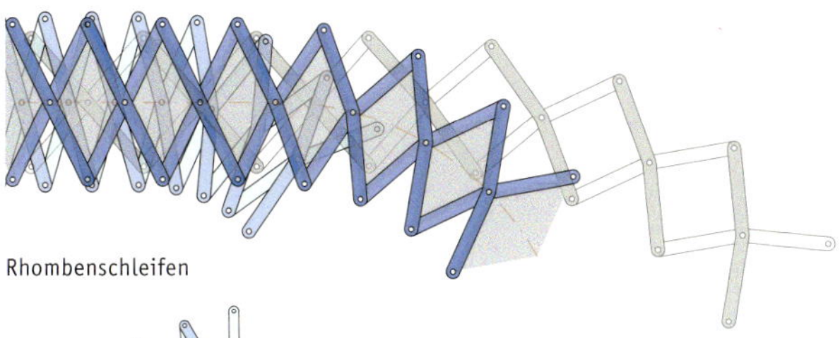

Rhombenschleifen

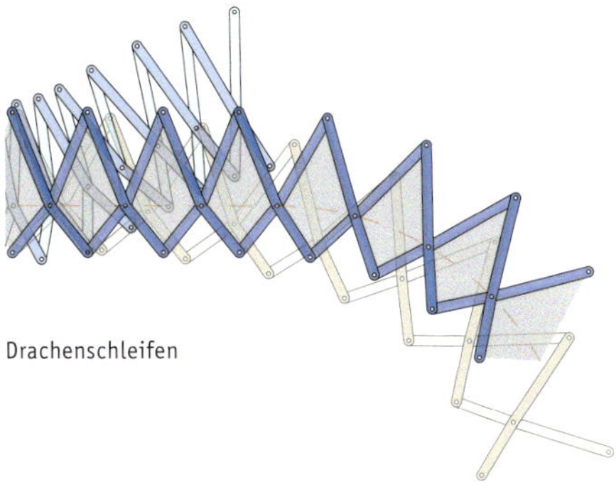

Drachenschleifen

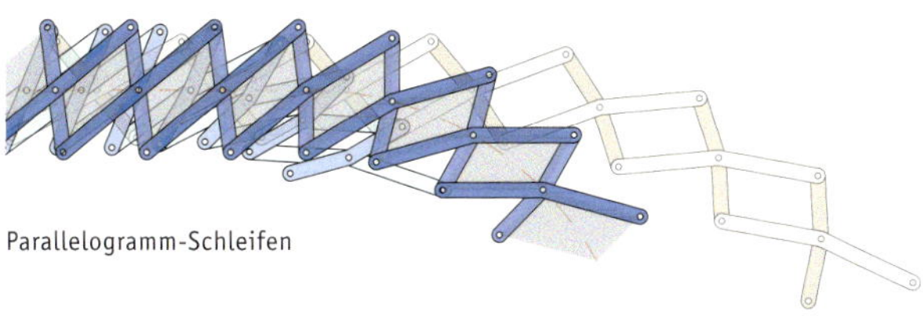

Parallelogramm-Schleifen

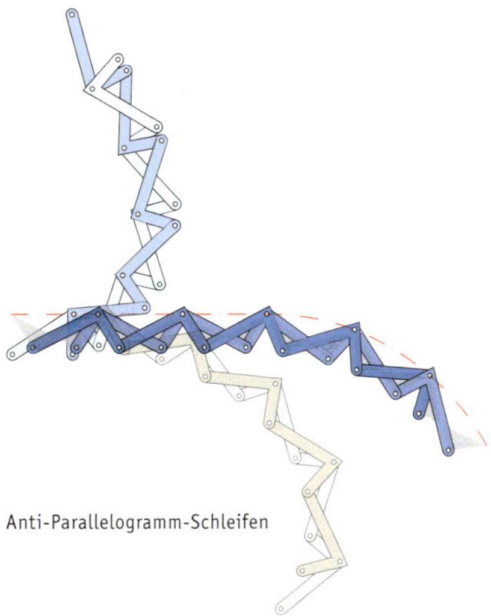

Anti-Parallelogramm-Schleifen

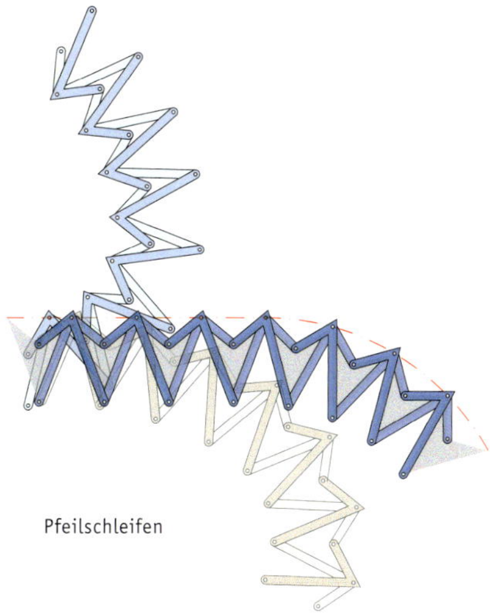

Pfeilschleifen

Expandierbares Freiform-Scherengestänge mit verschiedenen Schleifentypen

sem Fall sind die Entfaltungsgeometrien vollkommen unterschiedlich. Die Methode der Schleifenanordnung hängt nicht von der Komplexität der beabsichtigten Form ab, sondern kann an jede Art planar expandierbarer Strukturen angepasst werden. Die beste Vorgehensweise besteht im Entwerfen der Bewegung während der Expansion oder aber in einer intuitiven Bestimmung, welche Art Bewegung und Schleife am besten zum beabsichtigten Entwurf passt.
Im Rahmen der Methode der Schleifenanordnung kann selbst eine einzelne bestimmte Art von Schleife verschiedene Arten geometrischen Verhaltens bieten. So können z. B. Drachenschleifen von identischer Größe an Sonnenschutzstrukturen mit unterschiedlichen Anordnungsvariationen angebracht werden. Obwohl die Schleifengeometrie identisch ist, unterscheiden sich die sich daraus ergebenden primären Schereneinheiten sowie die Entfaltungsgeometrien erheblich voneinander.

Fazit

Scherengestänge sind in der Lage, verschiedene expandierbare Strukturen zu bilden. Architekten können diese Arten von Gestängen vorteilhaft dazu einsetzen, adaptive, bewegliche, transformierbare Schalenstrukturen und entfaltbare balkenähnliche Strukturen zu entwerfen. Produktdesigner können sie sich ebenfalls zunutze machen.

Hier wurden zwei unterschiedliche Methoden vorgestellt, um die grundlegenden Entwurfsansätze zu vermitteln. Die einheitenbasierte Methode ist sehr effektiv für primäre Geometrien wie z. B. Kuppel, Bogen, Kreis oder Linie, indem serielle Vervielfältigungen und Anordnungen eines der hier präsentierten Schereneinheiten-Typs verwendet werden. Die Methode der Schleifenanordnung eignet sich besser, wenn die Endform – gleich ob orthogonale oder freie Form – der zentrale Ausgangspunkt ist. In diesem Falle ist es, im Gegensatz zur einheitenbasierten Methode, nicht erforderlich, sich zu Beginn für einen bestimmten Schereneinheiten-Typ und dessen Dimensionsbeschränkungen zu entscheiden. Designer können einen Typ und eine Anzahl von Schleifen auswählen und dann die Schereneinheiten definieren, indem sie den Schleifenrändern folgen. Da die Entfaltbarkeit bei Anwendung dieser Methode sichergestellt ist, steht es dem Architekten frei, sich für denjenigen Schleifentyp zu entscheiden, der sich am besten für die Funktionalität und Ästhetik des Entwurfs eignet. Bei der einheitenbasierten Methode sind alle Schleifenalternativen zu Scherenstrukturen zusammenbaubar, ihre möglichen Bewegungen lassen sich in kurzer Zeit testen und bewerten, wohingegen diese Methode auf die eine und einzige für eine bestimmte Einheit mögliche Bewegungsart begrenzt ist.

1 Tzonis, A.; Lefeivre, L., *Movement, Structure and the Work of Santiago Calatrava*, Basel, 1995.
2 Zuk, W.; Clark, R. H., *Kinetic Architecture*, New York, 1970.
3 Hitchcock, H. R., *Architecture: Nineteenth and Twentieth Centuries*, New Haven und London, 1987.
4 Maden, F.; Korkmaz, K.; Akgün, Y., „Review of Planar Scissor Structural Mechanisms: Geometric Principles and Design Methods", *Architectural Science Review*, 54 (3), 2011, S. 246 – 257.
5 Piñero, E. P., „Project for a Mobile Theatre", *Architectural Design*, 12, 1961, S. 570.
6 Escrig, F., „Expandable Space Structures", *Space Structures Journal*, 2 (1), 1985, S. 79 – 91.
7 Escrig, F.; Valcárcel J. P., „Geometry of Expandable Space Structures", *International Journal of Space Structures*, 8, 1993, S. 71 – 84.
8 Hoberman, C., *Reversibly expandable doubly-curved truss structure*, United States US49422700A, 1990.
9 Hoberman, C., Mechanical Invention through Computation – Mechanism Basics. *MIT Class 6.S080 Lecture notes* (2013), S. 37–47, http://courses.csail.mit.edu/6.S080/lectures/02_all.pdf
10 You, Z.; Pellegrino, S., „Foldable Bar Structures", *International Journal of Solids and Structures*, 15 (34), 1997, S. 1825 – 1847.
11 Gantes, C., *Expandable Structures: Analysis and Design*, Boston, 2001.

■ 3.4 Bewegliche Brücken

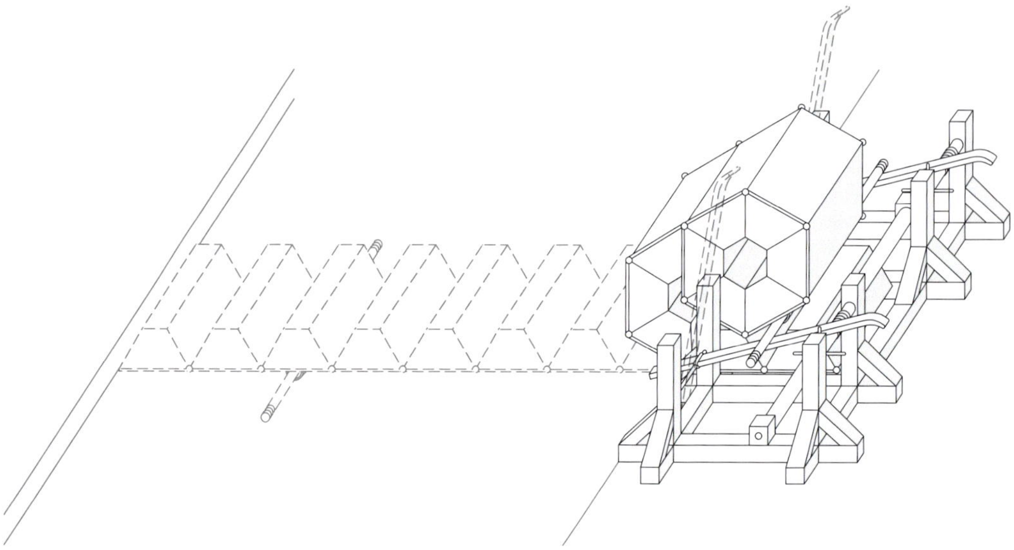

Einer der zahlreichen ingeniösen Entwürfe von Ramelli für faltbare Brücken

Cezary M. Bednarski

Eine sich mechanisch öffnende Brücke bringt die vierte Dimension, die Zeit, mit in die Kunst des Brückenentwurfs, und mit ihr das visuell faszinierende Element der Bewegung. Eine sich öffnende Brücke kann kunstvoll so entworfen werden, dass ihre Einwirkung auf beispielsweise einen historischen Stadtkontext minimal bleibt. Sie stellt eine sinnvolle Option an Orten dar, an denen eine hohe lichte Durchfahrtshöhe gefordert ist, komplexe stadtplanerische Vorgaben einzuhalten sind und die Verkehrsdichte auf dem Wasserlauf nicht mit der Dichte des Verkehrs über die Brücke im Konflikt steht. Jüngst ist ein neuer Faktor hinzugekommen, die nachhaltige Mobilität. Dies betrifft den städtebaulichen Maßstab, die Wegführungen mit der größten Energieeffizienz sowohl zu Wasser als auch zu Lande erlauben, was dazu führt, dass Brücken als Werkzeuge „urbaner Akupunktur" angesehen und verwendet werden. Eine sich öffnende Brücke ist unter diesem Aspekt oft die einzige praktische Möglichkeit. Andererseits müssen die Entwerfer auch die zum Bewegen der Brücken notwendige Energie sowie Fragen der Wartungsfreundlichkeit und -kosten berücksichtigen.

Die Idee sich öffnender Brücken reicht bis ins Mittelalter und wahrscheinlich noch weiter zurück. Zunächst waren sie hauptsächlich für Verteidigungszwecke vorgesehen, d. h. als *geschlossene* mehr noch als *offene* Brücken, die freundlich gesinnten Besuchern Zugang erlaubten, während sie den Zugang von Feinden zu Befestigungen über Wassergräben verhinderten. Heutzutage hat sich dieser generische Brückentyp zu komplizierten mechanischen Anlagen entwickelt. Bezüglich der Kosten bezogen auf die lichten Durchfahrthöhen kann eine solche Brücke Einsparungen im Vergleich zu fixen Brücken mit größerer lichter Höhe bieten. Eine sich öffnende Brücke befindet sich normalerweise auf dem Planum und kommt ohne hohe Pfeiler aus, die notwendig wären, um hohen Schiffen die Durchfahrt unter einer festen Brücke zu ermöglichen. Auch die langen Zugangsrampen fallen dadurch weg. Der größte funktionelle Nachteil liegt darin, dass der Verkehr auf der Brücke angehalten werden muss, wenn sie für Durchfahrten auf der Wasserstraße geöffnet wird.

Zu belegten historischen Beispielen von Entwürfen für sich öffnende Brücken gehören Ideen von Leonardo da Vinci (1452) und Agostino Ramelli (1531). Leonardos für den Herzog Sforza entworfene Drehbrücke war zu militärischen Zwecken gedacht und sollte sich nicht nur öffnen, sondern auch transportieren lassen. Sie ruhte auf einer Grundplatte mit Rädern und wurde mit Flaschenzügen betrieben. Ramelli, anders als Leonardo recht unbekannt, ge-

Tower Bridge, London

Chikugo River Lift Bridge, Kyushu

Schwebefähre, Newport

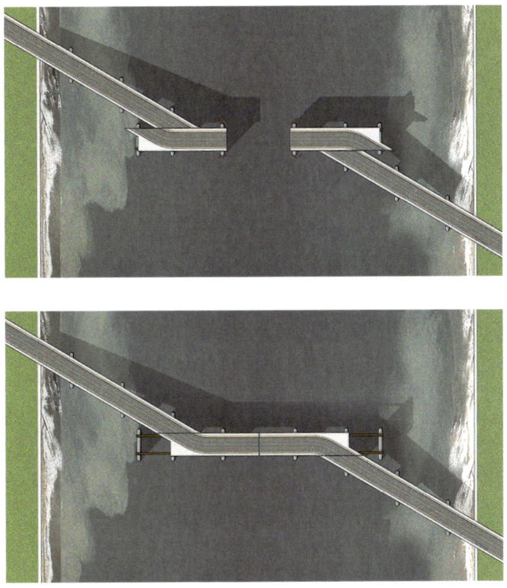

Einziehbare Straßenbrücke als Ersatz für die Woolwich Ferry, London

Fußgänger- und Radfahrer-Scherenbrücke über der Thames Barrier, London

boren 1531 in Ponte Tresa oder Mesanzena an der Grenze zwischen der Schweiz und dem Herzogtum Mailand, war ein italienischer Ingenieur und der Erfinder des *Bücherrades* („Leserades"). Dieses Rad, das als früher Prototyp des Hypertext und damit des World Wide Web gilt, führte Lesern die Textbände richtig zu, unabhängig davon, an welchen Stellen sie diese zuletzt verlassen hatten. Im Jahre 1588 veröffentlichte Ramelli in Paris ein Buch mit Ingenieurentwürfen: *Le diverse et artificiose machine del capitano Agostino Ramelli*, in dem er auch eine Anzahl fahrbarer Brücken präsentierte.[1]

Obwohl sich öffnende Brücken, insbesondere kleine Klappbrucken, seit der Antike in Gebrauch waren, wurden erst in den 1850er Jahren Konstruktionsmethoden entwickelt, die das schnelle und effiziente Öffnen auch langer, schwerer Spannen ermöglichten. Es gibt neun Grundtypen von Brücken, die sich öffnen lassen:

Schubbrücke

Der seltenste sich öffnende Brückentyp ist die ein- oder ausfahrbare Brücke. Die Fahrbahn wird zurück- oder seitwärts gerollt, um Schiffsverkehr auf dem Wasser passieren zu lassen. Dafür ist Platz hinter oder seitlich der Brücke erforderlich, in den das bewegliche Brückendeck, oder ihrer mehrere, zurückgezogen werden können. Ihre Verwendung ist daher auf wenige Standorte beschränkt. Nur noch wenige Vertreter solcher Brücken existieren, von denen die Mehrzahl dem Straßenverkehr dient. Die Inderhavnsbroen (2016) in Kopenhagen, siegreich aus einem Wettbewerb hervorgegangen, ist eine Fußgänger- und Radwegbrücke und das neueste Exemplar dieser seltenen Kategorie.

Eine Variante einer Schubbrücke aus dem 18. Jahrhundert war die Guthrie-Rollbrücke, patentiert ca. 1869 auf den Namen ihres Schöpfers. Rollbrücken hatten keine Scharniere und wurden hinter die Tore einer Befestigung zurückgefahren, sie ähnelten im Betrieb daher einer modernen Schubbrücke. Die Guthrie-Brücke wurde für gewöhnlich als Zugangsmöglichkeit über enge Gräben mit steilen Wänden im Außenbereich von polygonalen Verteidigungsanlagen ihrer Zeit verwendet. Brücken dieses Typs wurden z. B. in den Festungsanlagen der Portsdown-Hill-Linie im britischen Portsmouth verwendet. Im Fort Nelson in Portsmouth sind die Hubarme beider Brücken noch erhalten.

Die Inderhavnsbroen (Innere Hafenbrücke) (2016) in Kopenhagen ist eine Schubbrücke, die das Passieren von Schiffen auf einem 50 m breiten Schifffahrtskanal ermöglicht. Ihre Gesamtlänge beträgt 180 m. Die fixen Beton-Doppeldecks sind je 4 m breit, die beweglichen Stahldecks haben eine Breite von 8 m. Die Brücke ist eine wichtige Komponente eines Verkehrswegesystems, das eine unentbehrliche Verbindung zwischen zwei durch den Hafen getrennten Teilen von Kopenhagen schafft. Der sich öffnende Teil der Brücke verwendet einen speziellen Schiebemechanismus, bei dem jedes sich bewegende Deck auf einem Paar geschmiedeter, leuchtend roter Vorderräder mit einem Durchmesser von 1,80 m und zwei Paar Nachläufern sitzt. Neben der niedrigen Bauweise und minimalen Behinderung des Blicks über den Hafen ist der Hauptanziehungspunkt dieser Brücke, dass Besucher selbst bei geöffneter Brücke auf Aussichtsplattformen direkt am Schifffahrtskanal stehen können.

In London gibt es seit der Eroberung durch die Normannen eine Verbindung zwischen dem heutigen Woolwich und North Woolwich über die Themse. Diese Gegend ist im *Doomesday Book* von 1086 erwähnt. Offizielle Dokumente aus dem Jahre 1308 belegen einen Fährbetrieb zwischen North Woolwich und Warren Lane. Der flussüberquerende Verkehr nahm nach der Einrichtung des Royal Arsenal 1671 zu. Ende der 1920er Jahre geriet die Fähre wegen des Anstieg des motorisierten Verkehrs unter zunehmenden Kapazitätsdruck. Bis heute existieren zwischen der Tower Bridge und Queen Elizabeth II Bridge keine Straßenbrücken über die Themse. Außer drei Tunneln, die regelmäßig zu Wartungsarbeiten geschlossen werden, gibt es nur die für Nutzer kostenlose Woolwich Ferry. 2004 wurden Planungsanträge für eine neue Brücke eingereicht, die Thames Gateway Bridge, die ganz in der Nähe der Woolwich Ferry errichtet werden sollte. Der Entwurf für diese sehr hohe und teure Brücke wurde jedoch von Umweltlobbys bekämpft und 2008 wurde das Projekt aufgegeben. Im Jahre 2015 sah ein Ersatzkonzept für die Woolwich-Fähre eine einziehbare, niedrige Straßenbrücke mit unbeschränkter Überwasserhöhe und 61 m lichter, der Thames Barrier entsprechender Breite vor. Ihre beiden verschiebbaren Brückendecks sind einziehbar, um eine ausreichende Durchfahrtsbreite zu erreichen. Eine Höhenstufe erlaubt eine einseitige Deckbewegung und verringert die Geschwindigkeit des Verkehrs, was mit Blick auf Verkehrsbeschränkungen beidseits der Brücke erwünscht war. Die Tower Bridge stromaufwärts von Woolwich öffnet und schließt sich ca. eintausend Mal pro Jahr oder drei Mal pro Tag; die vorgeschlagene Brücke wäre für Straßenbenutzer den größten Teil des Tages offen und nur einen Bruchteil der Zeit zurückgefahren, um Schiffe passieren zu lassen.

Klappbrücke

Die Tower Bridge in London (1894), eine klassische Doppelklappbrücke, gehört zu den unverwechselbarsten Brücken aller Zeiten. Ihre Errichtung begann 1886, die Eröffnung fand am 30. Juni 1894 statt. Die Brücke wurde zur Entlastung des Straßenverkehrs unter gleichzeitiger Beibehaltung des Schiffsverkehrs zu den Dockanlagen des Pool of London errichtet. Das mittlere Deck hat eine Spannweite von 61 m zwischen seinen beiden Türmen und ist in zwei gleiche Flügel geteilt, die auf einen Winkel von 86° so anhebbar sind, dass der Verkehr auf dem Fluss passieren kann. Die je über 1000 Tonnen wiegenden Flügel haben Gegengewichte zur Minimierung der erforderlichen Kraft und zum schnelleren Anheben.

Die Wabash Avenue Bridge über den Chicago River in Chicago mit einer Hauptspanne von 82 m ist ebenfalls eine Doppelklappbrücke. Bei ihrer Eröffnung im Jahr 1930 wurde sie vom American Institute of Steel Construction als „schönste Stahlbrücke" ausgezeichnet. Sie liegt östlich der Marina City, wurde von Thomas Pihlfeldt entworfen und von der Ketler and Elliot Company erbaut.

Eine Scherenbrücke ist eine Variante des Klappmotivs. Das 1982 fertiggestellte Sperrwerk Thames Barrier hat eine Spannweite von 520 m über die Themse in der Nähe von Woolwich und schützt 125 km² des Stadtgebiets von Greater London vor Überschwemmungen durch Sturmfluten. Das Sperrwerk besitzt zehn Stahlwehre, die über die Themse hinweg in Stellung gebracht werden können. Seit 1928 zeigten Entwurfsstudien von Wehren an der Themse stets Varianten mit einer Straße als oberem Abschluss. Die Thames Barrier sieht jedoch keine solche Überquerungsmöglichkeit vor. Die Idee war nun, eine Fußgänger- und Radfahrerbrücke auf den Pfeilern mit entsprechenden sich öffnenden Abschnitten anzubringen. Die Brücke würde ein neues Erschließungsgebiet und den Green Link Linear Park verbinden und die Themse bei Charlton auf der Südseite des Flusses und bei Newham auf der Nordseite erreichen. – Diese Studie zeigte, dass eine sich öffnende Brücke eine machbare Lösung wäre, selbst als „parasitärer Organismus" einem bestehenden Bauwerk aufsitzend, und durchaus ästhetische und funktionale Schönheit verbinden konnte.

Die Hörnbrücke (1997) ist eine weitere Variante eines Klappbrückentyps: eine Faltbrücke. Sie überspannt das Ende der Kieler Förde (Hörn genannt) und verbindet das Stadtzentrum von Kiel am Westufer des Hörn mit dem Stadtteil Gaarden am Ostufer. Entworfen von gmp (von Gerkan, Marg & Partner) und dem Ingenieurbüro sbp (Schlaich Bergermann und Partner), besitzt diese dreiteilige Klappbrücke eine Deckbreite von 5 m und eine Hauptspanne von 25,50 m. Sie wird N-förmig gefaltet. Trotz anfänglicher Kinderkrankheiten gilt die Hörnbrücke als technisches Meisterwerk und ist zu einer Touristenattraktion geworden.

Drehbrücke

Im Jahre 2015 veranstaltete die historische Hafenstadt Danzig einen Entwurfswettbewerb für eine sich öffnende Brücke, die neben dem ältesten und größten erhaltenen Hafenkran Europas, der 1444 errichtet wurde, ihren Platz finden sollte. Studio Bednarski in Zusammenarbeit mit spb gewann den Wettbewerb mit einem Entwurf für eine Drehbrücke. Der auf der pragmatischen baltischen Tradition beruhende Entwurf konzentriert sich auf eine Optimierung der Funktionen und strebt keine extravagante Formgebung an. Die Gesamtlänge der Drehbrücke beträgt 49,31 m, mit Spannweiten von 28,85 m und 20,29 m. Der Formgestaltung wurden enge Grenzen gesetzt, um die Gesamtbreite auf das vorgegebene Minimum von 4,50 m mit minimierten Auswirkungen auf beiden Seiten des Flusses einzuhalten. Die Brücke kommt ohne Stützpfeiler aus. Der Entwurf schafft ein unaufdringliches funktionales Kunstwerk: eine im Wasser gründende Skulptur taucht auf, wenn die Fahrbahn auf die Insel gedreht wird. Die Skulptur spielt eine Doppelrolle als Komponente des Kunstwerks und auch als Schutzvorrichtung, die die Stahlfahrbahn vor einer Beschädigung durch Schiffe bewahrt. Dadurch kann auf Dalben verzichtet werden, und die Auswirkungen der Brücke auf die Durchfahrtsbreite sowie visuell aufdringliche Brückenelemente werden reduziert.

Schwebefähre

Das Prinzip der Schwebefähre ähnelt einer schwebenden Fähre, Schwebefähren sind jedoch effizienter als Bootsfähren. Ein hoch auf zwei Türmen ruhender Träger bietet Schiffen Durchlass. Auf diesem Träger läuft auf Schienen ein bewegliches Fahrwerk, von dem eine fahrbare Plattform abgehängt ist. Letztere wird durch ein Zugkabel von einer Seite des Flusses zur anderen geschleppt. Das Konzept einer „Luftfähre" wurde erstmals von dem englischen Ingenieur Charles Smith entworfen, doch bauten der Spanier Alberto Palacio und der Franzose Ferdinand Arnodin 1893 im spanischen Portugalete bei Bilbao die erste betriebene Schwebefähre.

Um 1900 war Newport in Wales ein sehr geschäftiger Hafen, dessen Großteil flußaufwärts am Usk-Fluss

Hörnbrücke in Kiel, eine Verbindung aus Klapp- und Faltbrücke

Schwimmende Klapp-Fußgängerbrücke am West India Quay, London

Front- und Seitenansicht der Klappbrücke für Fußgänger und Radfahrer Sw. Ducha in Gadańsk

lag. Da das Industriegebiet auf der Ostseite des Usk lag, die Bevölkerung aber hauptsächlich auf dessen Westseite lebte, mussten die Arbeiter einen Weg von 4 Meilen über die Stadtbrücke zurücklegen. Aufgrund der wechselnden Gezeiten mit großen Höhenunterschieden war ein zuverlässiger Fährbetrieb nicht möglich. Die Schwebefähre von Newport nahm am 12. September 1906 den Betrieb auf und wurde bald zu einem Wahrzeichen im Stadtbild. Angetrieben wird sie von einem Elektromotor von zweimal 35 PS und sie gilt inzwischen als eine von weltweit sechs noch im Betrieb befindlichen Schwebefähren dieser Art, von ursprünglich etwa 20.

Hubbrücke

Die Chikugo River Lift Bridge (1935) in Kyushu, Japan, ist eine bewegliche Brücke mit einem anhebbaren Mittelteil. Sie überspannt die Flussmündung und diente der Saga-Eisenbahnlinie der alten japanischen National Railway. Die Brücke hat eine Gesamtlänge von 507,20 m, davon sind 24,20 m bewegliche Spannweite. Sie verbindet Ōkawa in der Präfektur Fukuoka mit Morodomi in der Präfektur Saga. Nach der Stilllegung der Eisenbahnlinie im Jahre 1987 wurde die Brücke in das Verzeichnis der bedeutenden nationalen Kulturgüter aufgenommen und 1996 als Teil eines Wanderweges wiedereröffnet.

Rotierende Brücke

Eine rotierende oder Kippbrücke ist ein beweglicher Brückentyp, der um feste Drehpunkte an den Enden rotiert, anstatt angehoben zu werden. Die Millennium-Brücke (2001) im englischen Gateshead überquert den Tyne-Fluss und verbindet Gateshead mit Newcastle upon Tyne. Zwei große Hydraulikzylinder an beiden Bogenenden der Brücke kippen die Struktur rückwärts, wodurch kleine Wasserfahrzeuge passieren können. Der gekrümmte Fußgänger- und Radfahrweg ist fast horizontal und hängt an einem leicht geneigten parabolischen Bogen über dem Fluss. Zum Anheben der Brücke dreht sich diese gesamte Baugruppe als eine einzige, steife Struktur. Wenn sich der Bogen absenkt, wird die Fahrbahn angehoben.

Zwei neue Kippbrücken wurden 2011 in Belgien gebaut. Die Scheepsdalebrug in Brügge kombiniert den Mechanismus einer rollenden Hub-Klapp-Brücke mit dem einer Kippbrücke. Sie ist auf zwei Hubarmen montiert, die auf Schienen parallel zum Kanal rollen und die Fahrbahn hochkippen, um Schiffe durchzulassen. Die Sint-Annabrug über die Dender in Aalst ist auf zwei Hubarmen montiert, die mit Drehpunkten flussabwärts von der Brückenfahrbahn verbunden sind.

Schwimmbrücke

Die Hood Canal Bridge (1961) ist eine öffenbare Schwimmbrücke im Bundesstaat Washington, USA. Auf ihr verläuft die State Route 104 über den Hood Canal des Puget Sound und verbindet zwei Halbinseln. Sie ist mit einer Länge von 2398 m und einer schwimmenden Länge von 1988 m die längste Schwimmbrücke der Welt in Tidegewässern sowie die drittlängste Schwimmbrücke überhaupt. Ihr Schubbrückenteil ist 183 m lang. Sie ist die zweite aus Beton errichtete Brücke ihrer Art im Staat Washington.

Eine viel kleinere Schwimmbrücke mit einem Mittelteil zum Öffnen ist die hellgrüne, stählerne Fußgängerbrücke auf dem Gelände des Freizeitkomplexes West India Quay in London. Die von Future Systems und Anthony Hunt entworfene Brücke schwimmt auf Stahlschwimmkörpern mit einem Durchmesser von 2,80 m und nimmt sich wie ein Insekt auf einem Teich aus. Als Abkürzung zwischen Canary Wharf und West India Quay geplant und 1996 fertiggestellt, ist sie 94 m lang und hat eine lichte Spannweite von 80 m.

Wo, wie, wann und warum bewegliche Brücken – selbst als „parasitäre Organismen" auf bestehenden Strukturen – als Option in Betracht gezogen werden sollten und wie ihre architektonische Gestaltung Ästhetik und Funktionalität verbinden kann, wie also, mit anderen Worten, logische und effiziente Strukturen mit der Eleganz von Bewegung verbunden werden können, dies ist eine große Herausforderung. Bewegliche Brücken sind faszinierende Konstruktionen, die danach verlangen, dass die Statik und die Mechanik der Bewegung eine erfindungsreiche Wechselbeziehung eingehen.

1 Es liegt eine englische Übersetzung vor: Ramelli, Agostino, *The Various and Ingenious Machines of Agostino Ramelli*, übers. Martha Teach Gnudi, Scolar Press Facsimile, n. p., 1988.

C

Gebäude und Bauteile

Schwenken / Drehen
Rotieren
Schieben
Klappen

Falten
Schwingen
Verformen
Komplexe Bewegungen

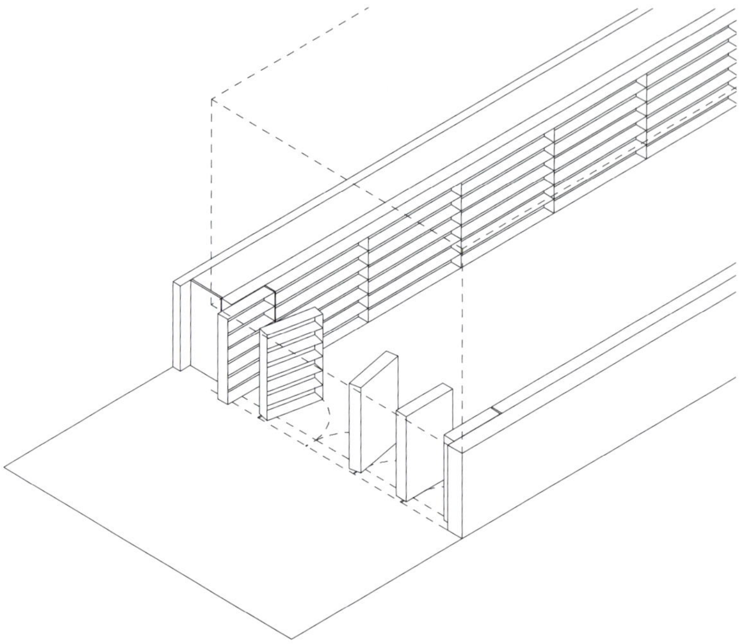

Axonometrie Eingangssituation

Livraria da Vila

São Paulo, Brasilien, 2007
Isay Weinfeld

Im Jahr 2007 wurde auf einem schmalen Grundstück in São Paulo ein zweigeschossiges Gebäude zur Buchhandlung Livraria da Vila umgebaut. Der Entwurfsgedanke des Architekten Isay Weinfeld war es, einen offenen Grundriss zu gestalten, der das Thema Buch in den Mittelpunkt stellt. Dies wurde durch große Eingriffe in die Bausubstanz erreicht. Im Verkaufsraum wurden tragende Stützen und Wände entfernt und die Lasten über Stahlträger auf die Außenwände abgeleitet. Der dadurch freigewordene Raum ermöglichte eine neue Wegeführung durch das Gebäude, immer geleitet entlang von Möbeleinbauten, die das Thema Buch inszenieren.
Innenwände, Treppenläufe und Brüstungen sind komplett als Bücherregale ausgeführt, zahlreiche Sitzmöglichkeiten ergänzen den Bibliothekscharakter. Im Erdgeschoss ist dieses Mobiliar durchgängig in schwarzem, im Untergeschoss in weißem Holz ausgeführt.
In der Fassade sorgen fünf drehbare Bücherregale für eine besondere Eingangssituation. Sie sind als Vitrinen im gleichen Stil der Bücherregale gestaltet, bilden den Raumabschluss des Buchladens zur Straße und sind gleichzeitig Schaufensterauslage. Wird das Geschäft geöffnet, lassen sich die Vitrinen um eine Seitenachse in die Raumtiefe drehen und leiten die Kunden hinein.
Ein unterer Drehfuß und ein oberer Drehzapfen am Stahlrahmen der Regale ermöglichen das händische Aufdrehen dieser Fassadenelemente. Außen sind sie mit Sicherheitsglas, innen mit Türen versehen. Das Regal wird zur Vitrine, die Vitrine zum Schaufenster.

Mit geöffnetem Eingangsbereich

Mit geschlossenem Eingangsbereich

Bewegliche Bücherregale als Fassadenelemente

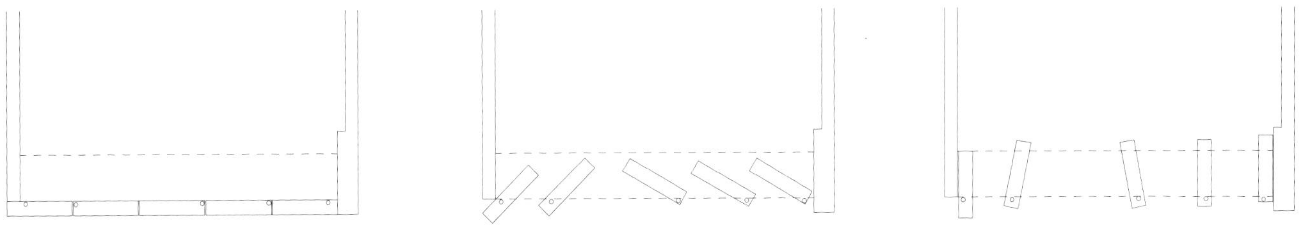

Abmessungen L × B × H = 1,62 × 0,35 × 2,44 m **Anzahl** 5 **Antrieb** Bewegung per Hand

1 Montagekonsole
2 Traverse
3 Drehzapfen, Edelstahl
4 Drehfuß, Edelstahl
5 Rahmenprofile 12 × 35 mm
6 Glashalteleiste, Schichtholz
7 Verbundglas 10 mm
8 Glas-Öffnungselement
9 Halterung Bücher, demontierbar
10 Boden, Edelstahl
11 Bodenbelag, Kokosfaser
12 Betonfertigteil

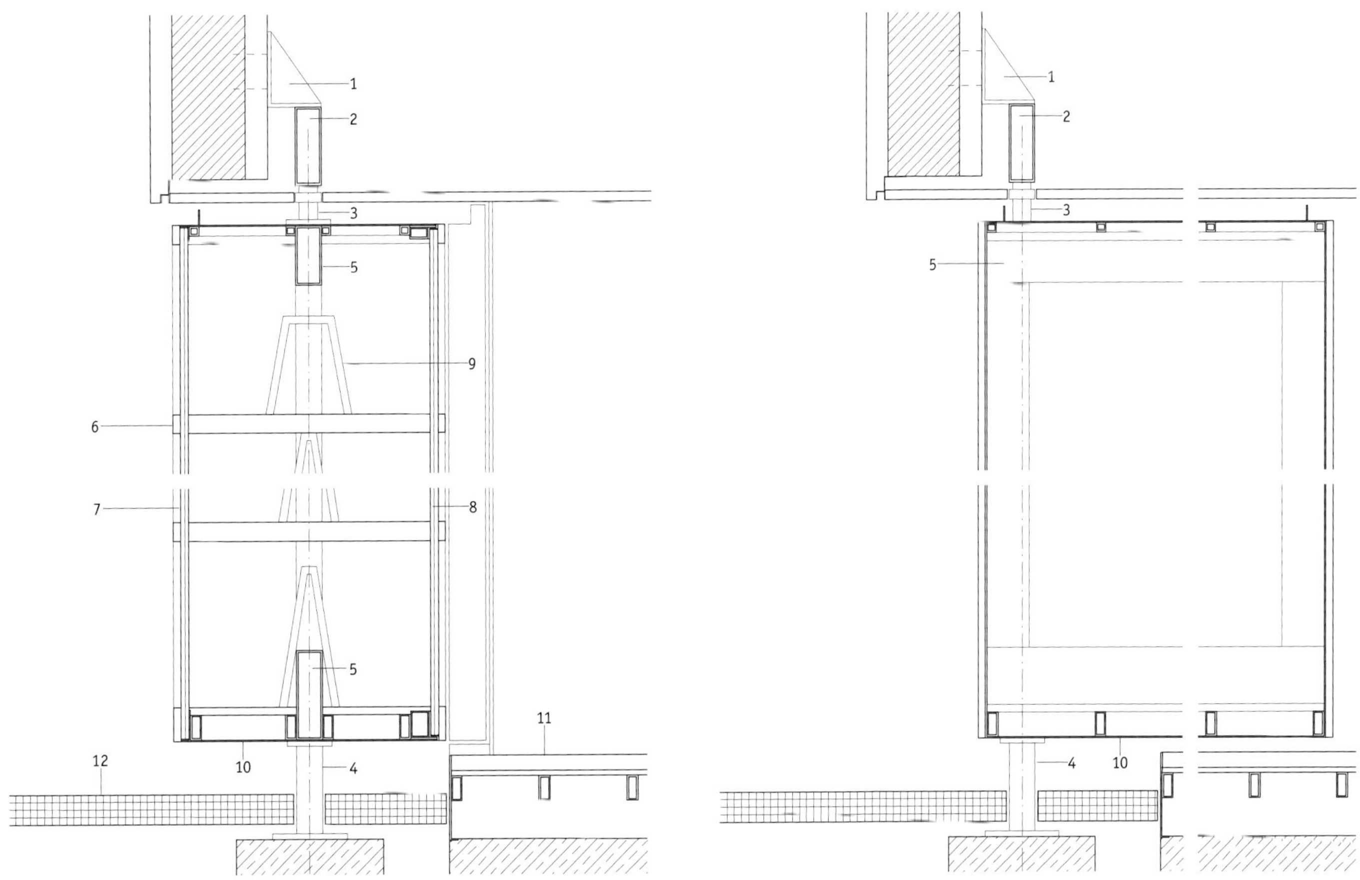

Vertikalschnitt mit geschlossenem und mit offenem Fassadenelement M 1:10

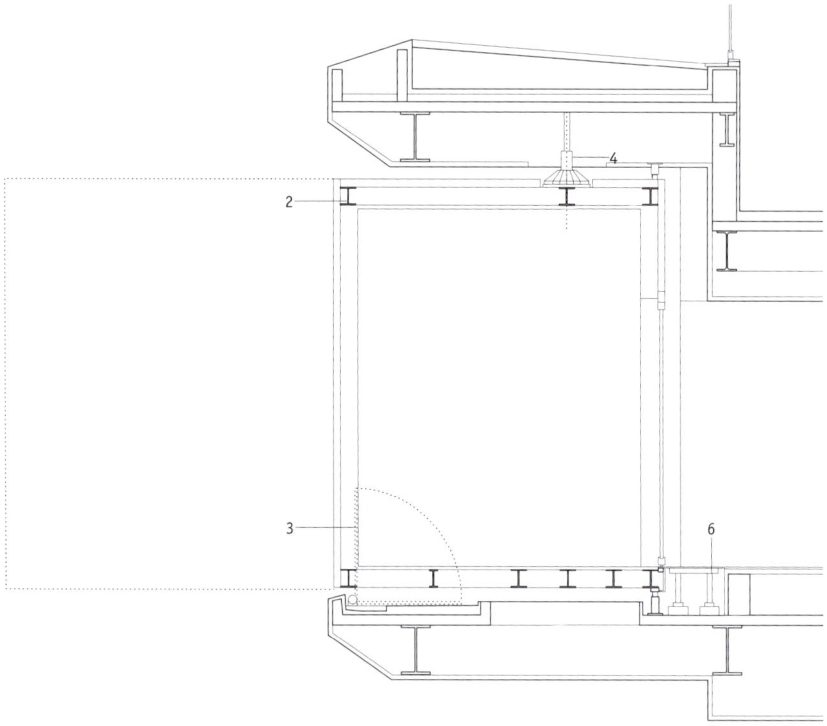

Sharifi-ha House

Teheran, Iran, 2013
Nextoffice + Alireza Taghaboni

Vertikalschnitt o. M.

Das Sharifi-ha House, benannt als Reverenz an traditionelle iranische Villen, steht in Teheran. Die 1400 m² Wohnfläche des Massivhauses liegen auf sieben Geschossen in einer schmalen, 11 m auf 33 m messenden Baulücke und sind lediglich über die schmale Südfassade geöffnet. Der Entwurf stammt von ortsansässigen Architekten.
Grundidee des Hauses ist ein Baukörper, der rasch flexibel an die Bedürfnisse seiner Bewohner angepasst werden kann. Dies wird über drei holzverkleidete Raumboxen ermöglicht, die sich unabhängig voneinander um 90° aus der Fassade herausdrehen lassen. So ist eine Vergrößerung der Wohnfläche von bis zu 20 m² pro Box möglich.
Als Inspiration für den Entwurf dienten traditionelle iranische Herrenhäuser, die aufgrund der Klimaverhältnisse oft über zwei Wohnräume verfügen, je einen für das Sommer- und das Winterhalbjahr. Dieses Grundkonzept wurde modern interpretiert, indem das Gebäude über die Jahreszeiten hinweg seine Gestalt verändert. Während im Winter die Fassade größtenteils geschlossen ist, werden die Quader im Sommer herausgedreht, kragen dann 3 m aus und legen die Glasfassade und eine Loggia frei.
Die Boxen sind als steifes Stahlskelett aus HEM-160-Trägern konstruiert, das ausgedämmt und außen mit Holzplanken verkleidet ist. Sie besitzen jeweils zwei übereck liegende Fenstertüren, sodass man die Boxen in beiden Positionen betreten kann. Die Abdichtung der Wohnräume nach außen wird über pneumatische Dichtleisten gewährleistet, die Position der Elemente über Absolutwertgeber gesichert.
Zur großzügigen Ausstattung des Wohnhauses gehört unter anderem auch ein KNX-Hauselektroniksystem, über welches auch die drei Raumboxen gesteuert werden. Eine eigens entwickelte, elektronisch betriebene Drehscheibe ermöglicht die Drehbewegung um 90°. Oberhalb werden die Boxen in der Drehachse nur gehalten. Der Drehvorgang an sich ist in knapp 20 Sekunden vollbracht. Um ein reibungsloses Drehen zu ermöglichen, werden zunächst die Geländer der Loggia heruntergeklappt und die Fußbodenbereiche vor der Box heruntergefahren, was den Gesamtvorgang auf ungefähr zwei Minuten verlängert.

Bewegungsablauf der beweglichen Boxen

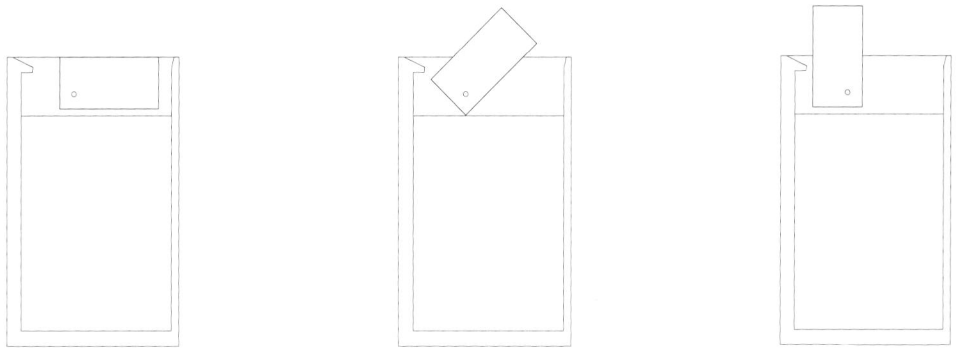

0:00 0:10 0:20 min:sek

Abmessungen B × L × H = 3,40 × 6,80 × 4,20 m **Anzahl** 3 **Gewicht** 25 t (Box + Nutzlast)

1 Holzschalung, horizontal, 20 mm
2 Stahlskelettkonstruktion aus HEM-160-Stahlträgern
3 Glasbrüstung, aufklappbar
4 Drehpunkt
5 Pneumatische Dichtungen
6 Absenkbares Bodenelement

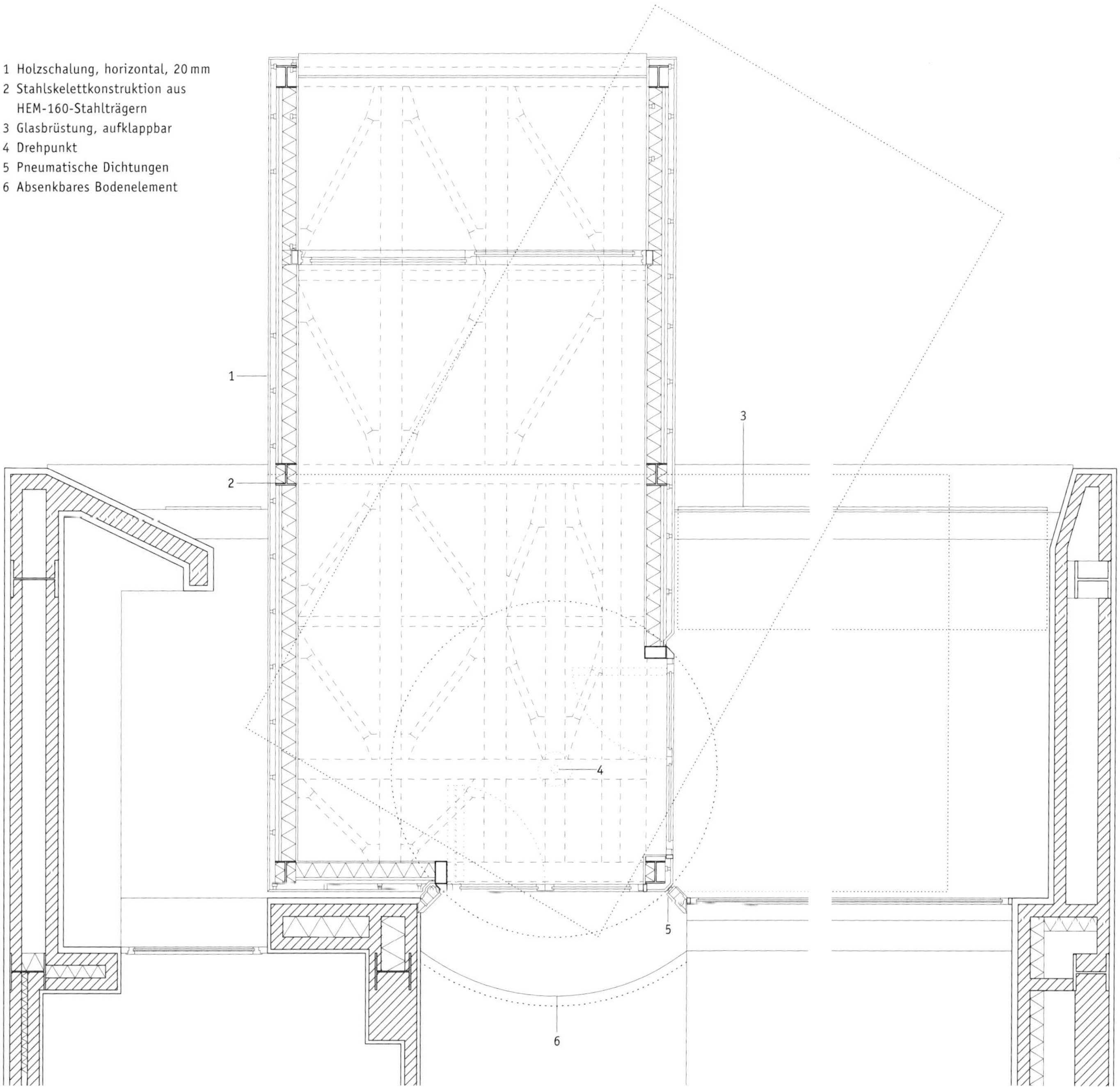

Grundriss Ebene 6. OG M 1:50

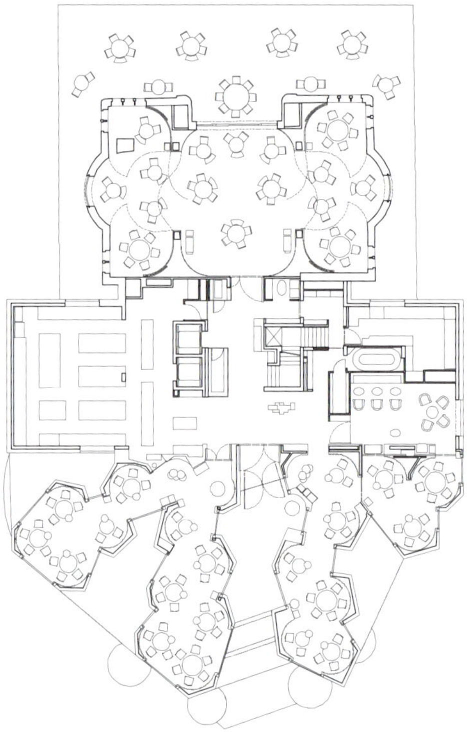

Grundriss Erdgeschoss M 1:500

Gourmetrestaurant Steirereck

Wien, Österreich, 2015
PPAG architects

Das Restaurant Steirereck im Wiener Stadtpark suchte trotz eines vor wenigen Jahren durchgeführten Umbaus im Jahr 2012 ein neues architektonisches Konzept für einen An- und Umbau des historischen Gasthauses. Den geladenen Wettbewerb gewann das Wiener Architekturbüro PPAG architects.

Der umgesetzte Wettbewerbsentwurf sieht ein Konzept vor, bei dem die Grenzen von Innen- und Außenraum verwischt werden und der Gast das Gefühl bekommt, draußen im Park zu sitzen. Die komplexe, verästelte Raumstruktur sorgt für eine natürliche Separation der Tische, die alle am Fenster liegen. Große, im Sommer offenstehende Hebefenster sorgen im Inneren des Anbaus für einen freien Blick in den Park. Die leicht reflektierende Metallfassade wirkt von außen wie mit Tau beschlagen und sorgt durch gebrochene Reflektionen des umliegenden Parks je nach Lichteinfall für ein Verschmelzen oder ein Hervorstechen aus dem umliegenden Grün.

Das Fassadenmaterial zieht sich vom Anbau auch ins Innere des bestehenden, denkmalgeschützten Gastraums. Dort wurden die reflektierenden Aluminiumpaneele als leichte Wandelemente verwendet. Die Mehrzahl davon ist über Scharniere verbunden und beweglich, sodass die Raumgröße und Proportion des Gastraumes verändert werden können. Dafür wurden verschiedene Szenarien geplant, die sich für unterschiedliche Tischbelegungen und Anlässe nutzen lassen.

Die über dem Gastraum wie ein kopfüber liegendes Höhenschichtenmodell schwebende Decke sorgt zusammen mit den auf die Decke angepassten Schwenkelementen für immer unterschiedliche Raumsituationen.

Die 6 cm dicken, schwenkbaren Wandelemente sind aus zwei bis drei Flügeln zusammengesetzt und an der Wand über ein Türband befestigt. Diese bestehen aus 7 cm starken, matt reflektierenden Aluminiumpaneelen, die CNC-gefräst auf die Deckenhöhen abgestimmt sind und auf einer Unterkonstruktion aus Stahlhohlprofilen und Flachstählen befestigt sind. Die Paneele sind mit verdeckten Türbändern verbunden und besitzen aus Sicherheitsgründen jeweils einen Bodentürschließer. Unter dem äußeren Ende der Wandelemente liegt jeweils eine Stützrolle, die alle Lasten aufnimmt. Die Bewegung erfolgt per Hand durch die Mitarbeiter des Restaurants.

Verspiegelte Fassade des Erweiterungsbaus mit hochfahrbaren Fensterfronten

Innenraum des bestehenden Gastraums mit beweglichen Wandelementen

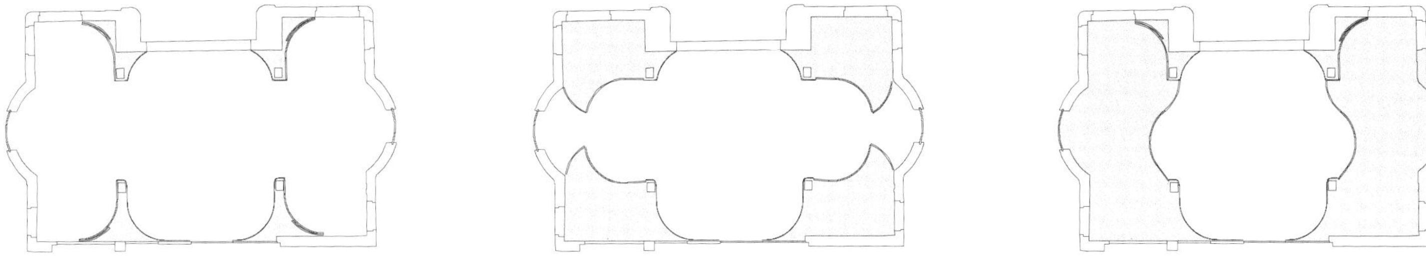

Abmessungen L × B × H = 1 – 3,50 × 0,07 × 2,40 – 2,90 m **Anzahl** 4 (bestehend aus 2 – 3 Elementen) **Antrieb** Bewegung per Hand

1 Aluminiumpaneel 5 mm, matt verspiegelt
2 Stahlhohlprofil 50 × 50 mm, als Unterkonstruktion
3 Türbänder, verdeckt
4 Höhenentwicklung der Decke
5 Aluminiumpaneel 5 mm, matt verspiegelt, feststehend
6 Stützrolle

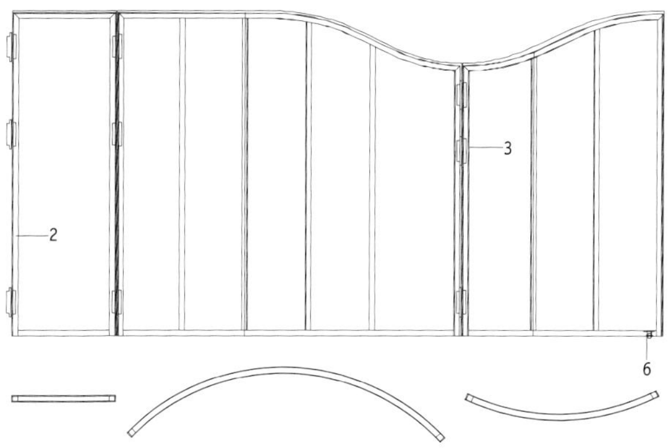

Abwicklung Wandelement M 1:50

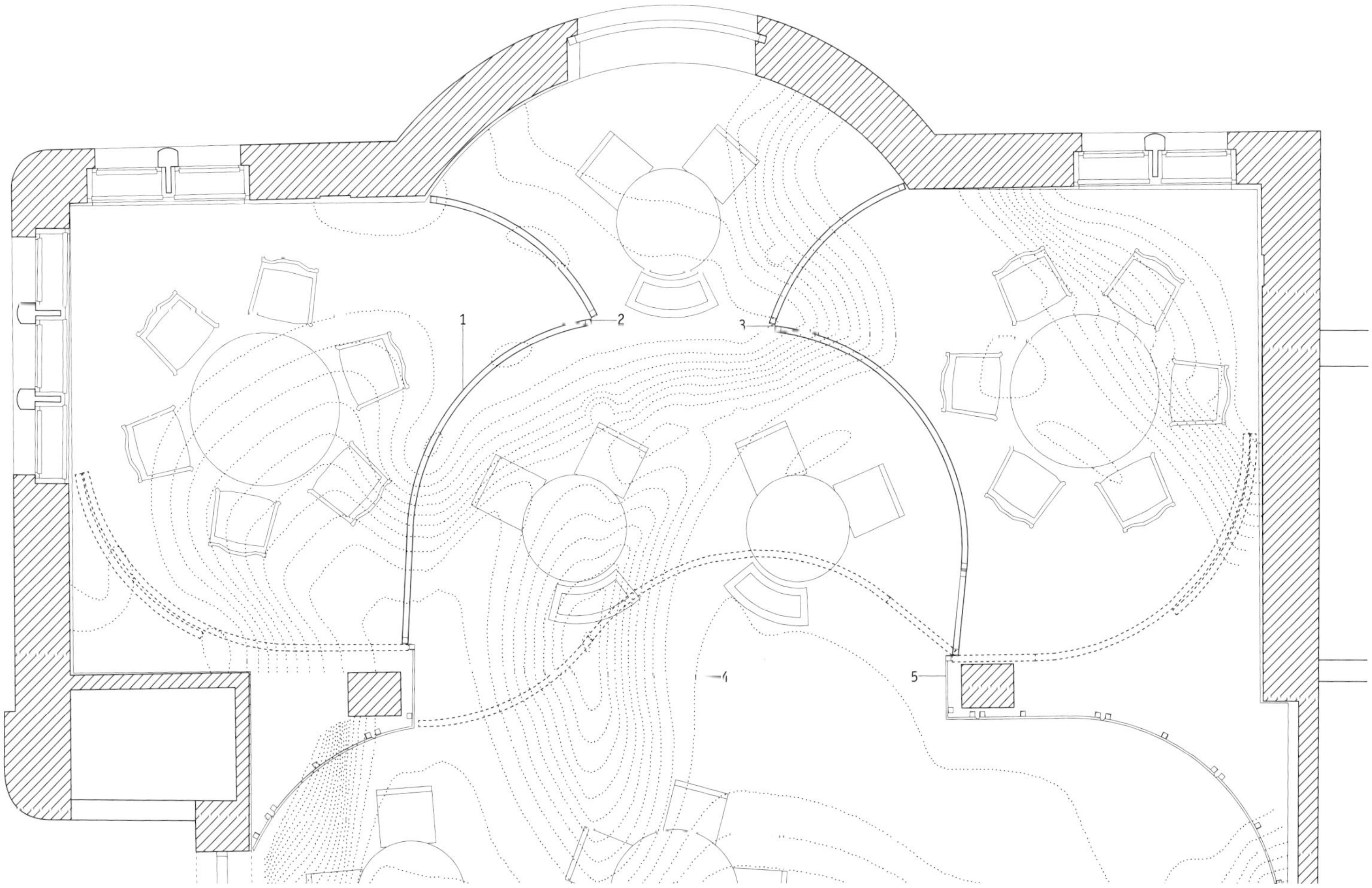

Grundriss bestehender Gastraum M 1:65

Axonometrie der Brücke mit unter Wasser stehendem Luftkörper/Auftriebskörper (Schwenkarm) und Befestigung

Cirkelbroen

Kopenhagen, Dänemark, 2015
Olafur Eliasson

Der Brückenname – Cirkelbroen, die Kreisbrücke – beschreibt sowohl ihre Gestalt als auch ihre Funktion. Sie spannt über den Kopenhagener Christianshavn-Kanal und wird täglich von schätzungsweise 5000 Fahrradfahrern und Fußgängern überquert. Ihr unverwechselbares Aussehen weckt die Assoziation an eine Reihe mehrerer nebeneinanderliegender Boote, die überquert werden können, indem man von Boot zu Boot geht. Die Brücke ist ein Geschenk der Nordea-Fonden an die Stadt Kopenhagen.
Der 35 m breite Kanal wird von einer 40 m langen Reihung von fünf sich verschneidenen runden Plateaus unterschiedlicher Größe überspannt. Zwei Plateaus sind am Grund des Kanals befestigt, während die anderen drei einen Schwenkarm bilden, der das Öffnen der Brücke ermöglicht, damit größere Boote passieren können. Die Durchmesser der Plattformen reichen von 9,40 m bis 13,30 m und bilden zusammen eine Brückenfläche von insgesamt 439 m². In der Mitte jedes Elements befindet sich ein Mast, der sich über Höhen von 17,50 m bis 25 m als konisches Metallrohr von 30 cm auf 20 cm verjüngt. Die Brückenelemente sind über 118 Edelstahldrähte (10 mm) von dem Mast abgehängt. Alle Brückenteile, Unterkonstruktionen, Masten und Geländer sind aus Stahl und das Brückendeck ist mit sandfarbenem Granitboden bedeckt. Zwei mit schwarzem Granit bekleidete Betonrampen erheben sich an jedem Ende der Brücke sanft über eine Länge von etwa 20 m und sind duch mit Holz eingedeckte Übergänge an den jeweiligen Plateaus verbunden.
Das mittlere Segment, das die Schwenkachse bildet, steht mit einer doppelwandigen Stütze auf einem Betonfundament. Der innere Stützenteil ist fest mit dem Fundament verankert, der äußere ist mit den Stützen der zwei weiteren Plattformen des Schwenkarmes über einen unter Wasser liegenden, luftgefüllten Schwimmkörper verbunden und liegt mit beweglichen Lagern auf der inneren Stütze. Die Drehung des Schwenkarmes erfolgt über Hydraulikzylinder im Inneren der Plattform.
Kleine Boote können die Brücke durch eine 7,70 m breite und 2,25 m hohe Öffnung unterfahren. Für die Durchfahrt größerer Boote wird der Schwenkarm der Brücke in ca. 20 Sekunden um 64° gedreht und gibt eine Passage von ungefähr 9 m Breite frei.

Geschlossener Zustand mit geöffnetem Fußgängerübergang

Geöffneter Zustand

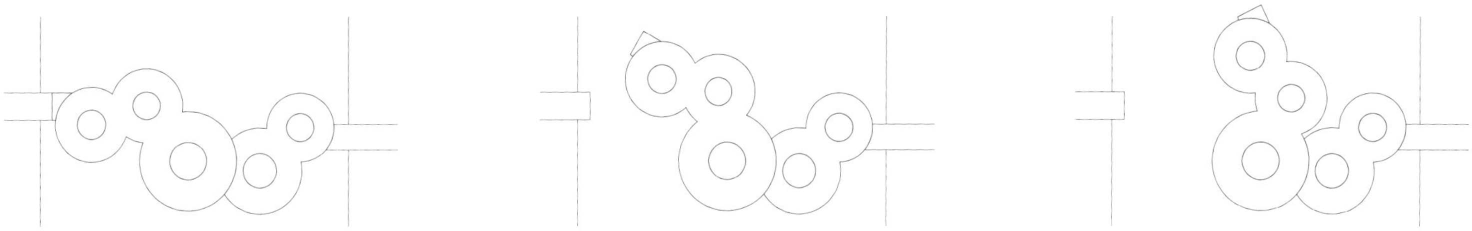

Abmessungen d = 9,40 – 13,30 m **Anzahl** 5 Plattformen **Gewicht des Schwenkarms** 78 t

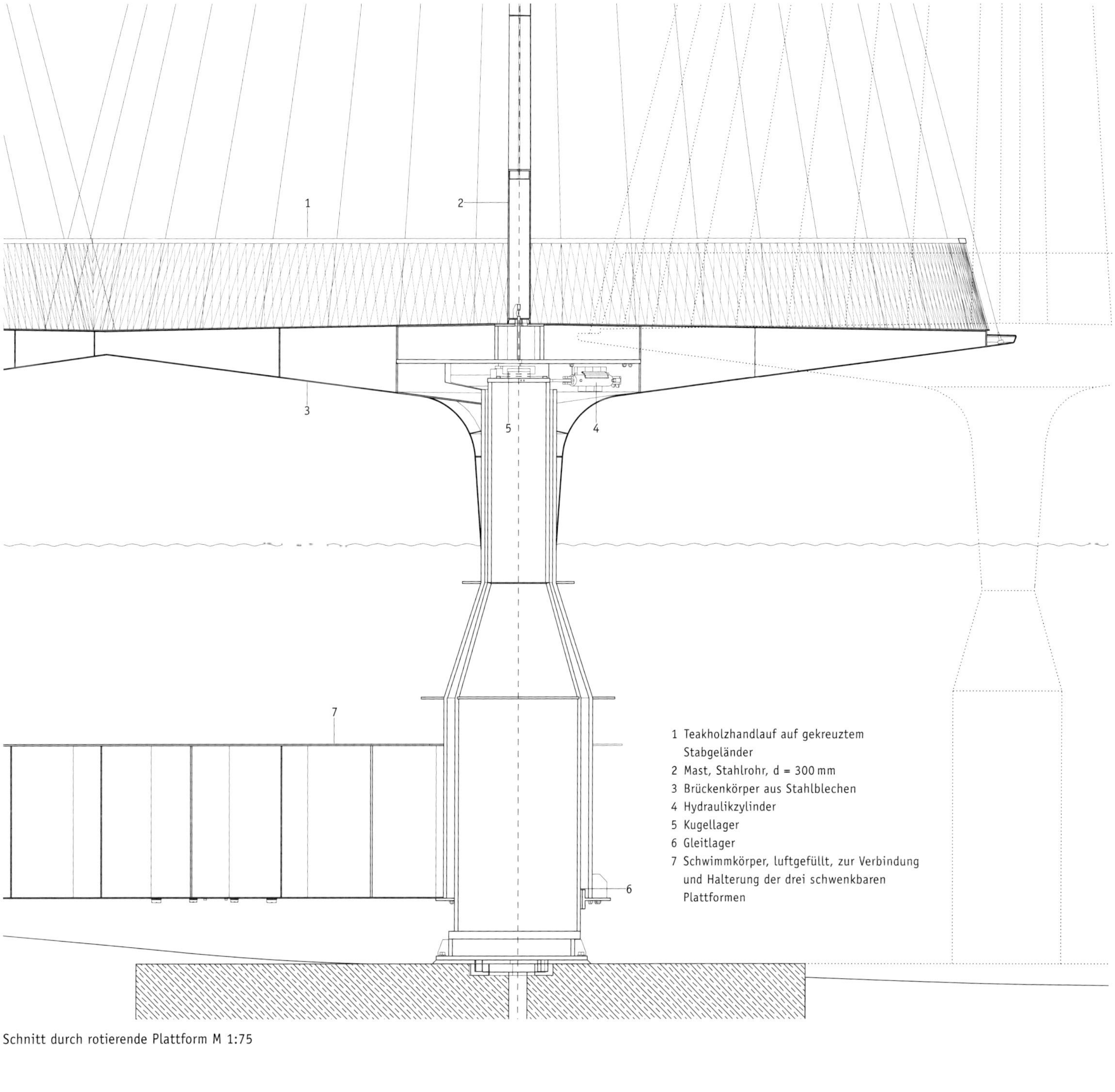

1 Teakholzhandlauf auf gekreuztem Stabgeländer
2 Mast, Stahlrohr, d = 300 mm
3 Brückenkörper aus Stahlblechen
4 Hydraulikzylinder
5 Kugellager
6 Gleitlager
7 Schwimmkörper, luftgefüllt, zur Verbindung und Halterung der drei schwenkbaren Plattformen

Schnitt durch rotierende Plattform M 1:75

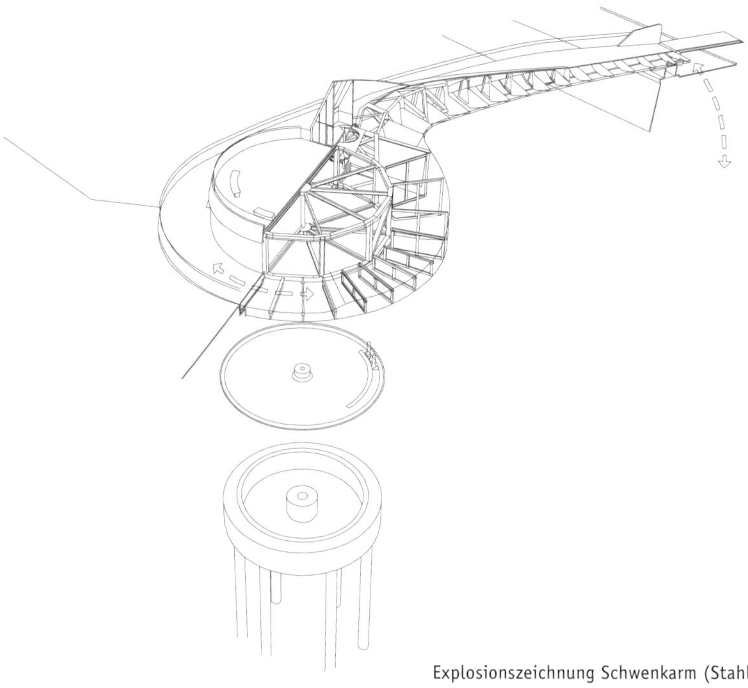

Explosionszeichnung Schwenkarm (Stahlstruktur) mit Bewegungsmechanismus und Verankerung

Scale Lane Bridge

Hull, Großbritannien, 2013
McDowell + Benedetti Architects
Alan Baxter Ltd (Tragwerksplanung)

Die Scale Lane Bridge spannt in Kingston upon Hull über den River Hull und wird von der Stadt als die weltweit erste Fußgängerbrücke gerühmt, bei der sich die Passanten während der Bewegung auf der Brücke befinden dürfen. Die 1000 Tonnen schwere Konstruktion der Auslegerbrücke ist lediglich auf der Westseite des schiffbaren Kanals verankert und kragt horizontal über das Wasser aus. Kleinere Boote können die Brücke im geschlossenen Zustand passieren. Für größere Schiffe und nach Ankündigung mehrmals in der Woche wird die Brücke als besondere Attraktion geöffnet. Sie entstand nach dem siegreichen Entwurf eines dreistufigen Wettbewerbs von 2005.

Die Sequenz einer Öffnung/Schließung dauert etwa zwei Minuten. Wird das Tor am Ostufer geschlossen, kann sich die Brücke bewegen, während es am Westufer keine Barrieren gibt und die Brücke auch während der Bewegung betreten werden kann, zumal die Rotationsgeschwindigkeit an diesem Punkt weniger als 0,15 m/s beträgt.
Die Struktur besteht aus einem Stahlrücken, der aus einer dreidimensionalen, verspannten, freitragenden Ringstruktur mit einem Durchmesser von ca. 16 m auskragt. Bei dieser „Wirbelsäule“ handelt es sich um eine Hybridstruktur, deren Nabe als Diagrid und deren Spitze als Schale konzipiert sind. Stahlplatten verkleiden die Oberfläche der Laufstege, während die horizontale Verstrebung zusätzliche Längssteifigkeit bietet.
Die Brücke ist auf einer Reihe von sechs Einzel- sowie vier Doppelradgruppen gelagert. Diese laufen unterhalb der Nabe auf einer flachen, kreisförmigen Bahn ähnlich einer Eisenbahn-Drehscheibe. Angetrieben wird die Scale Lane Bridge von drei elektrischen Kegelradgetrieben. Sie schwenkt um ein zentrales Drehlager, eine Betontrommel, die auf zehn Pfählen mit einem Durchmesser von 1,60 m und einer Länge von 30 m ruht.

Bewegungsablauf vom offenen in den geschlossenen Zustand

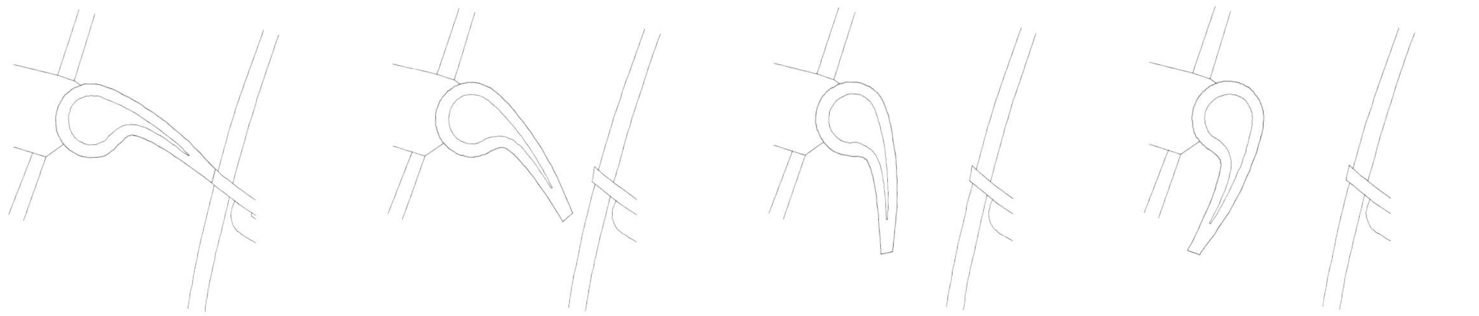

Abmessungen d = 16 m; Gesamtlänge 57 m; Auskragungslänge 35 m **Gewicht pro Element** 1000 t

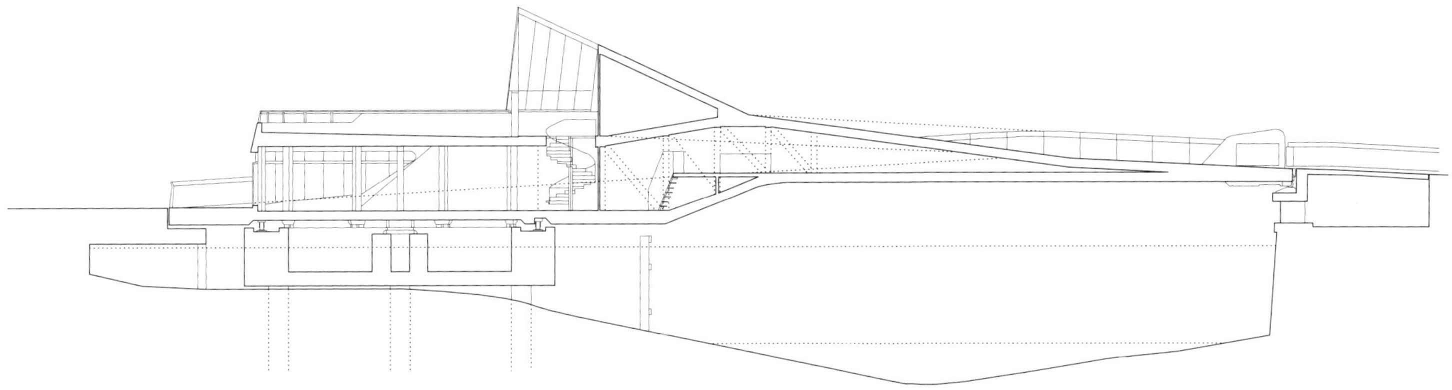

Schnitt M 1:500

1 Zahnradgetriebe
2 Doppel-T-Träger als umlaufender Ring
3 Zahnstange
4 Auflagerring, Stahlbeton, d = 17 m
5 Zentrale Stahlstütze, rund, d = 36 cm
6 Drehkranz d = 1,60 m
7 Laufrad zur Stabilisation

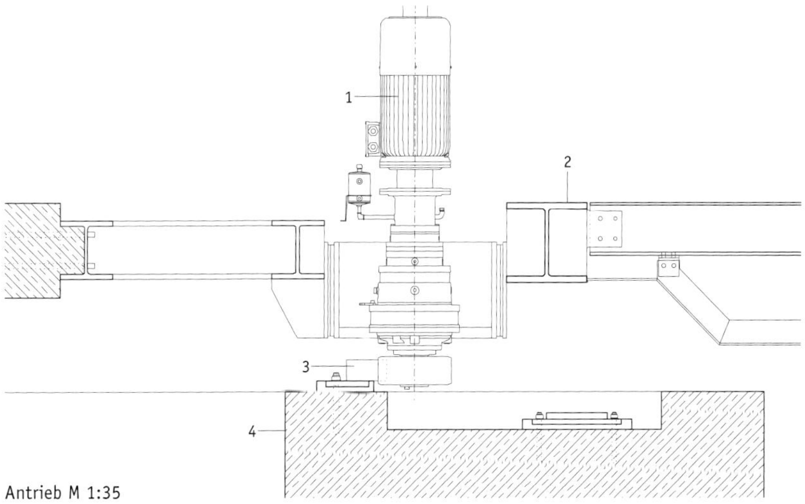

Antrieb M 1:35

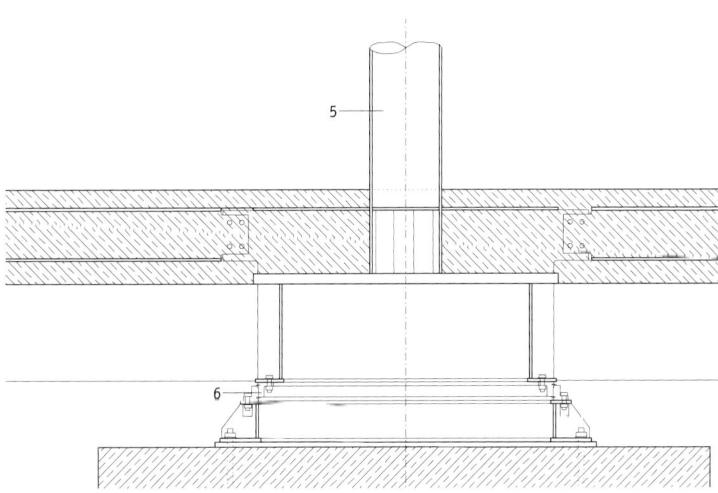

Drehpunkt M 1:35

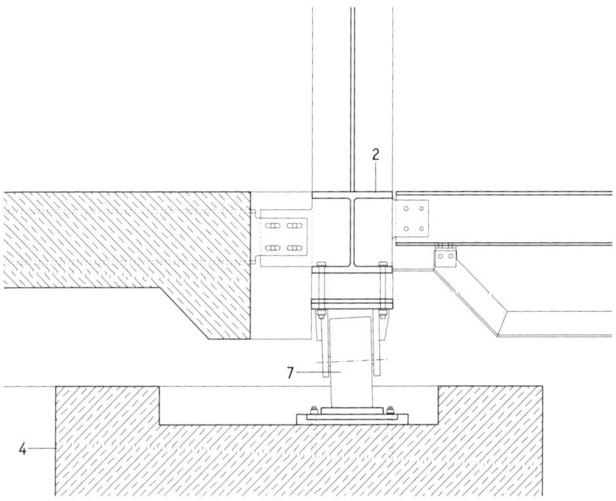

Laufrad M 1:35

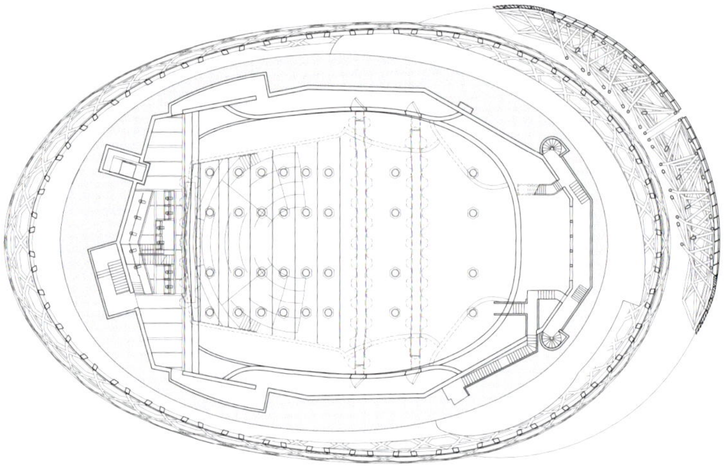

Grundriss Konzertsaal o. M.

La Seine Musicale

Paris, Frankreich, 2017
Shigeru Ban Architects + Jean de Gastines Architectes

Das 36500 m² große Kulturzentrum für Musik steht auf der Seineinsel Île Seguin in Boulogne-Billancourt, einem Vorort südwestlich des Zentrums von Paris. Es entstand nach einem internationalen Wettbewerb zwischen 2014 und 2017. An diesem Standort hatte Renault seit den 1930er Jahren seine Produktionsstätte, was ihn zu einem wichtigen Punkt im Umland von Paris macht.

La Seine Musicale zeichnet sich durch eine abgerundete, transparente Haut aus Glas aus, die von einer wabenförmigen Tragwerkstruktur aus Brettschichtholz gehalten wird. Dadurch entsteht ein geschütztes, lichtdurchflutetes Mikroklima im Innenraum.

Der Bau besitzt zwei Säle für insgesamt mehr als 7150 Besucher, hinzu kommen Probenräume, Aufnahmestudios, eine Musikschule, Räume für die Orchestermusiker sowie kleine Läden und Restaurants. Ein Outdoor-Park bildet eine einladende Eingangssequenz.

Vor dem Oval der Gebäudehülle liegt ein schwenkbares, mit 870 m² Solarpaneelen beplanktes Segel, welches sich mit dem Lauf der Sonne um das Gebäude herumbewegt und die Funktion eines Sonnenschutzes mit der Funktion der Maximierung des Sonnenertrages vereint.

Das Segel ist ca. 38 m hoch und in einer Schiene pneumatisch gelagert. Täglich legt es bei der Fahrt entlang des Sonnenstandes eine Strecke von ca. 100 m zurück, sodass die Photovoltaikmodule stets optimal zur Sonne ausgerichtet sind. Dies macht einen Beitrag der erneuerbaren Energien zur Energieversorgung von rund 65 % möglich.

Der gelenkige Drehpunkt des Segels befindet sich auf dem Dach des Gebäudes. Er besteht aus einer elektrisch betriebenen Drehscheibe, die durch einen Metallstab fest mit dem Segel verbunden ist.

Schwenkbares Solarelement

Innenraum des Konzertsaales

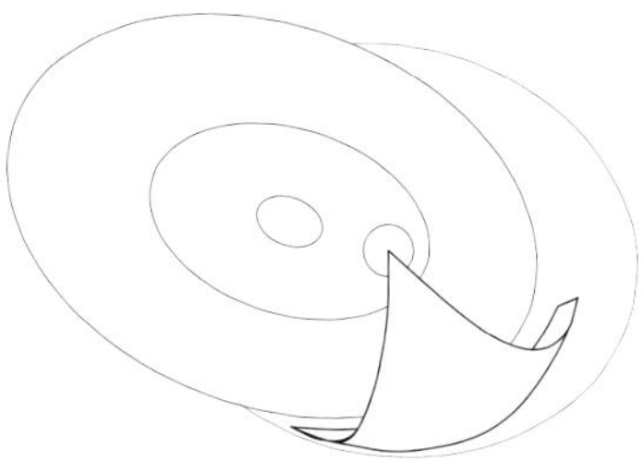

morgens

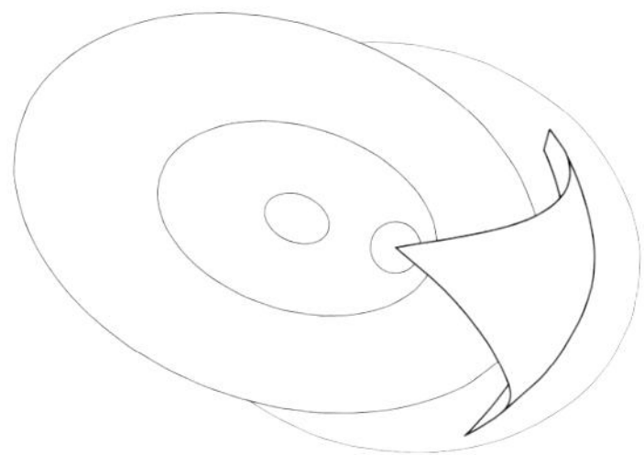

mittags

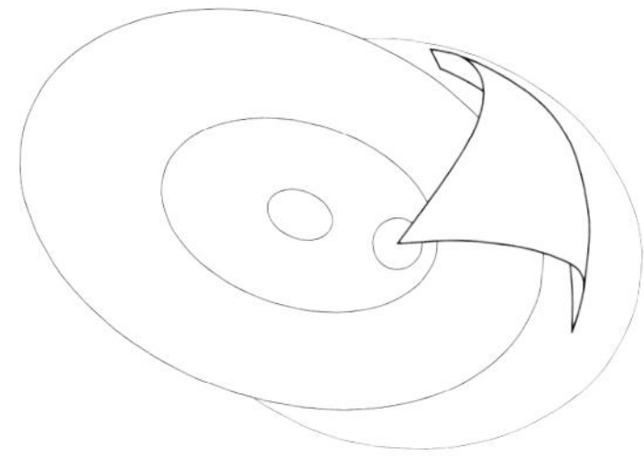

abends

Abmessungen Höhe des Segels 37,70 m **Gewicht** 240 t

1 Drehlager
2 Verbindungsstab, Stahl
3 Stahlfachwerk als Unterkonstruktion
4 Segel aus Photovoltaikzellen
5 Tragstruktur aus wabenförmigem Brettschichtholz, davor Glasfassade
6 Schienenführung und Antrieb des Segels, pneumatisch gelagert

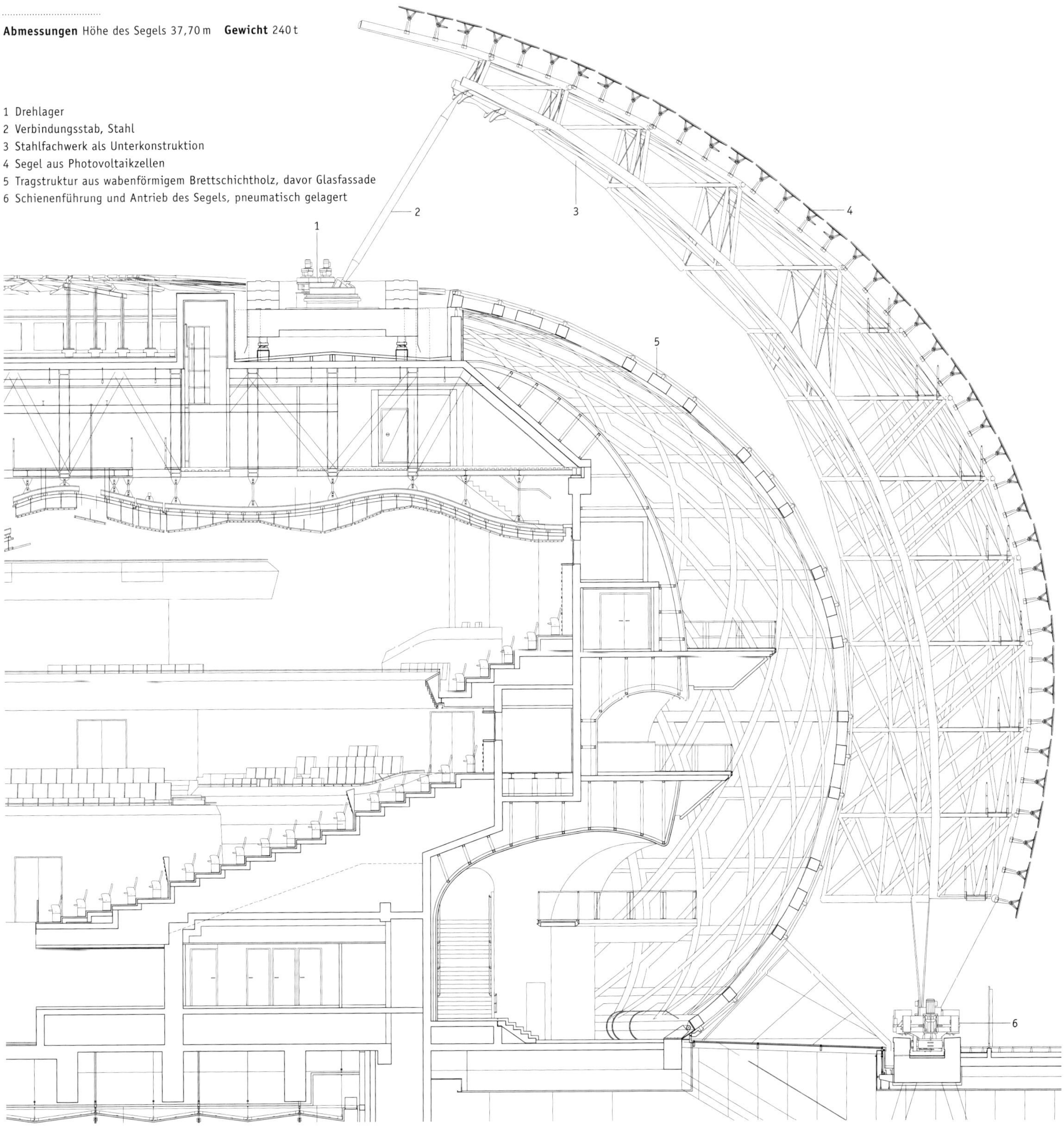

Schnitt durch Gebäude und schwenkbares Element M 1:200

Kinetische Fassade: Metallpaneele mit "tanzenden" Scheiben

Dancing Pavilion

Rio de Janeiro, Brasilien, 2016
Estudio Guto Requena

Der Tanzpavillon, geplant für eine brasilianische Biermarke, liegt im Barra Olympiapark von Rio de Janeiro, am Hauptstandort der Stadien der Olympischen Spiele von 2016 und im Zentrum des Geschehens. Aus einem zehnjährigen Forschungsprozess des Estudio Guto Requena ist eine interaktive Installation, gewissermaßen eine Schnittmenge aus Technologie, Design und Poesie entstanden.
Mit Außenmaßen von 30 m × 9,92 m × 7 m umschließt der Pavillon eine ca. 300 m² große Fläche. Als Tragstruktur dient ein Stahlskelett aus Hohlprofilen. Das untere Drittel des Pavillons ist offen, der obere Teil mit einer metallenen Außenhaut geschlossen. Durch die verspiegelte Oberfläche wird im Inneren ein einheitliches Bild geschaffen, während sich der Pavillon nach außen vielfältig in verschiedenen Farben zeigt.
Die Außenhaut besteht aus 824 festen, quadratischen Metallpaneelen, von denen 345 Elemente jeweils ein bewegliches Paneel in der Mitte besitzen. Diese runden Paneele sind einachsig beweglich und können durch Drehen um 365° geöffnet und geschlossen werden. In der Tanzfläche integrierte Sensoren nehmen den Takt der Musik und die Bewegung der Menschen auf, wodurch eine Animationssoftware die Bewegung der Metallpaneele initiiert. Es entstehen optische Effekte aus Licht und Schatten im Innenraum und um den Pavillon herum, die eine einzigartige Atmosphäre erzeugen.
Jedes Element der Außenhaut misst 87 cm × 87 cm und umfasst einen Rahmen aus rechteckigen Stahlhohlprofilen, die Außenbekleidung aus farbigem Metall und die verspiegelte Innenbekleidung. Die Elemente mit beweglichem Paneel verfügen zusätzlich über einen kleinen Stepper-Motor, eine Achse und die bewegliche Metallscheibe mit einem Durchmesser von 60 cm. Das bewegliche Paneel ist an der Achse befestigt, welche über Riemenscheiben und einen Riemen mit Hilfe des kleinen Motors gedreht wird.
Die Hardware und Software, die das Zusammenspiel zwischen den Sensoren in der Tanzfläche und der kinetischen Außenhaut ermöglicht, wurde in Kooperation mit dem Büro D3 entwickelt.

Fassade mit geschlossenen und geöffneten Modulen

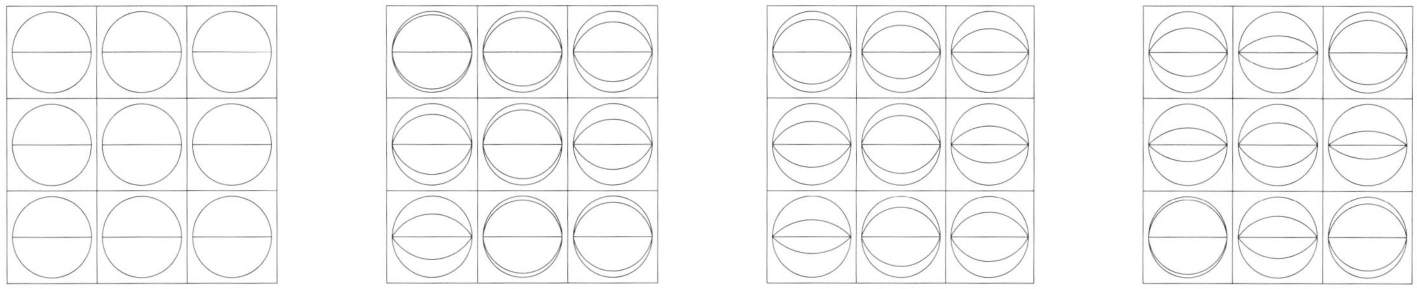

0:00 0:30 1:00 1:30 sek

Abmessungen L × H = 0,87 × 0,87 m **Anzahl** 345 Module **Gewicht pro Element** 4,2 kg/Modul

1 Metallhohlprofile
2 Aluminium-Verbundfassade
3 Aluminium-Verbunddrehscheibe
4 Stahl-Scheibe, an Achse geschweißt
5 Kugellager
6 Riemenscheiben
7 Keilriemen
8 Motor
9 Steuerung/Verkleidung

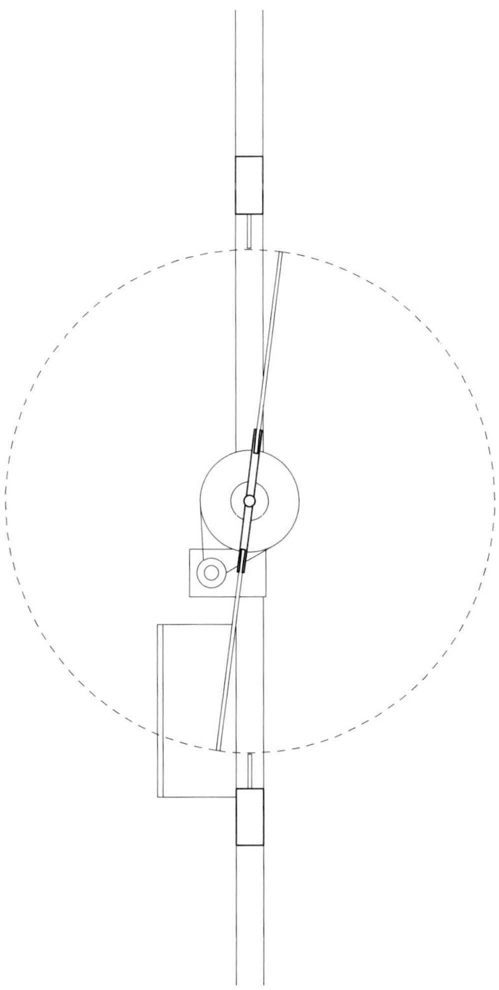

Schnitt vertikal M 1:10

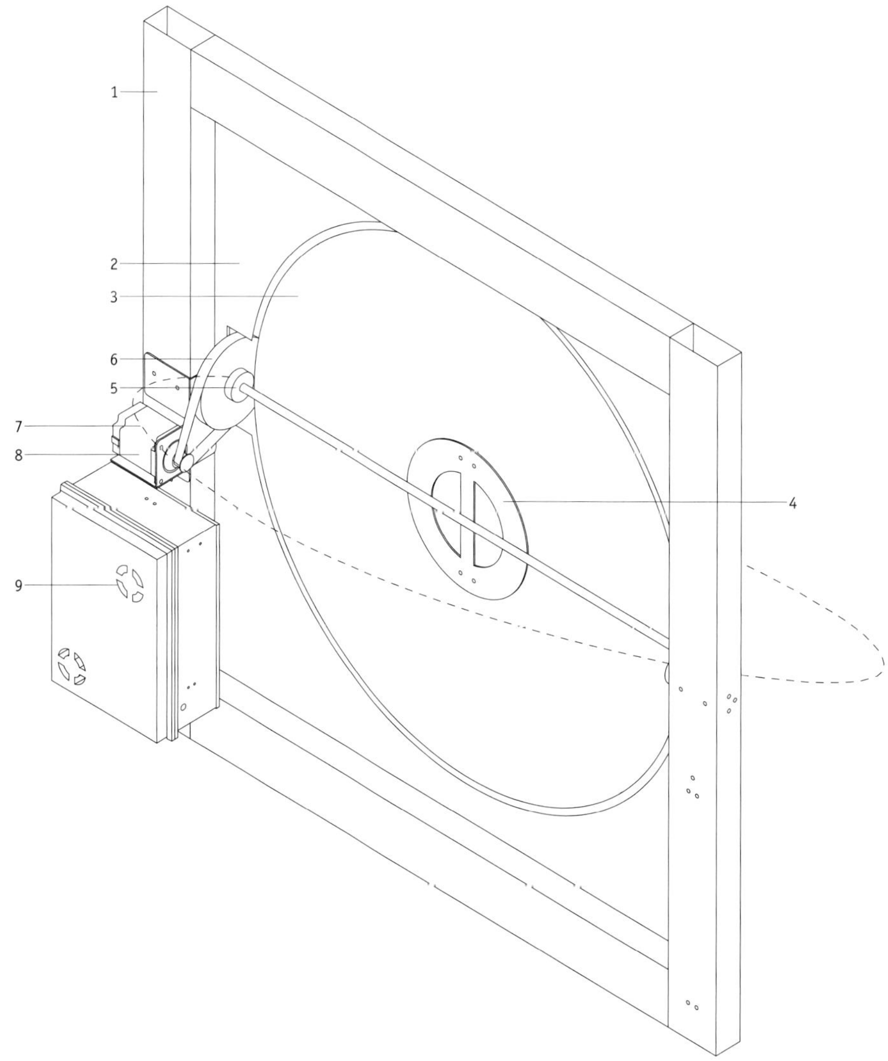

Axonometrie eines Elements M 1:10

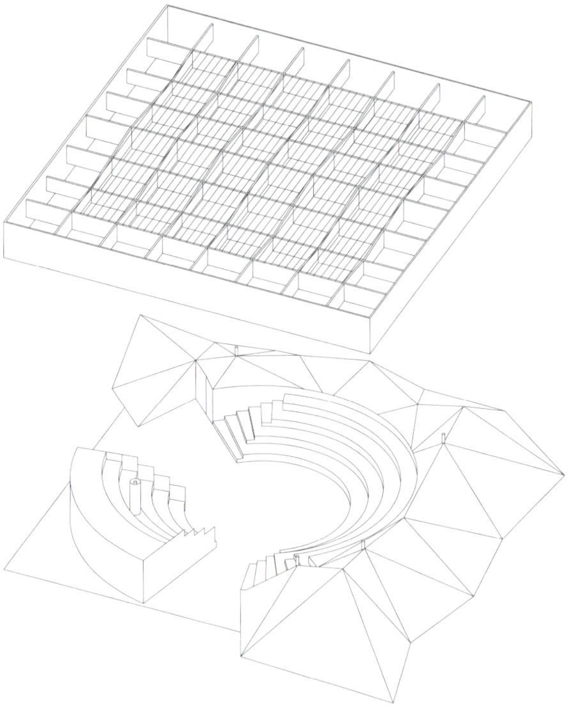

Axonometrie vom künstlichen Erdhügel und Amphitheater sowie den beiden Tribünen

MPavilion 2017

Melbourne, Australien, 2017
Office for Metropolitan Architecture (OMA)

Der MPavilion ist der vierte Pavillon, der in den Queen Victoria Gardens im Kunstviertel Southbank der Stadt Melbourne im Rahmen einer jährlich stattfindenden Architekturveranstaltung errichtet wurde. Heute steht er auf dem Clayton Campus der Monash Universität in einem Vorort von Melbourne. Der Pavillon bietet als öffentliches Gebäude die Möglichkeit für Austausch, Performances und Veranstaltungen zum Thema Architektur, Design und Kultur.
Zwei Tribünenelemente bilden ein Amphitheater und umschließen einen frei bespielbaren Raum in der Mitte. Überdeckt wird der gesamte Pavillon von einem quadratischen, 2 m hohen, offenen Kassettendach, das nur punktuell von wenigen Stützen getragen wird. Das größere Tribünenelement ist mit Sperrholz verkleidet und beschreibt einen Halbkreis. Es ist fest im Boden verankert und in einen künstlich geschaffenen Erdhügel mit dreiecksförmigen Flächen eingebettet, welche mit zwölf verschiedenen australischen Gräsern bewachsen sind.
Das kleinere Tribünenelement hat die Form eines Viertelkreises und lässt sich rotieren, um dadurch verschiedene räumliche Bühnenkonstellationen auszubilden. Der mittigen Bühnenfläche zugewandt, vervollständigt es das kreisförmige Theater. Ist die Tribüne um 180° gedreht, bildet seine Rückseite eine Rückwand für die Bühne.
Das Tragwerk ist als leichte Fachwerkstruktur aus quadratischen Stahlhohlprofilen konstruiert und mit Gitterblech bekleidet. Den Drehpunkt bildet eine der Stützen, die das Kassettendach tragen. Die Tribüne liegt auf fünf Rollen auf, die höhenverstellbar sind, um das Bodengefälle auszugleichen. Die Bewegung erfolgt per Hand. Zwei Personen sind notwendig, um die Tribüne zu rotieren.

Innenraumperspektive

Außenraumperspektive mit beweglichem Element

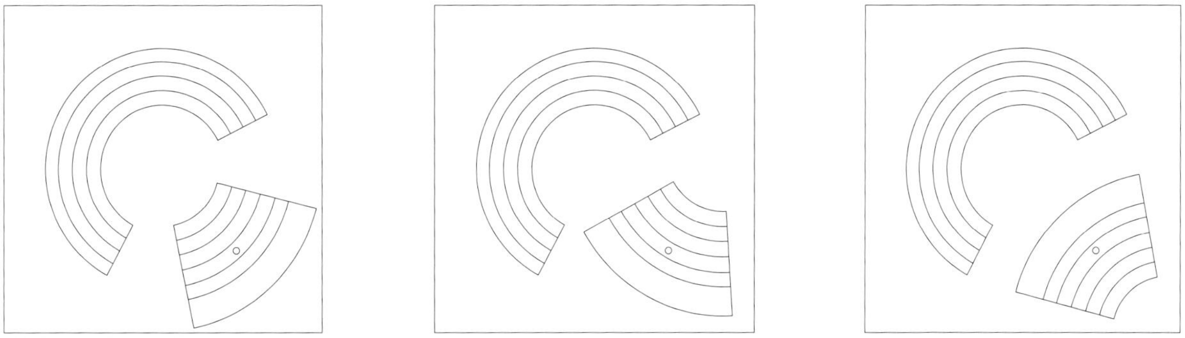

Abmessungen L × H = 5,50 × 2,30 m **Anzahl** 1 **Antrieb** Bewegung per Hand

1 Montageplatte 10 mm
2 Stahlstütze d = 500 mm
3 Kugellager
4 Stahlrahmenhohlprofil
5 Höhenanpassung

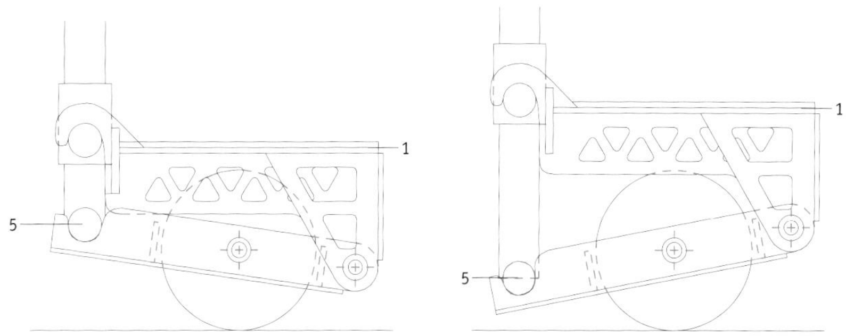

Detail Laufrolle M 1:10

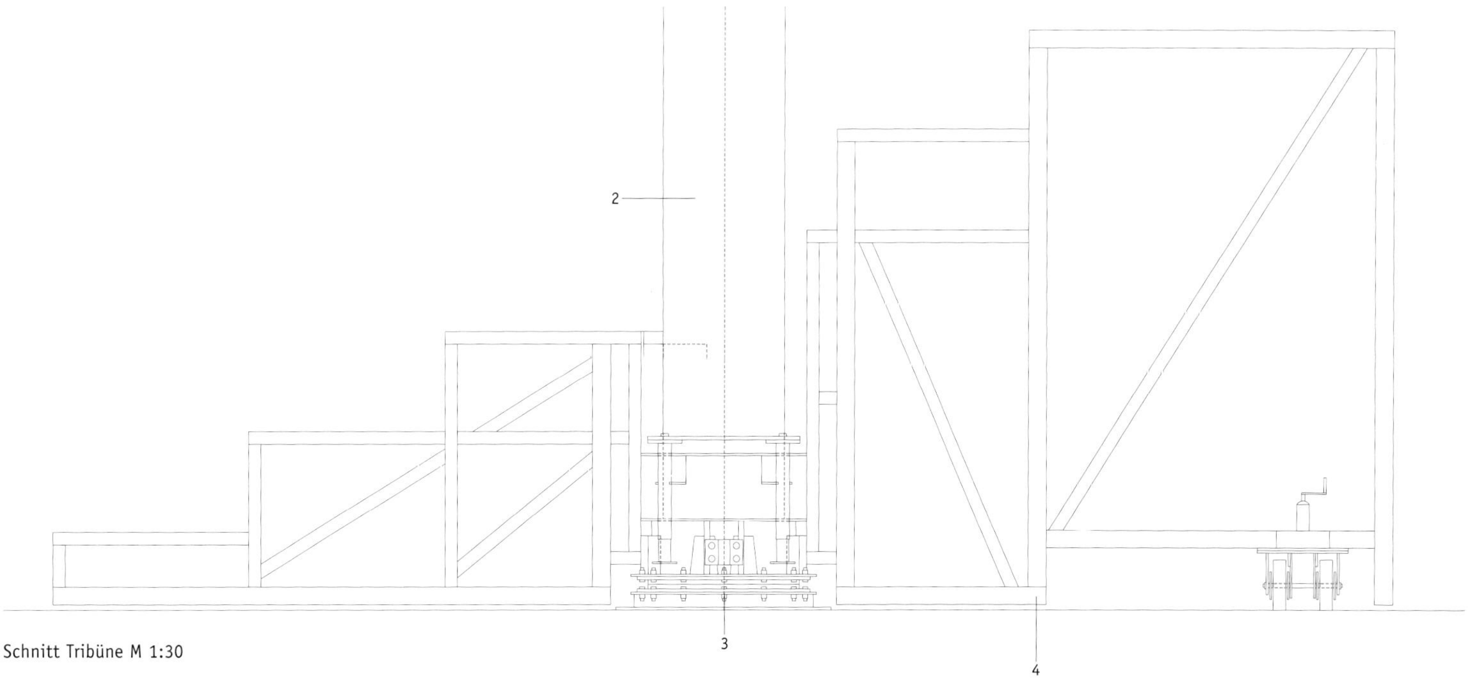

Schnitt Tribüne M 1:30

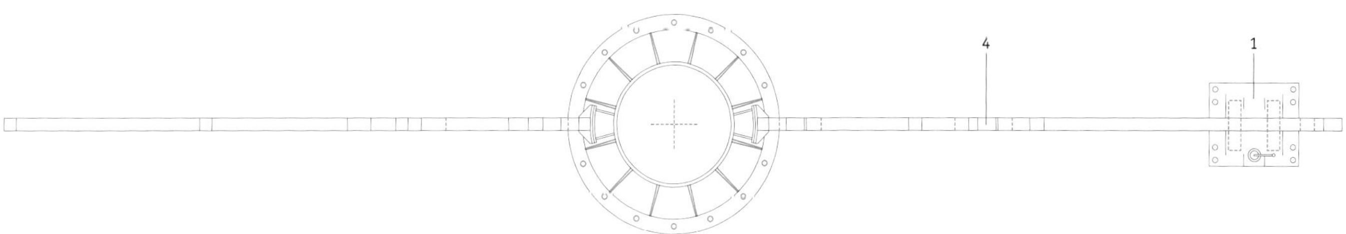

Grundriss Tribüne M 1:30

Sternwarte mit den beiden Teleskoptürmen

Kielder Observatory

Northumberland, Großbritannien, 2008
Charles Barclay Architects

Diese Sternwarte steht in der wilden Landschaft des britischen Northumberlands, nahe der Grenze zu Schottland, einem der am geringsten lichtverschmutzten Gegenden Englands. Das aus einem internationalen Wettbewerb hervorgegangene Gebäude wurde von den Kritikern der RIBA, dem Civic Trust und den Hadrian Awards ausgezeichnet.

Das Gebäude nimmt zwei Teleskope sowie einen beheizten Raum für Präsentationen und Fortbildungen auf. Es vermittelt zwischen der Waldlandschaft und dem Kielder Water. In länglicher Ausrichtung staffeln sich der beheizte Raum mit auskragendem Flachdach und die beiden als Türme ausgebildeten Gebäudeteile mit jeweils einem Teleskop, getrennt durch eine Terrasse.

Die Architektur versucht mit einer Low-Tech-Ästhetik dem Ort gerecht zu werden. Konsequenterweise wurde mittels traditioneller Technik ein handgefertigtes Holzgebäude errichtet: Tragstruktur, Stützen der Teleskope, Fassadenbekleidung und Ausbau sind aus Holz gefertigt. Lediglich die aussteifenden Elemente, die Fensterläden und die mechanischen Elemente der Teleskoptürme sind aus Stahl.

Die drehbaren Teleskoptürme sind als Stahl-Oktogone aufgebaut und auf acht Rädern auf einer kreisförmigen Laufbahn gelagert. Diese sitzt auf einem stationären Oktogon aus Stahl an der Unterseite des Turmes. Der Antriebsmechanismus läuft über eine Zahnstange mit Ritzeln, die von einem großen Edelstahlrad und -handgriff handbetätigt wird. Das Getriebe bietet ein ausreichendes Drehmoment, um die 6 t schweren Türme zu bewegen.

Die Teleskope haben betongefüllte Stahlrohrsäulen als Auflager, die vollständig von der Holzstruktur getrennt sind, um sicherzustellen, dass sie schwingungsfrei sind.

Geöffneter Teleskopturm von außen

Innenansicht mit Teleskop

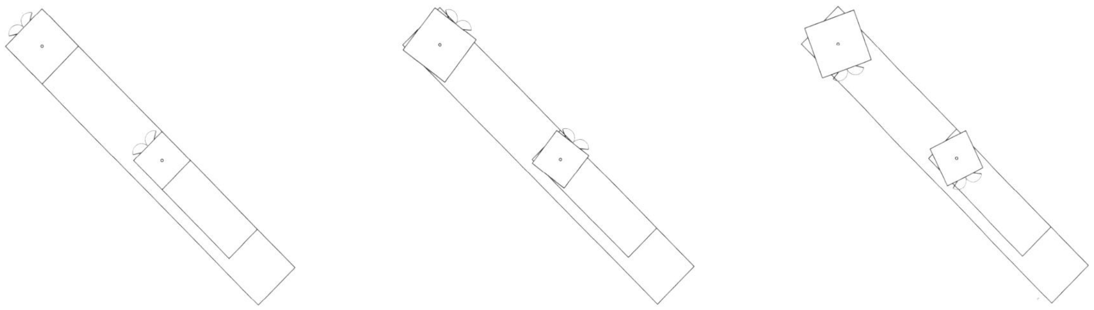

Abmessungen L × B × H = Turm 1 5,20 × 5,20 × 1,50 m; Turm 2 4 × 4 × 1,20 m **Anzahl** 2 **Gewicht pro Element** 4 t und 6 t **Antrieb** Bewegung per Hand

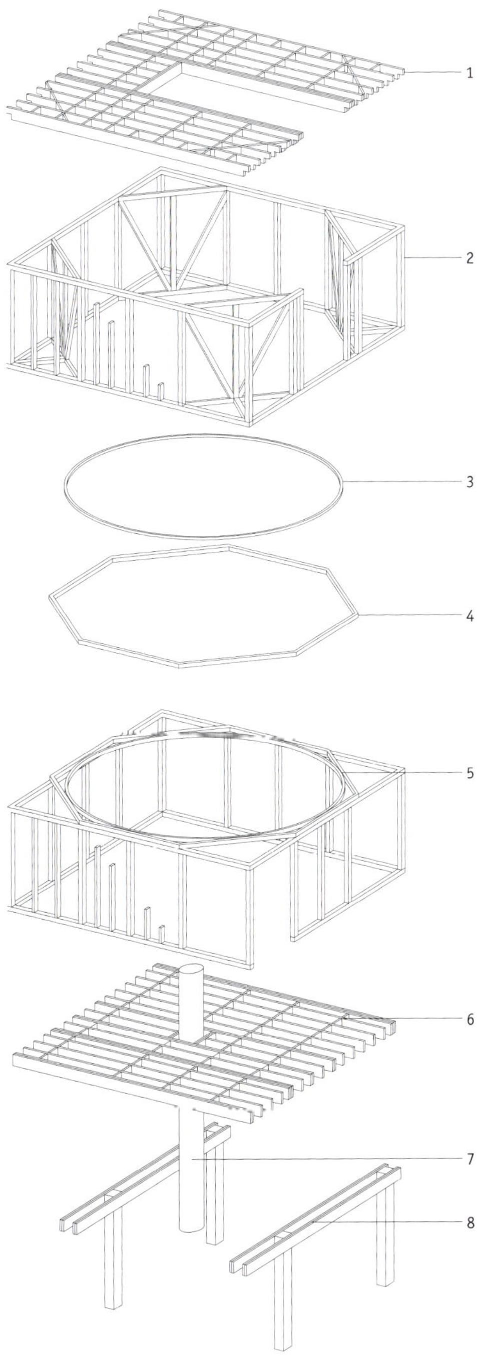

Explosionszeichnung o. M.

1 Dachstruktur, Holzrahmenkonstruktion KVH (Konstruktionsvollholz)
2 Turmstruktur, Holzrahmenbau KVH
3 Radiale Zahnschiene, Edelstahl
4 Oktogonales Hohlprofil, Stahl
5 Führungsschiene
6 Boden, Holzrahmenkonstruktion KVH
7 Tragende Stahlstütze für Teleskop
8 Freitragende Zangenkonstruktion, Douglasie
9 Bordscheibe
10 Getrieberad
11 Kurbel, Edelstahl
12 Kegelzahnradgetriebe

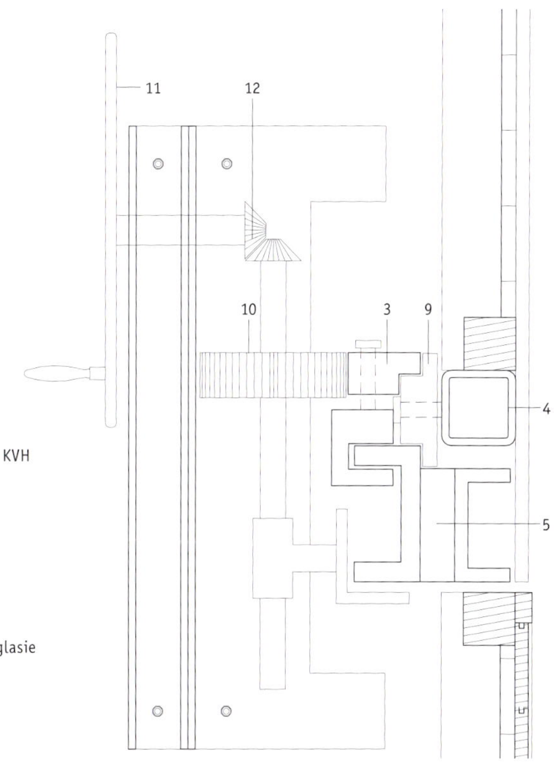

Schnitt/Ansicht Antrieb M 1:10

Antrieb: Handrad mit Zahnrad und radiale Zahnschiene

Außenansicht bei Nacht

Piscine Tournesol

Lingolsheim, Frankreich, 2014
Urbane Kultur Architectes

Das Schwimmbad Piscine Tournesol wurde in den 1970er Jahren von dem Architekten Bernard Schoeller geplant und realisiert. Das sehr rational konzipierte Objekt bietet hohe räumliche Qualitäten und lebt vom natürlichen Licht und der Beziehung zwischen Innen- und Außenraum. Große Schiebetüren und eine gewisse Eleganz in der konstruktiven Gestaltung des Gebäudekomplexes verleihen ihm einen besonderen Charakter.

Ziel der Sanierung und Erweiterung war es, die Einfachheit des ursprünglichen Entwurfes zu bewahren. Die Erweiterungen, die im Laufe der Zeit gebaut worden waren, wurden zurückgebaut, um den Raum für sich wirken zu lassen. Umkleidekabinen, Eingangshalle, Büros und Technikräume wurden in ein Erweiterungsgebäude integriert.

Eine Kuppel aus Metall überspannt nun die freigewordene Fläche von 1790 m² mit drei Edelstahlbecken. Sie dient als Witterungsschutz und lässt über runde Oberlichter das Tageslicht in den Schwimmbereich einfallen. Drei Viertel der Kuppel sind fest verankert und unbeweglich, das verbleibende Viertel ist in zwei Hälften geteilt, die beweglich verschiebbar sind.

Die zwei Kuppelelemente liegen wie eine zweite Schale über dem festen Kuppelteil und können wie ein großes Tor zu beiden Seiten aufgeschoben werden. Die Metalltore sind sowohl oben als auch unten über Rollen in einer Metallschiene gelagert.

Geöffnetes Dach von außen

Innenansicht mit geöffnetem Dach

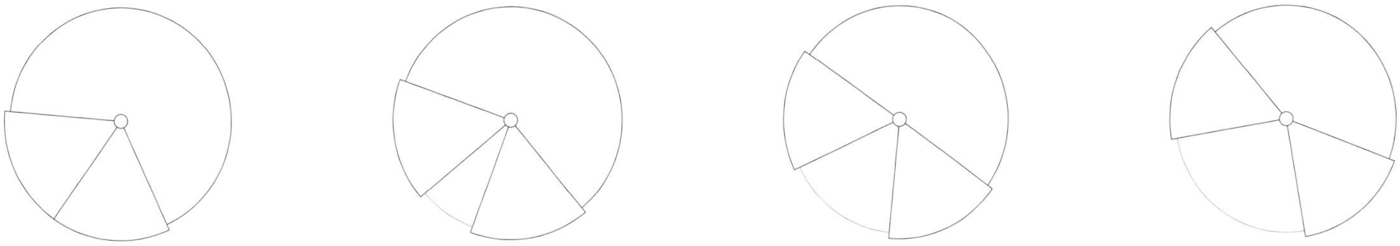

Abmessungen R = 28 m, H = 12 m **Anzahl** 2 **Antrieb** Elektrischer Motor, Führungsschiene und Kette

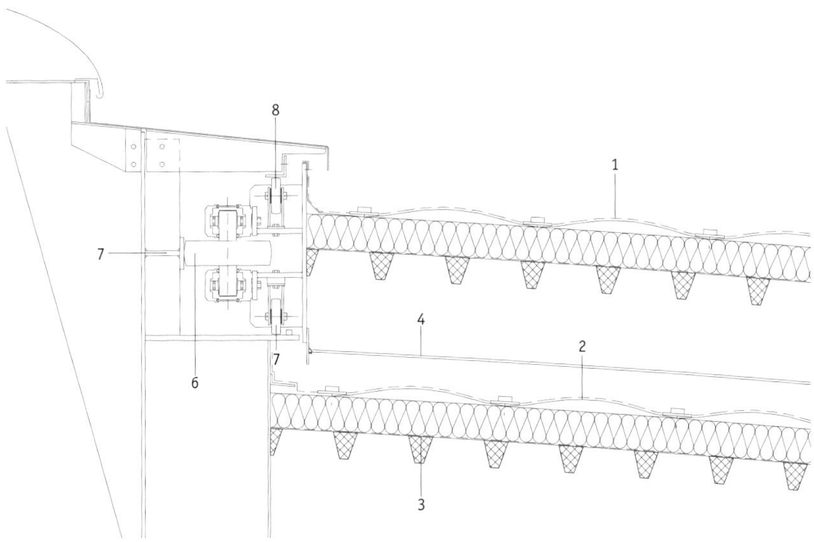

Detail Dach M 1:33

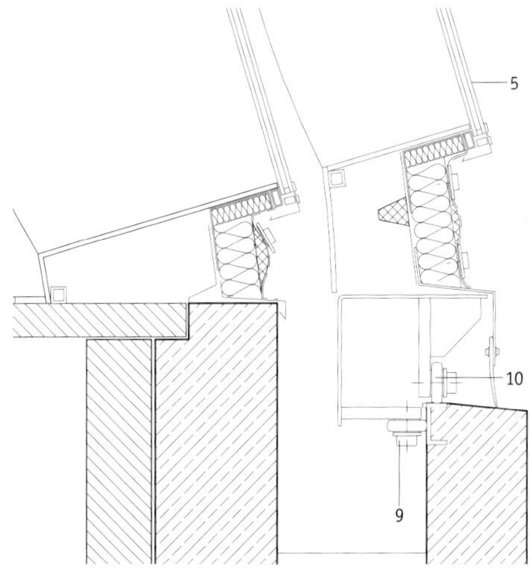

Detail Fußpunkt M 1:33

1 Polymertextil, schwarz, bewegliches Dach
2 Polymertextil, schwarz, feststehendes Dach
3 Schaumglas auf Trapezblech aus Stahl
4 Transluzentes Textil, weiß
5 Bullauge, Zweifachverglasung
6 Führungsrolle
7 Laufschiene, radial
8 Stützrollen
9 Führungsrolle, Fußpunkt
10 Stützrolle, Fußpunkt

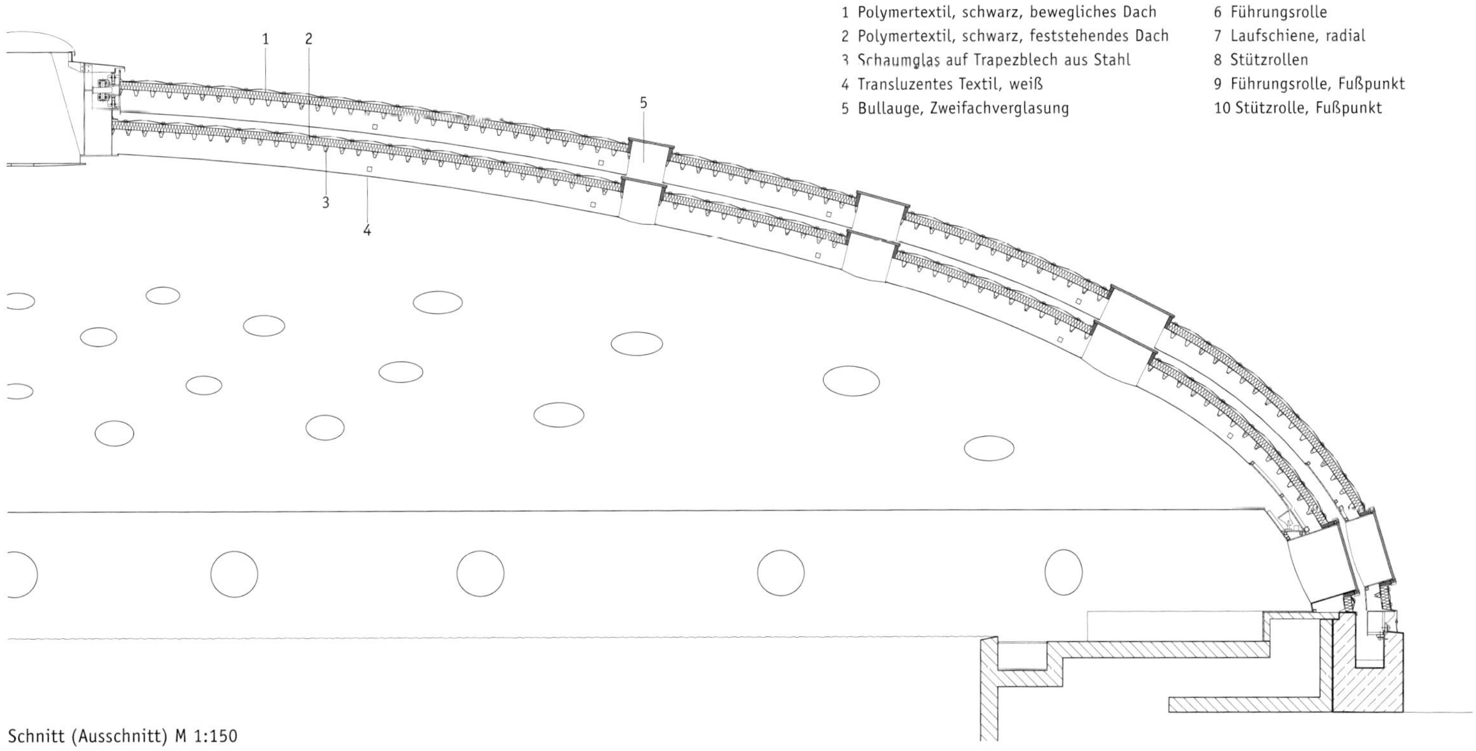

Schnitt (Ausschnitt) M 1:150

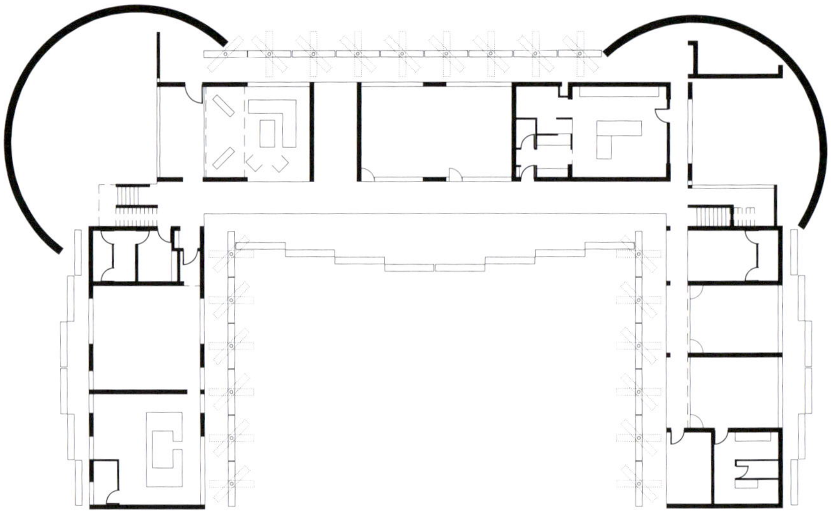

Grundriss o. M.

Moving Landscapes

Ahmedabad, Indien, 2012
Matharoo Associates

Das 1900 m² große Haus am Stadtrand von Ahmedabad wurde für einen der aktivsten Immobilienentwickler, seine Frau sowie die Familien seiner beiden Söhne entworfen und ermöglicht die Unterbringung weiterer Gäste. Der Grundriss des Hauses ist als linearer Pavillon konzipiert. Jeder Raum ist zweiseitig verglast. Tragende 200 mm dicke Betonwände und -platten erübrigen weitere Balken und Stützen und ermöglichen fließende Innenräume.

Die zweite Gebäudehülle besteht aus 4,50 m hohen und 3 m breiten Wandpfeilern, die mit Bidaser-Marmorplatten verkleidet sind. Sie umgeben das gesamte Gebäude und sind beweglich. Diese massive Verkleidung ist auf einer Stahlunterkonstruktion montiert. Die Wandpfeiler erwecken den Eindruck massiver Natursteinblöcke, die sich auf der einen Seite des Gebäudes verschieben und auf der anderen Seite um ihre Mittelachse drehen lassen.

Diese bewegliche Konstruktion bietet mehrere Vorteile: Der Raum zwischen den beiden Gebäudehüllen wird als Durchgang, Veranda, Eingangsvorraum und Verkehrsfläche genutzt, verkleinert den klimatisierten Raum und schafft eine Pufferzone zwischen innen und außen. Die Wandsegmente schützen die großen Glasflächen vor Regen, starker Sonneneinstrahlung und Außentemperaturen von bis zu 45 °C und ermöglichen eine individulle Regelung gegenüber Ein- und Ausblicken. Diese Raumschichten und Fassadenelemente machen die Gebäudehülle zu einer signifikanten Schnittstelle zwischen hochwertigem Interieur und grünem Außenraum.

Fassade in Bewegung

Gedrehte Steinwände

Elemente in Bewegung von innen

0:00 0:10 0:20 min:sek

Abmessungen L × B × H = 3 × 0,45 × 4,50 m **Anzahl** 21

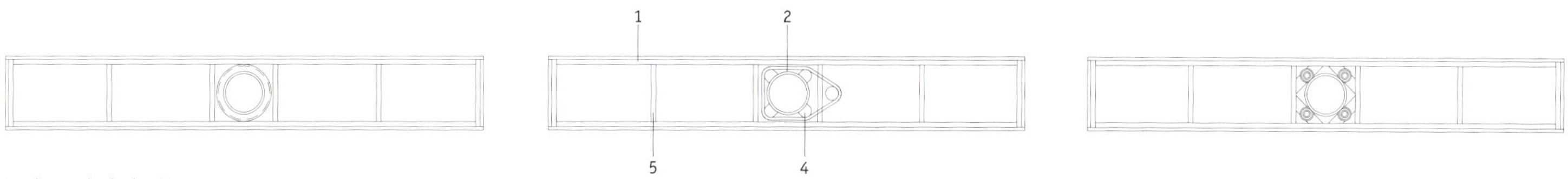

Horizontalschnitt M 1:5

1 Natursteinplatten 15 mm
2 Stahlrohr d = 250 mm
3 Motor
4 Führungsrollen für Riemenantrieb
5 Stahlkonstruktion
6 Elementkopplung mit Stahlseilen

Verbindung durch Stahlseil

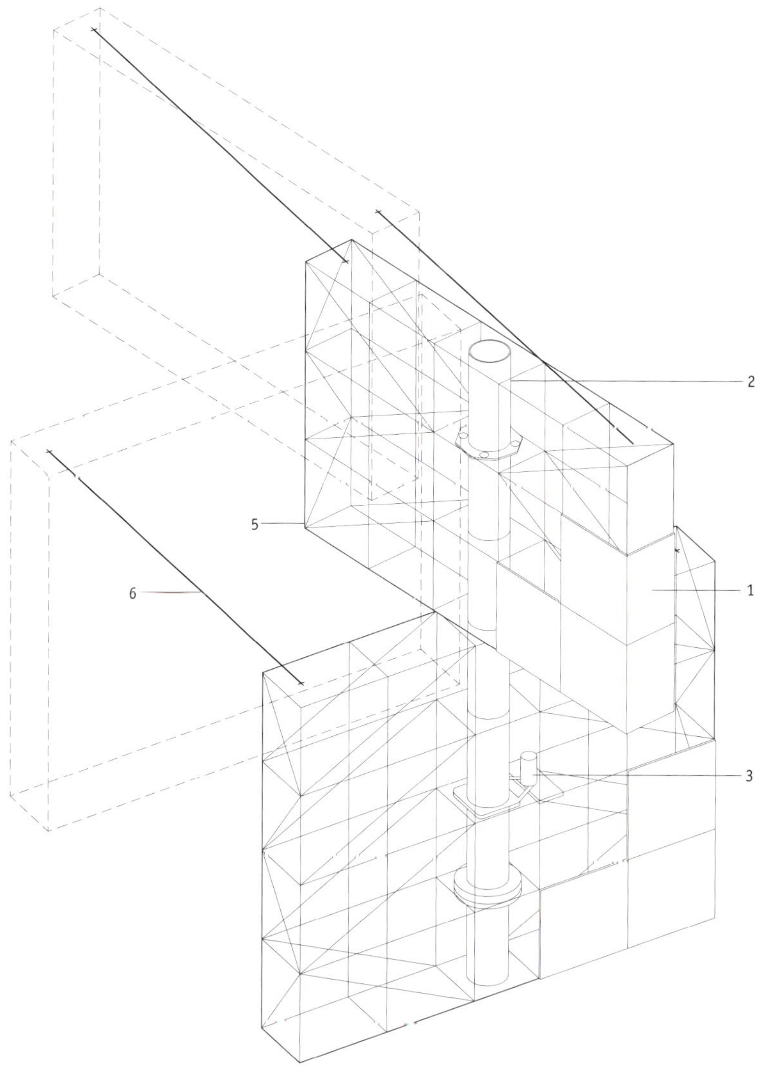

Axonometrie eines Elementes

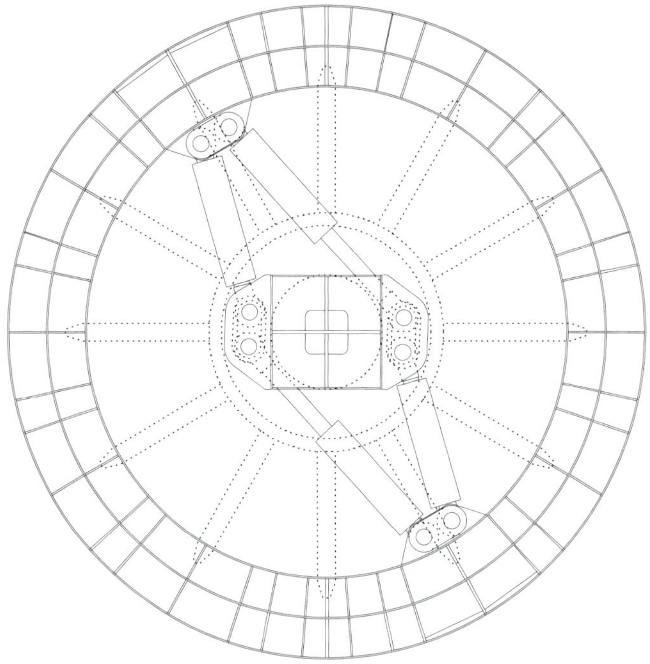

Untersicht mit Auflagerring, Hydraulikzylinder und Gleitlager

Odins Bro

Odense, Dänemark, 2014
ISC Consulting Engineers A/S
mit Bystrup Arkitekter og Designere

Im September 2009 gewannen ISC Consulting Engineers A/S den internationalen Designwettbewerb für die 900 m lange Odinsbrücke. Sie ist ein Teil der neuen Ringstraße um Odense auf der dänischen Insel Fünen und verbindet die beiden Uferseiten des Odense-Schifffahrtskanals für den Auto-, Rad- und Fußgängerverkehr. Kernstück der Verbindung ist die 194 m lange Doppelschwenkbrücke, die längste Schwenkbrücke Europas, mit einer mittleren Spannweite von 120 m und seitlichen Spannweiten von jeweils 37 m. 2013 wurde die Brücke mit dem Preis der International Association for Bridge and Structural Engineering und 2016 mit dem European Steel Bridge Award ausgezeichnet.

Die Hauptkonstruktion ist als Kastenträgerbrücke in Stahl mit einem Abstand von 3 m zwischen den Kastenträgern ausgeführt. Die Lasten der beiden Brückenhälften werden über die 20 m hohen Pylon-Strukturen zu den Auflagerpunkten übertragen. Um eine hindernisfreie Durchfahrt der Kanalpassage zu ermöglichen, werden die zwei gleichläufig rotierenden Brückenhälften von ihren am Ufer gelegenen Drehpunkten zur Seite geschwenkt.
Die Auflagerpunkte bestehen aus einem Stahlkastenring mit einem Durchmesser von 12 m, der auf einem ebenso großen Stahlbetonring aufliegt. Darauf liegen jeweils zwei permanente Gleitlager und zwei weitere, die nur während des Schwenkvorgangs als Stabilisierungshilfe unter der Brücke hochgefahren werden. Mittig unter den Pylonen liegende Stützen nehmen über ein weiteres Lager einen Großteil der Lasten auf.
Bewegt werden die Brückenhälften jeweils über vier Hydraulikzylinder. Ist die Brücke geschlossen, werden die zwei gleichläufig rotierenden Brückenelemente mittig über Schubstege verbunden. An den Endanschlägen sorgen hydraulische Scherlager für die Lagesicherung.
Als Lebensdauer geben die Ingenieure eine Zeitspanne von 100 Jahren an.

Brücke in geöffnetem und geschlossenem Zustand

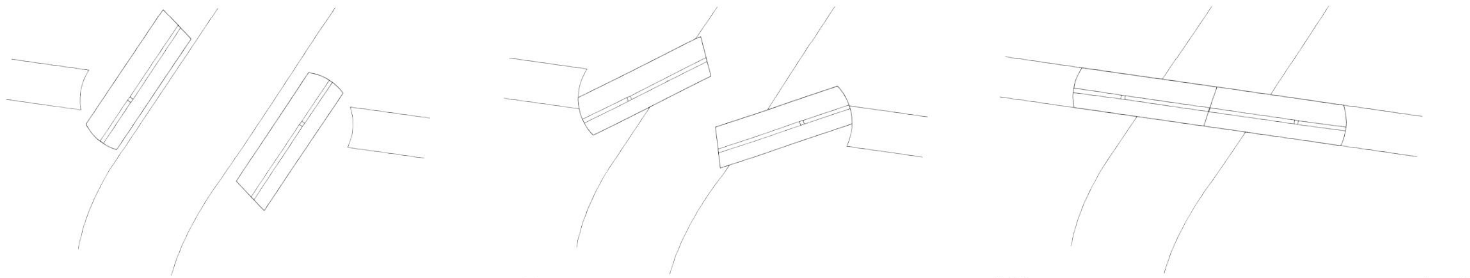

Abmessungen Zwei Schwenkarme, jeweils L × B 100 × 26 m **Anzahl** 2 **Gewicht pro Element** 2400 t

1 Fahrbahn
2 Kastenträgerbrücke
3 Neotopf-Gleitlager
4 Auflagerring, Stahl, d = 12 m
5 Hydraulikzylinder
6 Lager zur seitlichen Stabilisierung
7 Zentrales Gleitlager
8 Pylon

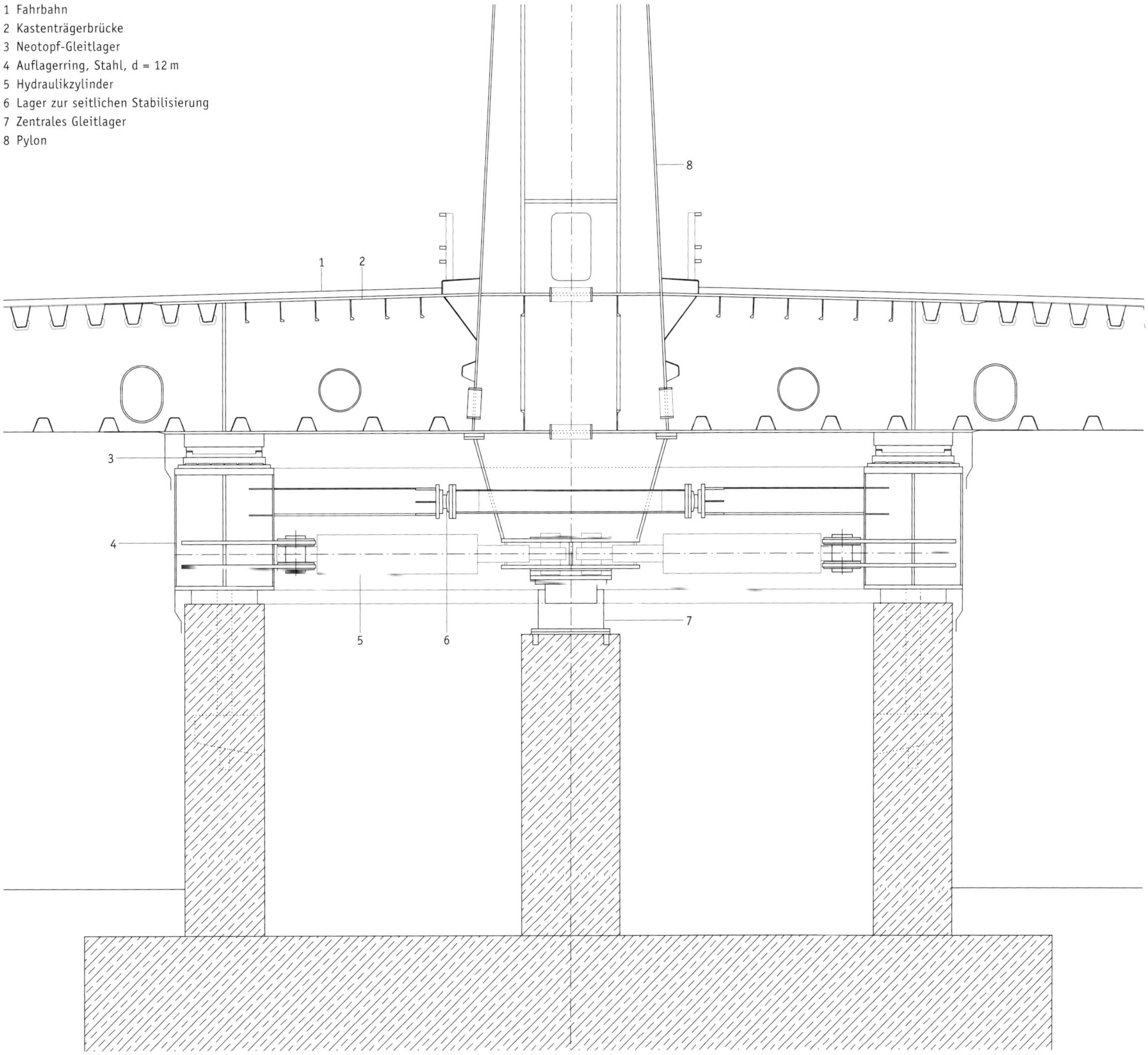

Schnitt durch Drehpunkt M 1:75

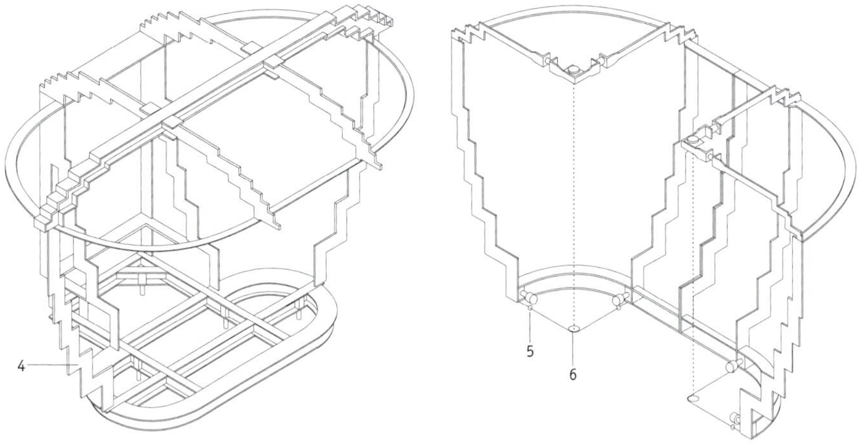

Axonometrie des tragenden Stahlskeletts

Paperhouse

London, Großbritannien, 2009
Heatherwick Studio

Unter dem Namen Paperhouse entwickelte Heatherwick Studio mehrere Zeitungskioske für den Londoner Stadtbezirk Kensington and Chelsea. Die zuvor bestehenden Kioskstände wirkten durch ihre flachen, mit Rolltor verschlossenen Wände abweisend und waren ein häufiges Ziel von Graffiti. Ziel des Projekts war das vereinfachte und schnellere Öffnen der Kioske sowie eine Eindämmung des Vandalismus. Das Paper House hat eine ovale Grundform mit Außenmaßen von ca. 4,50 m × 3 m. Die in ihrer Ausdehnung von oben nach unten abgestuften Lagen des Baukörpers ergeben ein skulpturales Erscheinungsbild. Auf der Innenseite dienen die Fassadenelemente als Auslageflächen für die Zeitschriften. Die Verkleidung aus patiniertem Messing verleiht den Kiosken eine edle und wertige Anmutung. Tageslicht fällt durch ein Oberlichtband ein.

Die Kioske werden geöffnet, indem man die zweigeteilte Front um die Rundung herum aufschiebt. Dies ist für die Kioskverkäufer leichter, als ein herkömmliches Rolltor zu bedienen. Ein weiterer Vorteil ist, dass die Auslagen am Abend nicht abgebaut werden müssen, da sie innerhalb der Schiebeelemente liegen bleiben können.

Die Kioske und auch ihre Türelemente sind als Stahlskelett konstruiert, das aus CNC-gefrästen Rippen aus Flachstählen mit einer Tiefe von 130 mm besteht. Die Flachstähle sind unten auf Doppel-T-Träger geschweißt, die der ovalen Form der Kioske folgen und gleichzeitig als Führungsschiene für die vier Nylonrollen je Türelement dienen. Die rollbaren Türelemente sind an der Drehachse mit dem starren Stahlrahmen justierbar verbunden. Sechs verstellbare Stützfüße sorgen für einen ebenen Stand auf unebenen Flächen. In nur 12 Wochen wurden die Kioske im Werk komplett zusammengebaut und vor Ort fertig aufgestellt.

Ablauf der Öffnung

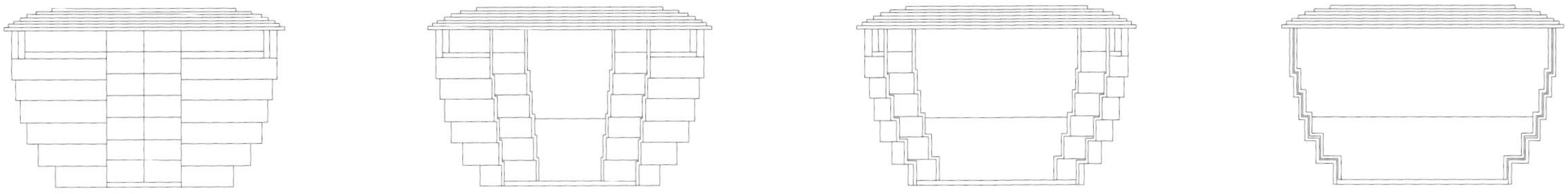

Abmessungen L × B = 4,50 × 3 m **Anzahl** 2 **Gewicht pro Element** 2,25 t einschlißlich Ballast **Antrieb** Bewegung per Hand

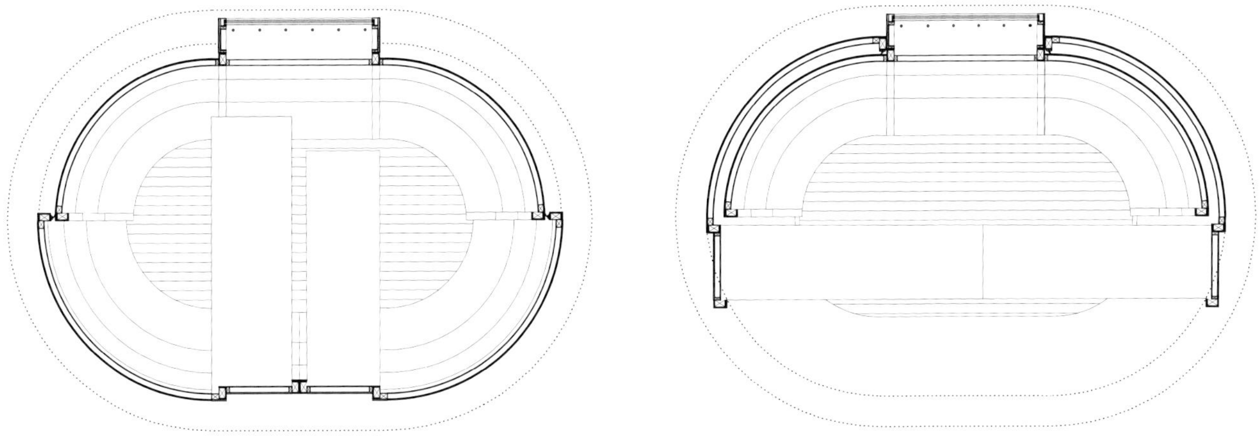

Grundrissausschnitte geschlossen und offen M 1:50

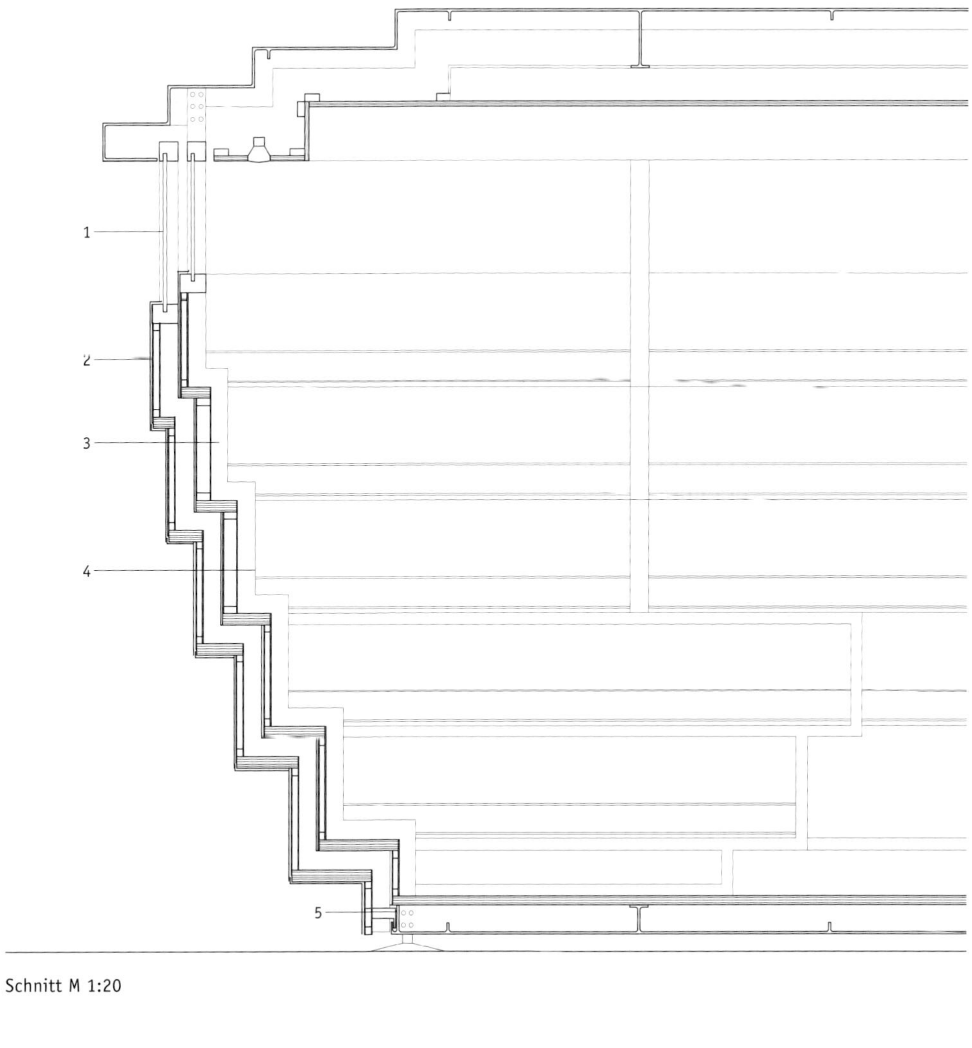

1 Oberlichtband aus Sicherheitsglas
2 Patinierte Messingbänder, auf Stahlblech befestigt
3 Innenseitige Bekleidung, Sperrholz
4 Profilierte Stahlrippen, CNC-gefräst
5 Nylonrolle, in Doppel-T-Träger laufend

Schnitt M 1:20

Interieur eines Personenkraftwagens als Wohnzimmergarnitur

Renault Symbioz House 33

Frankreich, 2017
Marchi Architectes

Das Renault Symbioz House 33 wurde als mobiler Showroom für die Studie „Symbioz" von Renault entwickelt, die die Rolle des Autos in der Zukunft präsentieren sollte. Digitale Autoelektronik und Smart-Home-System werden miteinander verknüpft – das Auto soll zu einer Erweiterung des Wohnraumes werden.

Der Pavillon besteht aus zwei gestapelten Volumen. Der untere Körper besitzt einen offenen, rechteckigen Grundriss von ca. 21 m × 6 m und präsentiert sich offen, nicht nur im Inneren, sondern auch nach außen durch bodentiefe Glasfassaden. Das Auto kann direkt in den Wohnraum hineinfahren und ist selbst, wie das Haus, im Innenraum wohnlich ausgestattet.

Das von außen geschlossen wirkende Obergeschoss hat eine zylindrische Form und ist auf das untere Volumen aufgesetzt. Schlafzimmer und Bad sind am Rand eines runden Luftraumes angeordnet. Die beiden Geschosse werden durch eine ebenfalls runde Plattform mit einem Durchmesser von 5,50 m verbunden. Über einen Windenantrieb und Stahlseile ist es möglich, diese Plattform nach oben zu ziehen und das darauf geparkte Auto ins Obergeschoss zu transportieren, wo es durch ein Schiebetor auf die Dachterrasse fahren kann. Motor und Winde befinden sich im Obergeschoss. Die vier 1 cm starken Stahlseile, die Plattform und Auto nach oben ziehen, werden von der seitlich positionierten Winde über jeweils zwei Umlenkrollen aus Stahl geführt, die an den Stahlträgern des Daches hängen. Zwei Führungsschienen stabilisieren die Lage der Plattform während der Bewegung.

Da der Showroom an verschiedenen Orten auf- und wieder abgebaut werden musste, entschied man sich für eine leichte, aufgeständerte Stahlskelettkonstruktion. Die Maße der einzelnen Elemente wurden so gewählt, dass sie optimal in Frachtcontainern transportiert werden können.

Plattform in Bewegung

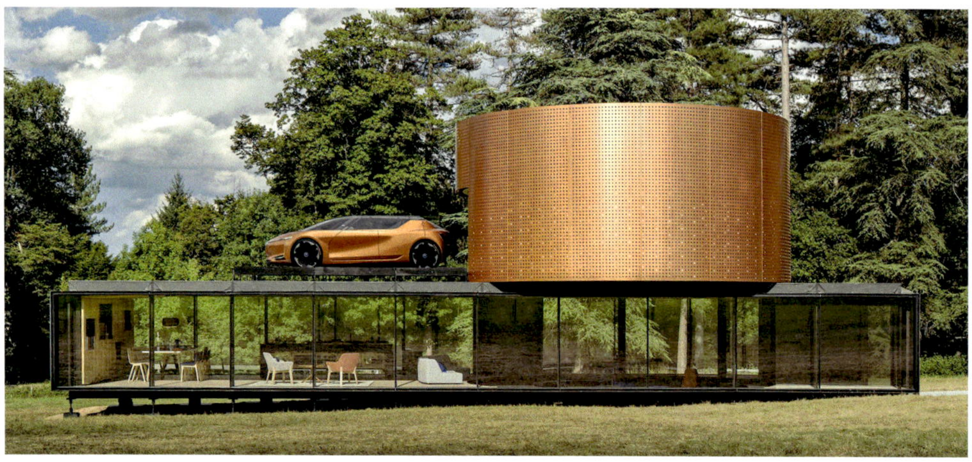

Ansicht von außen mit hochgefahrener Plattform

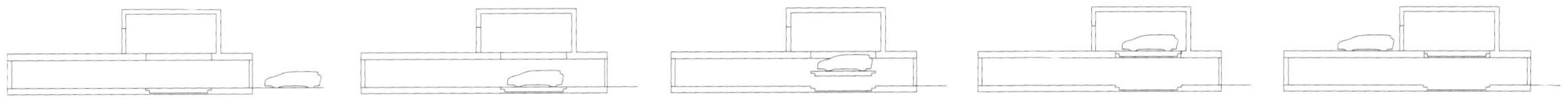

0:00 0:07 0:14 0:21 0:28 min:sek

Abmessungen Plattform d = 5,70 m **Anzahl** 1 **Gewicht** 2900 kg + 2240 kg Tragfähigkeit

1 Umlenkrolle, Stahl, d = 30 cm
2 Stahlseil d = 13 mm
3 Führungsschiene
4 Äußerer Ring der Hebebühne aus Stahlträgern 350 × 100 mm
5 Rotierbare Mitte der Hebebühne, beplankt, 25 mm
6 Antrieb aus zwei Getriebemotoren und Seilwinde

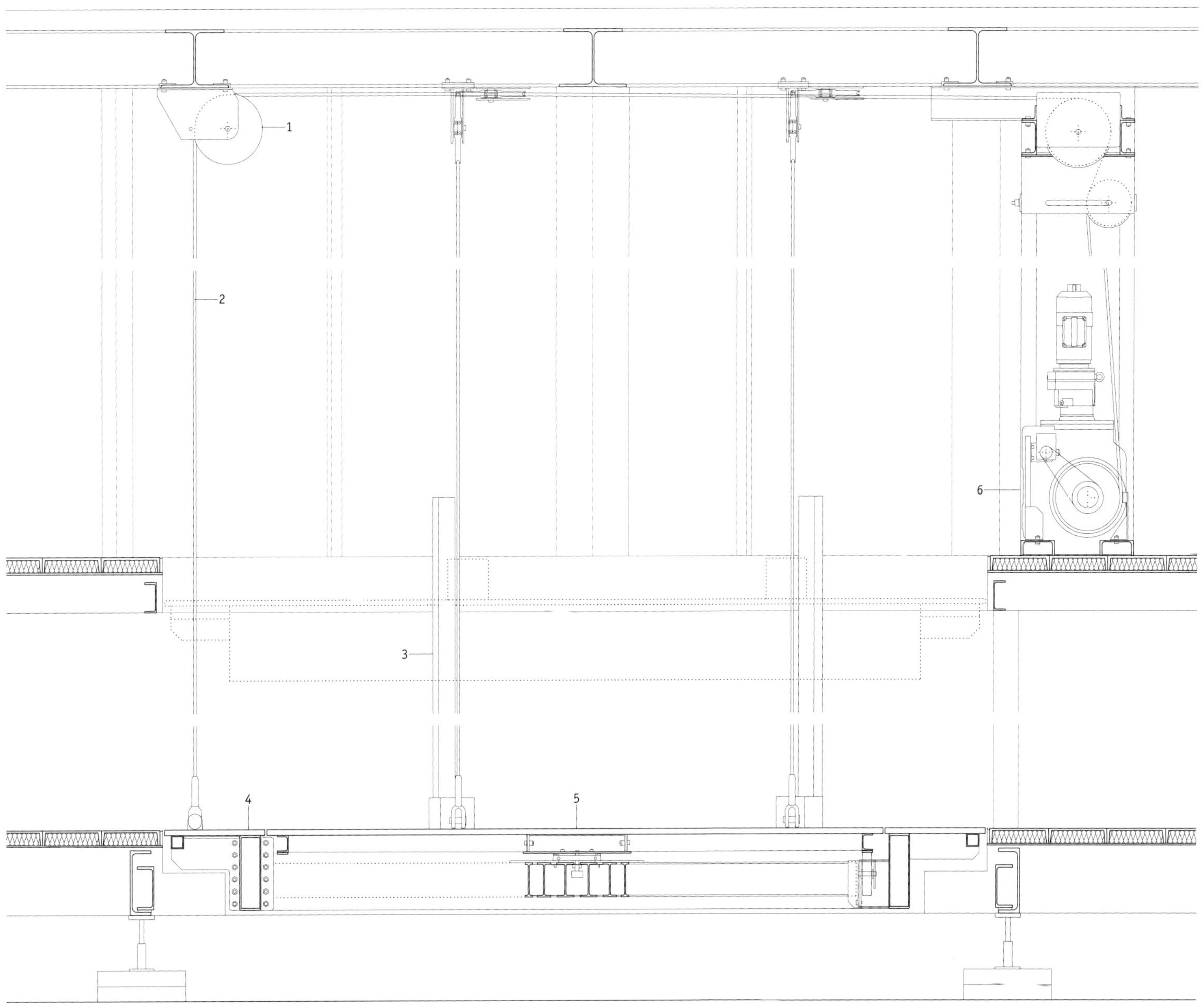

Querschnitt Plattform M 1:50

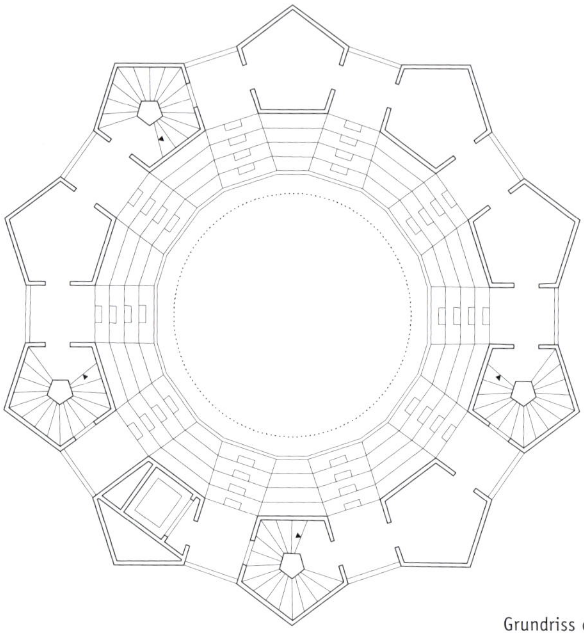

Grundriss o. M.

Theaterturm am Julierpass

Graubünden, Schweiz, 2017
Giovanni Netzer, Walter Bieler

Der Theaterturm am Julierpass ist ein temporäres Theater, 2300 m hoch in den Schweizer Alpen gelegen. Als Spielstätte und Attraktion des Origen Festival Cultural im Kanton Graubünden soll der Turm Besucher anziehen. Vom Intendanten des Festivals, Giovanni Netzer, wurde der Turm in Zusammenarbeit mit dem Ingenieurbüro Walter Bieler geplant.

Der 30 m hohe Turm weist eine abstrakte, sternförmige Kubatur auf und ist durch seine rote Farbe weithin sichtbar. Alle Öffnungen haben die Form von Rundbögen, was zu einer archaischen Anmutung beiträgt. Durch die Öffnungen sind Wetter, Tageszeit und Landschaft im Inneren sehr präsent und auch das Bühnenprogramm nimmt auf sie Bezug.

Der vertikal organisierte Theaterbau nimmt einen runden, mittig gelegenen Luftraum auf, der sich über die gesamte Höhe des Turmes erstreckt. Die Zuschauerlogen sind um ihn herum auf fünf Geschossen angeordnet. Im Luftraum befindet sich eine runde Plattform mit einem Durchmesser von 8 m, die als Bühne dient und durch Auf- und Abfahren alle Zuschauerebenen bespielen kann.

Die Gebäudekonstruktion besteht aus zehn sternförmig angeordneten Pfeilern aus 12 cm starken Brettschichtholzelementen, die als Tragwerk und zur Aussteifung dienen und auch die Treppen- und Fahrstuhlkerne aufnehmen. Zwischen und vor den Pfeilern spannen sich die offenen Logenbereiche auf. Der Turm wurde im Werk in 40 Teilelementen vorfabriziert und vor Ort in zwei Monaten zusammengebaut. Lediglich das Fundament, auf dem der 490 t schwere Turm ruht, ist vor Ort in Stahlbeton gegossen worden.

Die vertikal verschiebbare Plattform besteht aus Doppel-T-Trägern, die oberseitig mit Dreischichtplatten beplankt sind. Mit einem motorisierten Kettenzug, der vom Dachtragwerk abgehängt ist, wird die Bühne gehalten und bewegt. Die Mitte der Bühne ist in die restliche Plattform eingehängt, sie kann herausgenommen und gegen ein Geländer ausgetauscht werden, sodass die Bühne dann einen Ring bildet.

Die Bespielung des Theaterturms ist bis 2020 vorgesehen. Anschließend soll der Turm wieder abgebaut werden.

Theaterturm von außen

Blick im Turm nach unten

Höhenverstellbare Plattform

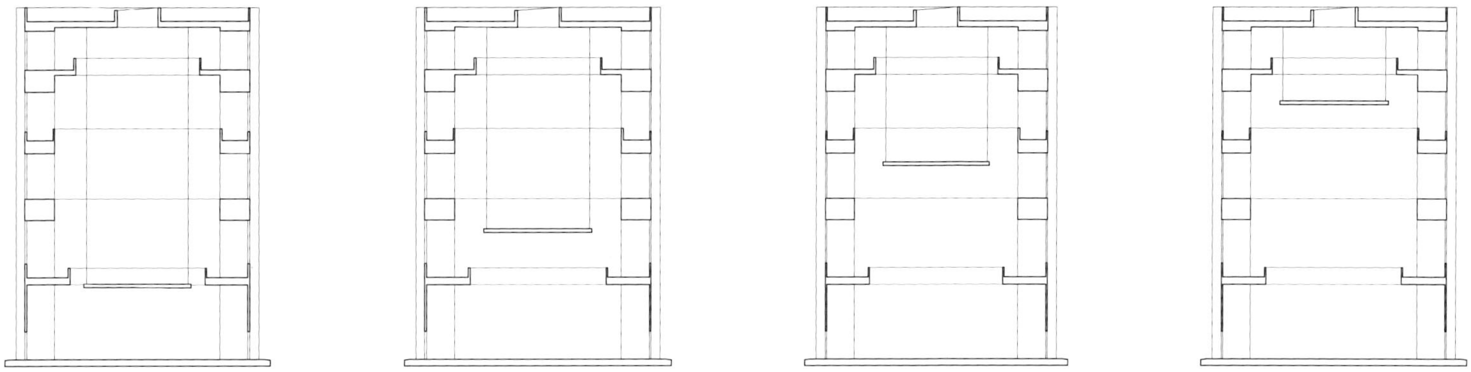

Abmessungen Plattform d = 8 m **Anzahl** 1 **Gewicht** Bühne: 27 kN Eigengewicht, 63 kN Nutzlast, total 90 kN = ca. 18 kN/Kettenzug **Antrieb** Bewegung per Hand

Einbaulage: Stationärzug

1 Kettenzug mit Hakenaufhängung
2 Ketten mit Kettenspeicher
3 Verriegelung
4 Dreischichtplatte 27 mm
5 Unterkonstruktion aus Doppel-T-Stahlträgern
6 Podestmitte eingehängt und austauschbar gegen Geländer

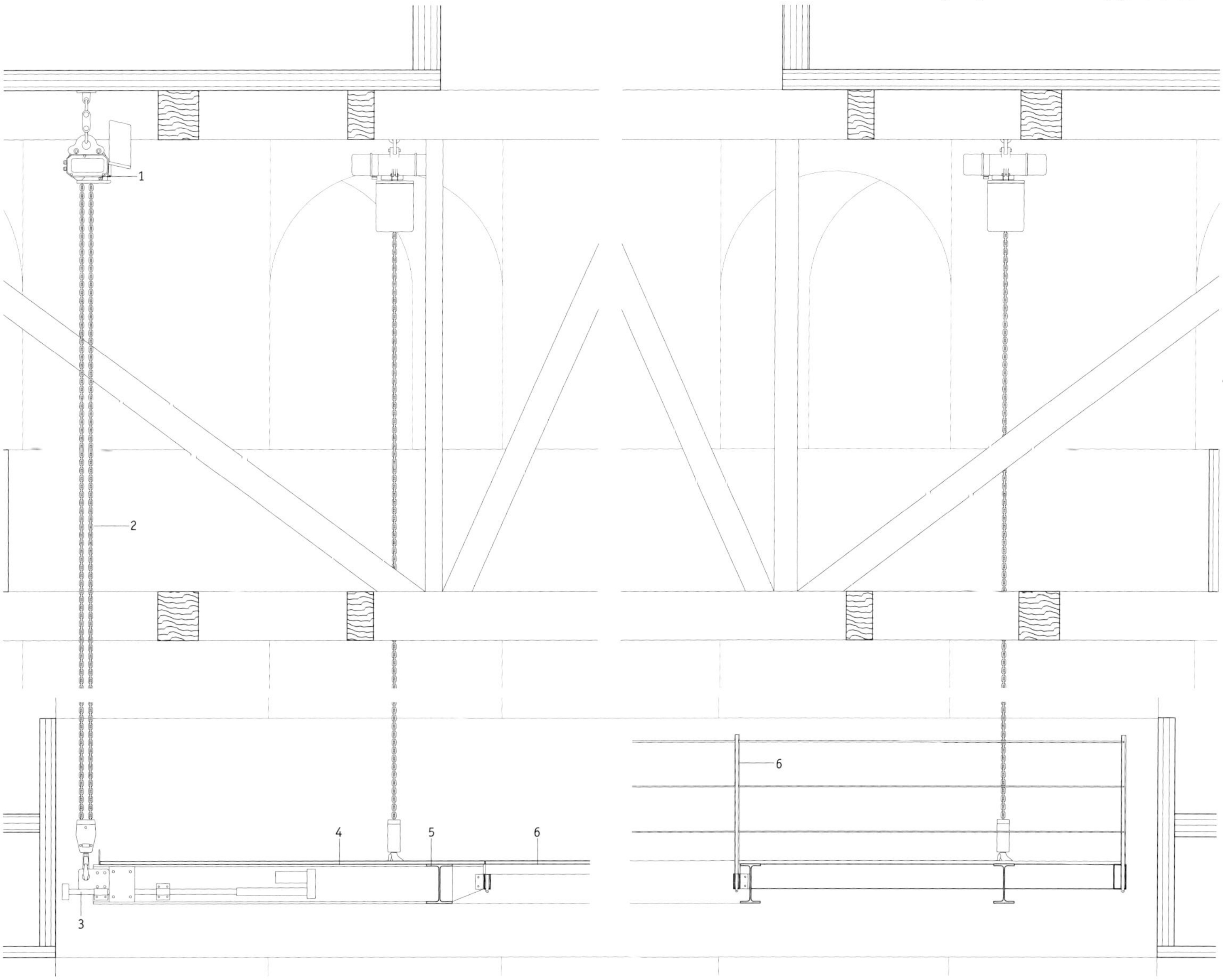

Schnitt durch hebbare Bühne und Aufhängung im Dach M 1:50

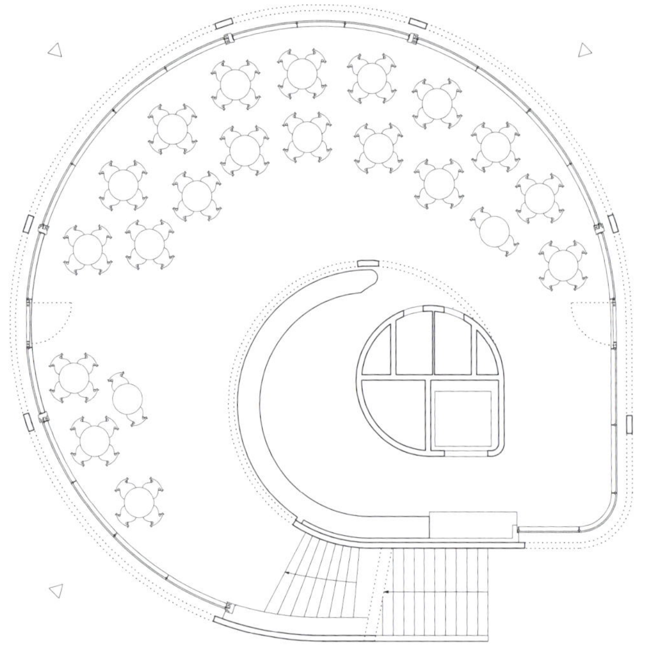

Grundriss mit drei senkbaren Fensterfronten, o. M.

Duke of York Restaurant

London, Großbritannien, 2019
NEX-Architecture

Das Café und Restaurant am Duke of York Square im Londoner Stadtteil Chelsea entstand aus einem Wettbewerb neben den historischen Überresten einer Kaserne aus dem 19. Jahrhundert. Der Baukörper des einstöckigen Cafés ist spiralförmig angelegt und hat einen Durchmesser von ca. 16,80 m. Küche, Toiletten und Nebenräume wurden ins Untergeschoss verlegt, sodass der Gastraum im Erdgeschoss komplett offen und ohne störende Einbauten gestaltet werden konnte. Der spiralförmigen Bewegung der Gebäudehülle folgt eine außenliegende Treppe, die auf die begrünte Dachterrasse führt und einen Rundumblick über den Platz verschafft. Unter dieser Treppe liegt die Treppe ins Untergeschoss.

Der Raumeindruck der Offenheit wird durch drei gebogene, 3 m hohe Fensterelemente der Pfosten-Riegel-Fassade noch verstärkt. Bei gutem Wetter können diese in das Untergeschoss heruntergefahren werden, sodass der Platz und das Café schwellenlos ineinander übergehen. Auch im geschlossenen Zustand liegen die Riegel der beweglichen Fassade bündig in Boden und Decke, sodass der Eindruck einer Ganzglasfassade mit scheinbar ungestörtem Innen-Außen-Übergang verstärkt wird. Fassade und Gebäudekern wurden aus weiß eingefärbten Betonfertigteilen vor Ort zusammengesetzt. In der Ebene hinter diesen Tragwerkselementen befindet sich die um fast 360° umlaufende Glasfassade, bei der sich starre Fensterelemente mit den absenkbaren Abschnitten abwechseln.

Die Führungsschienen der Fensterelemente sind unterirdisch verlegt. Der unter dem Fußboden liegende Motor bewegt die Fenster mit einem einfachen Windenantrieb über zwei Umlenkrollen und einem Gegengewicht. Seitlich werden die Fenster mit Hochleistungsrollen, die in Edelstahlschienen an den Fassadenstützen laufen, in ihrer Position gehalten. Die Bewegung wird aus Sicherheitsgründen nur durch einen Totmannschalter geregelt. Der Bedientaster muss dabei für den Funktionsablauf gedrückt gehalten werden. Ein Loslassen des Betätigungselements ermöglicht in Notfallsituationen das sofortige Abschalten des Antriebs.

Vogelperspektive

Vorderansicht

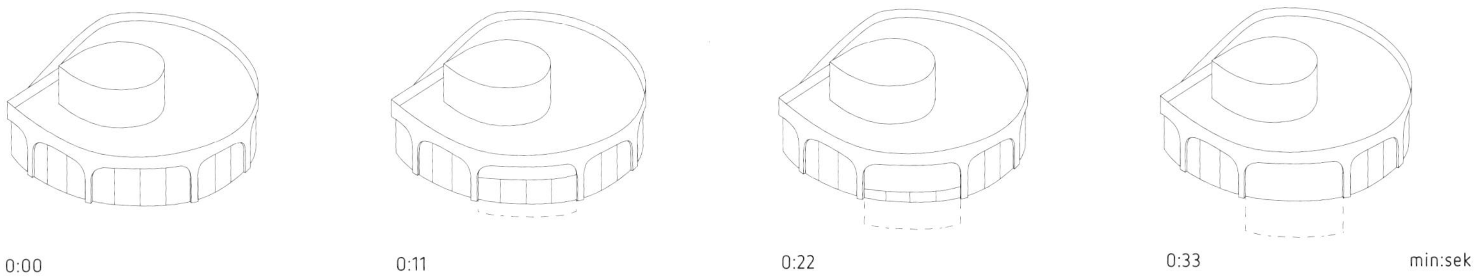

Abmessungen L × H = 8115 × 2950 mm, R = 8000 mm **Anzahl** 3 **Gewicht pro Element** 2 t

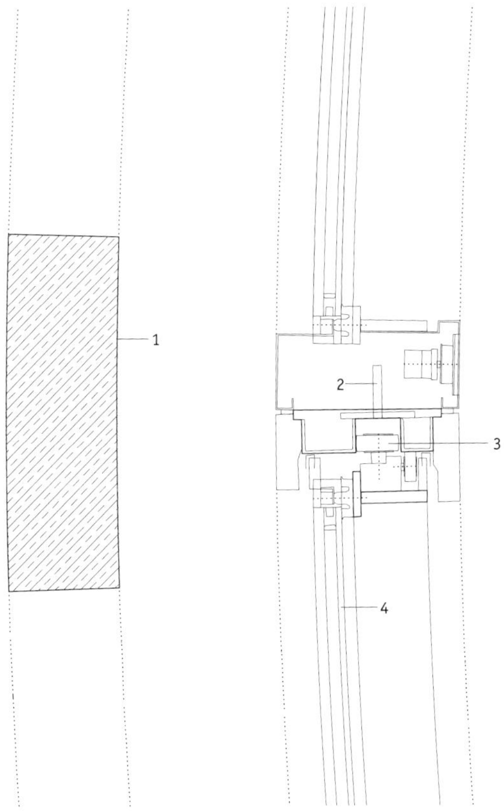

Grundriss Fensterelement M 1:10

1 Fassade aus Betonfertigteilen
2 Stahlstütze, verkleidet mit Aluminiumblech
3 Seitliche Rollen in Führungsschiene
4 Senkbare Glasscheibe
5 Konvektorheizung
6 Führungsschiene
7 Kettenzug über Umlenkrollen
8 Antrieb
9 Gegengewicht

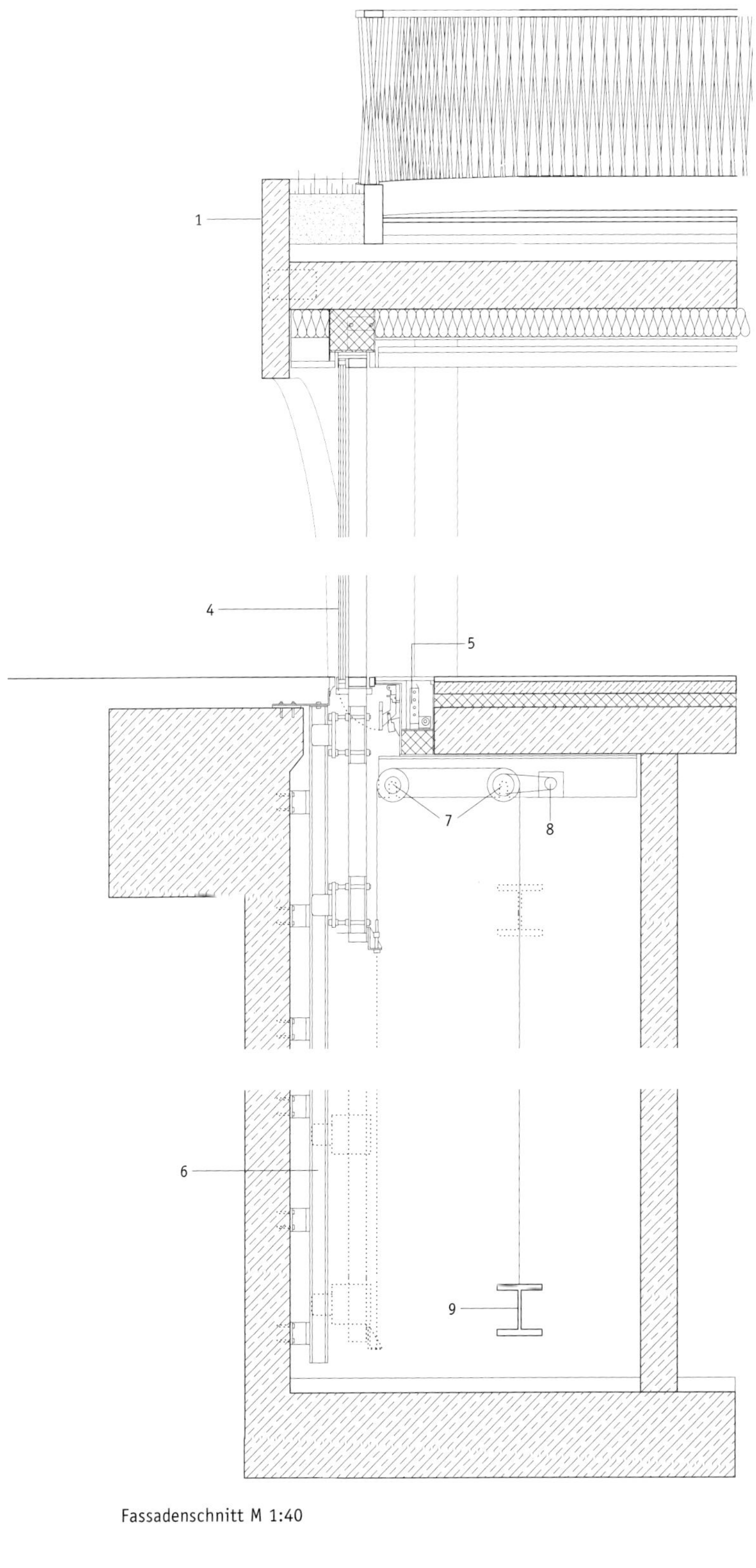

Fassadenschnitt M 1:40

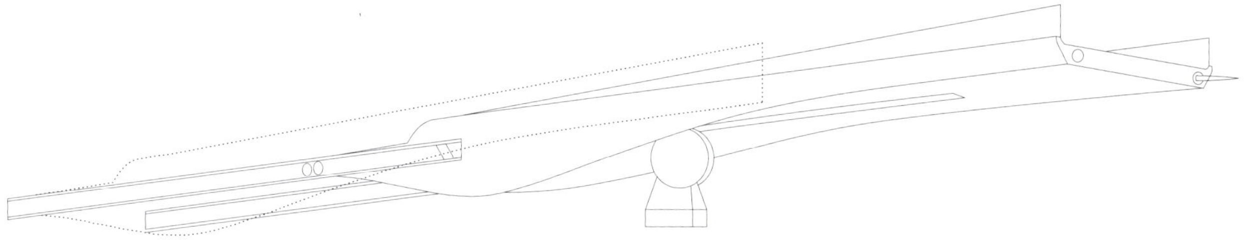

Axonometrie seitliche Führungsschiene des Brückenkörpers

Inderhavnsbroen

Kopenhagen, Dänemark, 2016
Studio Bednarski mit COWI UK

Die Innere Hafenbrücke verbindet den Nyhavn von Kopenhagen mit dem aufstrebenden Stadtteil Christianshavn. Die 180 m lange Fußgänger- und Radfahrerbrücke ist als Schubbrücke ausgeführt. Zwischen einer starren, V-förmigen Basis auf jeder Uferseite verläuft ein 53 m langer und 7 m breiter, aus der Basis herausschiebbarer Brückenkörper aus Stahl, der zur Mitte hin schlanker wird. Eine Klappbrücke hätte an dieser Stelle die großartige Sicht über den Hafen beeinträchtigt.
Wenn Schiffe die Brücke passieren wollen, werden die beiden beweglichen Hälften des Brückenkörpers in die feststehenden Basen aus Beton eingezogen. Diese sind auch bei geöffneter Brücke zugänglich und dienen als Aussichtspunkte auf die passierenden Schiffe.
Die Bewegung der Brückenkörper erfolgt über einen Windenantrieb. Sie rollen dabei mit ihrem W-förmigen, sich zur Mitte hin verjüngenden Querschnitt über zwei 1,80 m große, sichtbar unter der Brücke liegende Laufräder. Seitlich wird der Brückenkörper über Rollen in Position gehalten, die in Führungsschienen aus Edelstahl laufen. Motor und Antrieb liegen an beiden Uferseiten unterirdisch. Diese Antriebslösung hat zur Folge, dass die Bewegung kaum Geräusche verursacht und daher nicht zu einem Störfaktor im innerstädtischen Raum wird.
Während des Betriebs hat sich inzwischen herausgestellt, dass der erforderliche Spurwechsel der Radfahrer von dem beweglichen Brückenkörper auf die Basis der Brücke bei höheren Geschwindigkeiten problematisch sein kann, da die abrupte Abbiegung vor dem Ende des Brückenkörpers leicht übersehen werden kann.

Brücke in geschlossenem und geöffnetem Zustand

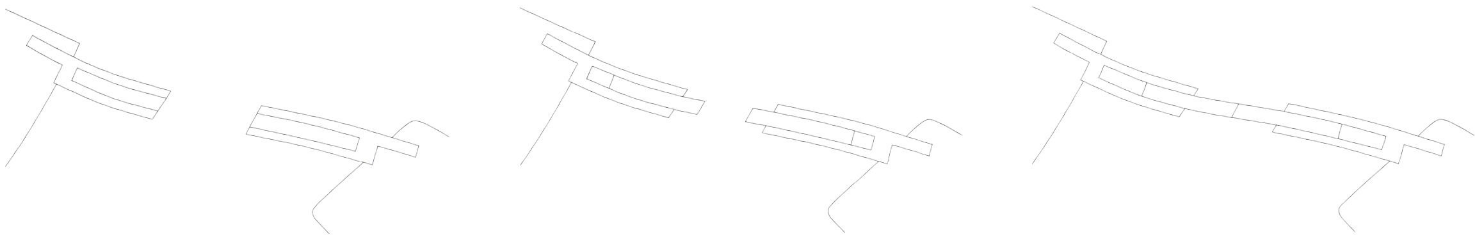

Abmessungen L × B = 53 × 7 m **Anzahl** 2 **Gewicht pro Element** 230 t

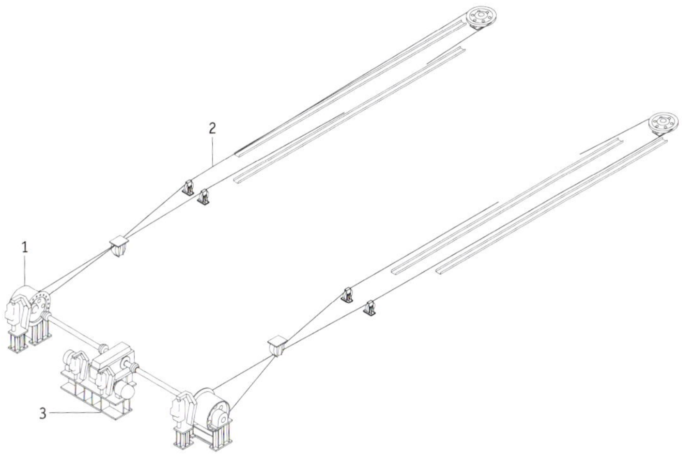

Axonometrie des Windenantriebes

Untersicht Antrieb

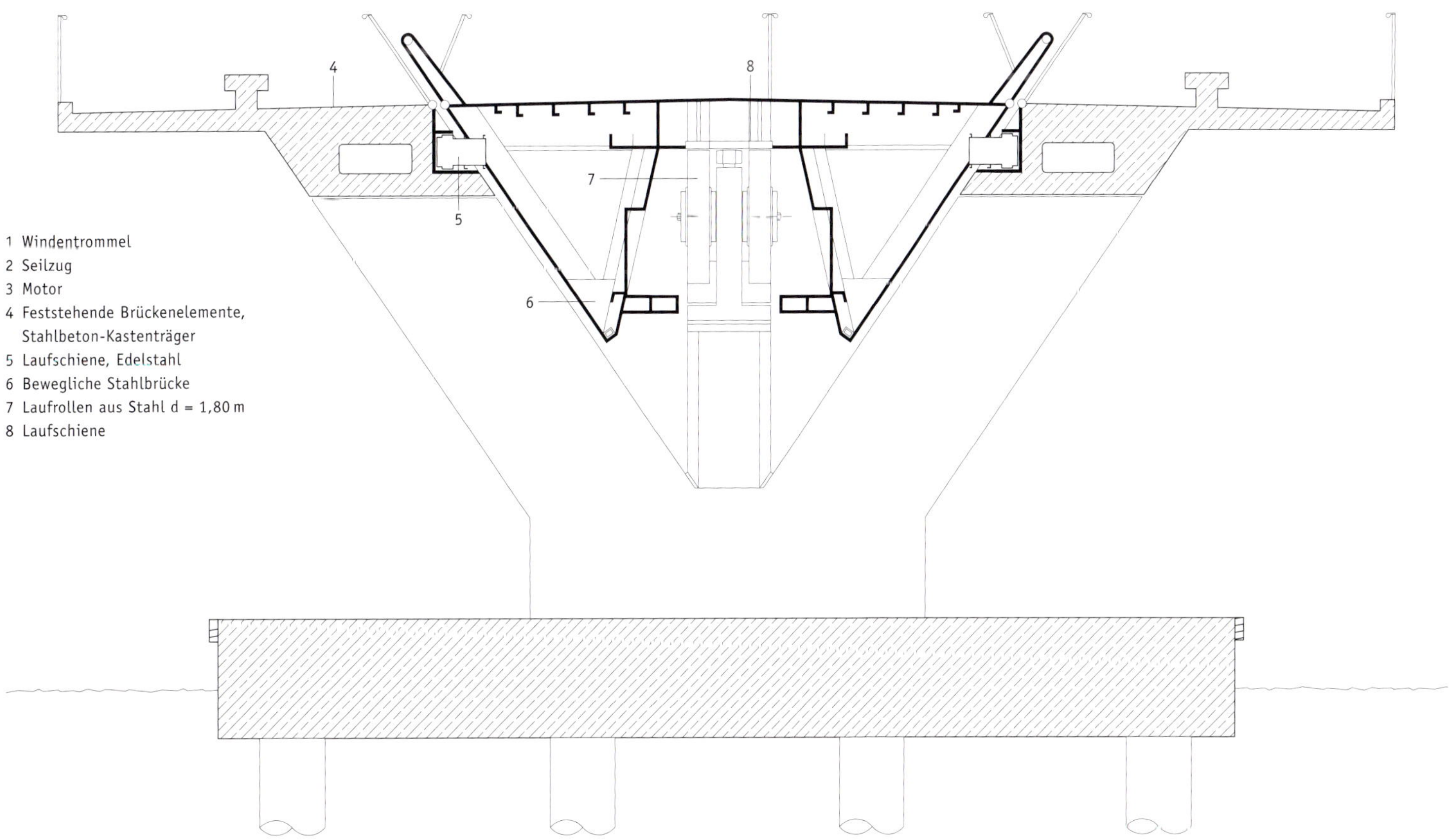

1 Windentrommel
2 Seilzug
3 Motor
4 Feststehende Brückenelemente, Stahlbeton-Kastenträger
5 Laufschiene, Edelstahl
6 Bewegliche Stahlbrücke
7 Laufrollen aus Stahl d = 1,80 m
8 Laufschiene

Querschnitt durch Brücke M 1:100

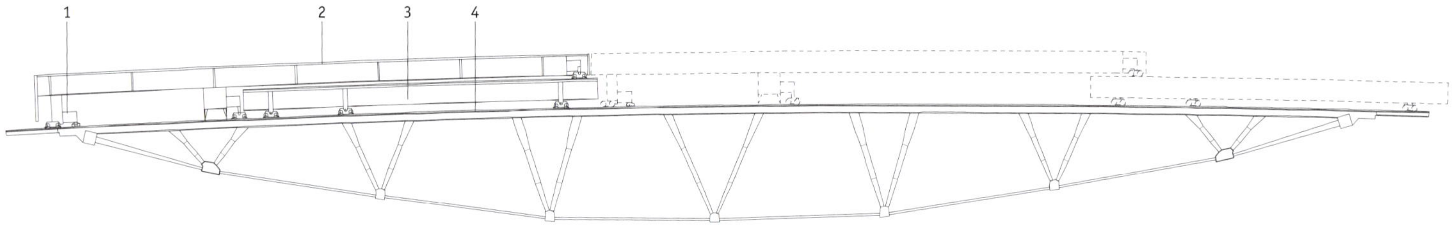

Längsschnitt bewegliche Dachelemente, o. M.

Wembley Stadion

London, Großbritannien, 2007
Foster + Partners

Das Wembley Stadion im Londoner Stadtbezirk Brent ist das Nationalstadion der englischen Fußballnationalmannschaft. Es wurde von 2003 bis 2007 als Ersatz für das im Jahr 1924 errichtete Stadion an gleicher Stelle gebaut. Mit einem Fassungsvermögen von 90000 Zuschauern gehört es zu den größten Sportstadien der Welt. Markantestes Element und weithin sichtbares Wahrzeichen des Stadions ist der 133 m hohe Bogen, der das Stadion überspannt und Teile der Dachkonstruktion trägt.

Das Dach überdeckt die Sitztribünen und kann auf der südlichen Seite zurückgefahren werden, um bei geeigneter Witterung die Lichtverhältnisse im Inneren zu steuern und außerdem die Wachstumsbedingungen des Rasens zu verbessern. Das 52 m hohe Dach hat eine Gesamtfläche von ca. 40000 m², von denen 13700 m² beweglich sind.

Der Bogen, einer der größten seiner Art, trägt zum einen den nördlichen, feststehenden Teil des Dachs über ein Netz von Stahlkabeln und zum anderen indirekt 60 % der Lasten des Daches auf der Südseite mit dessen verschiebbaren Elementen. Ihre Last wird über unterspannte Träger in Querrichtung auf das nördliche Dach geleitet. Von den sieben verschiebbaren Dachelementen liegen jeweils drei übereinander und überdecken im ausgefahrenen Zustand die Querseiten des Stadions. Das siebente, transluzente Dachelement überdeckt die vordere Haupttribüne und wird durch Fachwerküberzüge gehalten.

Die beweglichen Dachelemente fahren mit gelenkigen Fahrgestellen auf den sechs unterspannten Stahlträgern, die auf der Südseite auf der Stadionstruktur aufliegen und auf der Nordseite vom Bogen abgehängt sind. Dies ist erforderlich, um auf die möglichen Bewegungen des Tragwerks zu reagieren. Die Bewegung des Daches erfolgt über ein Zahnstangensystem, das eine sehr exakte Kontrolle und Positionierung ermöglicht. Aus dem Kontrollraum wird die Bewegung mit einer elektronischen Steuerung mit Redundanz überwacht.

Aufgrund der großen Spannweiten treten im Dach große Deformationen und Biegungen der Konstruktion auf, die im Planungsprozess so berechnet werden mussten, dass die noch unbelasteten Elemente erst während des schrittweisen Abhängens des Daches in ihre endgültige Form gebracht werden konnten.

Luftbild Stadion

Innenraum mit geschlossenem Dach

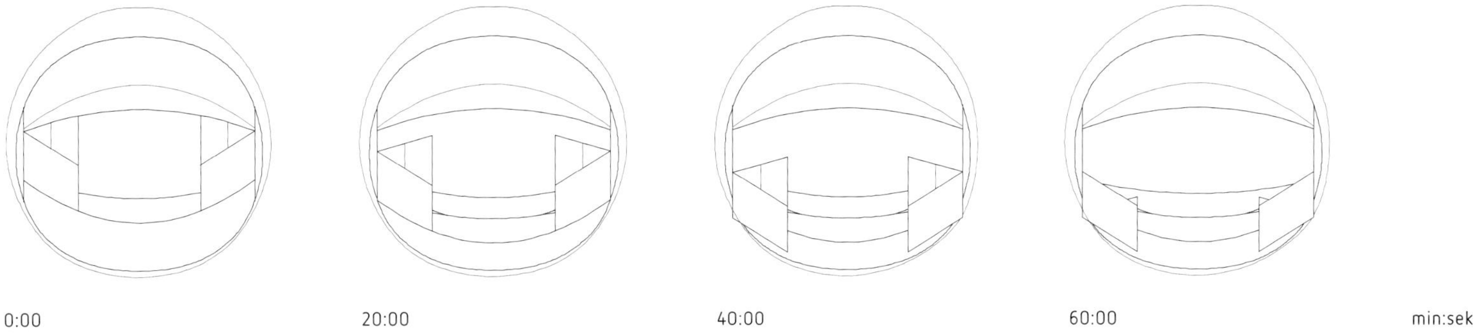

Abmessungen 13700 m² bewegliche Dachfläche **Anzahl** 7

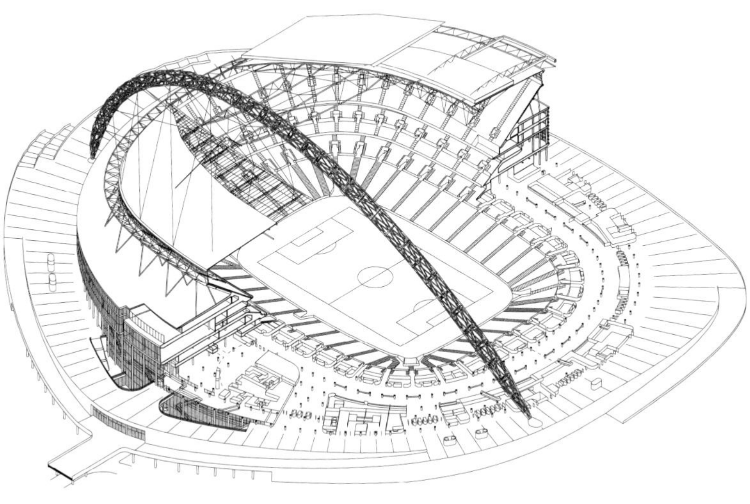

Axonometrie des Stadions im Längsschnitt

1 Laufrad an Schwenkarm
2 Seitlicher Träger des oberen Dachelementes
3 Träger des unteren Dachelementes
4 Unterspannter Hauptträger des Daches
5 Antriebseinheit des unteren Dachelementes
6 Zahnstange
7 Zahnrad

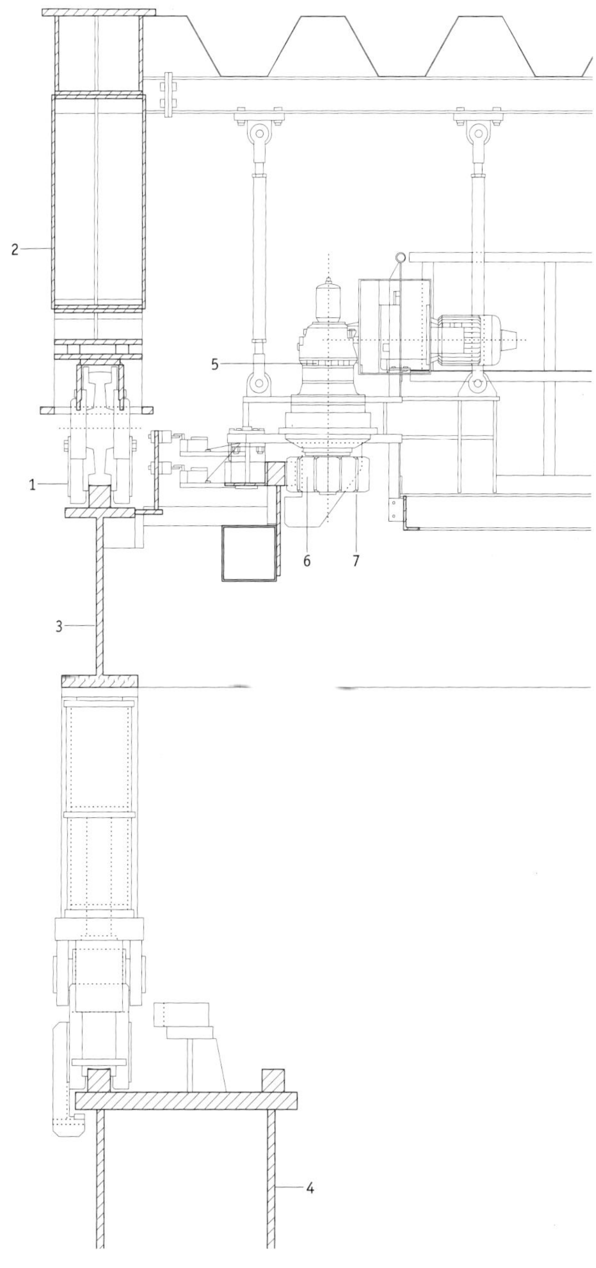

Querschnitt übereinanderliegende Dachelemente mit Antriebselement M 1:25

Straßenansicht

Aktivhaus B10

Stuttgart, Deutschland, 2014
Werner Sobek

Das Aktivhaus B10 ist Teil eines Forschungsprojekts, das untersucht, wie innovative Materialien, Konstruktionen und Technologien unsere gebaute Umwelt nachhaltig verbessern können. Dank eines ausgeklügelten Energiekonzepts und einer vorausschauenden, selbstlernenden Gebäudesteuerung erzeugt das Gebäude das Doppelte seines Energiebedarfs aus nachhaltigen Quellen. Es bietet darüber hinaus wichtige konstruktive Neuerungen. B10 wurde innerhalb weniger Monate geplant, industriell als Holzbau vorfabriziert und innerhalb eines Tages vor Ort montiert. Zu den baulichen Innovationen zählen auch klappbare Fassadenelemente, die eine Doppelfunktion als Terrasse erfüllen.

Die vor dem Gebäude befindliche Terrasse ist an dem Stahlträgerrost befestigt, auf dem auch das Haus selbst ruht. Sie ist in vier Einzelelemente unterteilt, die sich hydraulisch um 90° nach oben drehen lassen, um so ein vollständiges Schließen der verglasten Gebäudeseite zu ermöglichen. Hierdurch kann nachts, oder bei Abwesenheit der Nutzer, die Wärmedämmeigenschaft der Gebäudehülle zusätzlich verbessert werden. Die Terrassenelemente weisen, ebenso wie die übrigen Außenwände, in geschlossenem, also nach oben geklapptem Zustand eine weiße textile Oberfläche auf. Nachts kann diese hinterleuchtet werden. Sind die Fassadenelemente geöffnet, also in horizontaler Stellung, bieten sie nahezu eine Verdoppelung der Nutzfläche im Außenraum.

Die Terrasse liegt an der Westfassade und bildet im geöffneten Zustand den Zugang zum Gebäude. Eines der Klappelemente ist mit den zum Gebäude gehörenden Elektro-Smarts befahrbar. Das Auto kann in die Wohnung einfahren und kann dort be- und entladen werden. Es kommt auf einem drehbaren Bodenelement zum Stehen und kann das Gebäude im Vorwärtsgang wieder verlassen. Ziel der Forschung in diesem Bereich ist es zu untersuchen, inwieweit auf diese Weise Vereinfachungen beim Ein- und Aussteigen für ältere und/oder behinderte Mitmenschen möglich werden, und auch, inwiefern das Parken eines Elektrofahrzeugs im temperierten Innenraum seine Reichweite erhöhen kann, da dann während des Fahrens weniger Strom für das Heizen bzw. Kühlen verwendet werden muss.

Bewegungsablauf der Fassadenelemente

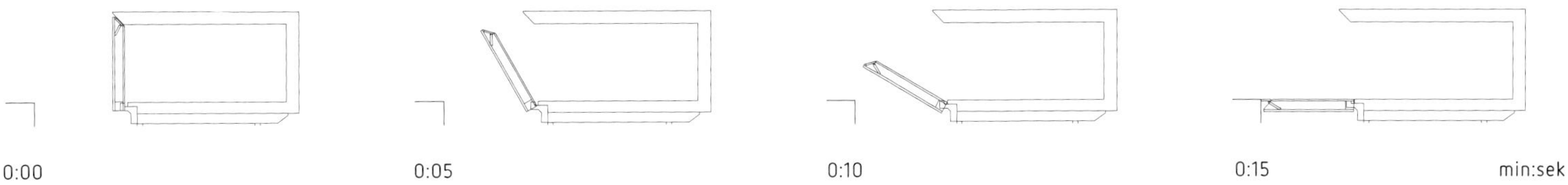

Abmessungen B × T × H = 3,40 × 0,30 × 3 m **Anzahl** 4 **Gewicht pro Element** 500 kg

1 Hydraulikzylinder für das Verschwenken des Abschlusselements
2 Terrassenbelag aus thermisch modifiziertem Holz
3 Fassadenelemente mit teflonbeschichteter Glasfasermembran
4 Hydraulikzylinder für das Schwenken der Terrassenelemente
5 Portalrahmen

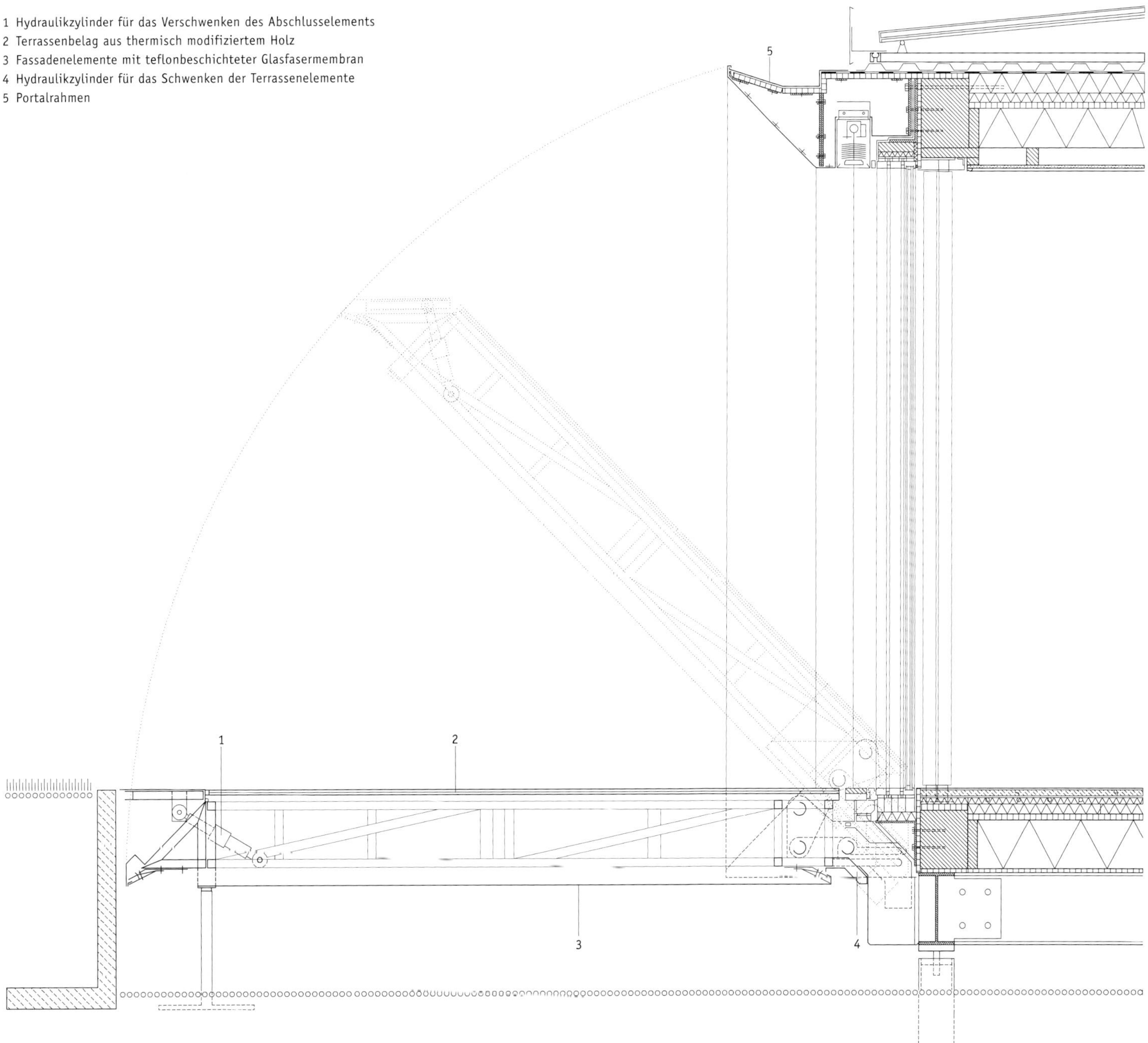

Querschnitt M 1:25

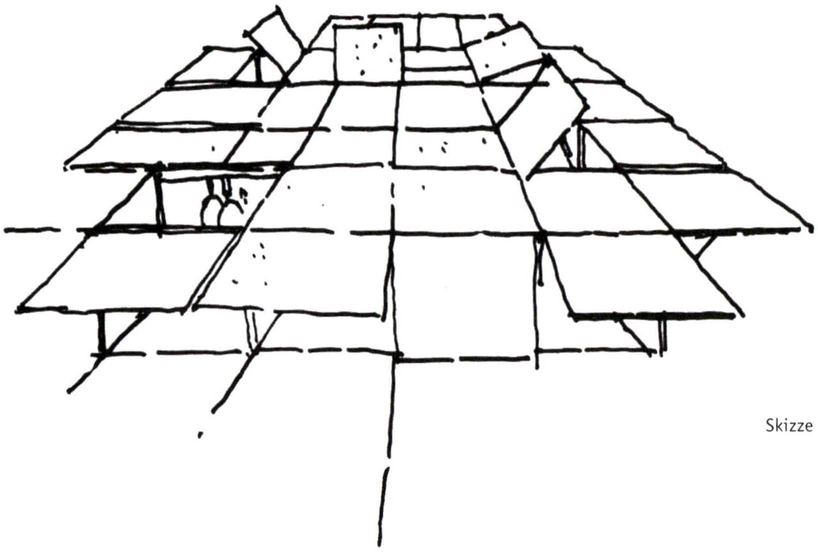

Skizze

MPavilion 2014

Melbourne, Australien, 2014
Sean Godsell Architects

Der MPavilion wurde 2014 als ein temporärer Pavillon für öffentlich zugängliche kulturelle Veranstaltungen und Aktivitäten in den Queen Victoria Gardens in Melbourne errichtet. Nach vier Monaten wurde er wieder demontiert.

Der Pavillon sollte anpassungsfähig genug sein, um unterschiedliche Arten von Veranstaltungen zu erlauben und sie nachts absichern zu können. Daraus resultierte die Entscheidung, eine bewegliche Hülle zu entwickeln, bei der sich modulare Metallpaneele in Fassade und Dach mittels elektrischer Aktuatoren öffnen und schließen lassen.

Für unterschiedliche Anforderungen stehen unterschiedliche Konfigurationen zur Verfügung. Die Elemente der Fassade sind mit Drehpunkten am Dach befestigt und können auf 90° horizontal aufgestellt werden. Durch die Möglichkeit, auch die Dachfläche aufzuklappen, können Licht und Schatten moduliert werden. Mit seiner Fassade scheint sich der Pavillon am Tag blütenartig zu entfalten und am Abend zu verschließen.

Der Pavillon wurde aus einer vorgefertigten Stahlkonstruktion mit perforierten Metallpaneelen aufgebaut. Er wird in Modulen von 2,40 m × 2,40 m transportiert und wurde innerhalb von 72 Stunden zu einer gesamten Standfläche von 12 m × 12 m zusammengesetzt.

Geschlossene Fassadenpaneele

Komplett geöffnete Paneele

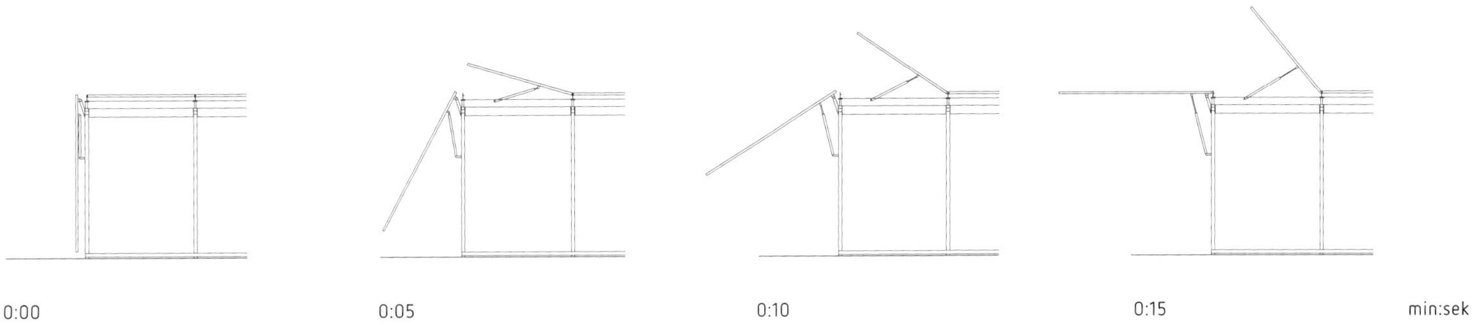

Abmessungen B × H = 2,40 × 3 m und L × B = 2,40 × 2,40 m **Anzahl** 20 und 25 **Gewicht pro Element** 48 kg und 40 kg

1 Perforiertes Aluminiumpaneel auf verzinktem Stahlrahmen
2 Stahl-Quadratrohr 70 × 70 mm
3 Winkeleisen als Teil der Kassettendecke und Halterung des Aluminiumpaneels
4 Elektrischer Aktuator, ferngesteuert
5 Individuell angefertigte Stahlträger
6 Plexiglasüberdachung
7 Stoßfänger
8 Holzboden auf Stahlträger-Modulen
9 Rampe, Stahlbetonplatten

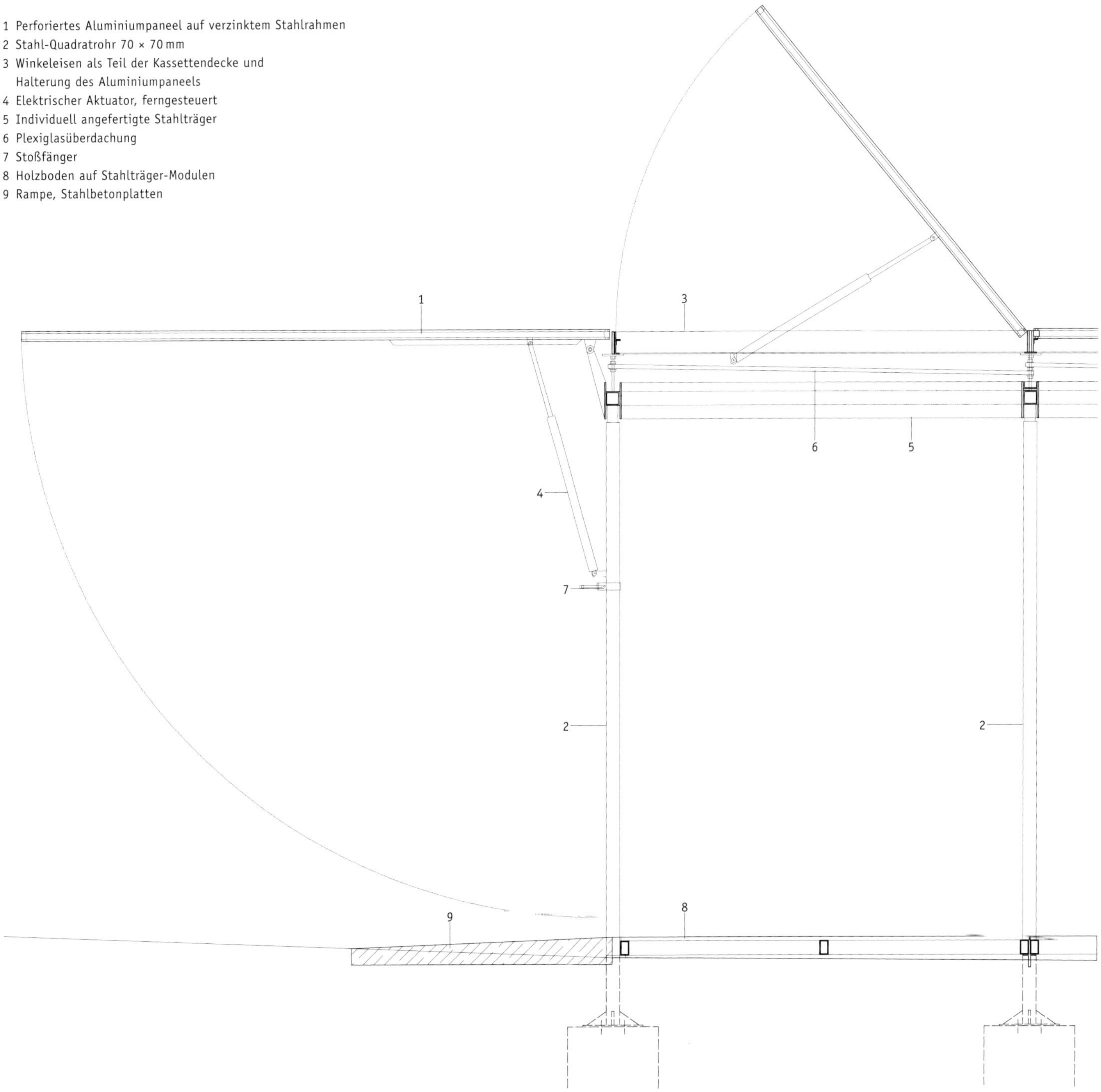

Schnitt M 1:35

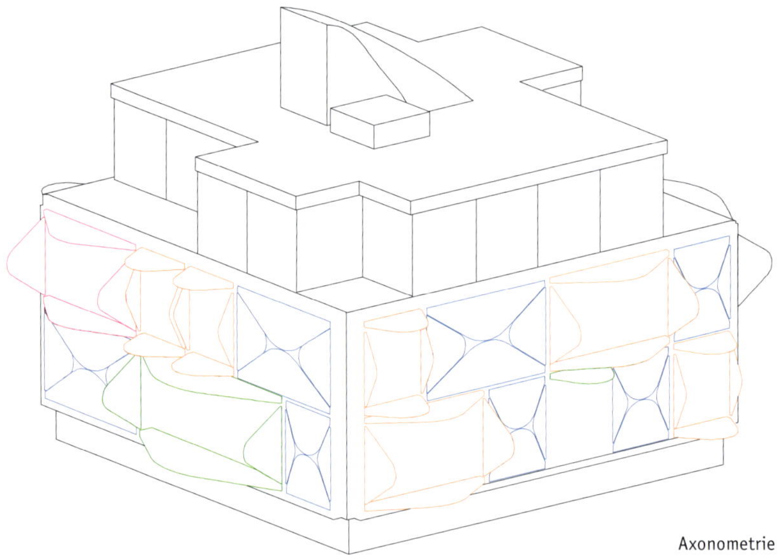
Axonometrie

Ballet Mécanique

Zürich, Schweiz, 2017
Manuel Herz

Das Mehrfamilienhaus steht in einem Wohnviertel im Herzen von Zürich, nahe dem See und nur wenige Meter vom Pavillon Le Corbusier entfernt, der 1967 für das Heidi Weber Museum erbaut wurde und mit seinen farbenfrohen Metallpaneelen und seiner auffallenden Geometrie zur Referenz für das Wohnbauprojekt wurde. Die Aufständerung auf Stützen sowie die Kombination aus industriell anmutenden Modulen und künstlerisch-handwerklichen Bauelementen sind von Le Corbusiers Arbeit inspiriert.

Das Gebäude hat ein kubisches Volumen mit einer einfachen Geometrie. Der zentral angeordnete Erschließungskern bedient fünf Wohnungen mit unterschiedlichen Typologien, die jeweils für eine andere Familienform und Lebensweise geeignet sind. Der geometrisch einfachen Grundform steht die Fassade gegenüber. Sie besteht aus horizontal und vertikal angeordneten Metallplatten mit einer abgerundet dreieckigen Form. Die horizontalen Platten öffnen sich zu begehbaren Balkonen mit entsprechender Verschattung durch das Dachelement. Die vertikalen Platten verdunkeln die Räume, wenn sie geschlossen sind, und bieten Privatsphäre und Intimität auch dann, wenn sie geöffnet sind.

Die Metallplatten lassen sich durch einen hydraulischen Mechanismus ein- und ausklappen bzw. öffnen und schließen. Vier verschiedene Arten von Fassadenelementen finden Verwendung. Der erste, bewegliche Typ kann sich zusammen mit einem beweglichen Geländer zu einem begehbaren Balkon entwickeln. Der zweite Typ ist ebenfalls beweglich, jedoch ohne Geländer, er dient als Sonnenschutz bzw. zur Verdunkelung der jeweiligen Räume. Drittens hat die Fassade starre Elemente, die dauerhaft als Balkone zugänglich sind, und viertens sind die geschlossenen Wandabschnitte mit identischen unbeweglichen Fassadenelementen verkleidet.

Während das Äußere des Gebäudes einen einheitlichen metallischen champagnerfarbenen Ton aufweist, weisen die Innenseiten der beweglichen Elemente ein Farbspektrum zwischen Rot und Blau auf. Wenn das Gebäude vollständig geschlossen ist, erscheint es daher in einem monochromen Farbton. Öffnen sich die Paneele hingegen, wird ein Regenbogen aus blauen und roten Farbtönen sichtbar.

Bewegungsablauf der Fassadenelemente

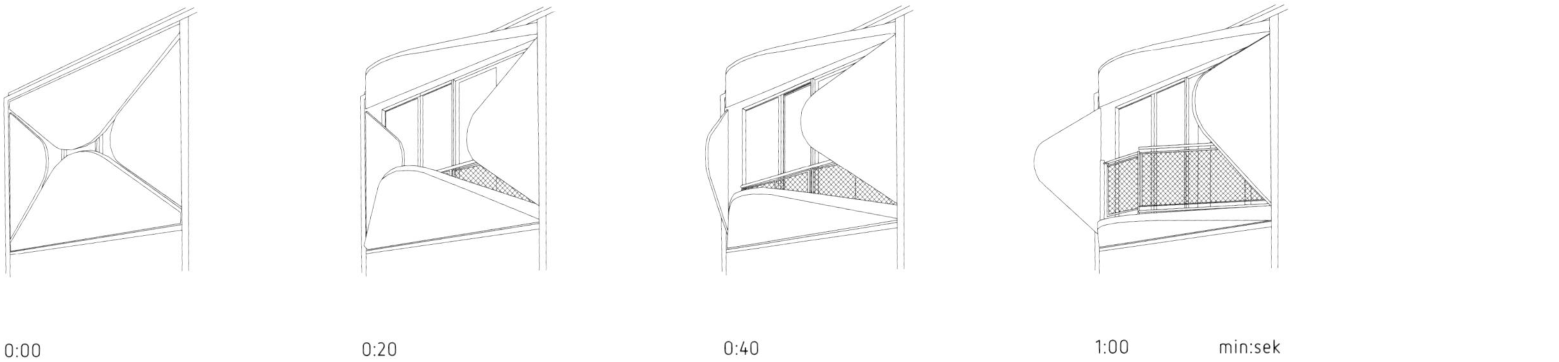

Abmessungen H × L = 3 × 2,50 m und 3 × 5 m **Anzahl** 50

1 Alublech 2 mm, anti-dröhn-beschichtet
2 Hydraulikzylinder
3 Revisions- bzw. Montageöffnung
4 Edelstahlkugel d = 50 mm
5 Stahlrohr auf Teflon gelagert

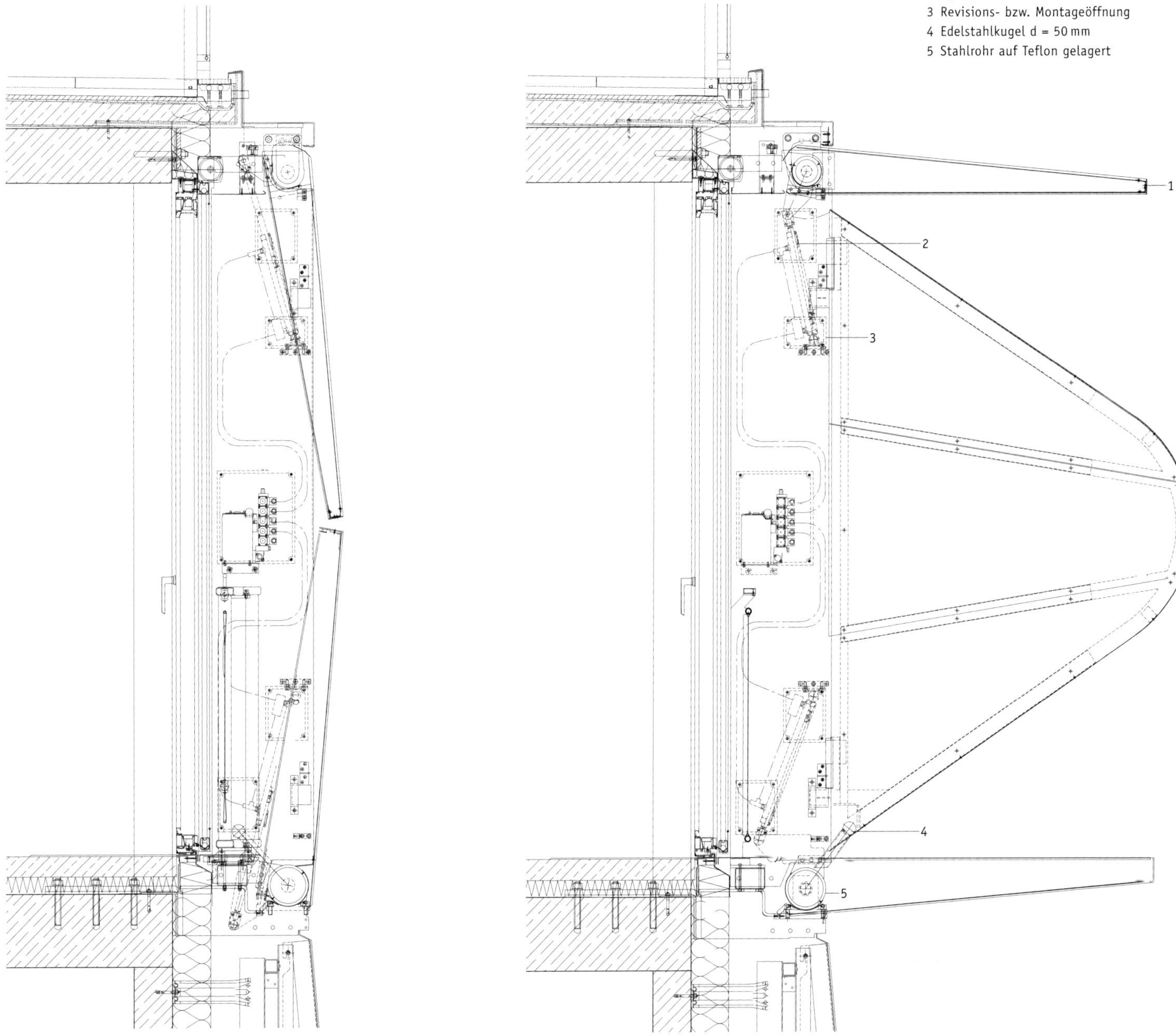

Querschnitte M 1:25

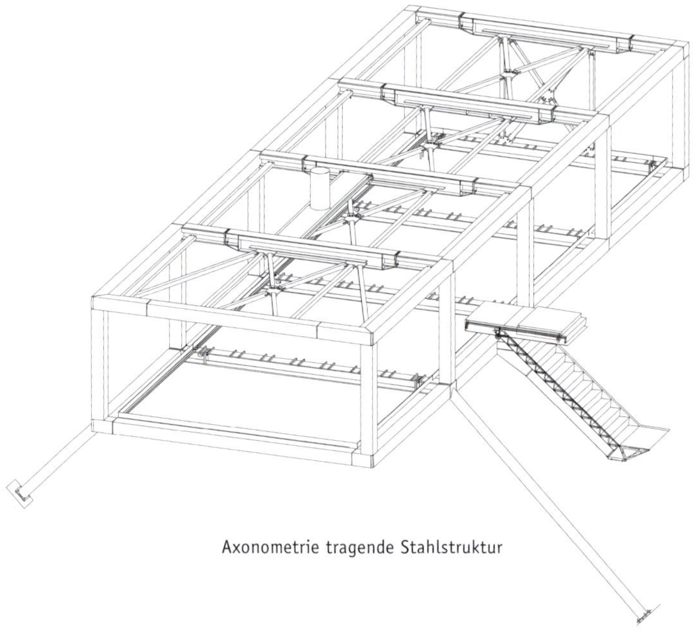

Axonometrie tragende Stahlstruktur

Villa Chardonne

Chardonne, Schweiz, 2009
MADE IN Architecture

Das eingeschossige Einfamilienhaus scheint über der steilen und unebenen Schweizer Landschaft in der Weinbauregion des Lavaux zu schweben, mit freiem Blick über das UNESCO-Welterbe Vevey am Genfersee. Die Stahlkonstruktion aus zwei parallelen Vierendeel-Stahlträgern und Verglasung ist auf einem Technikkeller aufgelegt und auf der Talseite auf zwei schräge Stahlstützen aufgebockt, die bis an die Grundstücksgrenze reichen. Das strukturelle Gefüge wurde somit so weit wie möglich vom Terrain abgesetzt, damit sich die Landschaft frei unter dem Baukörper entfalten kann.
Im Sinn dieses Konzepts erfolgt der Zugang vom Garten aus über eine skulpturale, entfaltbare Auskragung, bestehend aus einer schwenkbaren Stahltreppe und einer aufklappbaren Glasbrüstung. Die Treppe kann hochgeklappt werden, was dem Haus ein enigmatisches Aussehen verleiht und den Zugang zum Wohngeschoss schützt.
Die Treppenkonstruktion wird über einen Hydraulikzylinder bewegt und dreht sich um eine horizontale Drehachse an der Stahlkonstruktion des Gebäudes. Der Treppenlauf wurde mit einem abgewinkelten Stahl-Kragarm um 1,80 m verlängert, als Gegengewicht zum Treppenlauf und statische Abstützung im abgesenkten Zustand. Am Antritt der Treppe klappt ein kleines Podest aus, das auf einem Betonfundament auflagert und vom Gelände auf die Treppenstufen leitet.

Ansicht mit hoch- und heruntergeklappter Eingangstreppe

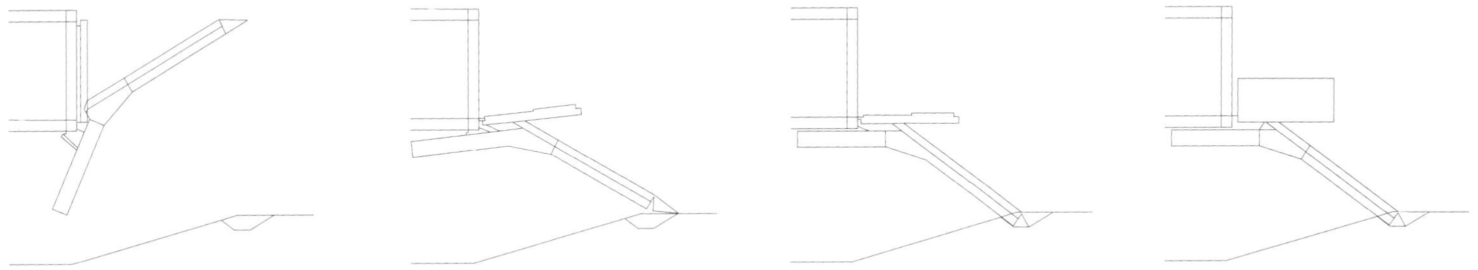

0:00 0:04 0:08 0:12 min:sek

Abmessungen B × L × H = 1,20 × 6 × 2,40 m **Anzahl** 1

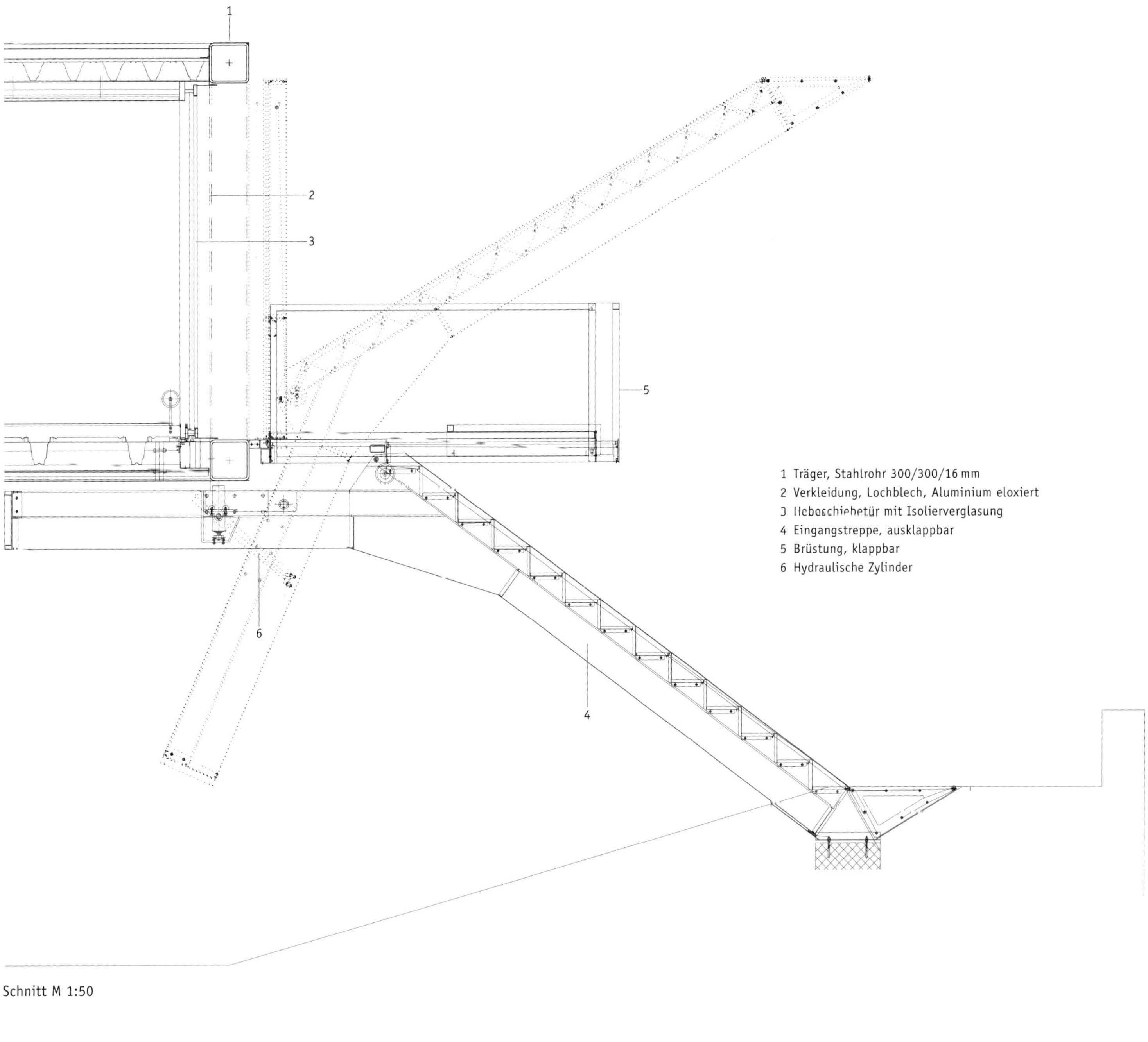

1 Träger, Stahlrohr 300/300/16 mm
2 Verkleidung, Lochblech, Aluminium eloxiert
3 Hebeschiebetür mit Isolierverglasung
4 Eingangstreppe, ausklappbar
5 Brüstung, klappbar
6 Hydraulische Zylinder

Schnitt M 1:50

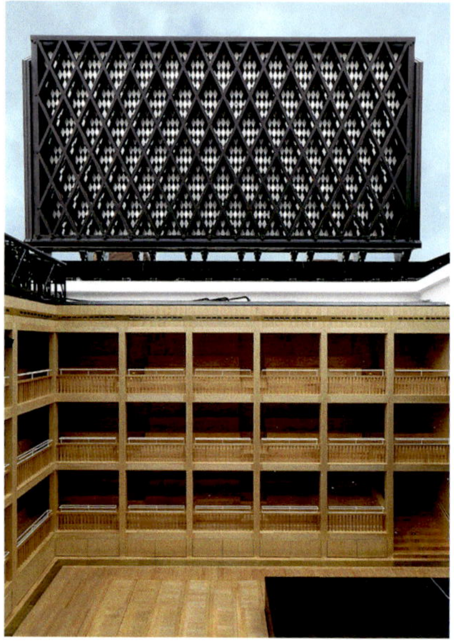

Bühne und Tribüne beim geöffneten Zustand

Gdańsk Shakespeare Theatre

Gdańsk, Polen, 2014
Renato Rizzi mit Proteco Engineering S.r.l.

Das Shakespeare-Theater in Danzig wurde nach dem Vorbild des historischen Londoner Globe Theatre aus Shakespeares Zeiten entworfen. Der Bau hebt sich durch sein großes Volumen, die dunkle, gerippte Fassade und das öffenbare Dach klar von der Stadtsilhouette ab. Das Gesamtvolumen ist in mehrere Gebäudeabschnitte unterteilt, wobei der 18 m hohe Bühnenturm und das 12 m hohe elisabethanische Theater die markantesten Elemente bilden. Bei geöffnetem Dach kann man vom Turm in das Innere des Theaters blicken.

Die Rippenstruktur der Fassade ist nicht nur gestalterisches Merkmal, sondern dient auch der Ableitung von Windkräften, die auf das Gebäude wirken, wenn das Dach geöffnet ist. Eine Fußgängerplattform in 6 m Höhe umgibt den gesamten Komplex. Sie dient als Aussichtspunkt über die historischen und neuen Stadtteile sowie als Fluchtweg und Verbindung zu allen Ebenen des Gebäudekomplexes.

Das mechanisch öffenbare Dach besteht aus zwei Flügeln, die über Gelenke an den Außenwänden des Theaters um 90° aus der Waagrechten in die Senkrechte gedreht werden können. Ist es aufgeklappt, ergibt sich eine Höhenstaffelung der Gebäudesilhouette von 0 m – 6 m – 12 m – 18 m – 24 m und das Spielen unter freiem Himmel wird ermöglicht.

Im Gegensatz zur Schwere und Kompaktheit der Außenwände ist das Innere des Gebäudes in hellem Holz gehalten. Das Modulmaß der Zuschauerlogen von 2,80 m × 2,80 m × 2,80 m ist auf Funde bei den archäologischen Ausgrabungen am Standort zurückzuführen. Durch die Anordnung der 51 Module für rund 600 Zuschauer bildet der Innenraum eine C-förmige Figur. Im Grundriss sind jeweils sechs Module an den beiden langen Seiten und fünf an einer kurzen Seite angeordnet und über drei Geschosse gestapelt.

Beide Bühnen im Theatersaal sind als Pendant zum Dach voll mechanisiert und beweglich. Ihre Bewegungstechnik befindet sich im Sockel unterhalb der Bodenplatte.

Bewegungsablauf des Daches

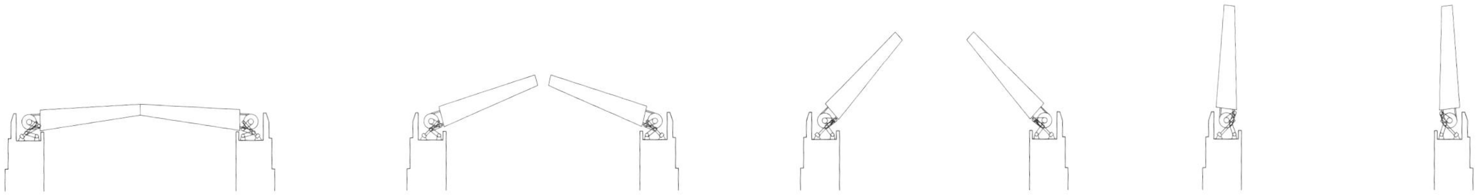

Abmessungen B × L = 11,60 × 20,56 m **Anzahl** 2 **Gewicht pro Element** 46 t

1 Abdeckung, Kupfer
2 Dachkonstruktion, Raumfachwerk
3 Verbindungsrohr
4 Spindelhubgetriebe
5 Motor

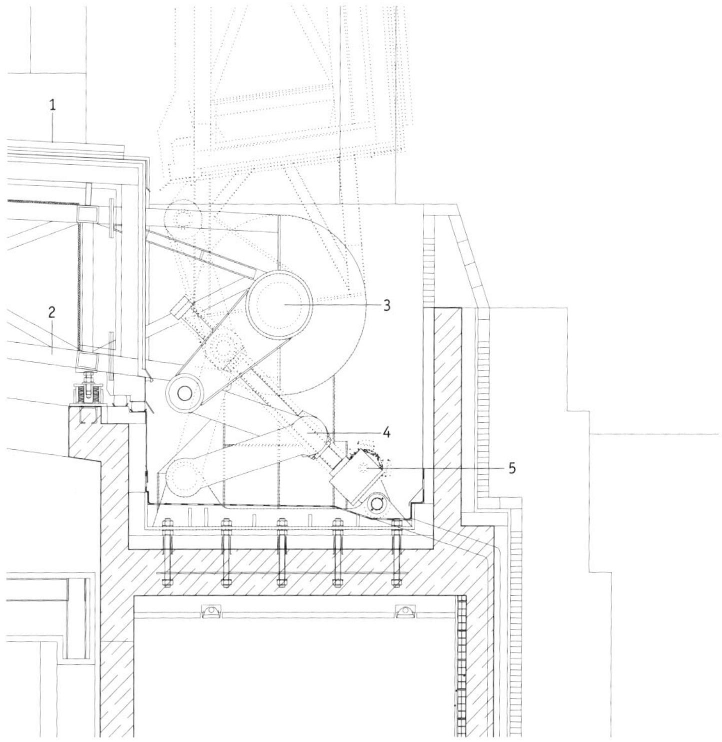

Detail M 1:150

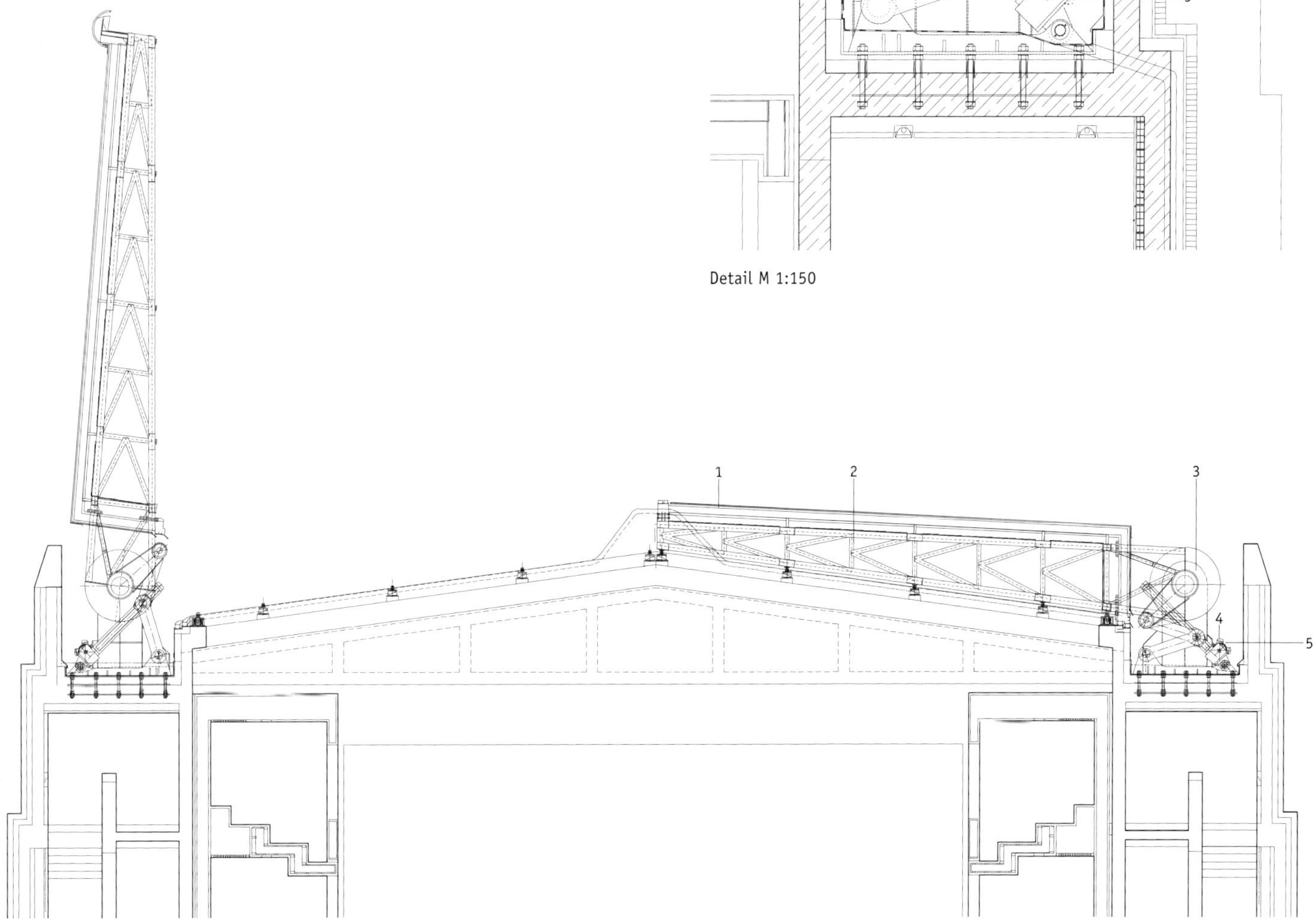

Schnitt M 1:350

Öffnungsschema Hauptdach

Olympic Tennis Centre

Madrid, Spanien, 2009
Dominique Perrault Architecture

Dieses Tenniszentrum mit Tennisplätzen und Verwaltungsräumen entstand im Vorfeld der Bewerbung Spaniens um die Ausrichtung der Olympischen Spiele. Eines der auffälligsten Elemente des Sportgebäudes ist das Dach. Es gibt dem Gebäude seine Form und verhalf ihm zu dem Spitznamen „The Magic Box". Mit drei verschiebbaren, abnehmbaren Dachelementen können verschiedene Spielfelder völlig unabhängig voneinander aufgeklappt werden. Dies ermöglicht die gleichzeitige Durchführung von Wettbewerben im Innen- und Außenbereich. Ebenso können bei extremen Wetterbedingungen Spiele und Events für wenige Minuten unterbrochen und die Dächer geschlossen werden.

Das bewegliche Hauptdach hat eine Größe von 103 m × 73 m und besteht aus einer Tragstruktur, die auf herkömmlichen Fachwerken basiert und durch eine räumliche Struktur ergänzt wird. Es öffnet sich in einer Drehbewegung um 12° um eine Achse an der 103 m langen Seite und kann anschließend um bis zu 65 m senkrecht zu dieser bewegt werden. Dieser gesamte Vorgang dauert 15 Minuten, bei einer Geschwindigkeit von 5 m pro Minute. Die Geometrie dieser Lösung basiert auf Dreiecken mit abnehmender Seitenlänge, welche an den Drehgestellen ausgerichtet sind. Es handelt sich im Prinzip um ein Dreieck aus zwei auf diesen Drehgestellen ruhenden Konstruktionsschenkeln. Ein Hydraulikzylinder verbindet die Fahrwerke. Auf diese Weise wird der kürzeste mögliche Verschiebeweg für die beweglichen Elemente und ihre Ausrichtung in den Schienen erreicht.

Die beiden weiteren Abdeckungen haben jeweils Abmessungen von 44 m × 60 m und eine fachwerkähnliche Tragstruktur. Über ihre langen Achsen als Drehgelenk können beide Abdeckungen um jeweils 25° geöffnet werden. Das Rotationssystem arbeitet mit Hydraulikzylindern, die direkt auf den beweglichen Strukturen ruhen. Diese sind auf speziellen Doppelfahrgestellen mit Schienenträgern angebracht. Zum Fahrgestell gehören zwei 420-Tonnen-Hydraulikzylinder, die über eine 6,50 m lange Strecke die gesamte Last der Abdeckung aufnehmen und in die feste Struktur übertragen. Zwei Sicherheitsriegel verriegeln die Abdeckungen, sodass sie nach dem Anheben nicht mehr auf den Ladebuchsen ruhen. Die acht Doppelfahrwerke verfügen über jeweils vier 80-mm-Räder.

Geöffnetes Hauptdach

Hydraulischer Mechanismus

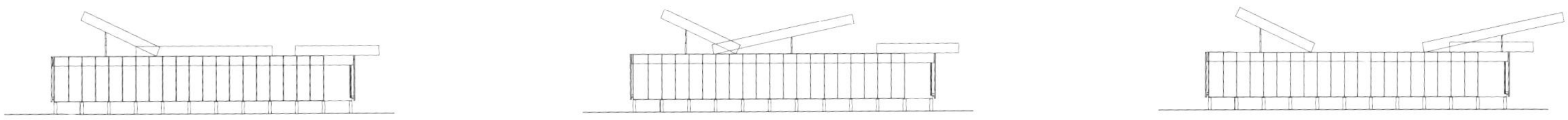

Abmessungen L × B × H = 103 × 73 × 5 m und 60 × 44 × 5 m **Anzahl** 3 **Gewicht pro Element** 1200 t, 2 × 420 t

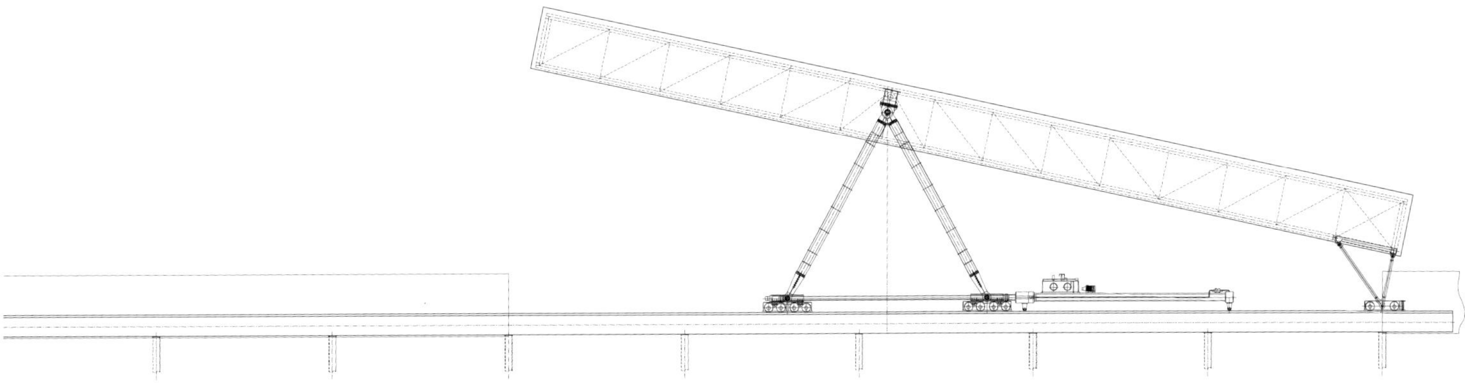

Ansicht M 1:600

1 Dachdeckung, Aluminiumblechelemente mit Klippverbindung
2 Aluminiumtrapezblech 44 mm
3 Aluminiumtrapezblech 44 mm, Dämmung 40 mm Akustikvlies
4 Öffnungsmechanismus, hydraulisch
5 Stahlträger 900/1200 mm
6 Laufwagen
7 Laufschiene

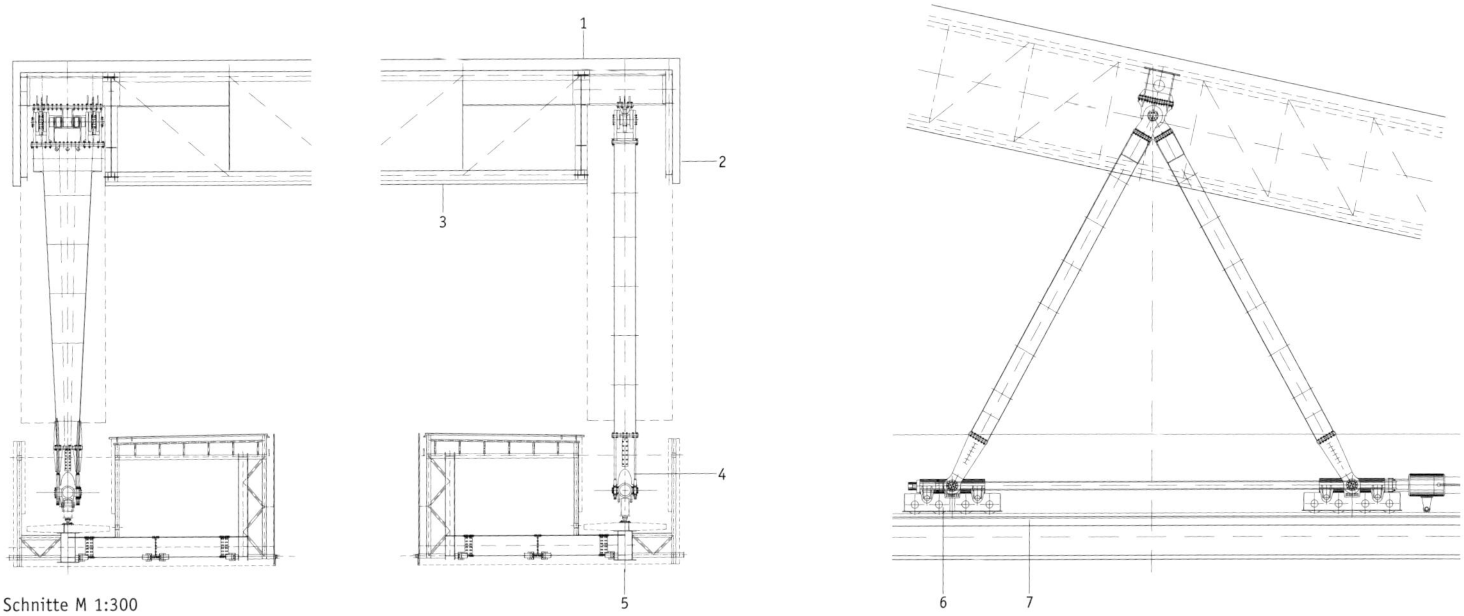

Schnitte M 1:300

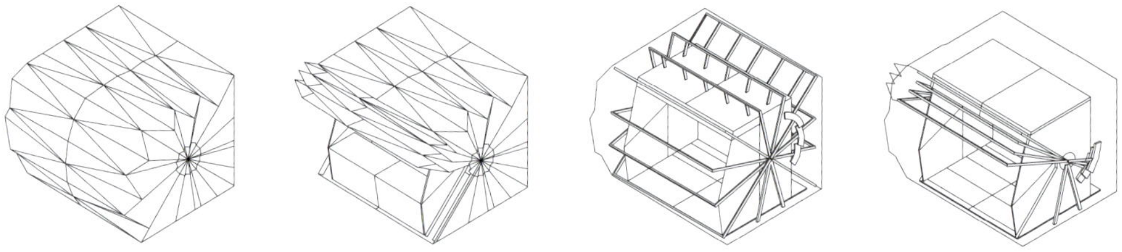

Piktogramm Faltung Gebäudehülle und Verschlussmechanismus (klappbare Unterkonstruktion)

Canary Wharf Kiosk

London, Großbritannien, 2013
Make Architects

Make Architects entwarfen für das Canary Wharf Ice Sculpting Festival 2014 in den Londoner Docklands zwei faltbare Kioske. In Ihnen befinden sich die Verkaufs- und Informationsstelle des Festivals.

Die skulpturale Gestalt des Kiosks erinnert an eine komplexe Origamifaltung. Der 1,95 m × 3 m große Kiosk ist mit einer gefalteten Hülle aus Aluminiumpaneelen verkleidet, die sich über der Öffnung des Kiosks auf der Vorderseite aufwölbt. Unter dieser Hülle befindet sich ein rechteckiger Skelettbau aus quadratischen Hohlprofilen. Er beinhaltet einen einzigen Raum, der mit einem über die gesamte Länge der öffenbaren Seite sich erstreckenden Tresen ausgestattet ist. Drei beweglich gelagerte Stahlrahmen halten die gewölbte gefaltete Hülle auf der Vorderseite. Sie können in einer akkordeonähnlichen Weise nach oben bewegt werden, wobei sich die Hülle zusammenfaltet. Die Rahmen werden jeweils durch ein Gegengewicht in Position gehalten, das auf Knopfdruck durch eine elektrische Winde bewegt wird.

Die Hülle besteht aus pulverbeschichteten dreieckigen Aluminiumpaneelen, die durch ihre robuste und leicht zu reinigende Oberfläche nur einen geringen Wartungsaufwand verursachen und widerstandsfähig gegen Vandalismus sind. Die beweglichen Paneele sind auf ihrer gesamten Länge über Scharniere miteinander verbunden, deren Rollen auf beiden Seiten direkt aus den Aluminiumpaneelen gebogen wurden und durch einen Stahlstift gelenkig verbunden sind. Das Innere des Kiosks ist mit Sperrholzplatten verkleidet und durch eine wasserfeste Membran abgedichtet.

Der gesamte Kiosk konnte im Werk vorgefertigt und als Ganzes auf dem Festivalgelände aufgestellt werden. Fundamente wurden nicht benötigt.

Geschlossener Zustand

Geöffneter Zustand

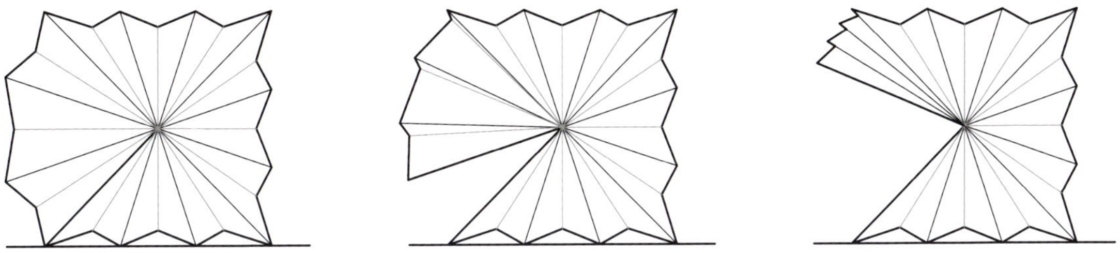

0:00 0:15 0:30 min:sek

Abmessungen 3 m Flatfassade **Anzahl** 1 **Gewicht pro Element** 150 kg **Antrieb** Motorgetrieben

1 Elektroseilwinde
2 Umlenkrolle
3 Gegengewicht, 10 mm Edelstahl rot lackiert
4 Drehachse
5 Faltgelenke
6 Aluminiumpaneel
7 Abdichtungslasche
8 Stahl-Hohlprofil 80 × 40 mm RHS

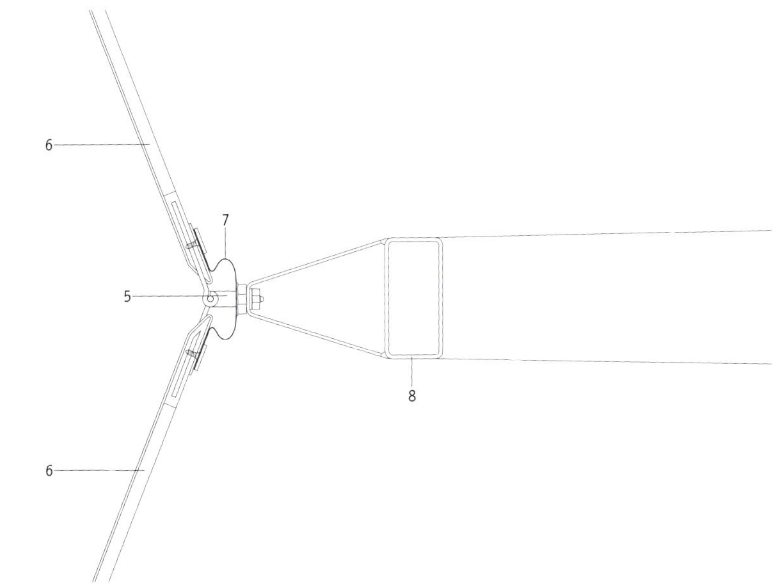

Querschnitt Faltkonstruktion M 1:5

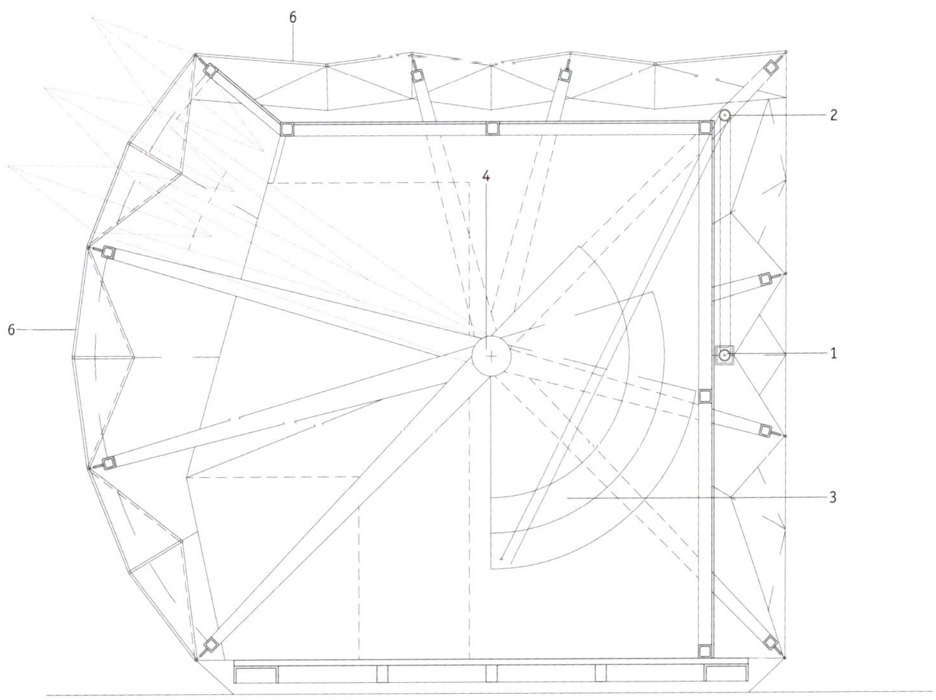

Schnitt M 1:33

Außenhaut

Drehpunkt

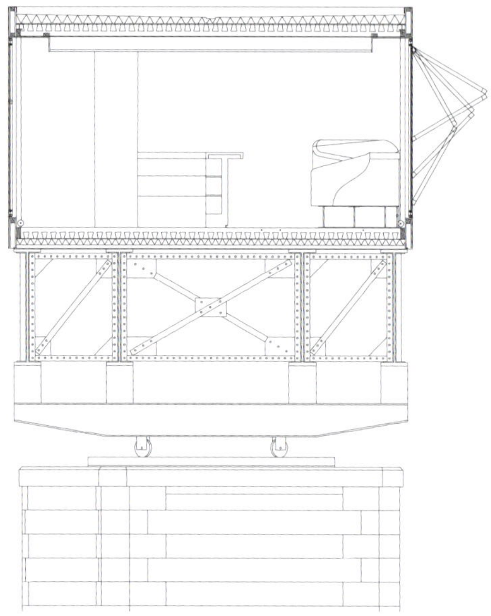

Querschnitt o. M.

Café-Restaurant OPEN

Amsterdam, Niederlande, 2008
Pi de Bruijn und de Architekten Cie.

Das Café-Restaurant OPEN befindet sich auf einer der letzten erhaltenen Drehbrücken von Amsterdam. Sie wurde 1922 als Eisenbahnbrücke für die Verbindung zwischen dem Westelijk Stationseiland und dem Westerdokseiland errichtet. Die Stadt entschied sich aufgrund des guten Erhaltungszustands und der schönen Aussicht für eine Umnutzung als Fußgängerbrücke und schrieb 2005 einen offenen Wettbewerb für ein Café-Restaurant aus, den die Architekten Cie. gewannen.

Das Café-Restaurant erscheint auf Decke, Boden und eine dazwischenliegende Glasfassade reduziert. In dem Raumvolumen von rund 840 m³ sind zwei freistehende grüne Kuben positioniert, in denen sich Küche, Garderobe, Toiletten und Bar befinden. Diese Anordnung ermöglicht eine freie Bespielung des übrigen Raumes. Entlang der Glasfassade stehen Bänke und eine Bar mit Sitzgelegenheiten. Eine kleine Fußgängerbrücke bildet den Weg zum Haupteingang. In die Glasfassade sind Faltfenster integriert. Sie verleihen dem Gebäude eine subtile Verfeinerung und nehmen mit ihrem besonderen Bewegungsablauf Bezug auf die historische Nutzung als Drehbrücke. Beim Öffnen entsteht eine elegante wellenartige Bewegung. Jeder Flügel ist eigenständig in zwei Führungsschienen eingelassen und wird mittels eines Motors bewegt. Er faltet sich in der Mitte nach außen und wird von einem Motor am Fußpunkt in die Vertikale gezogen. Die wellenartige Bewegung an der Fassade entsteht durch die unterschiedlichen Begrenzungen der Fensteröffnungswinkel.

Diese bewegliche Konstruktion verleiht dem schlichten modernen Glasvolumen ein dynamisches Erscheinungsbild und trägt zugleich zur guten Aussicht und Aufenthaltsqualität bei.

Öffnungsvorgang der Glasfassade

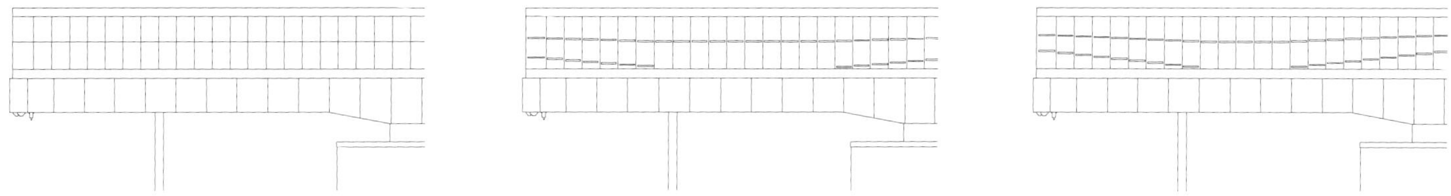

0:00 0:08 0:16 min:sek

Abmessungen L × H = 1 × 2,86 m **Anzahl** 30 Klappfenster

1 Rohrmotor
2 Scharnier
3 Drehstangenschloss
4 Fassadenelement
5 Führungsschiene
6 Lagerrolle

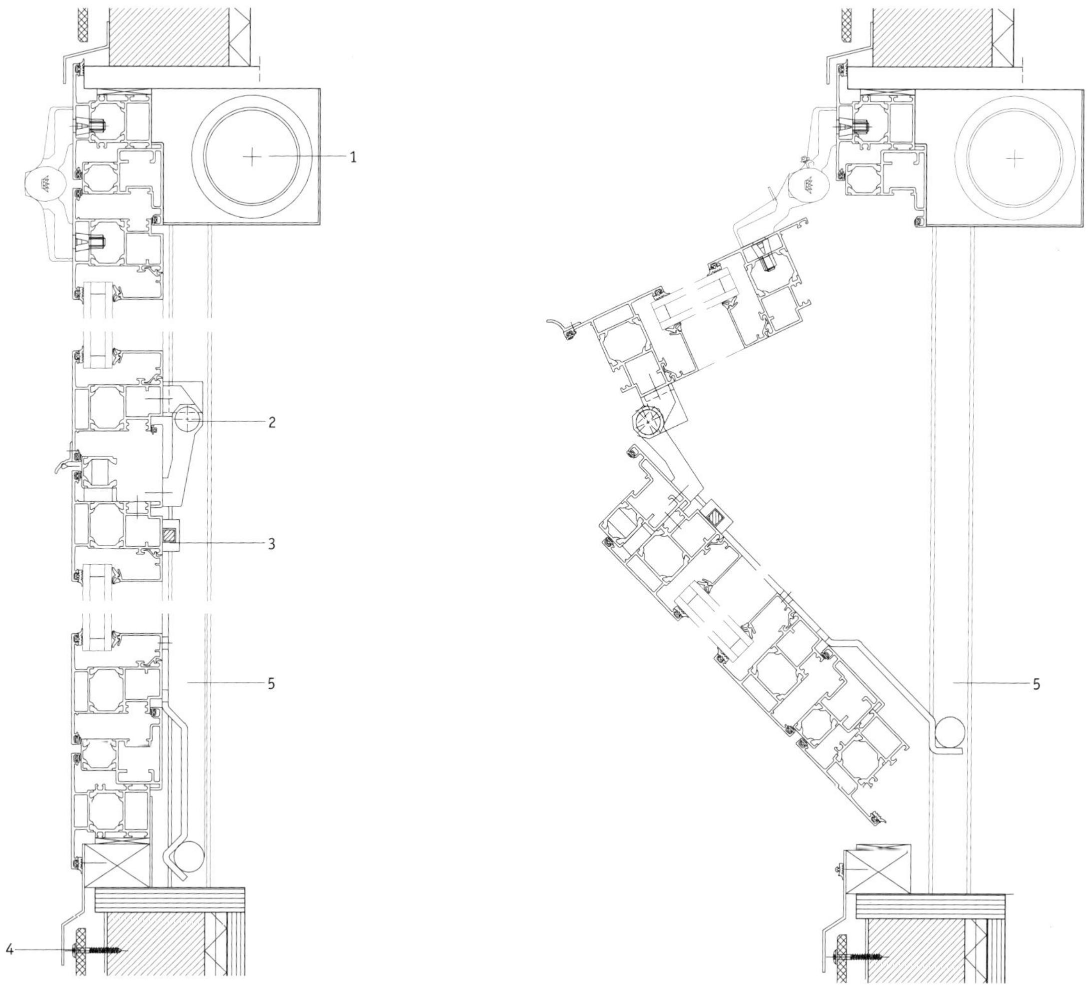

Vertikalschnitt M 1:5

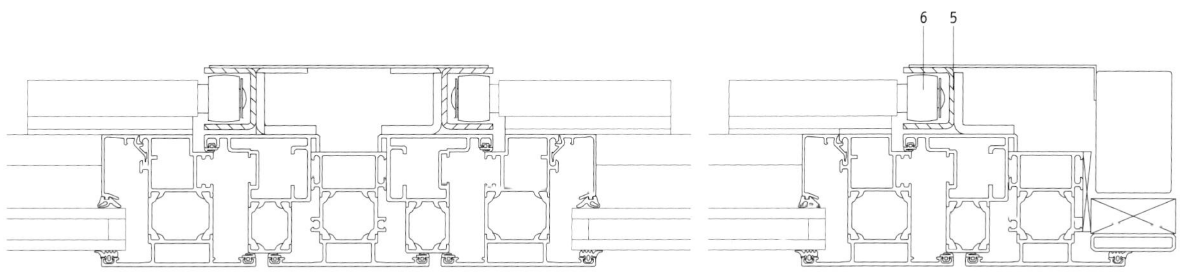

Horizontalschnitt M 1:4

Außenansicht

Mokyeonri Wood Culture Museum

Mokyeonri, Incheon, Südkorea, 2017
Eunju Han + softarchitecturelab

Das Mokyeonri Wood Culture Museum im Grand Park in Incheon, Südkorea, wurde als ein Holz-Informationszentrum der Forstwirtschaft errichtet. Der Entwurf von Soft Architecture, der den von der Stadt organisierten Wettbewerb gewann, umhüllt das Gebäude mit einer beweglichen blätterartigen Holzfassade und verbindet auf diese Weise das Ausstellungsthema mit der umgebenden Natur und einer zeitlosen Architektur.
Die Form des Gebäudes ist auffällig kantig, mit einer spitzen Ecke zum angrenzenden Parkplatz, die sich über den verglasten Eingang erstreckt. Zwischen Boden- und Deckenplatte aus Beton bilden bewegliche Holzelemente vor der Glasfassade einen Schirm, durch den Licht wie durch ein Blätterdach fällt und ein ähnliches Schattenspiel erzeugt. Die beweglichen Holzpaneele haben die Form sechseckiger „Blätter", sie sind aus dem Hartholz Merbau gefertigt und paarweise zu faltbaren Flügeln zusammengefügt, welche an senkrechten schwarzen Metallprofilen befestigt wurden, die wiederum oben und unten in Laufschienen geführt werden. Die Holzpaneele sind punktuell über eine Feder miteinander verbunden, sodass sie sich durch horizontales Verschieben der Metallprofile wie Flügel öffnen und schließen. Die Positionsverschiebung erfolgt über ein Zahnriemenband, das motorisch angetrieben wird. Dies ermöglicht ein individuelles Einstellen der Abstände zwischen den vertikalen Elementen und der Zusammenfaltung der Blätter.

Bewegliche (Verschattungs-)Fassade und Gang

Bewegliche Fassade

Befestigungsanker und bewegliche Verbindung

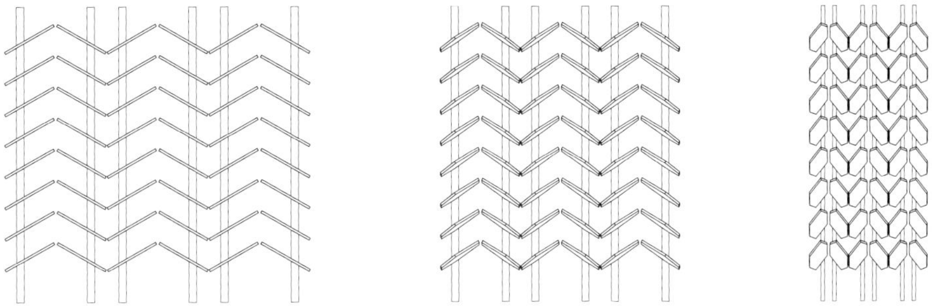

0:00 0:11 0:22 min:sek

Abmessungen L × H = 4 × 4,50 m **Anzahl** 26 **Antrieb** Motorgetrieben

1 Gleichspannungsmotor
2 Zahnriemen
3 Spannungsrolle
4 Laufschiene
5 Laufwagen
6 Gelenk
7 Holzblätter, Merbau

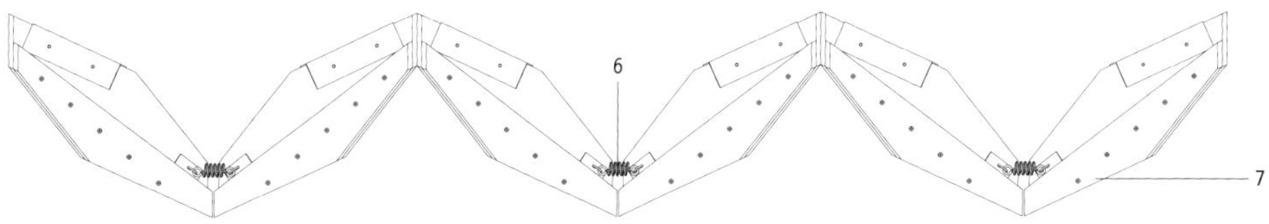

Holzelemente M 1:25

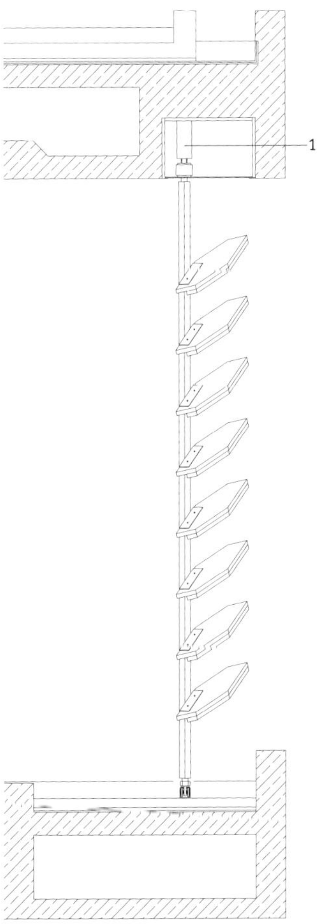

Schnitt M 1:50

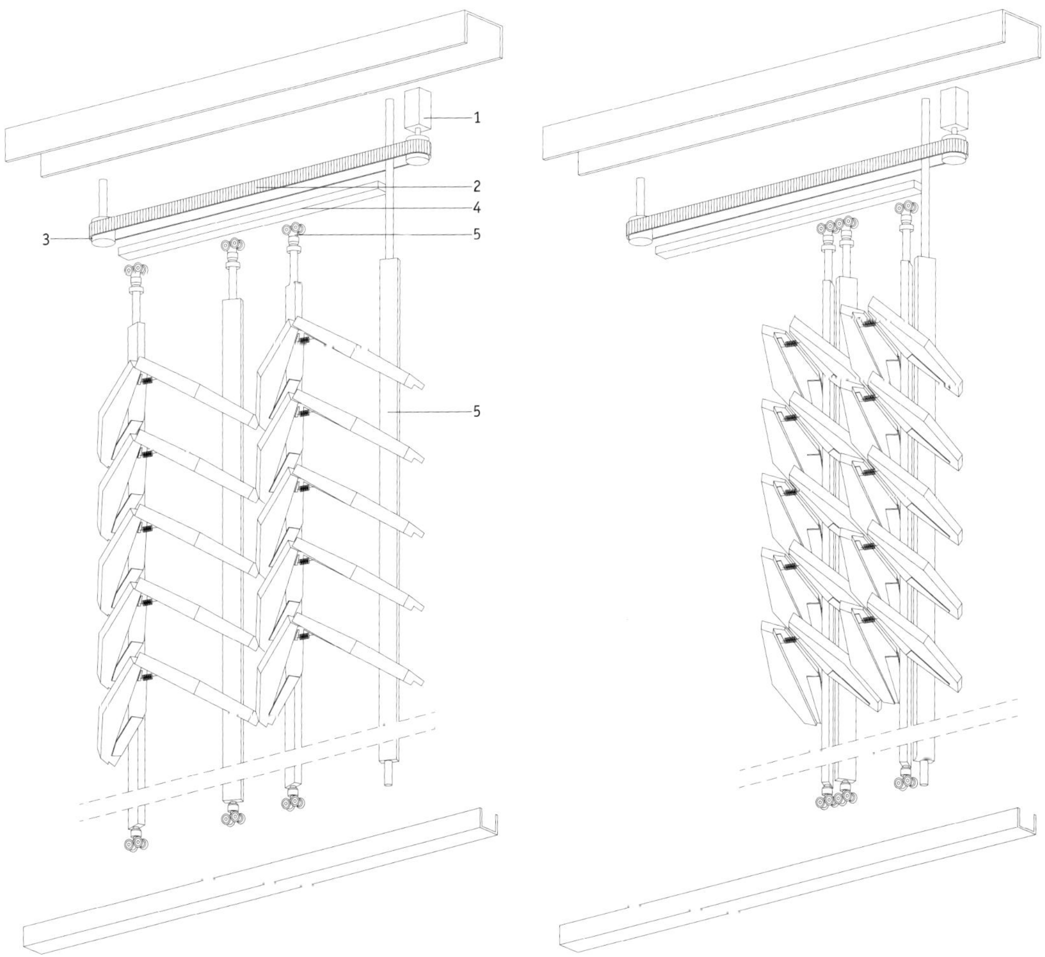

Perspektivische Darstellung Bewegungsablauf o. M.

Ensemble Altbau und Erweiterung mit Faltläden

Besucherzentrum Parlament

Wien, Österreich, 2017
GEISWINKLER & GEISWINKLER –
Architekten ZT GmbH

Das Konzept der Neugestaltung des zentralen Eingangsbereiches des österreichischen Parlamentsgebäudes beruht auf der Verknüpfung der historischen Architektur mit einer zeitgemäßen Darstellung der führenden Rolle des Parlaments. Die neu geschaffenen Bereiche werden in einem großzügigen Raumkontinuum zusammengeführt. Die räumliche Wirkung der Eingangshalle wird durch verschiedene Installationen in vielschichtiger Weise gesteigert. Im Bereich des Athene-Denkmals und des Vorplatzes entsteht ein neuer Eingangsbereich. Hier werden die vom Architekten Theophil Hansen ursprünglich vorgesehenen Wintereingänge reaktiviert und mit Falttoren ausgestattet.

Die fünf sich horizontal öffnenden Falttore werden elektronisch betrieben und können separat gesteuert werden. Die 3,00 m × 3,20 m großen, zweiteiligen Tore basieren auf einer Stahlkonstruktion, die mit 10 mm dicken, verschweißten Bronzeplatten verkleidet sind.

Zu den Anforderungen der Bauaufgabe gehören besondere Maßnahmen, weshalb die Komponenten der Faltelemente hohe Widerstandsfähigkeiten und Sicherheitsvorkehrungen aufweisen.

Im geschlossenen Zustand der Falttore bleibt durch das Zusammenspiel zwischen dem Stein der Fassade und den Toren die Massivität und Homogenität der Zugangsrampe erhalten, um auf diese Weise die Wirkung dieses historischen Bauwerks zu bewahren.

Innenansichten des Eingangsbereichs

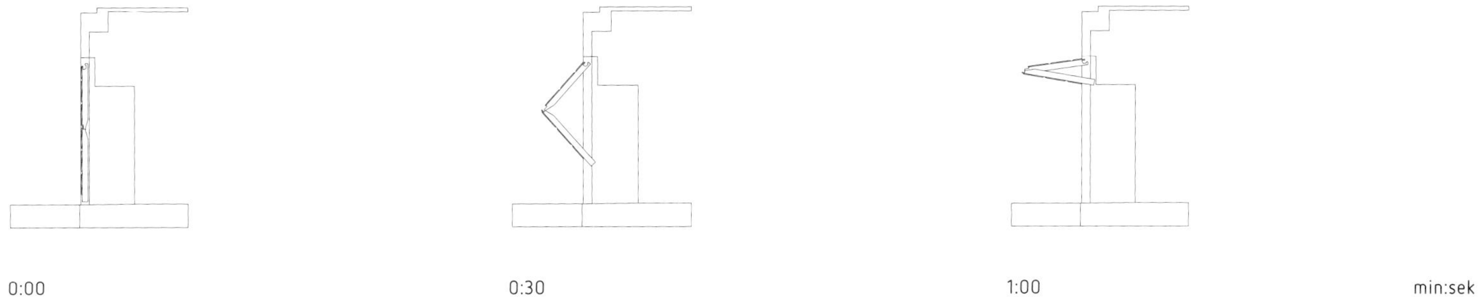

Abmessungen H × B = 3,10 × 3 m **Anzahl** 5

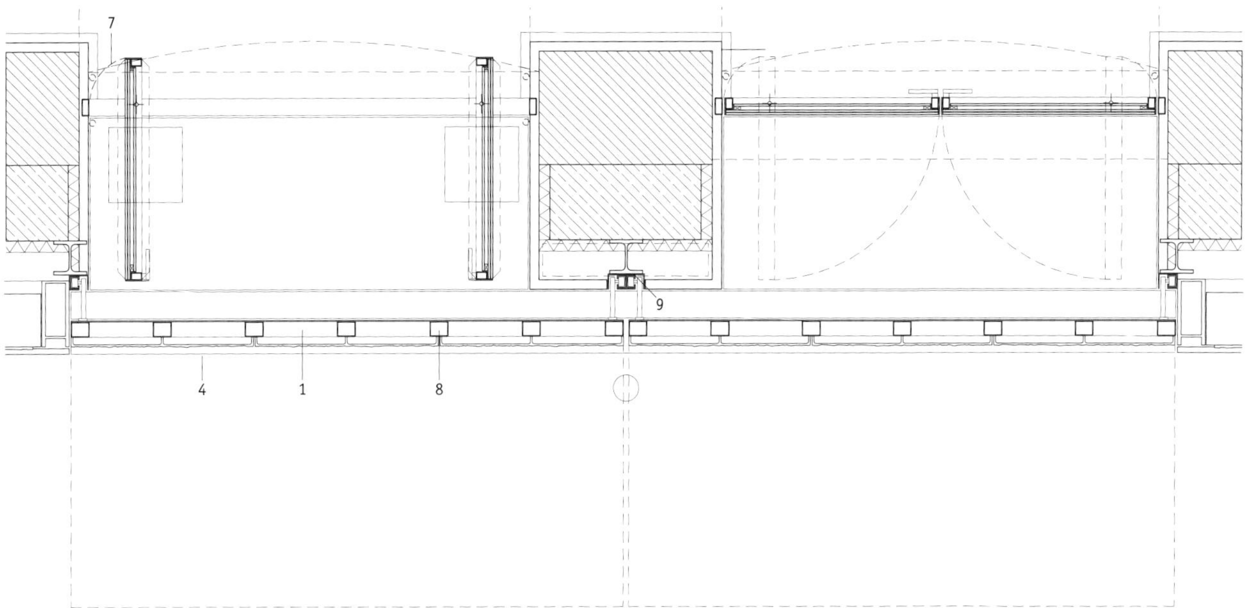

Ausschnitt Grundriss M 1:50

1 Falttor
2 Antrieb mit Motorbolzen-Sicherung
3 Sensorleiste
4 Bronzegussplatten 100 × 70 cm
5 Türsensor
6 Notöffnungsschalter Toranlage
7 Schwenkbereich mit Einquetschschutz
8 Unterkonstruktion, Stahl, 10 × 8 cm
9 Führungsschiene

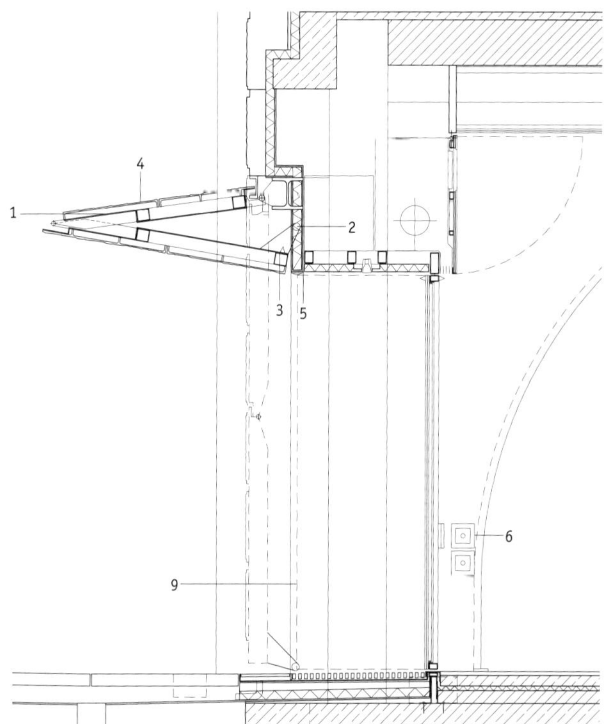

Detailschnitt M 1:50

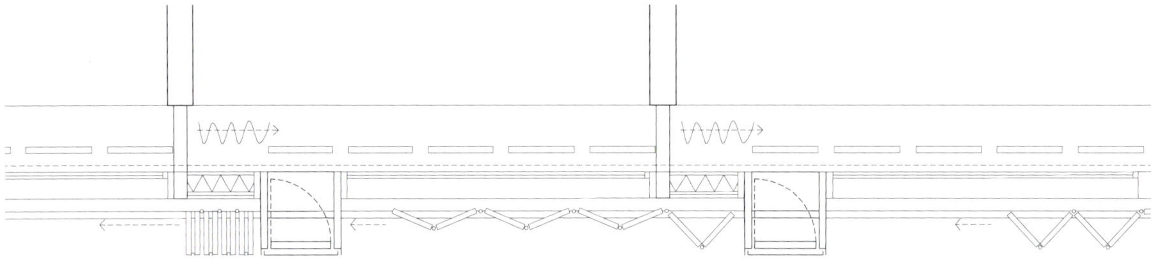

Horizontalschnitt der Fassade o. M.

Kinder- und Herzzentrum der Universität Innsbruck

Innsbruck, Österreich, 2008
Nickl & Partner Architekten

Das Kinder- und Herzzentrum der Universität Innsbruck liegt zentral in der Innsbrucker Innenstadt nahe den verwinkelten Altstadtgassen. Prägend für die Konzeption des Neubaus ist die Auseinandersetzung mit der urbanen Situation. Als Rückgrat des heterogenen Klinikareals fügt sich der Baukörper in das intakte Stadtgefüge ein und markiert den Übergang zwischen historischem Stadtkern und Neustadt. Urbane Elemente wie Boulevard, Hof und Haus werden durch die innere Organisation des Gebäudes zitiert, um es zu gliedern und die Orientierung zu erleichtern.
Die großformatigen Fenster der Fassade gewähren den gewünschten Blick auf die Alpenlandschaft, erforderten jedoch auch Maßnahmen zur Reduzierung von Einblicken vom Straßenraum aus. Daher wurde für die Pflegestationen in den Obergeschossen ein Fassadensystem aus Panoramafenstern entwickelt, deren niedrige Brüstungen im Rauminneren als einladende hölzerne Sitzbänke dienen und deren Festverglasung außen ein windstabiler Sonnen- und Sichtschutz aus perforierten metallenen Faltschiebeläden vorgelagert ist.
Geschosshohe Lüftungsboxen, die mit einer Absturzsicherung aus perforiertem Aluminiumblech ausgestattet sind, ermöglichen eine individuelle Belüftung der Patientenzimmer. Ein innenliegender Vorhang in warmen Gelb-Orange-Tönen verleiht den Räumen eine wohnliche Atmosphäre.
In der Frontalansicht wirken die champagnerfarben eloxierten Lochbleche der Faltschiebeläden und Lüftungsboxen homogen und zurückhaltend. Erst mit der Bewegung um das Gebäude herum treten die farbigen Wangen der Lüftungskästen in Erscheinung und tragen zum einprägsamen Erscheinungsbild des Gebäudes bei.
Rund 200 Faltschiebeläden wurden installiert. Sie werden mittels Laufwagen an jeder zweiten Lamelle oben und unten in schlank profilierten Führungsschienen über die Höhe von bis zu 4 m bewegt. Die versetzte Rundlochung der Lamellen erlaubt selbst bei geschlossenen Läden einen diffusen Blick auf das umgebende Bergpanorama.

Faltschiebeläden, teils geschlossen und teils geöffnet

Faltschiebeläden in geöffnetem Zustand

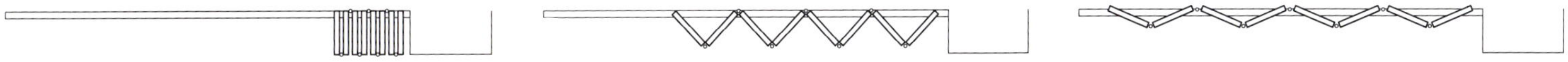

0:00 0:08 0:16 min:sek

Abmessungen L × B × H = 5,50 × 0,75 × 4 m **Anzahl** 200

1 Obere Führungsschiene
2 Laufwagen mit Ausleger
3 Lamelle, Lochblech
4 Einfassprofil mit Scharnier
5 Antriebsstrang
6 Untere Führungsschiene

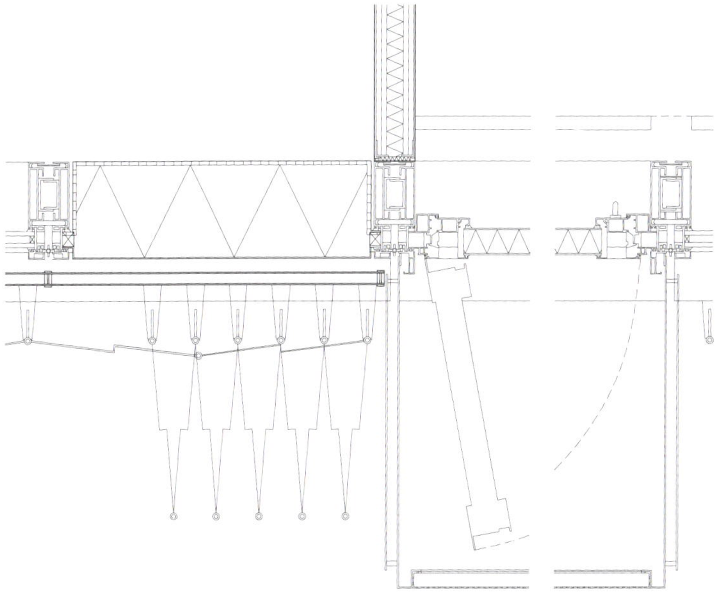

Horizontalschnitt, Faltschiebeladen in geöffnetem Zustand M 1:25

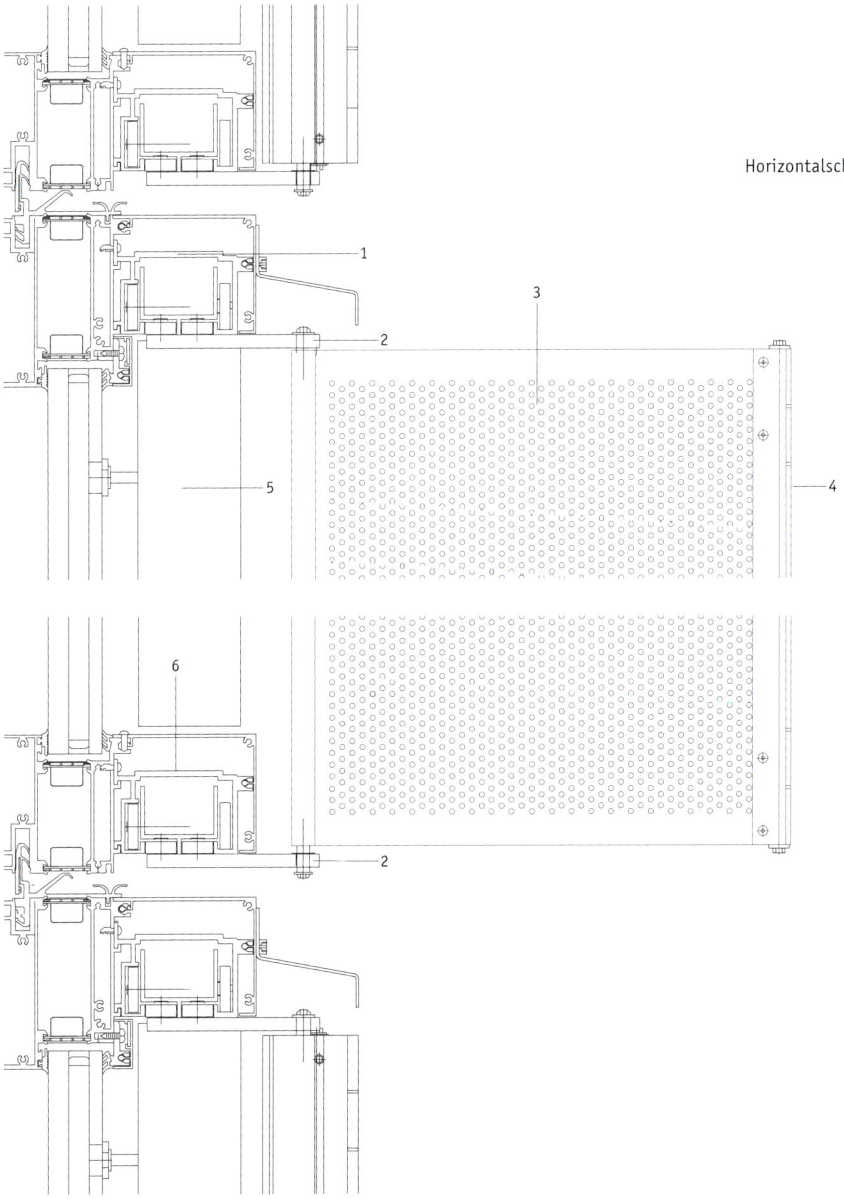

Vertikalschnitt, Faltschiebeladen in geöffnetem Zustand M 1:4

Faltschiebeladen in geschlossenem Zustand

Außenansicht

Al Bahar Tower

Abu Dhabi, Vereinigte Arabische Emirate (VAE), 2012
AHR

Die 25-geschossigen Zwillingswolkenkratzer der Al Bahar Towers gehören zu den umweltfreundlichsten Türmen am Persischen Golf. Sie wurden in Abu Dhabi City im Zuge des Abu-Dhabi-2030-Plans entworfen und gebaut. Der Entwurf sollte sich modernster Technologien bedienen und zugleich das architektonische Erbe der Region respektieren.

Die Gesamtform entwickelt sich um einen zentralen Kern und verjüngt sich in der Sockelzone und an der Spitze der Türme. Zwecks nachhaltiger Energiegewinnung wurden die Gebäude mit optimal ausgerichteten Photovoltaikzellen umkleidet und am oberen Abschluss mit einer Neigung für optimalen Sonneneintrag versehen. Eine für die aufkommenden Lasten optimiertes Wabentragwerk umschließt den Baukörper innerhalb der Außenhülle.

Eine weitere Wabenstruktur stellt das markanteste Element der Fassade dar. Dabei ließen sich die Planer von dem traditionellen arabischen Gitterwerk, der Maschrabiyya, inspirieren. Diese dienen an Häuserfassaden traditionell zum Schutz der privaten Räume vor der Öffentlichkeit und der hohen Sonneneinstrahlung. Eine cremefarbene Hülle aus 2099 transluzenten Elementen legt sich als außenliegender Sonnenschutz um das Gebäude. Auf der West-, Ost- und Südseite des jeweiligen Turmes öffnet bzw. schließt sich die Konstruktion computergesteuert und individuell je nach Sonnenstand.

Eine Wabe besteht aus sechs beweglichen Elementen, welche sich wiederum jeweils aus sechs transluzenten Dreieckspaneelen zusammensetzen. Das einzelne Element kann mittels Linearantrieb zusammen- bzw. aufgefaltet werden, wodurch eine punktuelle Öffnung der Fassade möglich wird. Der Mechanismus ist mit dem eines Regenschirms vergleichbar. Durch die große Anzahl dieser Elemente entsteht ein dynamisches Fassadenbild.

Diese Fassadenlösung erzielt einen im Vergleich zu konventionellen Hochhäusern um 50 % geringeren Energieverbrauch.

Fassadenelemente von innen

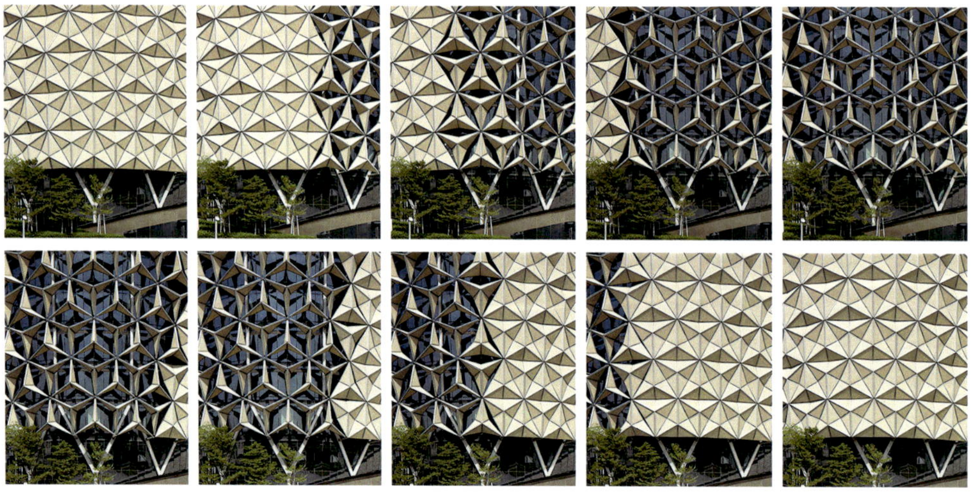

Fassadenelemente in Bewegung

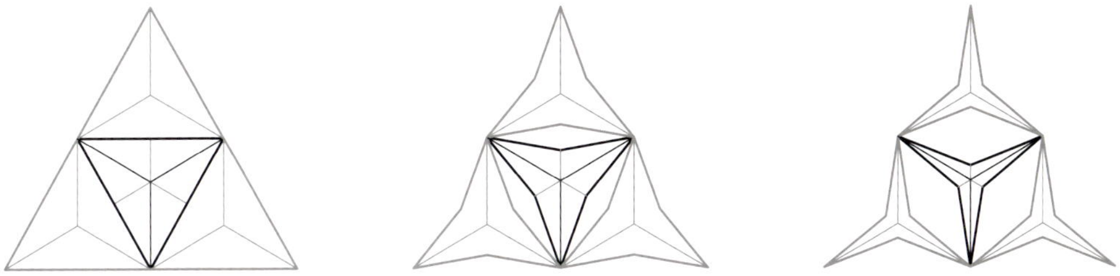

Abmessungen L × H = 3 × 3 m **Anzahl** 2099

1 Stellantrieb
2 Stiftverbindung eines Sterns
3 Rahmenprofil
4 Ringförmige Befestigung
5 Führungsarm
6 PTFE-Paneel, transluzent
7 Dynamische „Maschrabiyya" – Sonnenschutz

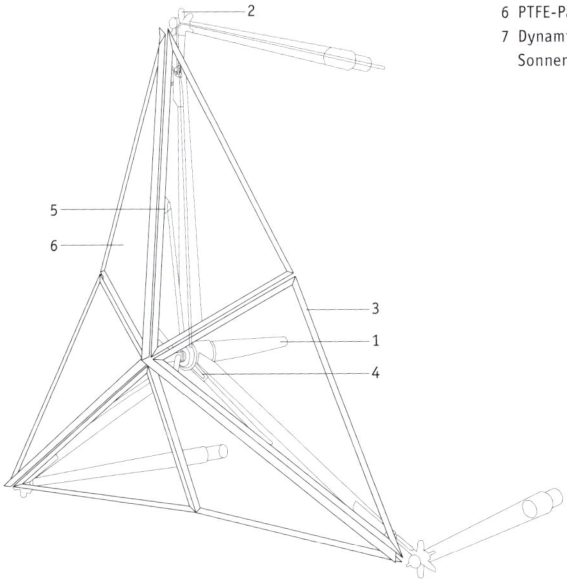

Axonometrie Außenhülle – Modul Wabe (1/6)

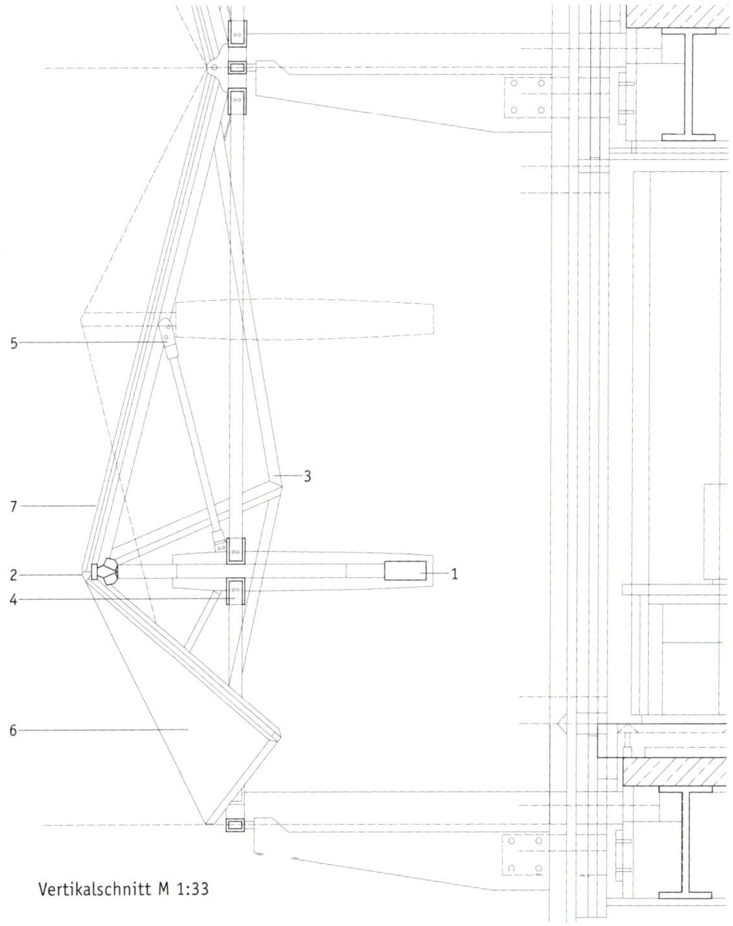

Vertikalschnitt M 1:33

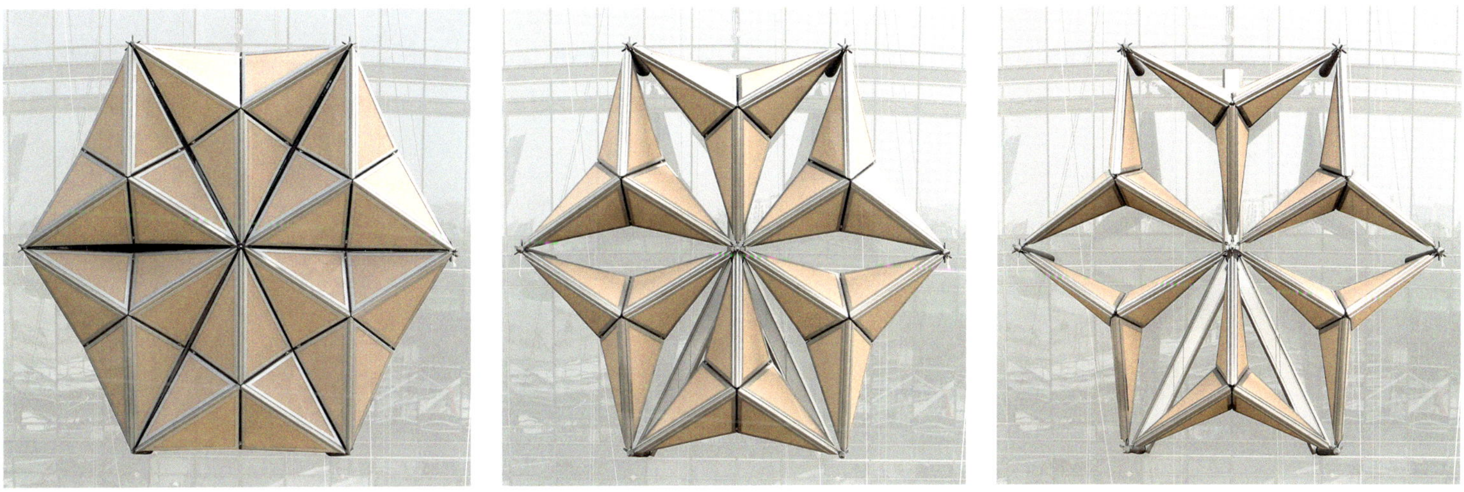

Bewegungsablauf Wabenelement/Verschattungsmodul

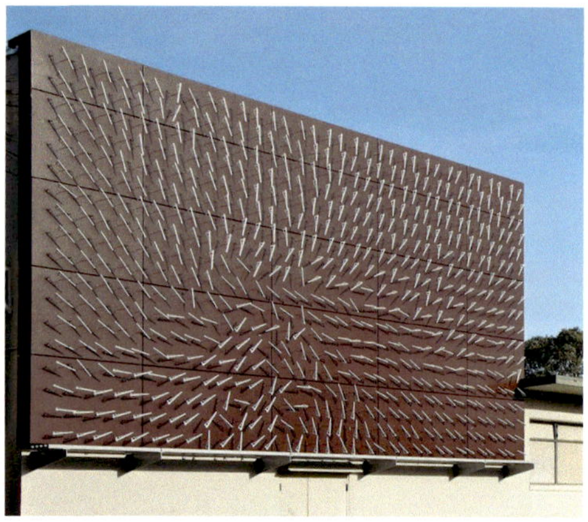

Installation an der Fassade des Randall Museum in San Francisco, Kalifornien, USA

Windswept

San Francisco, USA, 2011
Charles Sowers

Windswept ist eine architektonische Installation des Künstlers Charles Sowers an der Südwand des Randall Museums in San Francisco, entstanden im Auftrag der San Francisco Arts Commission von 2009 bis 2011, wobei die Gesamtinstallationszeit der seither bestehenden Skulptur lediglich vier Tage betrug. Es handelt sich um ein ebenso ästhetisch wie wissenschaftlich wirkendes Instrument zur Beobachtung der komplexen Wechselwirkung, die sich zwischen Wind und Gebäude bildet. Böen, die durch die Skulptur wehen, zeigen visuell die komplexen und sich ständig verändernden Interaktionen des Windes mit dem Gebäude und der Umgebung an.

Als Untergrund dient eine 10,60 m × 6 m große Gebäudewand, an der 25 braune Metallpaneele montiert wurden. Auf den Paneelen sind in einem Raster von 30 cm × 30 cm insgesamt 612 Windrichtungsanzeiger aus eloxiertem Aluminium parallel zur Wand montiert. Jeder Anzeiger dreht sich über ein frei bewegliches Lager auf einer Achse aus Edelstahl, die gleichzeitig das lotrechte Verbindungsmittel zur Wand darstellt. Um das Gewicht zu optimieren und Bewegungen auch bei geringem Wind zu ermöglichen, hat jeder Zeiger runde Aussparungen. Ein 30 cm langer Zeiger wiegt zusammen mit Achse und Verbindungsmitteln 51 g.

Die Pfeile sind so ausbalanciert, dass sie in ihrer letzten Position ruhig stehen bleiben und so auch bei Windstille eine Momentaufnahme des letzten Windstoßes darbieten – sie vermitteln Bewegung auch dann, wenn sie sich nicht bewegen. Das entstandene Bild erinnert an Vektorfelddiagramme. So ist die Installation ein Echtzeitinstrument mit einem hohen Maß an Kinetik, das die Wechselwirkung zwischen Standort und Wind aufzeigt.

Vom Wind generierte Fassadenmuster

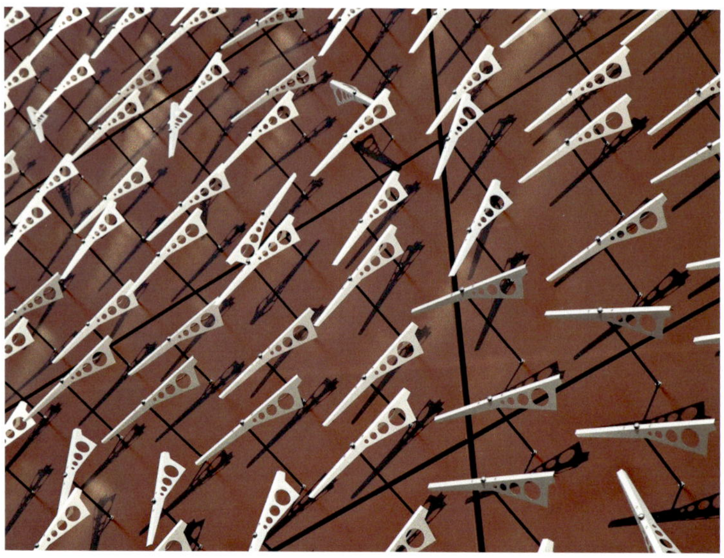

Fassade mit Windrichtungsanzeiger

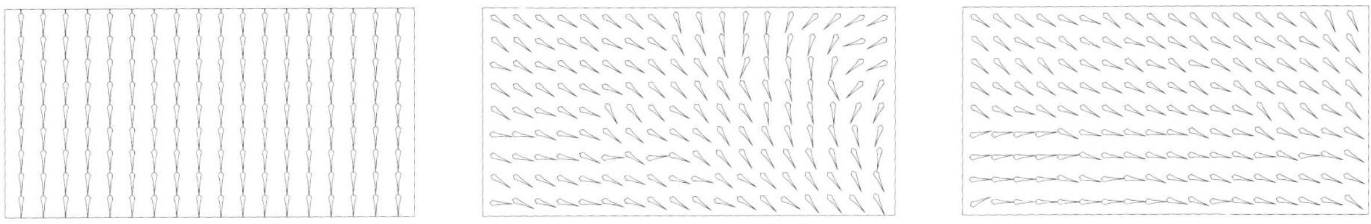

Abmessungen H × L = 88,90 × 50,80 m **Anzahl** 612 **Gewicht pro Element** 0,05 kg **Bewegung** nicht motorisiert, abhängig vom Wind

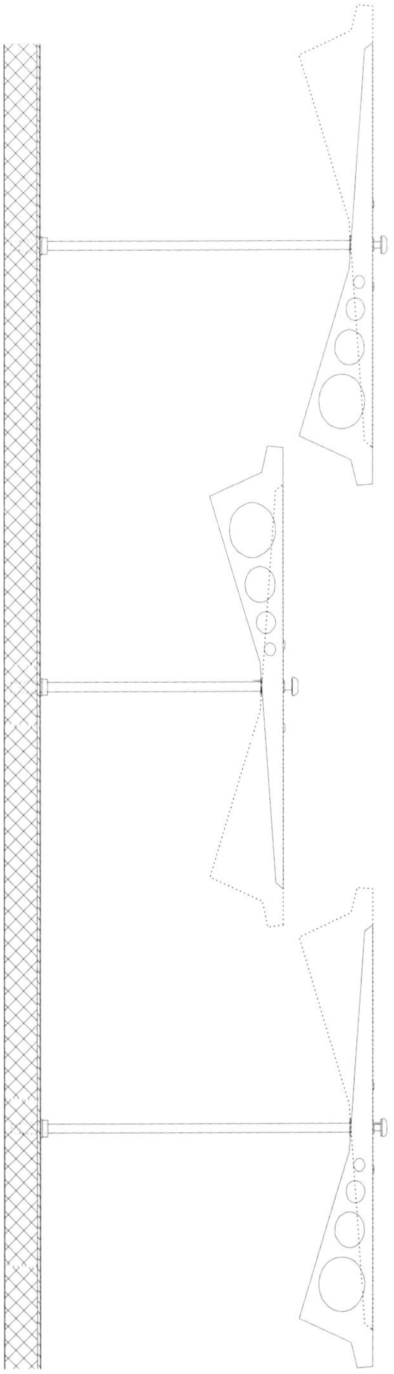

Vertikalschnitt Fassade mit Ansicht M 1:5

1 Pfeil aus Aluminiumblech, gefräst, ca. 30,50 × 7,60 cm
2 Anlaufscheiben, rostfreier Stahl
3 Stab als Drehachse, rostfreier Stahl, variierende Länge
4 Vorgehängte Fassade aus Aluminium-Verbundpaneelen

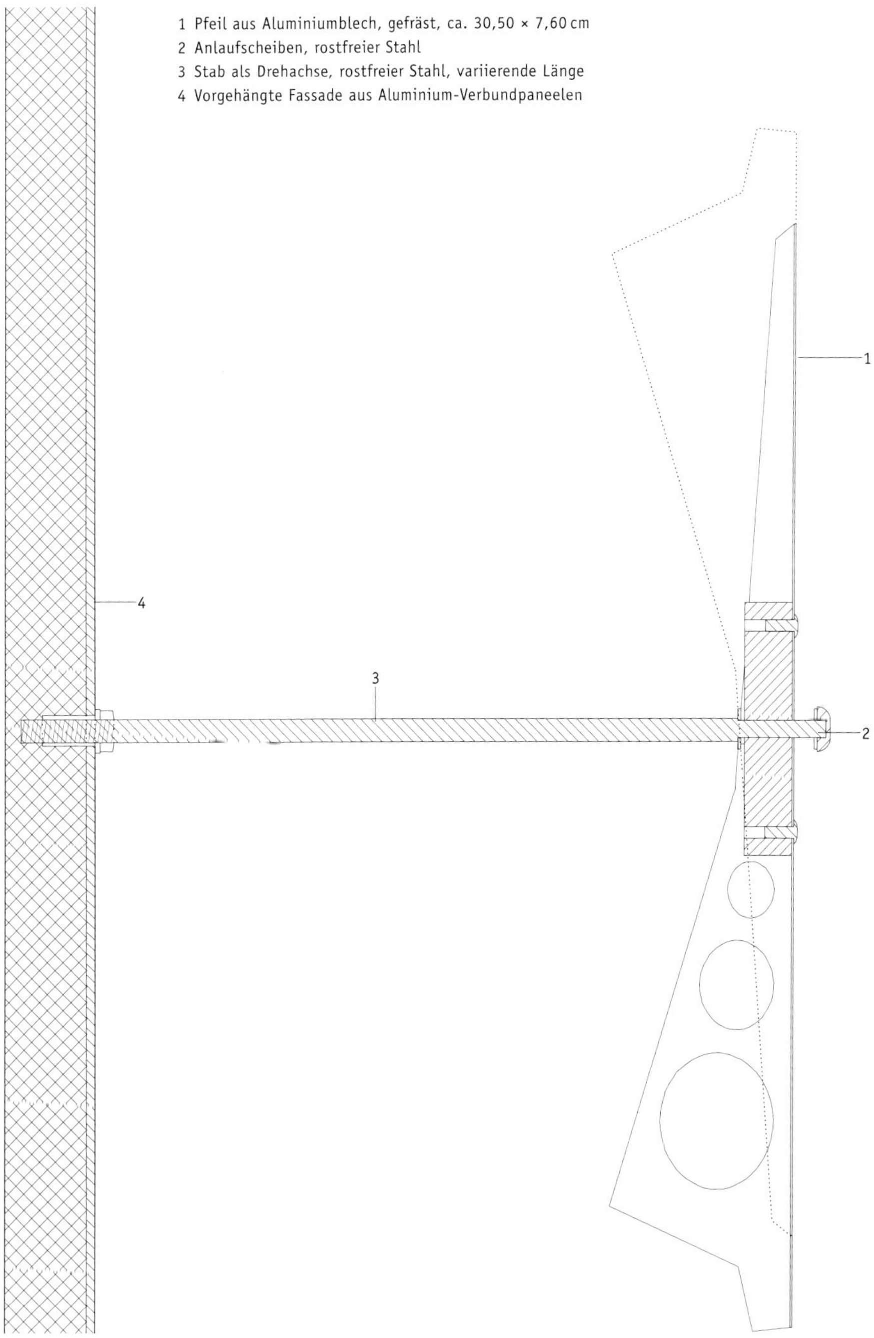

Schnitt Windrichtungsanzeiger (Ausschnitt) M 1:2

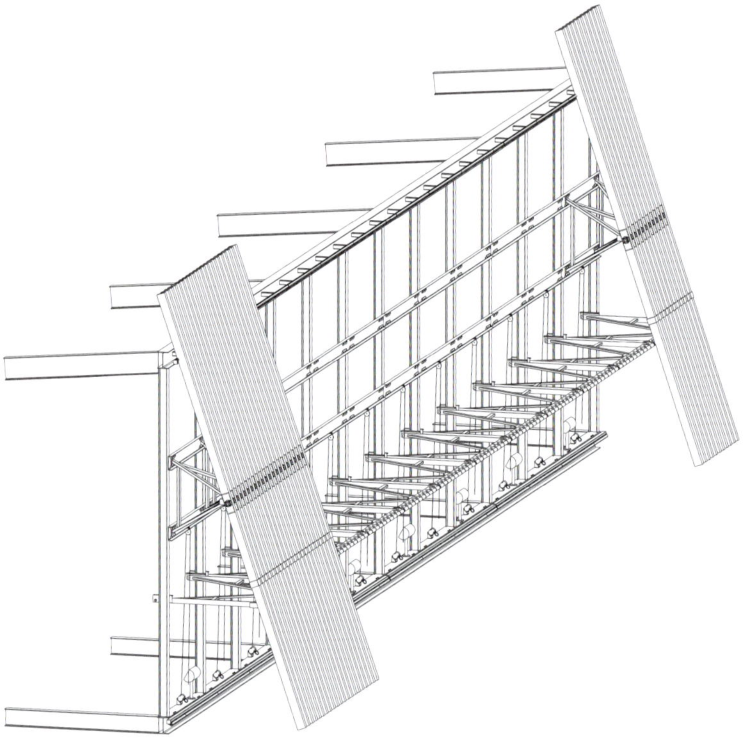

Axonometrie der Fassade/Installation – Länge 21 m

Wave Wall

Livingston, USA, 2006
Charles Sowers, Shawn Lani und Peter Richards

Wave Wall entstand in Zusammenarbeit dreier Künstler aus San Francisco, Charles Sowers, Peter Richards und Shawn Lani, weiterhin Wissenschaftlern des Laser Inferometer Gravitational-Wave Observatory (LIGO) des California Institute of Technology, der Projektarchitekten EskewDumezRipple sowie des Ingenieurbüros High Precision Devices in Boulder, Colorado. Wave Wall entstand im Auftrag des LIGO in der Zeit kurz nach dem Hurrikan Katrina. Für die Wave Wall wurde den Designern 2007 der AIA New Orleans Design Award verliehen.

Die Installation setzt sich aus 122 Pendelstäben zusammen, die senkrecht an einer Hausfassade montiert sind. Sie hängen in einer Höhe von 2,40 m über Straßenniveau und verteilen sich vor einer 31 m breiten Glasfassade. Die rechteckigen Pendel bestehen aus Aluminium und haben einen Querschnitt von 10 cm × 15 cm auf einer Länge von 8,20 m. Sie können sowohl über einen Seilantrieb als auch durch den Wind aktiviert werden. Sie sind über zwei Magneten jeweils mit ihren Nachbarn gekoppelt, sodass sich die gesamte Fläche wellenförmig in Bewegung setzt, ähnlich einem großen Stück Stoff, das sich im Wind bewegt. Dabei können die Pendel einen maximalen Ausscherwinkel von 32° erreichen. Bei Windstärken von mehr als 28 km/h wird die zuvor wellenartige Bewegung der Wand chaotischer, da die Pendel ihre gegenseitige magnetische Kopplung verlieren. Werden die Böen zu stark und erreichen Geschwindigkeiten von mehr als 40 km/h, wird der Mechanismus des Seilantriebs automatisch gesichert und die Pendel verharren starr in senkrechter Position.

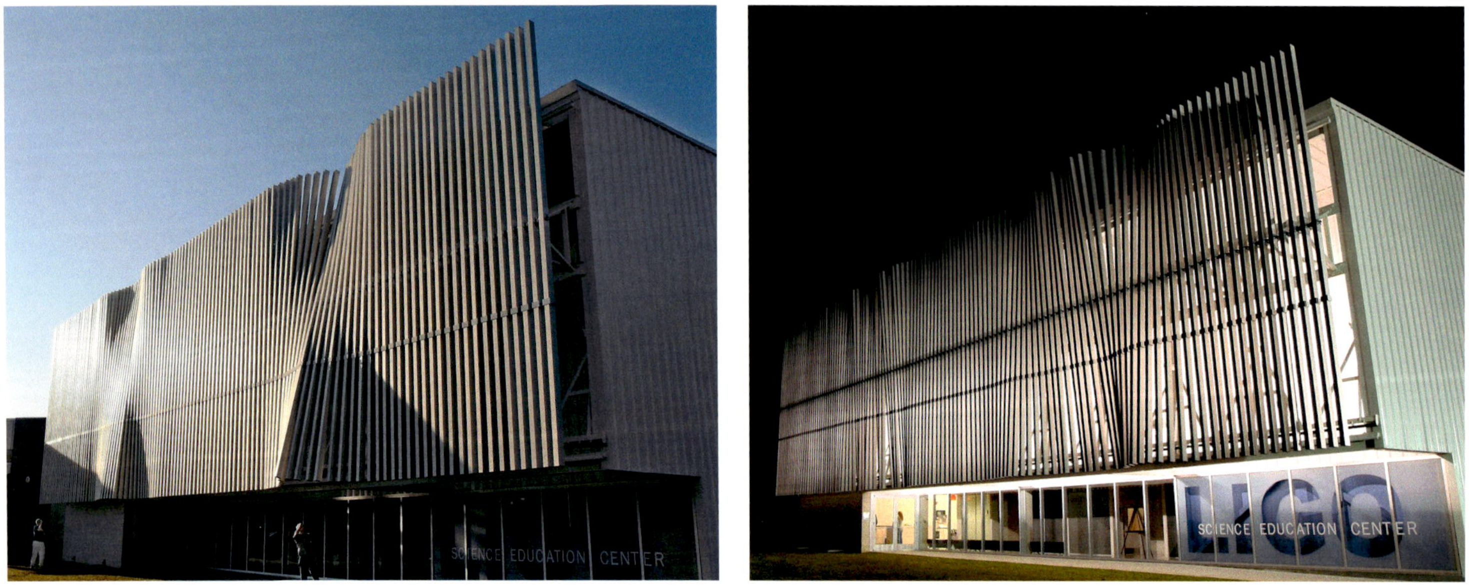

Fassade bei Tag und bei Nacht

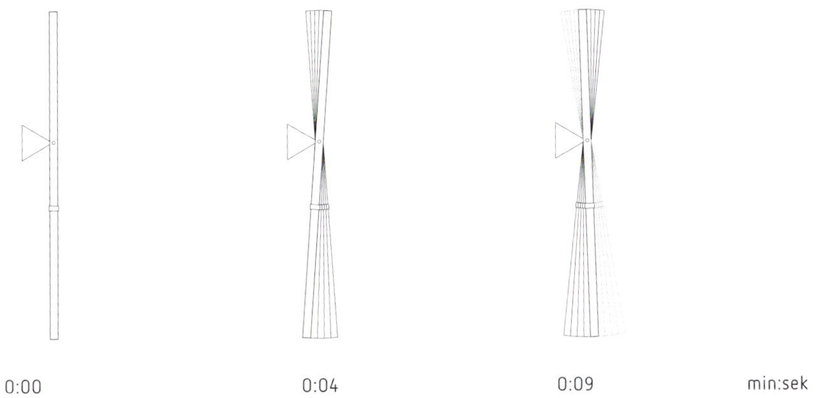

Abmessungen B × L × H = 10 × 15 × 821 cm **Anzahl** 122 **Gewicht** 44 kg/Element, gesamt 11600 kg

1 Pendelstab, rechteckiges Hohlprofil, Aluminiumblech, ca. 10 × 15 × 821 cm
2 Zapfenlager als Drehpunkt, maximale Drehung 32°
3 Halterung für zwei seitliche Magnete, eloxiertes Aluminium
4 Manuell betriebener Schwenkarm
5 Seilwinde zur Betätigung des Schwenkarmes

Untersicht Fassade

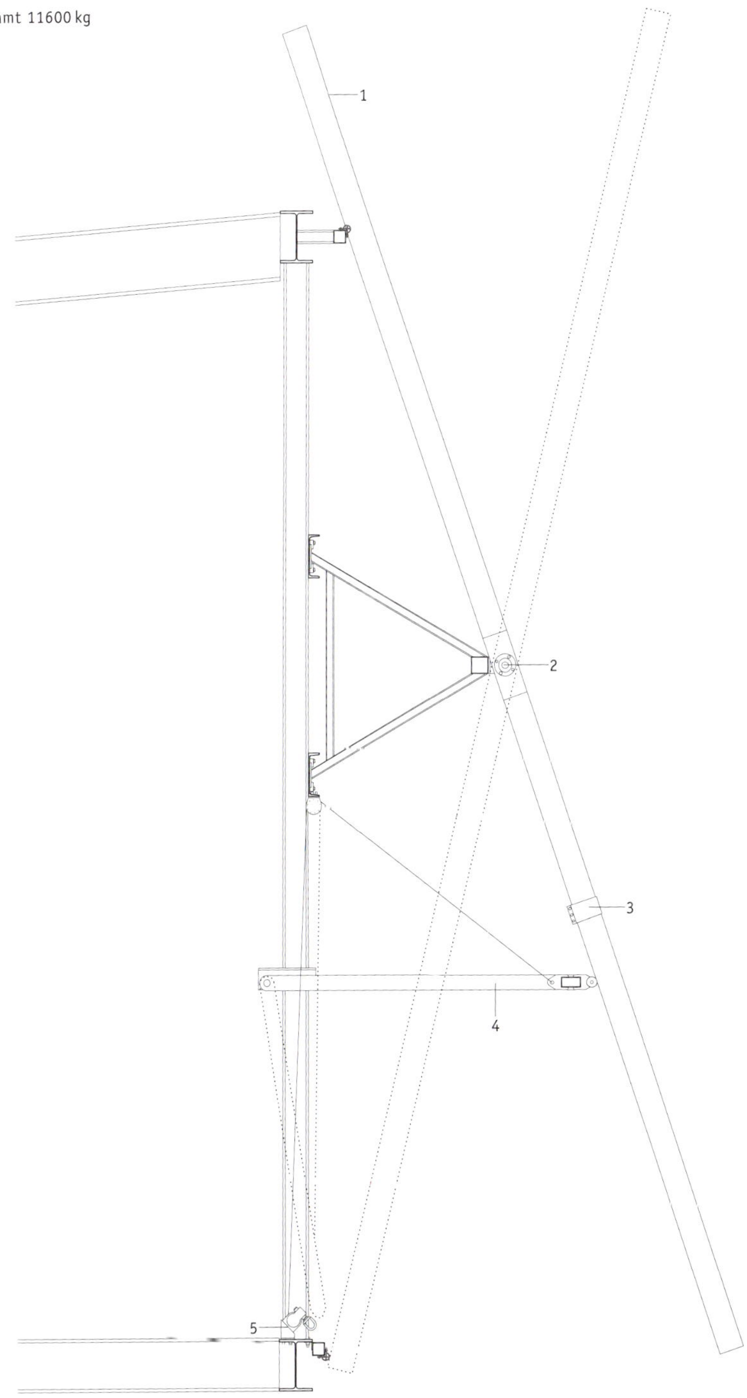

Querschnitt Fassade M 1:85

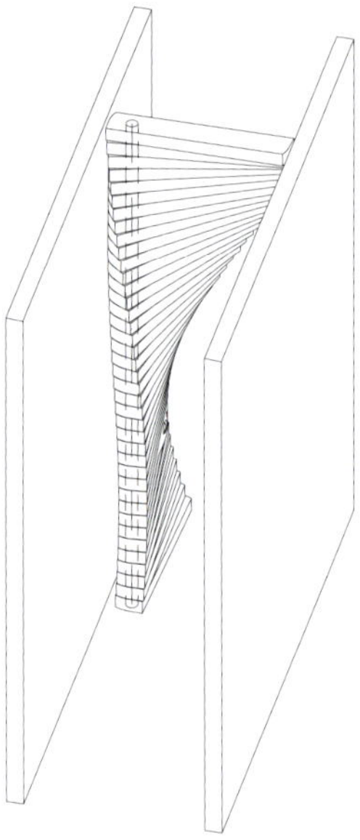
Axonometrie Einbausituation mit Drehachse

Curtain Door

Surat, Indien, 2008
Matharoo Associates

Die „Vorhangtür" ist der Haupteingang zu einer Residenz in Stahlbetonbauweise in Surat. Die vor Ort gefertigte Tür aus massivem burmesischem Teakholz schließt eine Öffnung von 5,20 m Höhe und 1,70 m Breite. Das Türblatt besteht aus 40 horizontalen Massivholzsegmenten mit den Maßen 170 × 12,50 × 25 cm, deren jedes einen durchgehenden Hohlraum aufweist. Alle Teile sind mit einem durch die Hohlräume verlaufenden Stahlseil wie an einer Kette verbunden. In den Holzsegmenten sind insgesamt 160 Riemenscheiben und 80 Kugellager eingebaut, damit alle Bauteile reibungslos übereinandergleiten. Ein weiteres Stahlseil verläuft in einem Rohr in der Drehachse der Tür. An dessen Ende hängt ein Gegengewicht, das einen reibungslosen Selbstschließ- und Verriegelungsvorgang ermöglicht.

Unter mühelosem Druck verwandelt sich die ebene Fläche der Tür im Zusammenwirken aller Elemente in einen sinusförmigen Kurvenverlauf. An einem in ein Holzsegment eingearbeiteten Muschelgriff lässt sich die gesamte Tür auf diese Weise in einem fließenden Bewegungsablauf öffnen. In einem weiteren Holzsegment befindet sich das Schloss.

Die Tür schließt auf symbolische Weise die Hektik der Stadt aus und führt in einen faszinierenden und intimen Eingangsbereich. Durch ihre Materialität und Massivität schafft sie eine klare Trennung und mit ihrer dramatischen Inszenierung lässt sie eine besondere Eingangserfahrung entstehen.

Eingangssituation Flur

Eingangssituation Wohnbereich

Tür in Bewegung

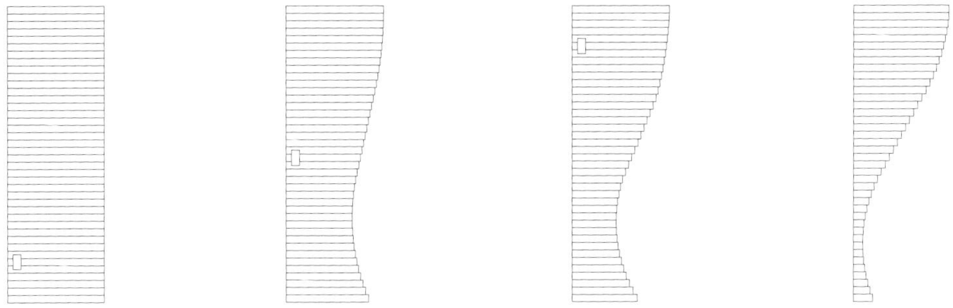

Abmessungen Türsegmente L × B × H = 1,60 × 0,25 × 0,12 m **Anzahl** 39 **Gewicht pro Element** 20 kg

1 Drehachse
2 Seil
3 Seilschlitz entsprechend der Öffnungskurve
4 Gegengewicht
5 Türglied aus Holz 1,70 × 0,12 × 0,25 m
6 Öffnungskurve

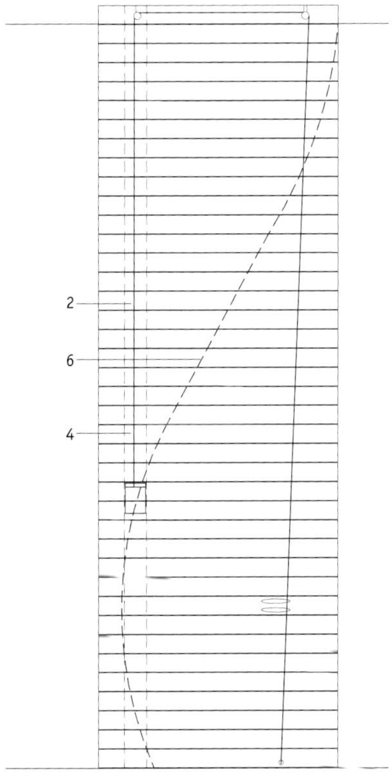

Türansicht mit Seilführung M 1:50

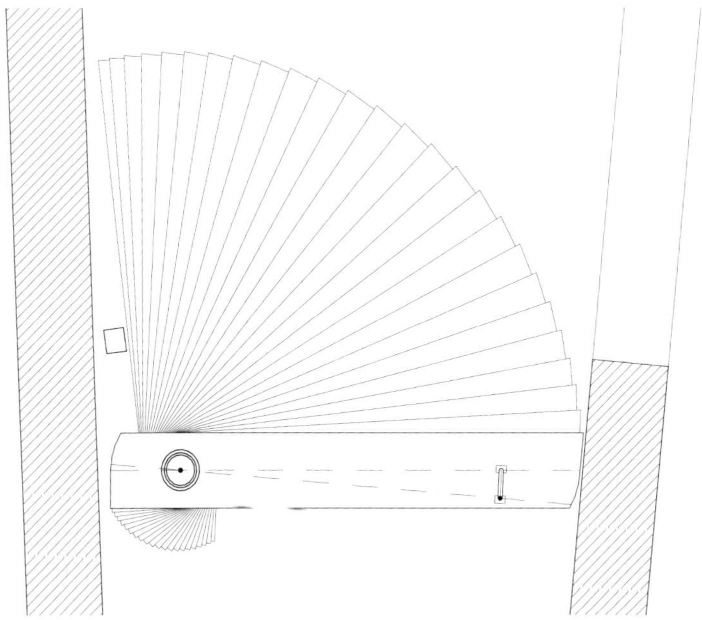

Grundriss mit Abwicklung der Segmentierung M 1:25

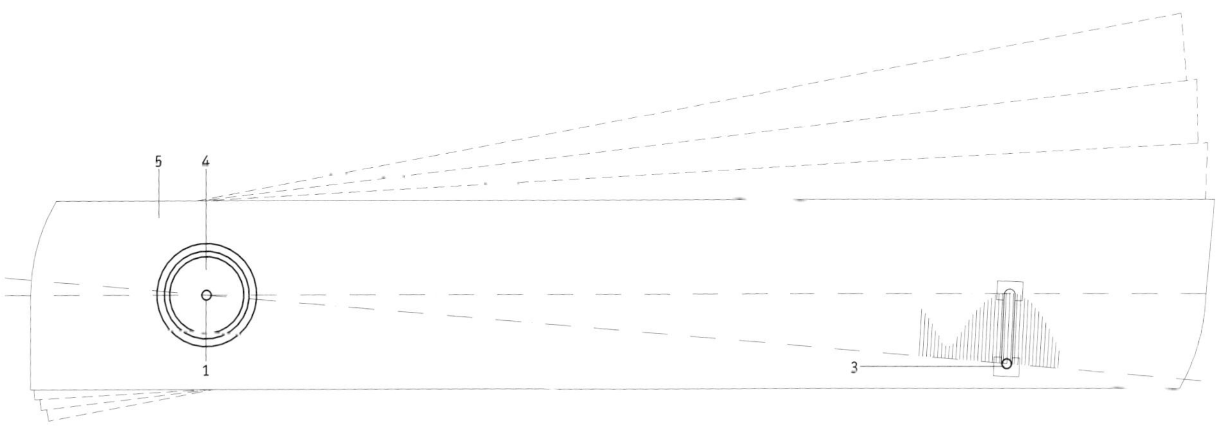

Bewegungsablauf mit eingebauten Seilführungskanälen M 1:10

Brücke in Ruheposition

Bewegliche Fußgängerbrücke in Stalhille

Stalhille, Belgien, 2004
NEY + Partners

Diese Brücke in dem kleinen belgischen Dorf Stalhille spannt über den Kanal, der die Küstenstadt Ostende mit Gent verbindet. Seit 1571 haben bereits sechs Brücken diesen Kanal überspannt, jede ein Abbild des technischen Know-hows ihrer Zeit. An dieser Stelle beträgt die Spannweite über den Kanal 26 m, bei einer Breite der Brücke von 3 m. Neben der historischen Bedeutung des Standorts war den Architekten die gute Eingliederung in die ländliche flache Umgebung wichtig, was sich in dem minimalistischen und leichten Design der Brückenkonstruktion widerspiegelt.

Drei Entwurfsüberlegungen zur Brückentypologie, zu Struktur und Funktion sowie zur Materialisierung führten zu dem innovativen und doch klassischen Erscheinungsbild. Mit Blick auf den Kontext und die verfügbare Technologie wurde hier eine neuartige mobile Typologie konzipiert. Die kinematische Grundidee besteht darin, dasselbe statische System für den Brückenträger in allen drei Positionen – geschlossen, bewegt und offen – beizubehalten. Dieser Ansatz ermöglichte es, die Brücke hinsichtlich des Gewichts zu optimieren und die beabsichtigte Leichtigkeit zu erreichen.

Der 20-Tonnen-Brückenträger mit einem Trogquerschnitt ist an vier Auslegern aufgehängt, die sich um ihren Mittelpunkt drehen und so den Brückenträger um 87° anheben können. An den entgegengesetzten Enden der Ausleger gleichen Gegengewichte aus Stahl die Bewegung des Brückenträgers aus. Ein in die tragenden Portalrahmen eingebautes Hydrauliksystem nutzt den Gewichtsunterschied zwischen dem Brückenträger und den Gegengewichten, um das Schwenken der Brücke um die Drehpunkte zu steuern. Neben ihrer konstruktiven Funktion fungieren die Brückenträger als Geländer. Um das Gewicht zu reduzieren, wurde der Mittelteil nicht als vollflächiges Element angefertigt, sondern als maschenartiges Geflecht ausgebildet.

Bewegungsablauf der schwingenden Brücke

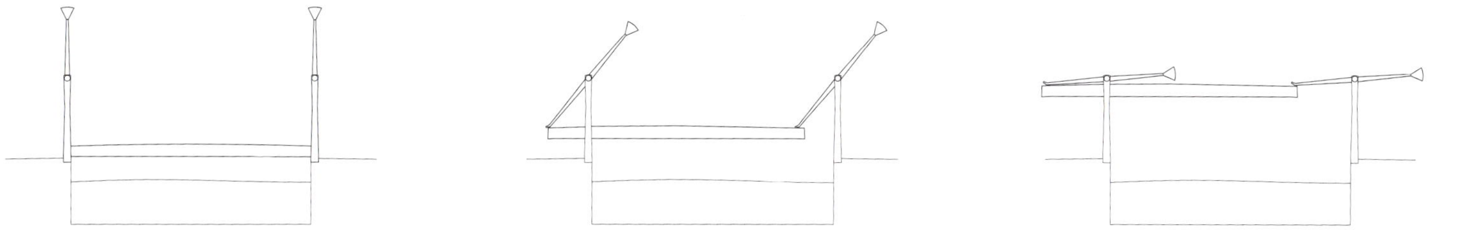

0:00 0:45 1:30 min:sek

Abmessungen B × L = 3 × 26 m **Anzahl** 1 **Gewicht pro Element** 20 t Brückenträger, 20 t Gegengewichte und 15 t Tragarme

1 Drehachse mit hydraulischem Antrieb
2 Dreharm, Stahlblech, mittig gelagert, 6,50 m, maximale Drehung 87°
3 Gegengewicht 15 t
4 Brüstung aus Stahlblech, CNC-gefräst
5 Brückenträger mit Kreuzaussteifung 3 × 1,20 × 26 m, aus Stahlblech 10 × 400 mm

Gegengewicht (Tragarm)

Brückenträger (Tragarm)

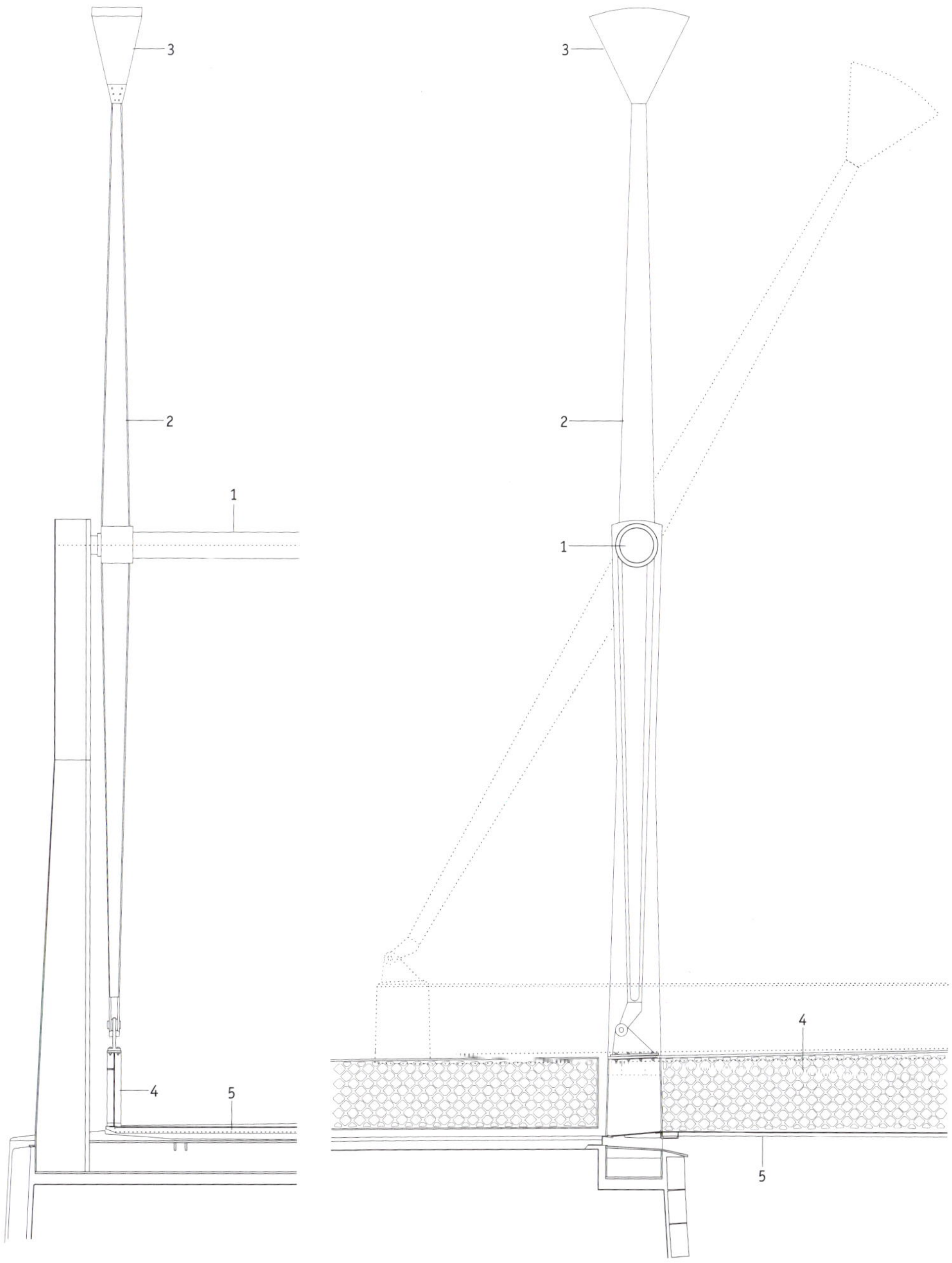

Geschlossene Brücke

Lower Hatea River Crossing

Whangarei, Neuseeland, 2013
Knight Architects

Der 265 m lange und 17 m breite Flussmündungsübergang wurde von Knight Architects in direkter Beauftragung im Jahr 2011 entworfen und 2013 eröffnet. Die Auto- und Fußgängerbrücke stellt die direkte Verbindung zwischen der Stadt und dem William Fraser Memorial Park auf der Nordinsel Neuseelands her. Als eine Schlüsselkomponente des Autobahnnetzes soll sie das Stadtzentrum entlasten sowie den Zugang zu den Whangarei Heads und dem Flughafen verbessern. Sie bietet einen permanenten Mindestspielraum für den querenden Schifffahrtsverkehr und einen sich öffnenden, 25 m breiten Hebeabschnitt in der Mitte, um Schiffe mit einer Höhe von mehr als 7,50 m passieren zu lassen. Zur Entwurfsidee gehört, die Kunst und Kultur der Maori zum Ausdruck zu bringen.

Es handelt sich um eine Klappbrücke unter Verwendung einer Rollbewegung des gesamten Elements zum Öffnen, ähnlich der Bewegung eines Schaukelpferdes. Der Hauptvorteil ist, dass das Öffnen nicht im steilen Winkel, sondern mit einer Bewegung auch nach hinten erfolgt und das Brückengewicht auf diese Weise schneller als bei üblichen Klappbrücken in Bewegung versetzt wird. Die Träger sind so geformt, dass sie einen effizienten Abrollvorgang ermöglichen. Formal symbolisieren sie einen Angelhaken, was der Brücke auch Ihren Namen in der indigenen Sprache verleiht: Te Matau à Pohe (der Angelhaken von Pohe).

Die oben in den J-förmigen Hohlträgern angebrachten Gegengewichte tragen dazu bei, das Gewicht der Fahrbahn auszugleichen. Die schwierigen Standortbedingungen, zu denen flache Gezeiten gehören, erfordern die Verwendung einer Mischbauweise aus Betonpfeilern, einer schlanken Betondecke aus Fertigteilen und Auflagern aus Stahlträgern. Der Hebeantrieb erfolgt mittels Hydraulikzylindern und Elektropumpen. Sie halten die Konstruktion im Gleichgewicht, während sie auf einer Zahnschiene abrollt.

Seitenansicht

Hydraulik und Bolzenverbindung

Abrollende Fläche mit Schienenzähnen

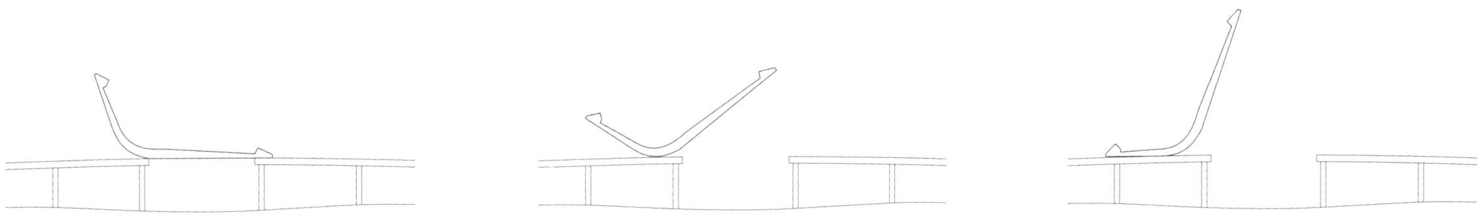

Abmessungen L × B = 23,80 × 18,20 m **Anzahl** 2 **Gewicht pro Element** 207 t Brückenkörper + 164 t Gegengewichte

1 Brückenträger aus Stahl 23,80 × 18,20 m, mit Gegengewicht 19,80 m, maximale Drehung 71°
2 Gegengewicht 164 t
3 Zwei hydraulische Zylinder als Antrieb, mittig unter Brückenkörper angebracht
4 Zahnschiene aus Stahl
5 Fußgängersteg mit Brüstung

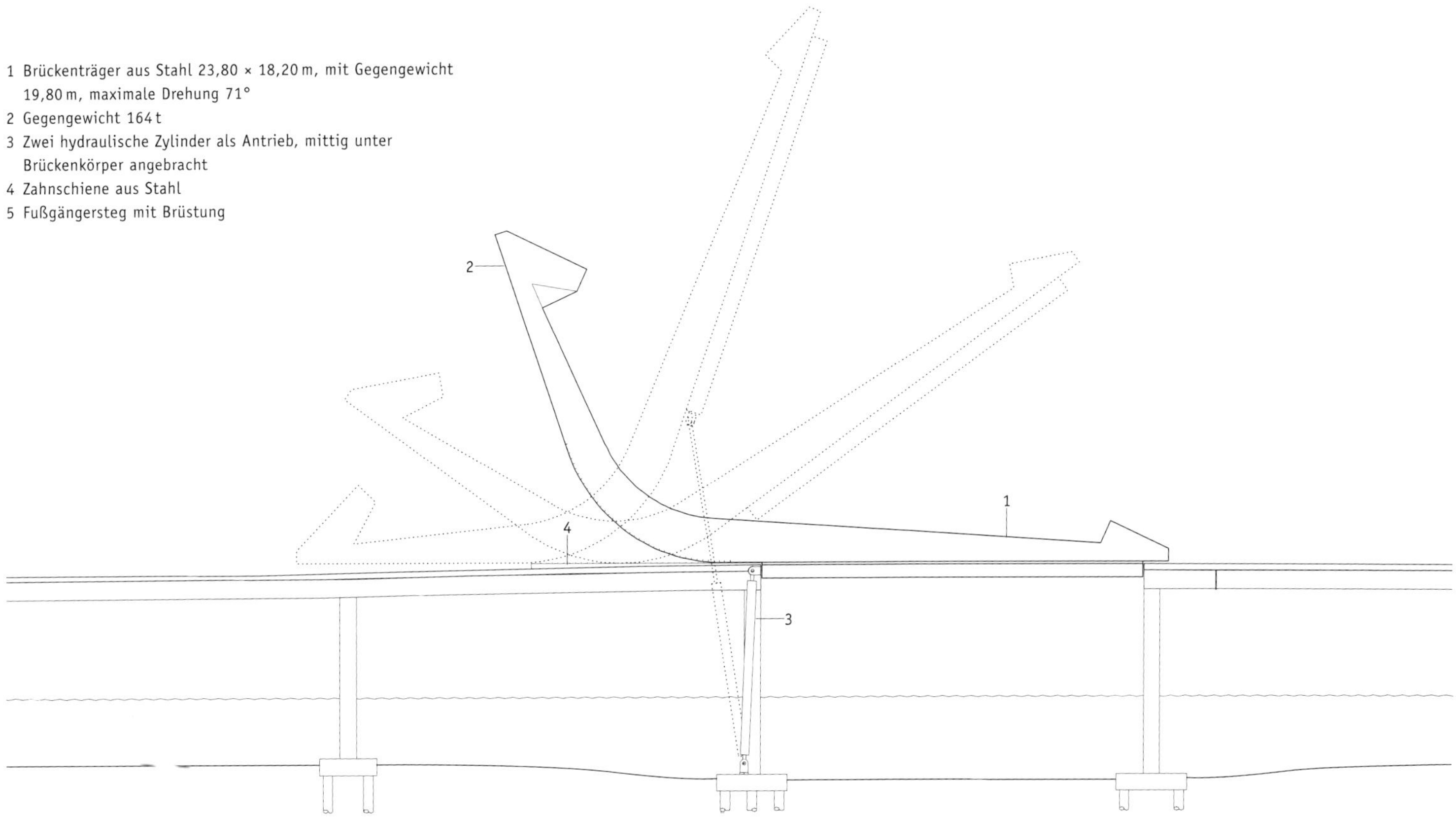

Längsschnitt Brücke M 1:400

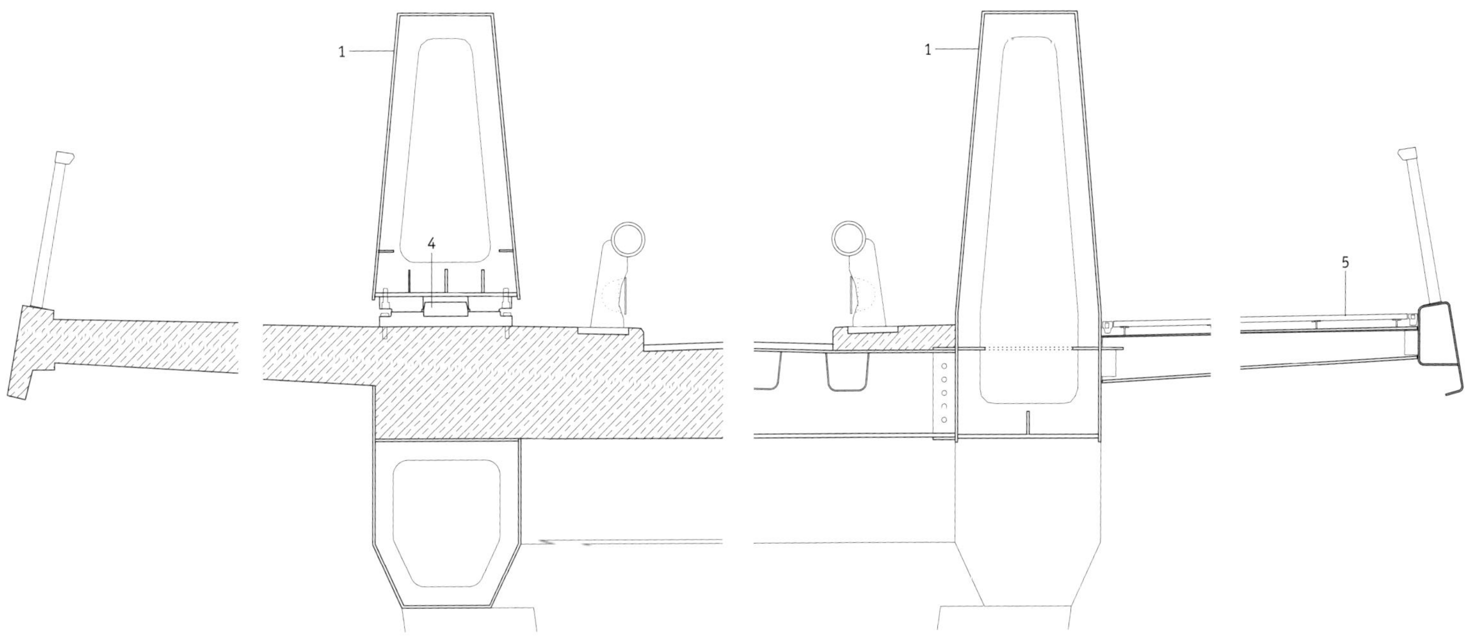

Schnitt durch feste Brücke und bewegliche Brückenkörper M 1:50

Luftbild der Brücke im geschlossenen Zustand

Merchant Square Footbridge

London, Großbritannien, 2014
Knight Architects

Die 20 m lange bewegliche Fußgängerbrücke am Merchant Square in Paddington, London, wurde nach einem geladenen Wettbewerb 2012 vom Brückenspezialisten Knight Architects und den Tragwerksingenieuren AKT II entworfen. Es sollten insbesondere die öffentlichen Bereiche am Wasser berücksichtigt werden. Dreimal wöchentlich wird die Brücke, zusammen mit der nahe gelegenen Rolling Bridge vom Büro Heatherwick, geöffnet.

Das Entwurfskonzept ist schlicht und besteht aus einem 3 m breiten, auskragenden Deck, das von fünf Stahlträgern gebildet wird. Die Brücke ist an einer Seite, der Nordseite des Kanals, gelenkig gelagert und wird mit hydraulischen Hebeböcken angehoben. Die fünf „Finger" öffnen sich nacheinander, wobei der erste einen Winkel von 70° erreicht und der letzte den erforderlichen Abstand über der Mitte des Kanals von 2,50 m Höhe und 5,50 m Breite gerade noch einhält. Skulpturale Gegengewichte aus betongefüllten Stahlbehältern verleihen den fünf beweglichen Elementen Gleichgewicht und reduzieren die zum Bewegen der Struktur benötigte Energie auf ein Minimum.

Die Gegengewichte sind so dimensioniert, dass sie das System optimal unterstützen und gleichzeitig sicherstellen, dass die Brücke allein durch die natürliche Schwerkraft wieder geschlossen werden kann. Um den reibungslosen Ablauf der Bewegung zu gewährleisten, mussten die fünf Stahlträger des Decks sehr präzise mit geringen Toleranzen hergestellt werden. In abgesenkter Position bilden sie die nahezu nahtlose Lauffläche der Brücke. Die einzelnen Elemente sind in speziellen Vorrichtungen gelagert, mit denen Toleranzen in den Abmessungen kontrolliert und der durch den Schweißprozess verursachte Verzug aufgenommen werden konnte. Die Lauffläche der Stahlträger ist mit einem strapazierfähigen Natursteinaggregat sowie einem rutschfesten Epoxidharz beschichtet, um eine dauerhafte Schutzschicht zu bilden. Jeder der fünf Träger wird mittels eines relativ kleinen Hydraulikzylinders aktiviert. Die Hydraulikzylinder werden von einem einzigen Motor im Untergeschoss des angrenzenden Gebäudes angetrieben. Ebenso wie die Rotationslager sind sie in einer Betonunterkonstruktion im Boden untergebracht.

Brücke im geöffneten Zustand

Die Gegengewichte als gestalterische Elemente

Hydraulischer Brückenantrieb

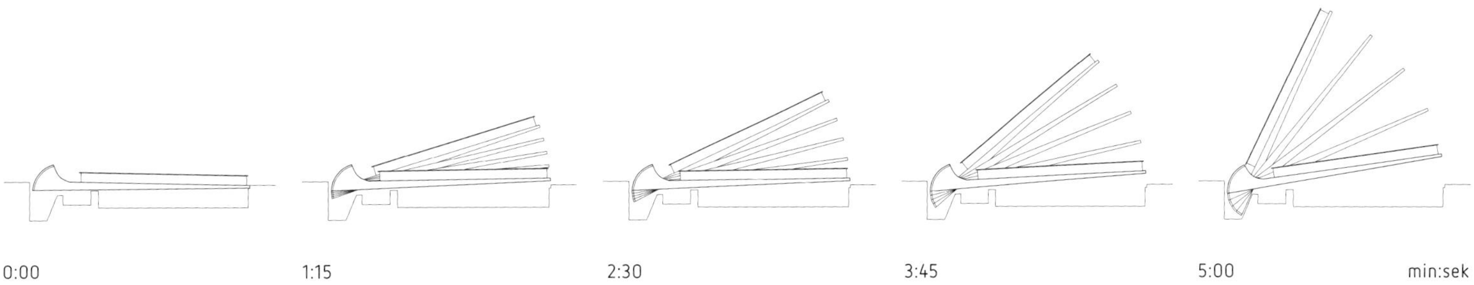

Abmessungen B × L = 3 × 27,50 m **Anzahl** 5 **Gewicht pro Element** 6 t (Gegengewichte gefüllt mit Beton: 6,9 t, 7,2 t, 7,7 t, 8,1 t, 8,5 t)

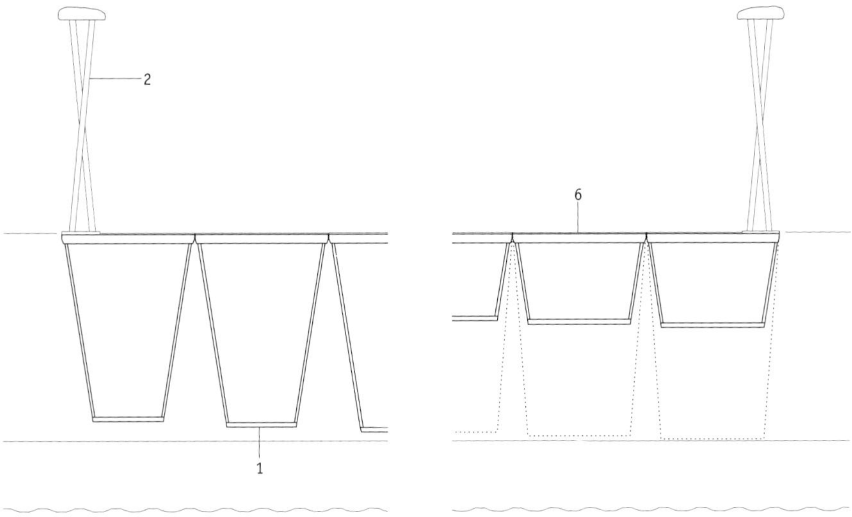

1 Brückenblatt aus trapezförmigem Kastenträger, Stahl, 27,50 × 0,60 – 0,30 m
2 Brückengeländer aus verschränkten Stahlstäben mit hölzernem Handlauf
3 Hydraulikzylinder 110 mm, angetrieben von 2 × 15 kW-Batterien
4 Schwenklager
5 Gegengewicht, Stahlkörper gefüllt mit Beton
6 Brückenoberfläche mit grauem Epoxidharz beschichtet

Querschnitt durch den Laufsteg der Brücke an zwei Stellen, M 1:33

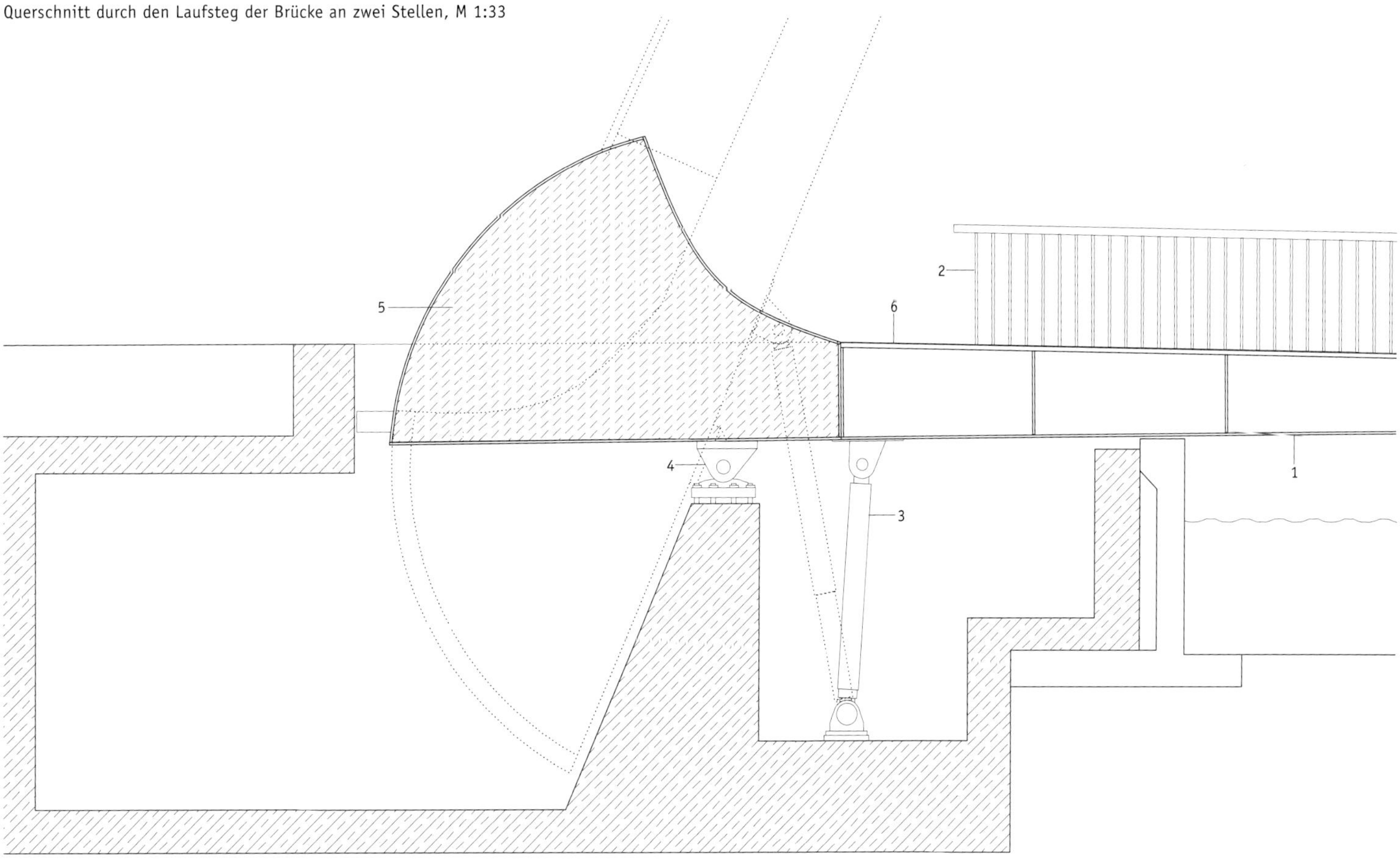

Längsschnitt durch Brücke / Ausschnitt Hydraulik und Gegengewicht M 1:50

Konzept der Kunstinstallation

„La ville molle"

Bourges, Frankreich, 2010
Atelier Raum

„La ville molle" ist ein Experiment und wurde von der Kunsthochschule und dem Fonds Régional d'Art Contemporain (FRAC Centre-Val de Loire) in Zusammenarbeit mit der Stadt Bourges und der Stadtteilverwaltung entwickelt. Das Kunstwerk entstand während des Aufenthalts von Atelier Raum architects in der Galerie La Box in der École nationale supérieure d'art von Bourges in Frankreich. Es hinterfragt die Härte der Stadt und die Fähigkeit des Bodens, sich zu verändern, einzigartigen Nutzen zu bringen und ungewöhnliche Situationen zuzulassen. Das Ausstellungsstück gleicht einem unter die Erde gerutschten Kunststoffkissen, es modifiziert unsere Beziehung zum Gewohnten, zur Stadt.

Aus der Ferne gesehen, hebt sich das Objekt wie eine große Wölbung aus der Mitte des Bodens. Nähert man sich an und betritt die Wölbung schließlich, spürt man die sich unter den Füßen bewegende Oberfläche und bemerkt die feinteilige, geriffelte Struktur in der Oberfläche der Wölbung. Das Objekt gibt einem kleinen, unbedeutenden Raum die Chance auf Belebung und Interaktion – dies macht aus einem recht einfach wirkenden Objekt ein interessantes Architekturprojekt, wenn man an die vielen unbeachteten Stadträume denkt, die auf solche Weise die Chance bekommen könnten, wahrgenommen zu werden und eine gewisse Bedeutung zu erlangen.

Die Kunstinstallation setzt sich aus einem Luftkissen und Pflastersteinen zusammen. Das Luftkissen ist in einem Kiesbett in den Boden eingelassen, um das seitliche Abrutschen der Konstruktion zu verhindern. Die Steine sind fünfseitig mit Klettfolie verbunden, um unkontrollierte Bewegungen zu vermeiden, sie sind also gleichzeitig mit dem Luftkissen und untereinander verbunden. Daher funktioniert die Struktur trotz der zahlreichen Einzelteile wie eine kompakte Ganzheit.

Bodeninstallation bei alltäglicher Nutzung

Bewegung mit Blick auf die Pflastersteine

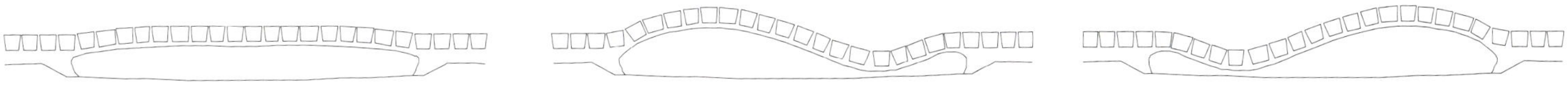

Abmessungen B × L = 3 × 3 m **Anzahl** 1 **Gewicht pro Element** 1 **Antrieb** Bewegung abhängig von Menschenbewegung

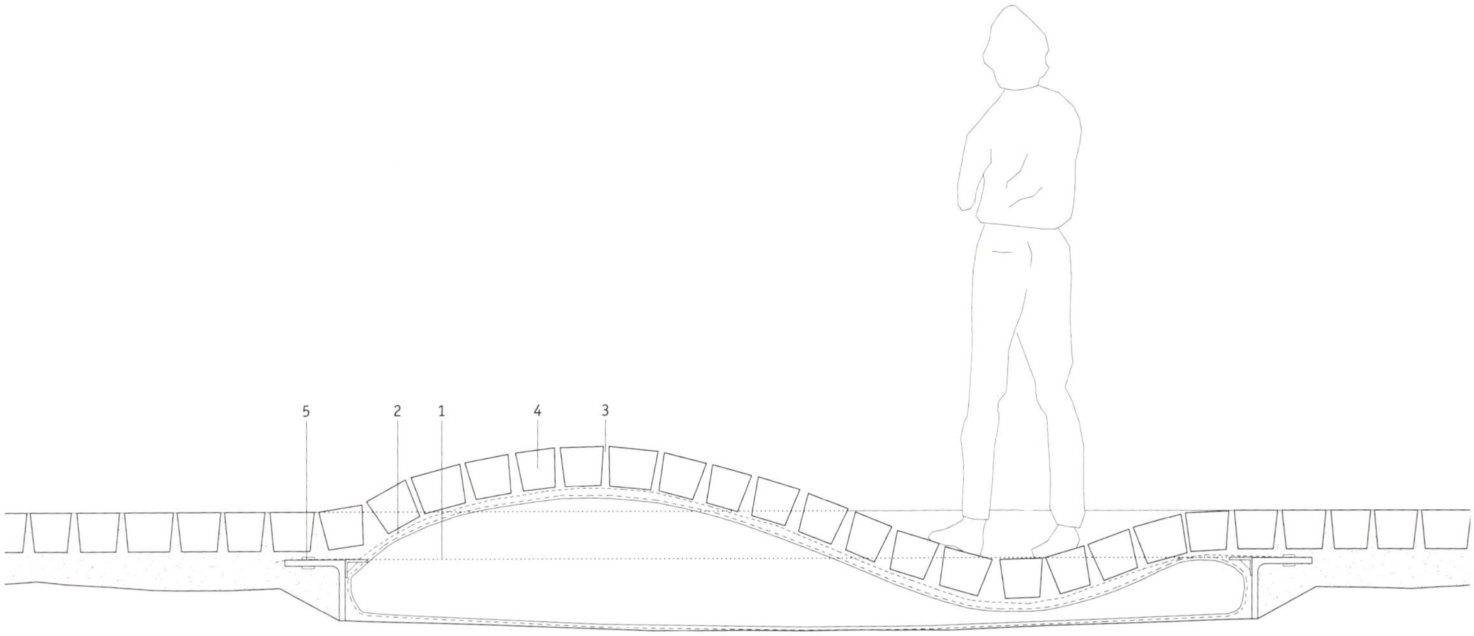

Querschnitt in Bewegung M 1:25

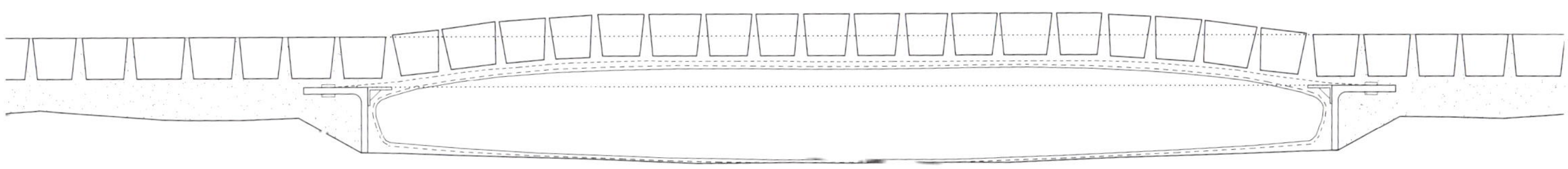

Querschnitt bei Stillstand M 1:25

Oberflächenbeschaffenheit

1 Beweglicher Wassertank, gelagert auf Kiesbett
2 Trennschicht zum Schutz der Luftkissen
3 Klettbänder zur Steinfixierung
4 Pflastersteine 10 × 10 × 6 cm, fünfseitig mit Klettband versehen
5 Stahlprofil als Randeinfassung

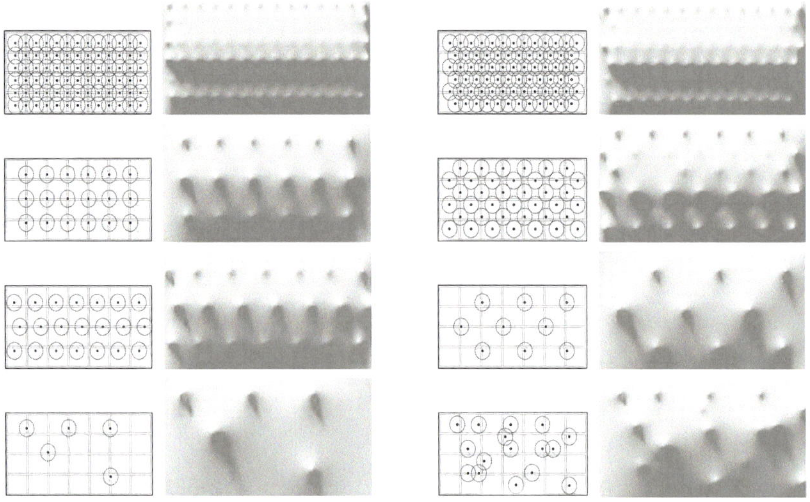

Mögliche Topographien der kinetischen Installation

Kinetic Wall

Venedig, Italien, 2014
Barkow Leibinger

Die Kinetic Wall ist ein vom Architekturbüro Barkow Leibinger für die 14. Internationale Architektur-Biennale in Venedig entwickelter Prototyp, der die Utopie einer beweglichen Architektur aufgreift, wie sie vor allem in der Moderne formuliert worden war. Sie bildet den Abschluss der im Wall Room der zentralen Biennale-Ausstellung unter dem Titel „Elements of Architecture" gezeigten Evolution von Wandkonstruktionen, zu denen auch Wände aus Stein, Ziegel, Holz und Glas gehören.

Elektrisch angetriebene, vor- und zurückfahrende Stäbe verwandeln die mit einem elastischen und transluzenten Synthetikgewebe bespannte Wand in eine bewegte Topographie aus Erhebungen und Senken. Durch diese Bewegung wird der Durchgang zwischen der Kinetic Wall und der benachbarten Glaswand zu einem dynamisch geschwungenen Raum für die Ausstellungsbesucher. Die dadurch variierende Breite des an sich recht schmalen Durchgangs vermittelt dem Besucher eine unmittelbar sinnliche und körperliche Raumerfahrung. In einer digital gesteuerten Choreographie werden zahllose Oberflächenformationen aktiviert, die sich langsam herausbilden, dann wieder verschwinden und sich fortlaufend verändern.

Der Stoff ist in zwei Lagen übereinandergespannt, sodass die sich gegeneinander verschiebenden Schichten einen Moiré-Effekt erzeugen. Dies intensiviert den visuellen Eindruck und erzeugt eine zweite, ephemere Ebene von Bewegung. Das Gewebe ist über ein leichtes hölzernes Raumfachwerk gespannt, dessen räumliche Tiefe die Mechanik verbirgt. Wird die Oberfläche mechanisch aktiviert, entsteht ein dehnbares „Poché" – eine neue Art von Körperhaftigkeit für eine Wand.

Die Kinetic Wall hat eine eindeutige Vorder- bzw. Rückseite, wobei die Bewegung der Oberfläche von beiden Seiten aus sichtbar ist. So eröffnet sie neue Aussichten auf eine zukünftige Architektur aus natürlichen wie auch synthetischen bzw. recycelten Werkstoffen, die sowohl räumlich als auch in ihrer Materialität dynamisch ist.

Vorderseite der Installation

Rückseite der Installation

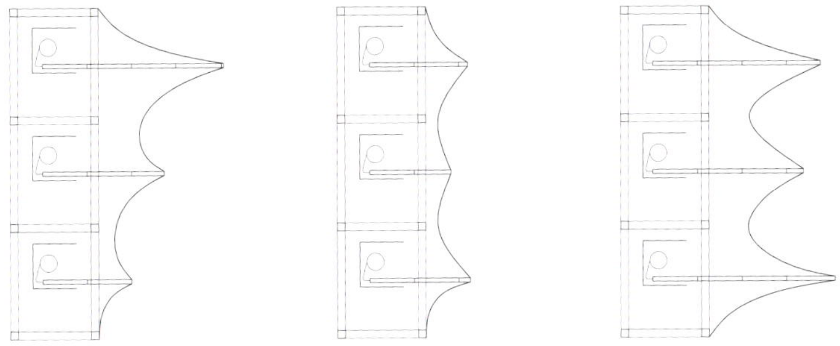

0:00 0:07 0:15 min:sek

Abmessungen L × B × H = 6 × 0,80 × 3 m **Anzahl** 18

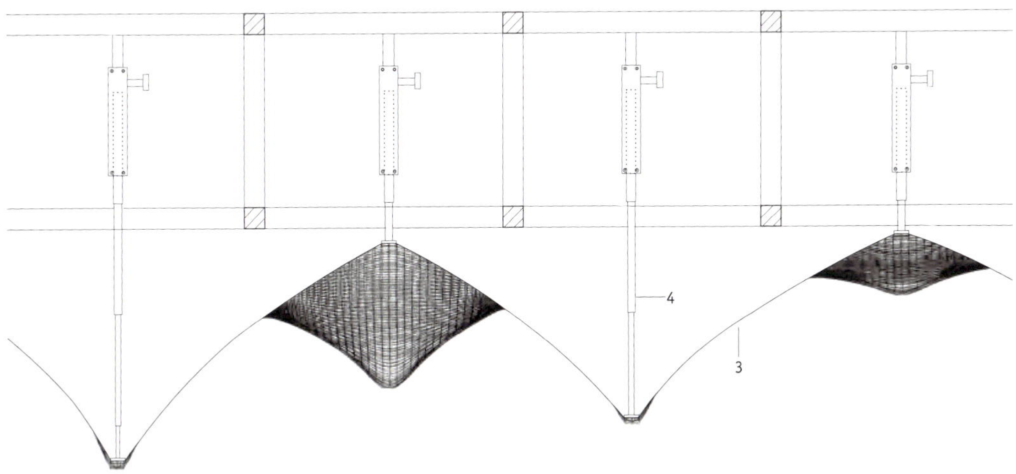

Grundriss M 1:33

1 Umlaufendes Klemmprofil, Aluminium
2 Rahmen aus quadratischen Holzprofilen
3 Textilmembran, zweilagig
4 Teleskopstange
5 Elektomotor 24 V

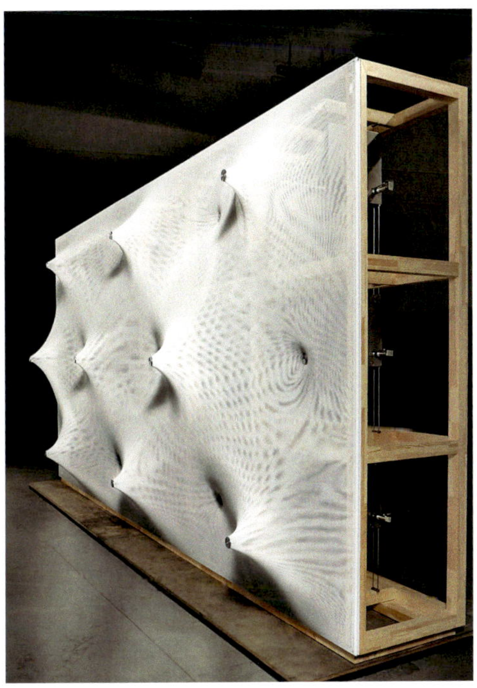

Seitenansicht

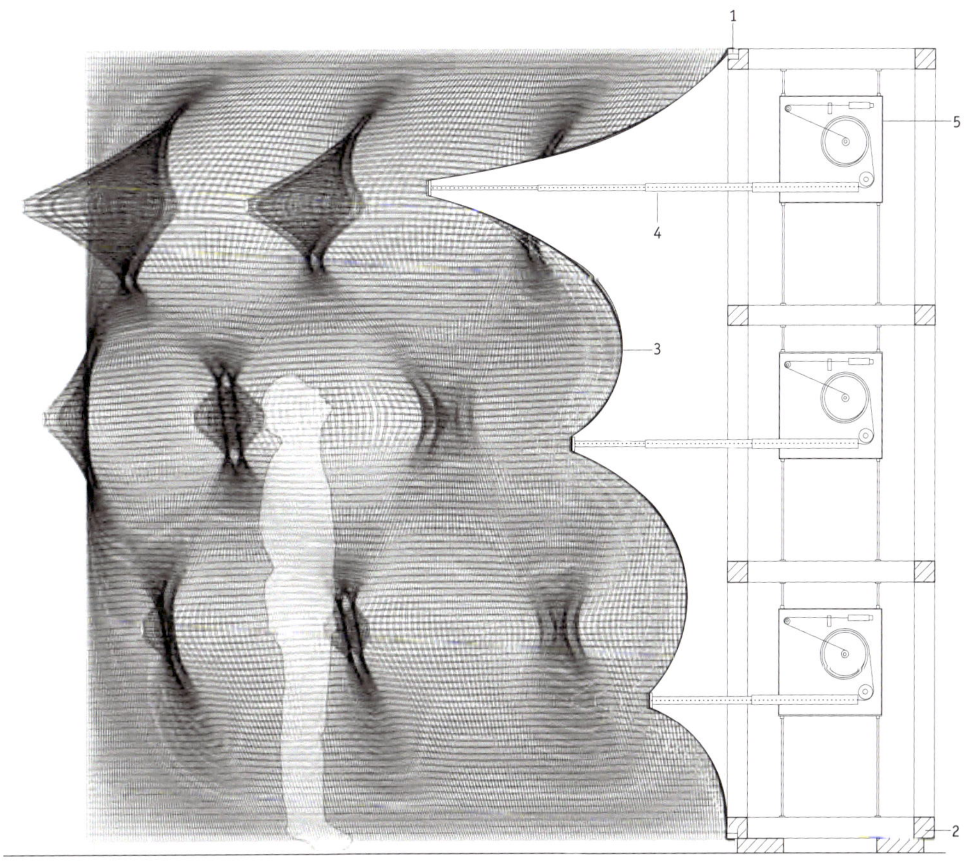

Querschnitt M 1:33

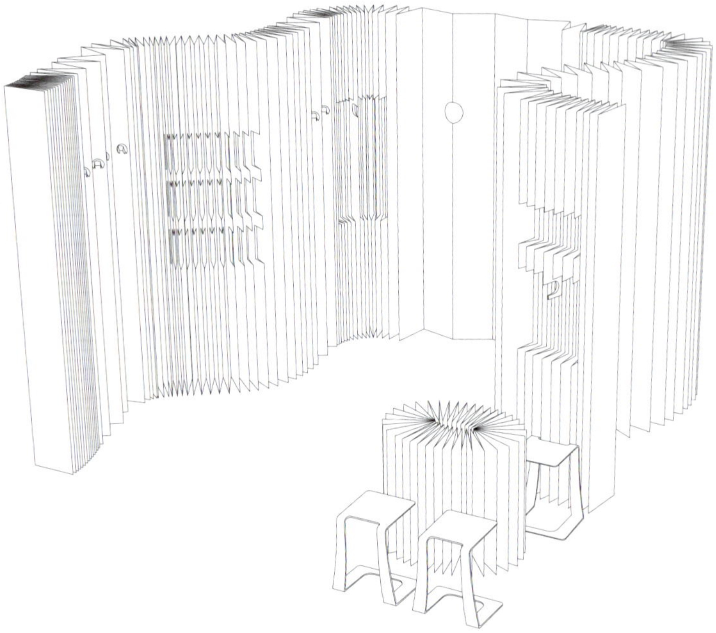

Axonometrie der gesamten Faltung im Raum

Bezier Concertina Display

Paris, Frankreich, 2017
Stacklab

Bezier Concertina ist ein papierbasiertes Ausstellungssystem, das vom Designstudio Stacklab in Toronto entwickelt und hergestellt und in Paris installiert wurde. Die Aufgabe war das Design eines Ausstellungssystems für eine Kollektion von Bekleidungs- und Lederwaren. Die Herausforderung bestand darin, eine Lösung zu entwickeln, die gleichzeitig die pragmatischeren Ziele erreichte, selbsttragend, kostengünstig, kompakt und leicht zu sein.

Bezier Concertina besteht aus einer einzigen geschwungenen Ausstellungswand aus gefaltetem Papier, die den Umfang eines etwa 4 m × 4 m großen Showrooms einnimmt. Sie bildet das Schaufenster zur angrenzenden belebten Straße hin, in dem die Waren ausgestellt werden. Angesichts des Kostenfaktors und der logistischen Bedingungen entschied sich das Designteam für 1,50 mm starken Karton als einziges Arbeitsmaterial. Inspiriert von der Kartonstruktur selbst, wurden die Bögen des Papiermaterials geritzt und nach Art einer Ziehharmonika gefaltet, um ein starres strukturelles System zu schaffen. Diese Strategie ließ einen in sich selbst stabilen Wandabschnitt entstehen, der zur Grundlage für die Ausstellungslogik wurde.

Das Element umgibt den Ladeninnenraum mit seiner kurvig verlaufenden, ziehharmonikaartigen Struktur. Die Dichte der Faltungen variiert, um durch Gradienten mit hoher und niedriger Dichte die visuelle Spannung zu steigern und verschiedene Objektanordnungen zu erlauben. Die dichteren Bereiche dienen als Regale für die Ausstellung von Lederwaren, wie Schuhen und Taschen, während die weniger dichten Bereiche komplexe Ausschnitte enthalten, die sich in starre Haken falten lassen, um daran Kleidungsstücke aufzuhängen.

Ein ergänzender Tisch wurde mit der gleichen Materialstrategie erstellt. Das Bezier Concertina Display unterstreicht die schlichte und zugleich raffinierte Ästhetik der Modekollektion.

Raumimpression

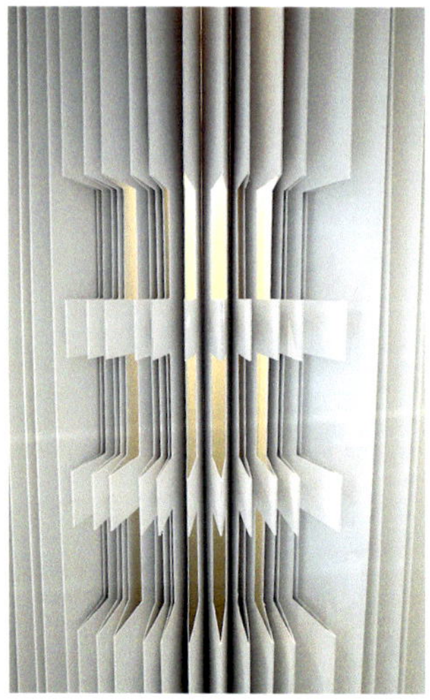

Materialaussparung als Regal

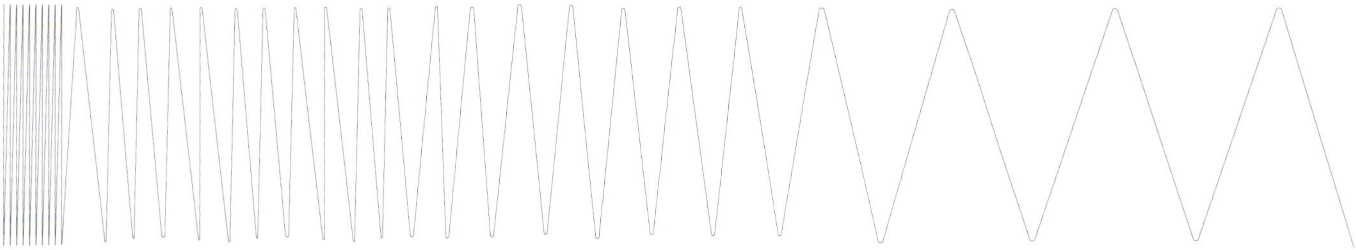

Abmessungen L = 122 m **Anzahl** 1 **Gewicht pro Element** 100 kg **Antrieb** Bewegung durch manuelles Knicken und Biegen

Gefalteter Haken

Gefalteter Haken

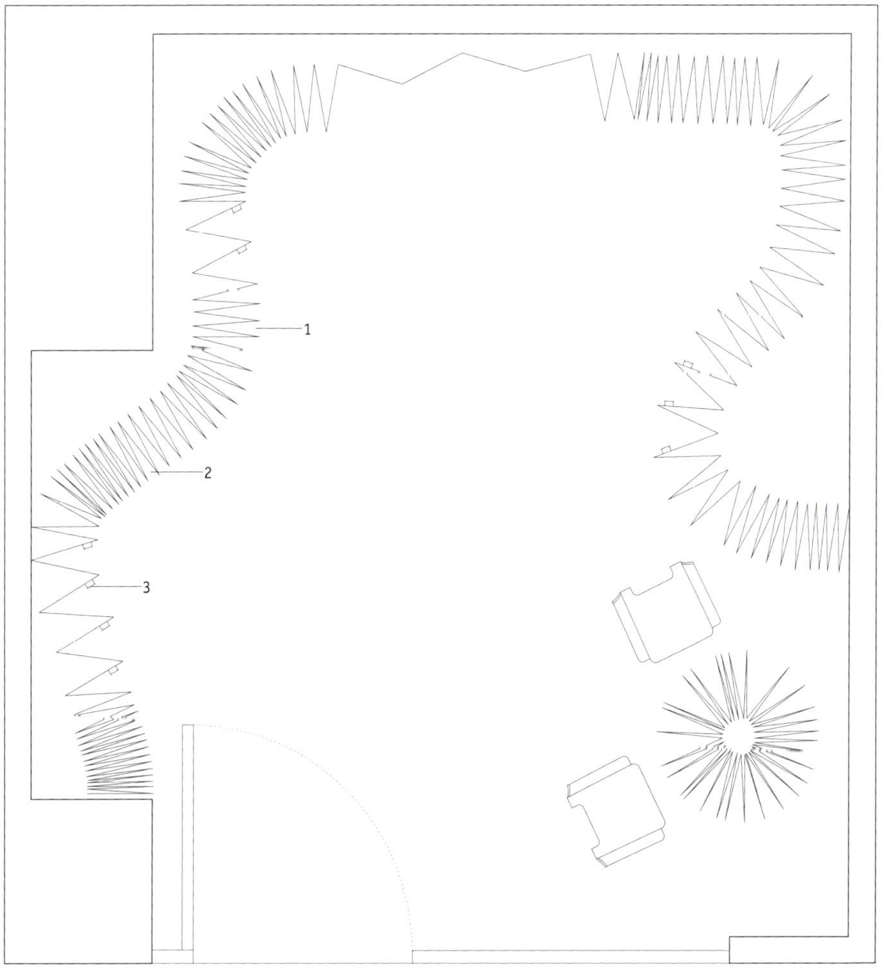

Grundriss Laden M 1:33

1 Wellpappe 1,50 mm, reinweiß, alle 30 cm geritzt und gefaltet
2 Regalfläche durch Materialausschnitte
3 Aufhängehaken durch Stanzung und Faltung

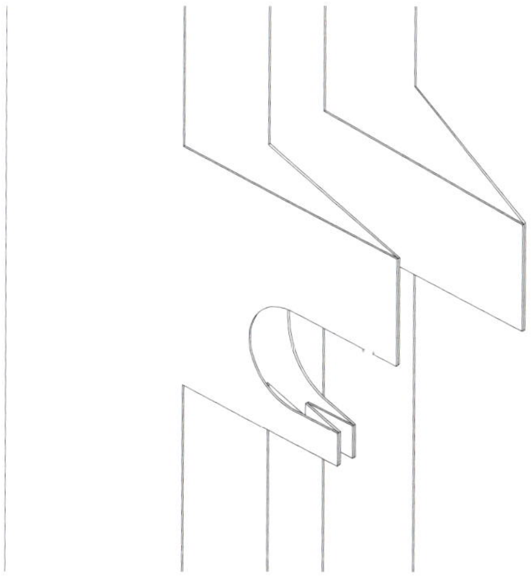

Gefalteter Haken

Straßenansicht mit Solarfassade ca. 24 m

IBA Soft House

Hamburg, Deutschland, 2013
Kennedy & Violich Architecture
Knippers Helbig Advanced Engineering

Das Soft House ist das Ergebnis eines gewonnenen Wettbewerbs für einen Beitrag zur Internationalen Bauausstellung in Hamburg im Jahr 2013. Es nutzt durch seine dynamische Textilfassade das Sonnenlicht auf flexible und intelligente Weise und dient mit seiner Vollholzbauweise als Musterbeispiel nachhaltigen Bauens. Es handelt sich um ein Reihenhaus mit vier Einheiten im Passivhausstandard. Das Tragwerk besteht vollständig aus einfachen Brettern aus heimischen Hölzern, die mit Holzdübeln zu Brettstapel-Elementen verbunden werden. Diese können von örtlichen mittelständischen Betrieben hergestellt und verarbeitet werden. Die Vollholzbauweise stellt eine CO_2-reduzierte Alternative zum klassischen Massivbau aus Mauerwerk im Wohnungsbau dar.

Außen ist das Softhouse mit einer anpassungsfähigen Konstruktion bekleidet, auf der flexible Photovoltaikzellen angebracht sind. Die „Twister", die Textilstreifen vor der Fassade, folgen durch Verdrehen um die eigene Achse dem Tagesverlauf der Sonne. Darüber hinaus lassen sich Aussicht und Verschattung von den Bewohnern individuell durch Ansteuern der Twister regulieren. Auf dem Dach sind verformbare Paneele aus glasfaserverstärktem Kunststoff montiert, die sich durch elastisches Verbiegen dem Jahreszyklus der Sonne anpassen. Diese Art der nachgiebigen und anpassungsfähigen Photovoltaikanlage stellt eine weltweite Innovation dar, die beim IBA Soft House erstmalig realisiert wurde und so zum Ausgangspunkt künftiger Entwicklungen werden kann.

Im Inneren kommen bewegliche und lichtdurchlässige Vorhänge zum Einsatz, die mit LEDs belegt sind. Diese werden über die Membranfassade mit Niederspannung versorgt. Die Vorhänge ermöglichen die individuelle Regulierung von Wärme und Licht und eine ständige Veränderung der großzügigen Innenräume.

Luftraum zwischen Fassade und Sonnenschutz

Blick von oben auf Sonnenschutz und Terrasse

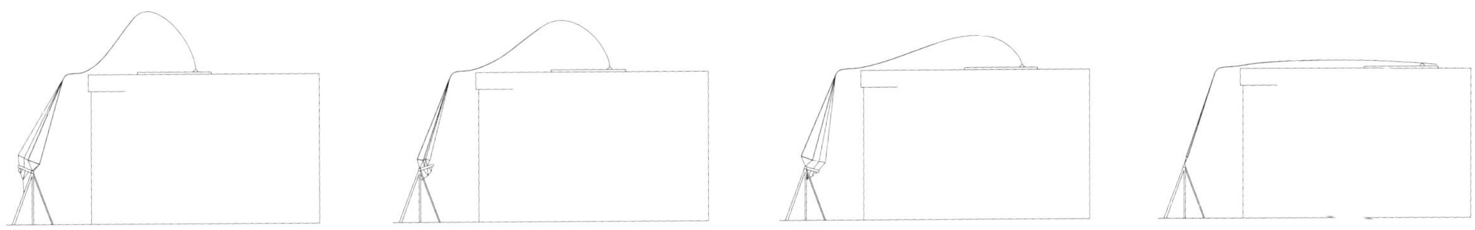

Sommer Herbst Winter Sturm

Abmessungen L = 6 m, B = 500 mm, d = 10 mm **Anzahl** 32

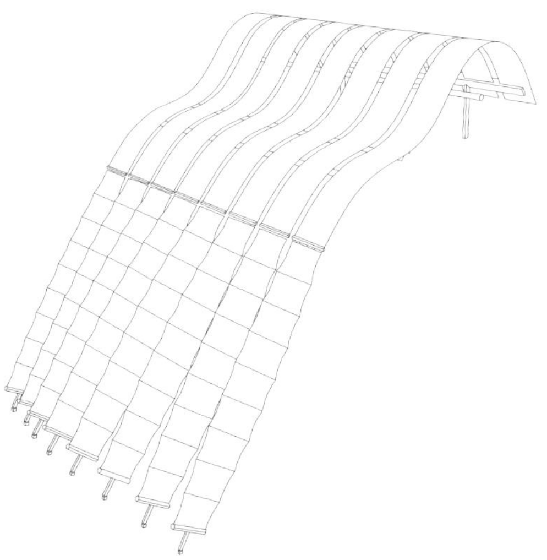

Fassadenelement aus 8 Photovoltaikpaneelen – ca. 5,80 m lang

1 Photovoltaikpaneel CIGS 400 × 50 cm, 300 W
2 GFK-Paneel 8 mm, maximale Umdrehung 60°
3 Hybrides Textil, PTFE-Membran L × B = 600 × 60 cm, maximale Verdrehung 37°
4 Lamellenanschluss, Stahl, gelenkig gelagert
5 Drehantrieb mit Hydraulik-Einspeisung
6 Stahlrohr als Basisprofil für Leitungsführung, verzinkt

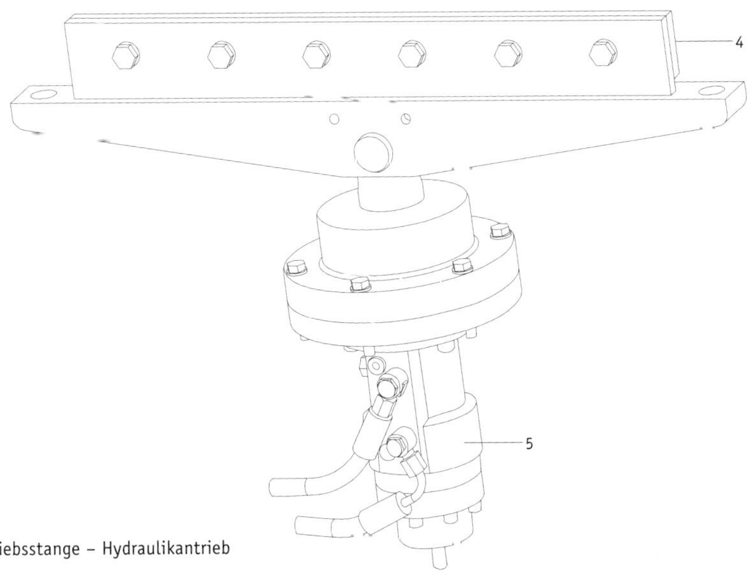

Antriebsstange – Hydraulikantrieb

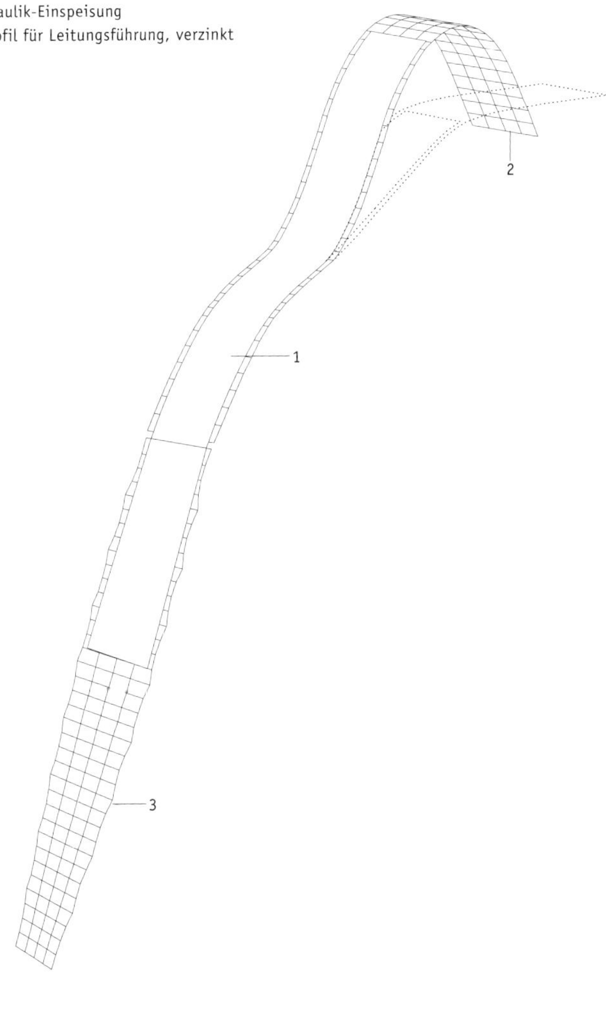

Membran mit Photovoltaikpaneel

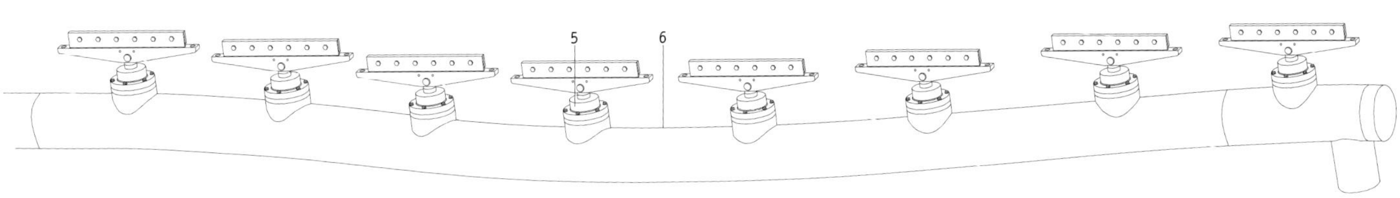

Basisprofil mit Hydraulikantrieben

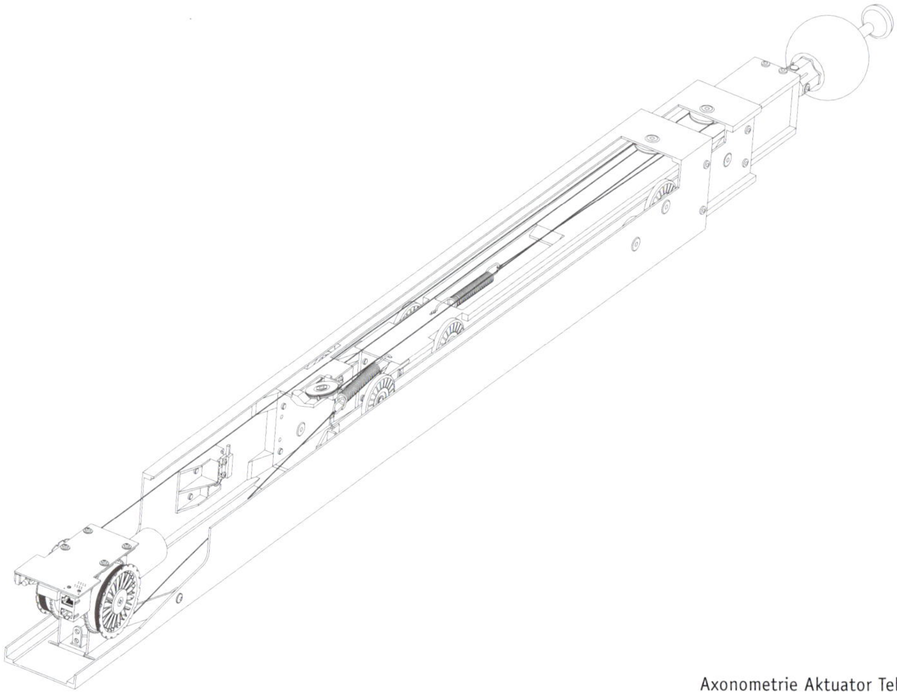

Axonometrie Aktuator Teleskopzylinder

MegaFaces

Sotschi, Russland, 2014
Asif Khan Ltd. mit iArt

Diese vom Londoner Architekten Asif Khan konzipierte und von iart entwickelte kinetische Fassade kann dreidimensionale Objekte räumlich nachbilden. Sie wurde an einem Pavillon für die Olympischen Winterspiele 2014 installiert und bildete dort Gesichter von Besuchern des Pavillons plastisch ab. Der MegaFaces-Pavillon wurde von einem russischen Telekommunikationsunternehmen als Olympiasponsor in Auftrag gegeben. Eigens für das Projekt entwickelte 3D-Fotoautomaten scannen im Inneren des Pavillons Gesichter von Besuchern und leiten die Daten an die kinetische Fassade weiter.

Die Fassade besteht aus 10500 teleskopischen Zylindern, die bis zu 2 m ausgefahren werden können und an der Spitze eine Kugel mit einem RGB-LED-Licht tragen. Sie bildet jeweils gleichzeitig drei 8 m hohe Portraits ab. Der Effekt lässt den Pavillon zu einem Mount Rushmore des digitalen Zeitalters werden: Gesichter, 35-mal so groß wie das Original, nehmen Form an und verschwinden wieder, indem sie sich in ein neues Gesicht verwandeln.

Die Aktuatoren des Teleskopzylinders sind in einem bidirektionalen System zusammengeschlossen, welches das Ansteuern der einzelnen Punkte ermöglicht und gleichzeitig die Position des jeweiligen Aktuators zurückmeldet. Jeder Aktuator bildet sozusagen ein Pixel in der Gesamtfassade und kann als Teil eines Bildes oder einer Farbbildsequenz seine Farbe ändern. Die Herausforderung lag darin, den Anforderungen des Projekts bezüglich Schnelligkeit, Benutzerfreundlichkeit und Bildqualität zu entsprechen. Der Scanprozess musste so schnell und einfach wie bei einem handelsüblichen Passfotoautomaten ablaufen und dennoch hochwertige 3D-Modelle für die Darstellung an der Fassade generieren.

Außenansicht

Fassadendetail in Aktion

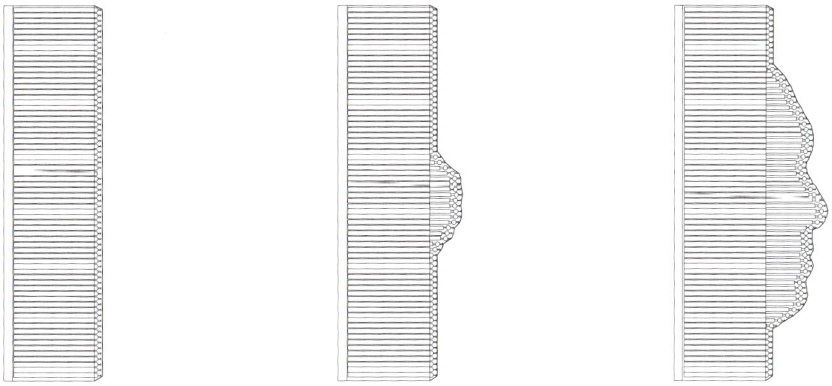

0:00 0:10 0:20 min:sek

Abmessungen H × B × L = 0,10 × 0,08 × 1,98 m **Anzahl** 10500 **Gewicht pro Element** 10 kg

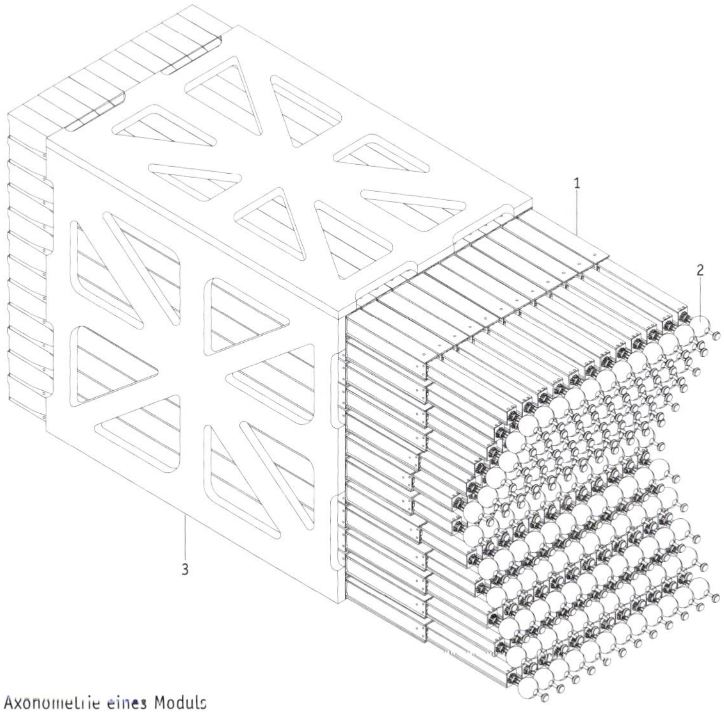

Axonometrie eines Moduls

1 Teleskopischer Aktuator mit Schneckengetriebe 30 W, Seilzugsystem mit zwei Seilrollen am Motor, Stangenführung durch innenwendige Rollen
2 Teleskopkopflampe mit Glaskugel
3 Moduleinhausung, Stahl

Untersicht mit ausgestreckten Aktuatoren (max. 2 m)

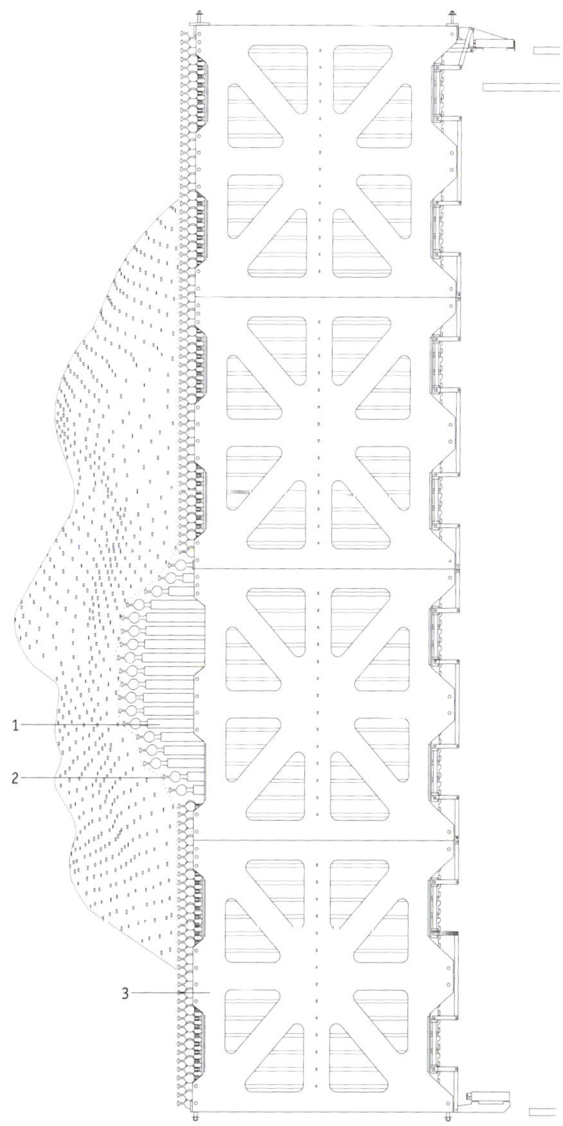

Querschnitt M 1:65

Rückfassade nach Einbruch der Dunkelheit

One Ocean

Yeosu-si, Jeollanam-do, Südkorea, 2012
soma architecture
Knippers Helbig Advanced Engineering

Der vom österreichischen Architekturbüro soma geplante Themenpavillon für die EXPO 2012 wurde in der südkoreanischen Hafenstadt Yeosu am 12. Mai 2012 eröffnet. Das Vorhaben der EXPO, einen verantwortungsvollen Umgang mit natürlichen Ressourcen zu vermitteln, sollte nicht durch zeichenhafte Gesten repräsentiert, sondern architektonisch umgesetzt werden. Bei diesem Pavillon wurde diese Idee durch ein nachhaltiges Klimakonzept und das biomimetische Prinzip der beweglichen Lamellenfassade umgesetzt. Das Thema der Weltausstellung „The Living Ocean and Coast", insbesondere das zweifache Erleben des Meeres als endlose Oberfläche und als Tiefe, inspirierte das Entwurfskonzept. Kontinuierliche Flächen verdrehen sich von vertikalen Zylindern zu horizontalen Ebenen und generieren dabei zwei unterschiedliche Ausstellungsbereiche.
Als Gegenpol zu den virtuellen, multimedialen Inszenierungen im Pavillon erzeugen die Architektur und insbesondere die kinetische Fassade einprägsame Erlebnisse durch analoge Mittel. Bewegliche Lamellen kontrollieren den Tageslichteinfall im Foyer und in der Best Practice Area. Einzeln angesteuert, ermöglichen sie durch versetztes Öffnen und Schließen eine Choreographie von wellenartigen Mustern auf der gesamten Länge des Gebäudes. Nach Sonnenuntergang wird der visuelle Effekt der Öffnung durch LEDs verstärkt, die an der Innenseite der Lamellen eingelegt sind. In geöffneter Position strahlen die LEDs auf die jeweils benachbarte Lamelle. Die elegante Öffnungsbewegung der kiemenartigen Lamellen basiert auf den elastischen Verformungseigenschaften von glasfaserverstärktem Kunststoff und wurde von Pflanzenbewegungen abgeleitet.
Die Zwischenräume der Ausstellungskörper sind nach der Hauptwindrichtung ausgerichtet, um das Foyer und die Best Practice Area natürlich zu belüften. Tagsüber kontrollieren die Lamellen der kinetischen Fassade den Eintrag von Sonnenenergie. Solarpaneele am Dach versorgen den Betrieb der Gebäudetechnik.

Geschlossener Zustand

Geöffneter Zustand

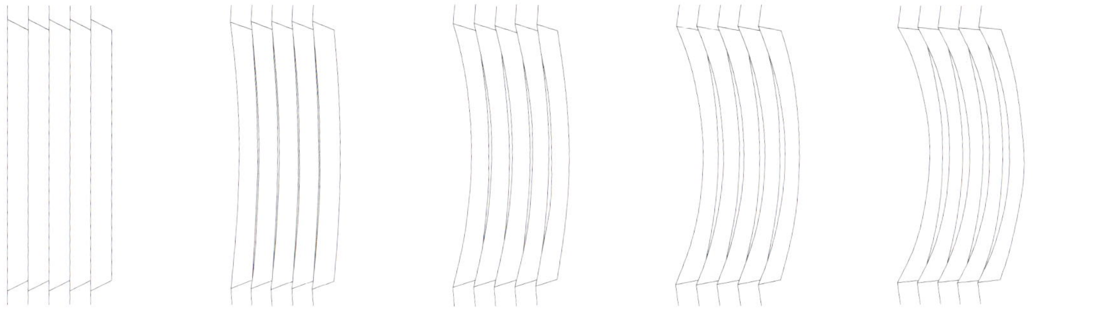

Abmessungen Fassade L = 140 m, Lamellen L × B = 3 – 13 × 1,40 m, 9 mm dick **Anzahl** 108 **Gewicht pro Element** variabel **Geschwindigkeit** variabel **Antrieb** digital gesteuert

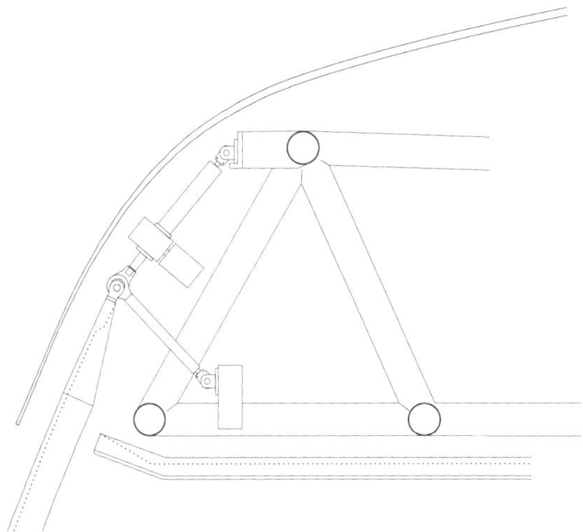

Ausschnitt oberer Anschluss – Antrieb und Befestigungspunkt

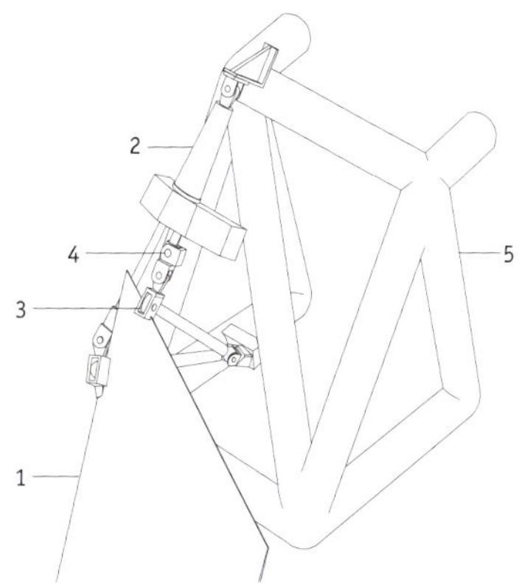

Axonometrie Antrieb, Träger und Befestigungspunkt einer Lamelle – 200 bzw. 30 mm Verstärkung an den vertikalen Kanten der Lamelle

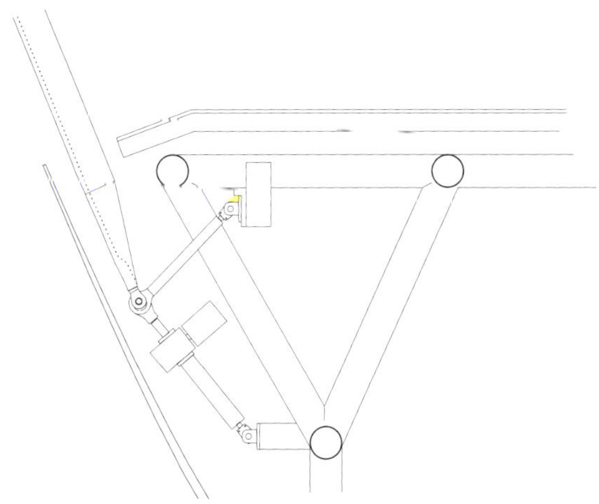

Ausschnitt unterer Anschluss – Antrieb und Befestigungspunkt

1 GFK-Lamelle bis 13 m lang, Stärke 10 – 20 m
2 Synchronservomotor 1FT/1FK, 2,29 kW
3 Kugelgewindespindel, beidseitig gelenkig gelagert
4 Koppelstab für Lamellen, gelenkig gelagert
5 Unterkonstruktion, Stahl-Hohlprofile

Axonometrie einer Lamelle

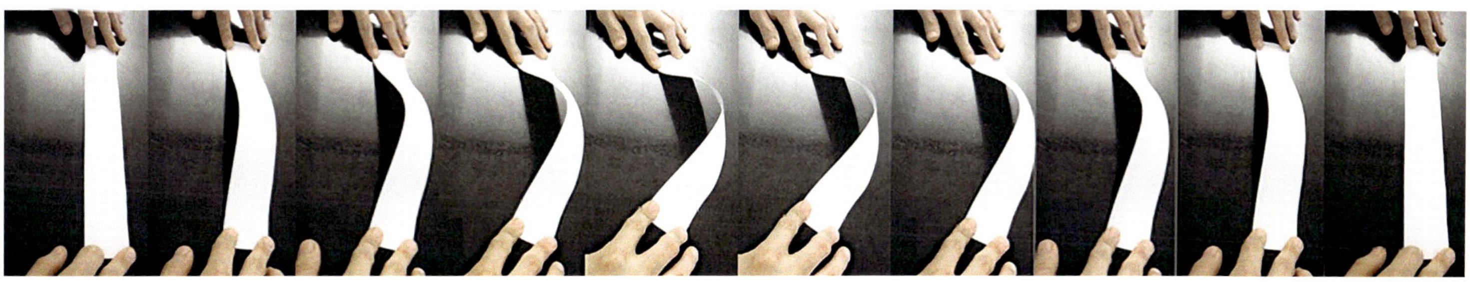

Simulation des Bewegungsprinzips bei Konzeptentwicklung

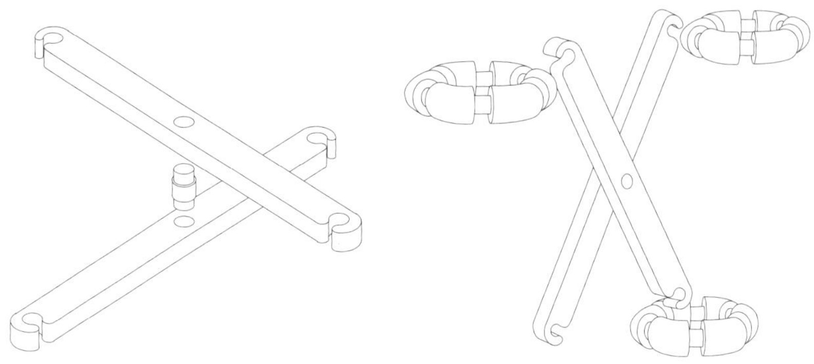

Axonometrie Bausteine und deren Fügung

XXXX sofa

Kyoto, Japan, 2011
Yuya Ushida

Das Sofa wurde vom Designer Yuya Ushida für das holländische Unternehmen Ahrend kreiert. Den ersten Prototyp des Möbelstücks hat der Designer während seiner Studienzeit entworfen und gebaut. Damals diente ihm als Baumaterial noch Bambus. Ushida benannte das Sofa „XXXX sofa" aufgrund der flexiblen Struktur der einzelnen X-förmigen Elemente. Es besteht ausschließlich aus Stäben, Ringen und Verbindungsdübeln, die im Kunststoffspritzguss hergestellt werden. Die Einzelteile erscheinen simpel, aber in einem regelmäßigen Muster zusammengefügt, ergeben sie eine komplexe geometrische und bewegliche Struktur.
Der Transformationsprozess erfolgt manuell und durch zwei Personen, die an den Ecken das Möbel strecken oder stauchen. Da die Konstruktion aus einem einzigen Material besteht und der verwendete Kunststoff recycelbar ist, ist keine Materialtrennung erforderlich, um das Sofa als Rohmaterial wiederverwenden zu können. Der Lebenszyklus des Systems kann in diesem Sinn als nahezu endlos bezeichnet werden.
Nach demselben Prinzip können auch andere Möbeltypen, wie Hocker, Tisch, Bank usw., hergestellt werden. Für das Sofa werden 8000 Stäbchen in vier verschiedenen Längen sowie 2000 Ringe und Verbindungsgelenke benötigt, wohingegen ein Hocker aus lediglich 600 Einzelteilen besteht.

Sofa zusammengestaucht und auseinandergezogen

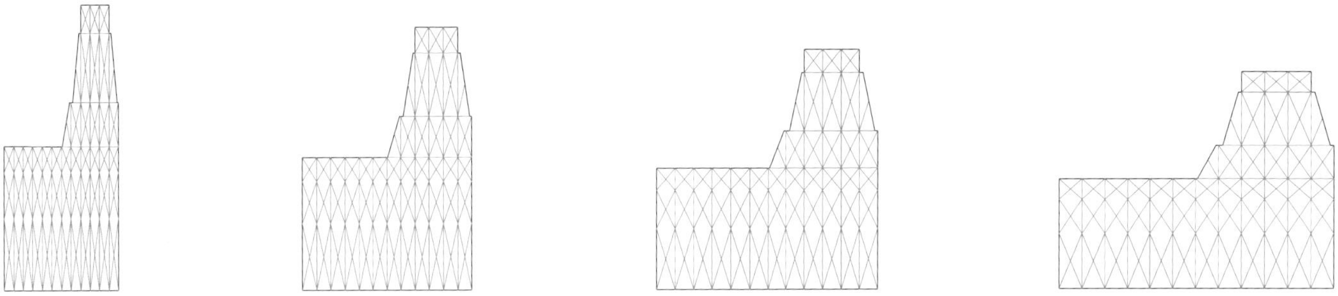

Abmessungen L × H = 945 × 720 mm, gestaucht H × L = 943 × 391 mm **Anzahl** 2000 Ringe; 8000 Stäbchen **Gewicht** 70 kg

Konstruktionsdetail – Fügungs- und Verbindungspunkt

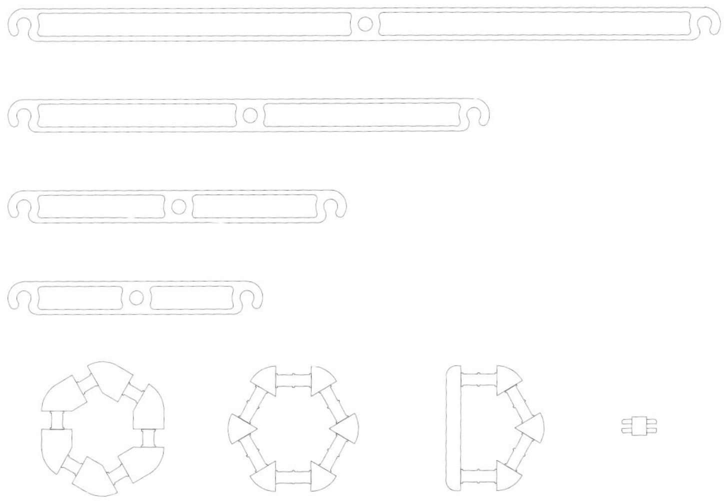

Ansicht und Verhältnis der acht einzelnen Bausteine

1 Stäbchen
2 Ringe

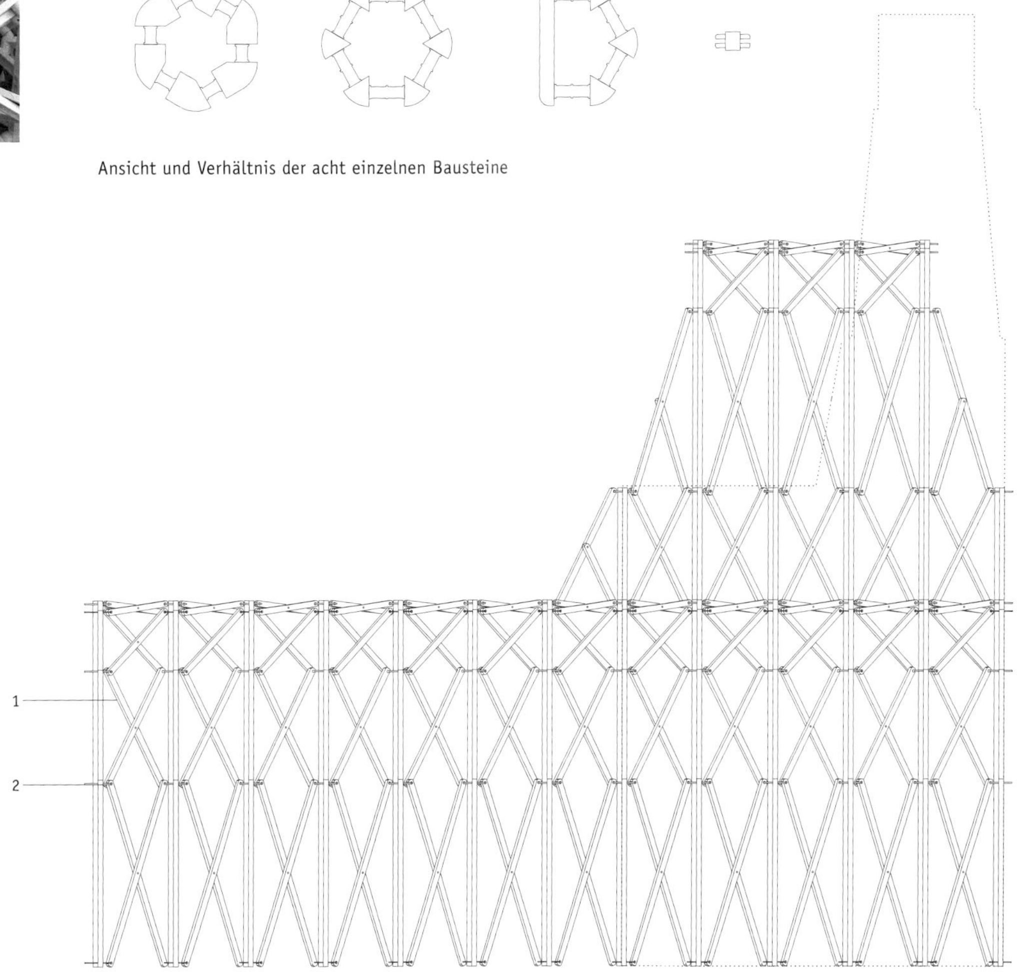

Ansicht des ausgestreckten Sofas M 1:8

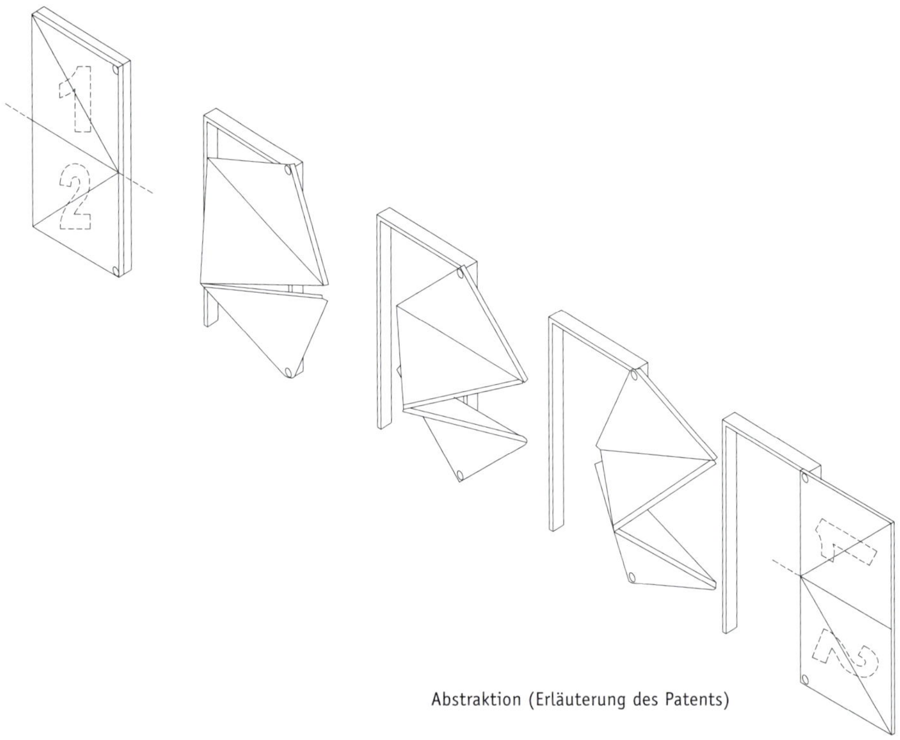

Abstraktion (Erläuterung des Patents)

EvolutionDoor

Wien, Österreich, 2013
Klemens Torggler

EvolutionDoor ist der Titel eines kinetischen Kunstobjektes des österreichischen bildenden Künstlers Klemens Torggler. Es befindet sich (bei Redaktionsschluss) in der Galerie „Kunstraum am Schauplatz" in Wien. Das Konzept des Projekts ist es, anstelle des gewöhnlichen Bewegungsablaufs beim Öffnen einer Tür einen neuen zu schaffen. Abstrakt beschrieben, handelt es sich um eine Vorrichtung zum Verschließen einer Öffnung durch zwei Platten, die jeweils in einem Eckbereich um eine zur Ebene der Drehachse senkrechte Achse drehbar sind.
Das Objekt hat Abmessungen von 130 cm × 260 cm x 3,6 cm und wiegt 100 kg, wobei das Gewicht der bewegten Masse 60 kg beträgt. Die Konstruktion besteht aus Holzrahmen mit MDF-Platten als Verkleidung sowie Beschlägen aus Stahl. Zur Sicherheit gibt es an den Kanten einen Einklemmschutz aus weichem Moosgummi. Der Antrieb der Bewegung funktioniert manuell und die Dauer des Öffnungs-/Schließvorgangs wird vom Bedienenden variabel bestimmt.
Mathematisch gesehen handelt es sich bei der EvolutionDoor um ein räumliches Getriebe mit einem Freiheitsgrad. Dem Bewegungsmechanismus liegt die Funktionsweise einer Drehplattentür zugrunde. Durch diverse Überarbeitungen dieses Prinzips wurden Nachteile, wie z. B. eine gewisse Undichtigkeit an den Fügungspunkten, beseitigt. Technisch umgesetzt wurde der Mechanismus durch eine vertikal angeordnete, unsichtbare Zweipunktbefestigung. Diese ermöglicht eine freie Bewegung des Objektes sowie einen reibungslosen und auch geräuschlosen Bewegungsablauf, der zugleich raumökonomisch ist. Es entsteht eine Dreh-Falt-Bewegung, bei der sich zwei quadratische Flächen in vier Dreiecksflächen falten und gleichzeitig in einer Rotation erst voneinander weg- und dann wieder aufeinander zubewegen. Auf den ersten Blick scheint die Türskulptur in sich zusammenzufallen, die Dreiecke kreisen in der Bewegung gegenläufig. Nach dem scheinbaren Dekonstruktionsvorgang streckt sich die EvolutionDoor wieder in ihre rechteckige Form, die kollabierten Vierecke ordnen sich wieder zu einer kompakten Konstruktion.

Bewegungsablauf und Rotation der EvolutionDoor

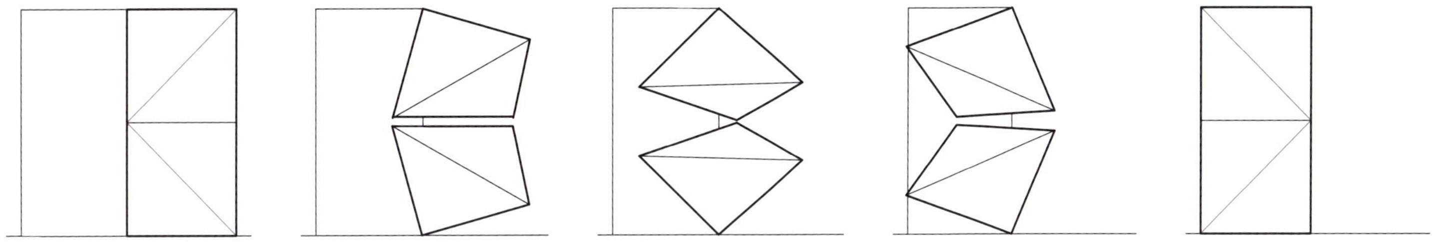

Abmessungen B × H = 1300 × 2600 mm, 3,60 mm dick **Anzahl** 1 **Gewicht pro Element** 100 kg

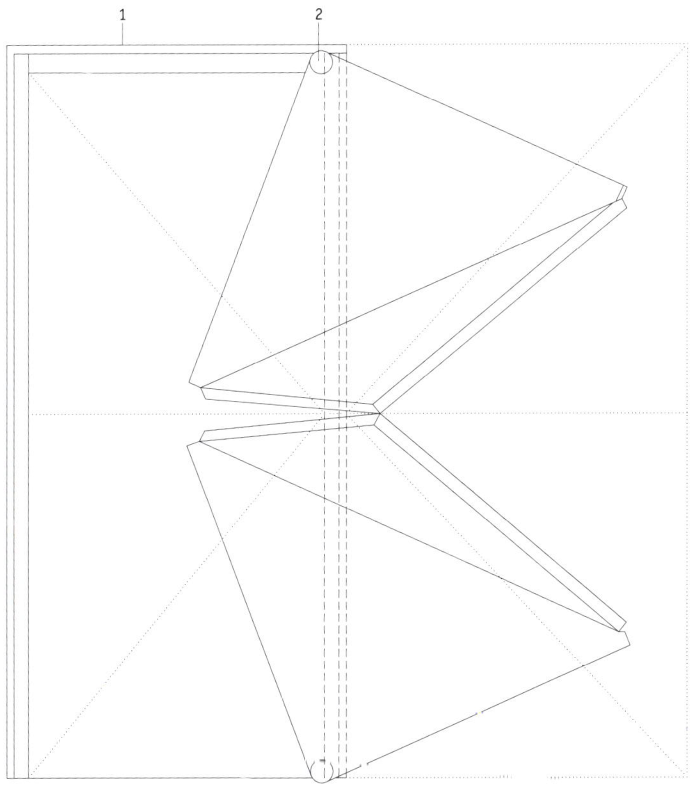

Ansicht und Rotation M 1:25

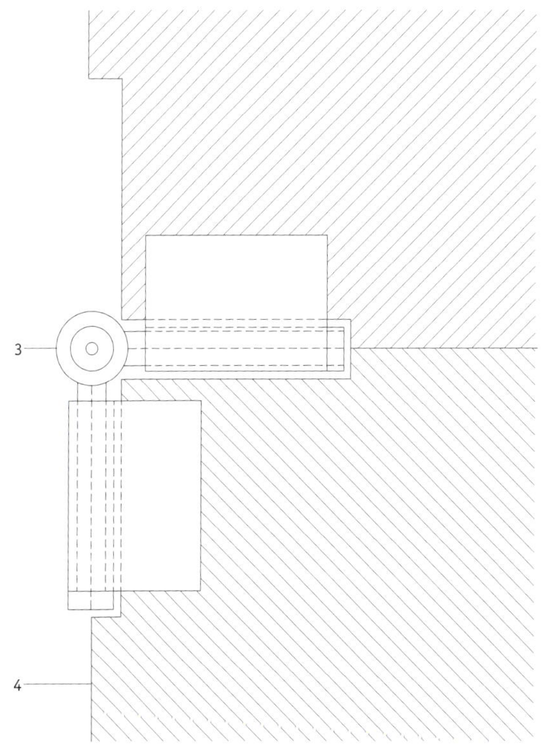

Detail M 1:5

1 Türrahmen
2 Adapter für Eckbefestigung
3 Mehrachsgelenk
4 MDF-Platten

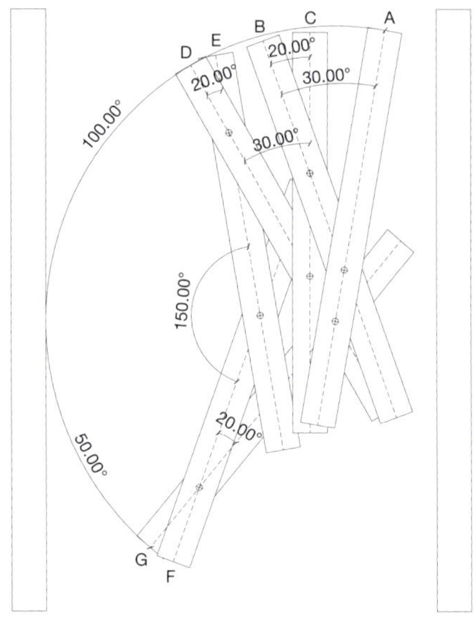

Aufsicht der Tür mit Winkelangaben sowie Verdrehungsposition der Segmente

Fissured Living

Ahmedabad, Indien, 2018
Matharoo Architects

Fissured Living steht für ein neues Zuhause als dem Inbegriff eines unabhängigen und dennoch verwurzelten Lebens. Entworfen für die Familien von zwei Brüdern und deren Eltern, beherbergt das Haus drei Generationen. Das längliche Grundstück liegt in unmittelbarer Nachbarschaft von repräsentativen Wohnhäusern auf der einen und aufstrebenden Ansiedlungen auf der anderen Seite.

Die sehr hohe Eingangstür besteht aus horizontal übereinandergestapelten Stahlsegmenten, die um versetzte Achsen geschwenkt werden können. Ein Öffnen der Tür bewirkt mittels eines Seilantriebs eine Drehung aller Segmente in verschiedenen Achsen und lässt dann alle Teile in unterschiedlichen Drehwinkeln und Positionen zum Stillstand kommen. Die Tür wirkt dabei wie eine fein ausbalancierte und dynamische kinetische Skulptur.

Der Antrieb besteht aus 14 Hauptlagern für die Bewegung der Segmente und 28 Rollen und Gegengewichte für die Selbstschließung der Tür. Jedes Segment misst 2300 × 724 mm und wiegt 230 kg. Die Konstruktion besteht aus einem verspannten Stahlrahmen mit einer leichten Blechverkleidung. Das Gesamtgewicht der Tür beträgt 1610 kg.

Bewegungsablauf der Türsegmente

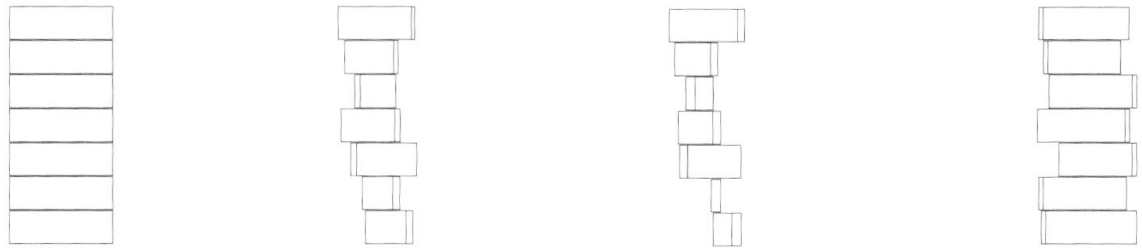

0:00 0:05 0:10 0:15 min:sek

Abmessungen Türöffnung H × B = 5,09 × 2,30 m, Türsegmente L × H × B = 2,30 × 0,70 × 0,20 m **Anzahl** 7 **Gewicht pro Element** 230 kg, insgesamt 1,6 t

1 Riemenscheibe d = 90 mm
2 Kernbohrung in Sturz d = 150 mm
3 Stahlseil
4 Bohrung
5 Anker 4 × d = 15 mm
6 Stahlplatte d = 180 mm
7 Stahlrohr d = 190 mm, Stärke 8 mm
8 Kugellager
9 Rollen d = 18 mm
10 Handantrieb

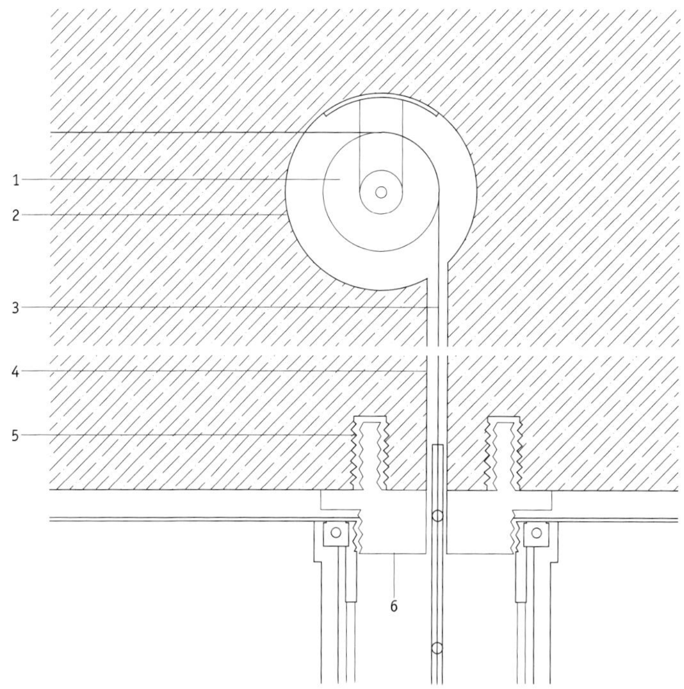

Detail M 1:10

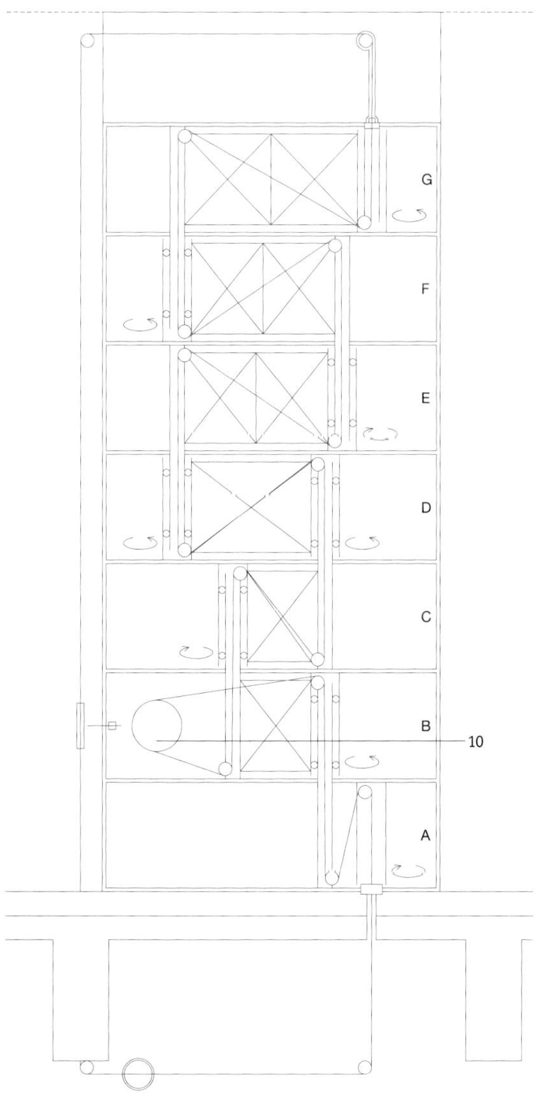

Ansicht M 1:50

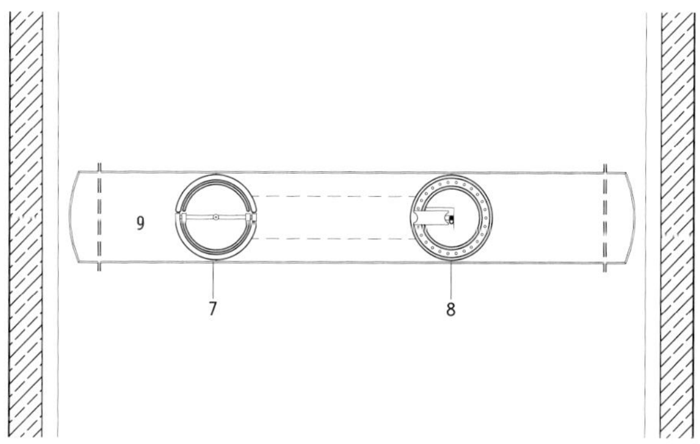

Horizontalschnitt M 1:20

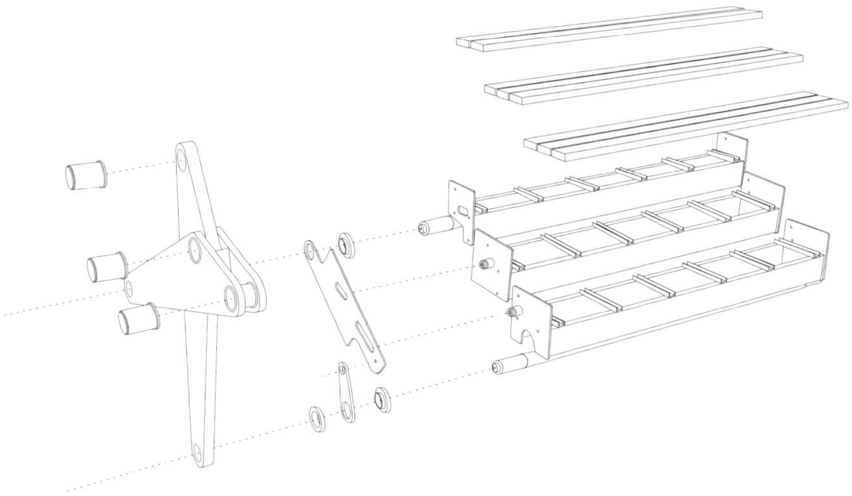

Explosionszeichnung der horizontalen und vertikalen Konstruktion

Scherenbrücke am Jet d'Eau

Genf, Schweiz, 2016
Ingeni Ingenieure + MID Architecture

Ein Verein zur Mobilitätsförderung von behinderten Menschen initiierte im Jahr 2013 das Projekt für einen attraktiven barrierefreien Besucherzugang zu einer der bekanntesten Sehenswürdigkeiten Genfs, der Fontäne Jet d'Eau. Es entstand eine 12 m lange und 13,24 m breite Brücke mit dem Prinzip des Scherenpaarmechanismus.

15 Edelstahlscherenpaare auf jeder der beiden Seiten können entweder gestaucht werden und eine flache Ruheposition der Brücke ausbilden, sodass auch Rollstuhlfahrern die Möglichkeit zum Überqueren gegeben ist, oder sie können bogenförmig gestreckt werden, um Boote passieren zu lassen. In angehobener Position formuliert die Brücke eine Welle mit sinusförmiger Geometrie. Dabei folgt die planare Lauffläche mechanisch der Brückentransformation, entwickelt sich zu einer Treppe und gestattet Fußgängern weiterhin das Überqueren, während die Boote unter der Brücke hindurchfahren.

Die konstruktiven Elemente der Brücke bestehen aus Edelstahl, die Lauffläche besteht aus Eichenholz. Der Steg setzt sich aus zwei Grundelementen zusammen: dem Treppenholm, der über eine Stange mit der Schere verbunden ist, um die Neigung der Treppe entsprechend der Bewegung anzupassen, und dem Treppenrahmen, der sich in den Treppenholm schiebt, um die angestrebte Position zu erreichen. Während sich die Brücke transformiert, vergrößert sich die Spannweite, und jede Schere dreht sich so, dass die Spannungsverteilung angepasst wird. In der angehobenen Position herrscht eine höhere Spannung in den Scheren als in der horizontalen Ruheposition. Dass in dem strukturellen System hydraulische Zylinder verwendet worden sind, hat zur Folge, dass die Struktur permanent aktiv ist.

Brücke in angehobener und flacher Position

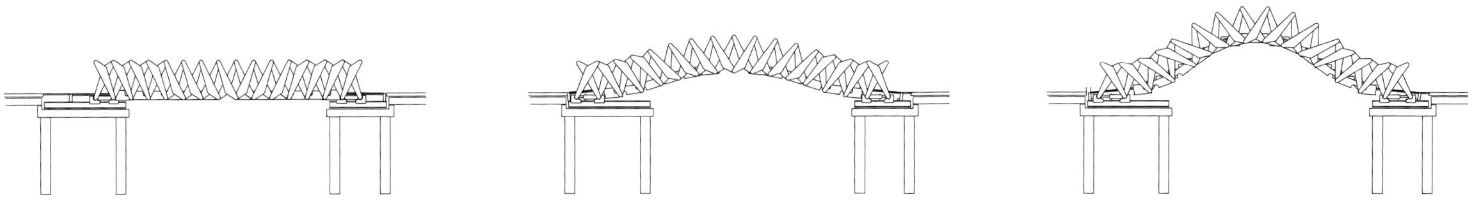

Abmessungen L × B = 12 × 3,24 m, Radius Bogen beim geöffneten Zustand R = 5,20 m **Anzahl** 1 **Gewicht gesamt** 16,3 t

1 Scherenkonstruktion, Stahlplatten d = 20 – 60 mm
2 Metallstufen
3 Verbindungsstifte für Schere
4 Führungsschiene 30 – 120 cm
5 Hydraulischer Zylinder 11 t Druck (Auslegung bis max. 21 t Druck)

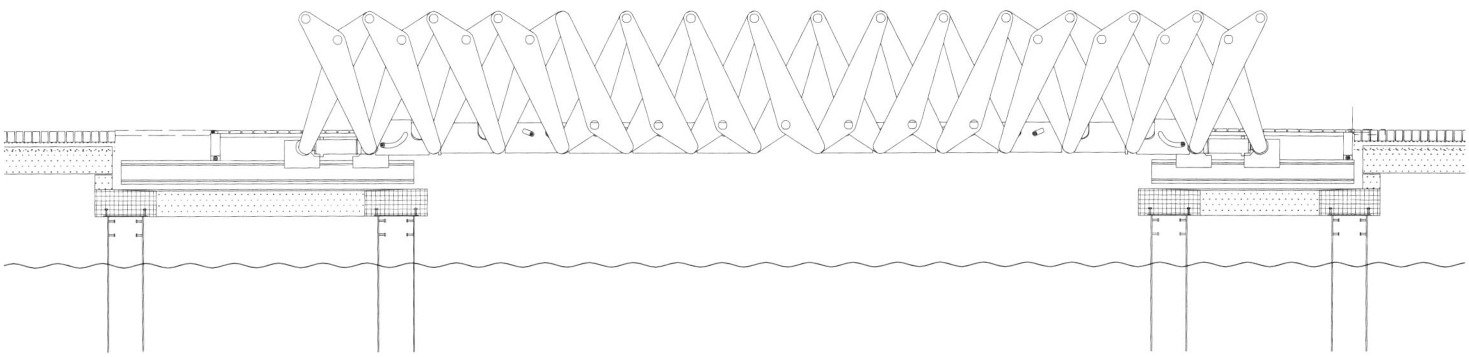

Ansicht flache Position M 1:100

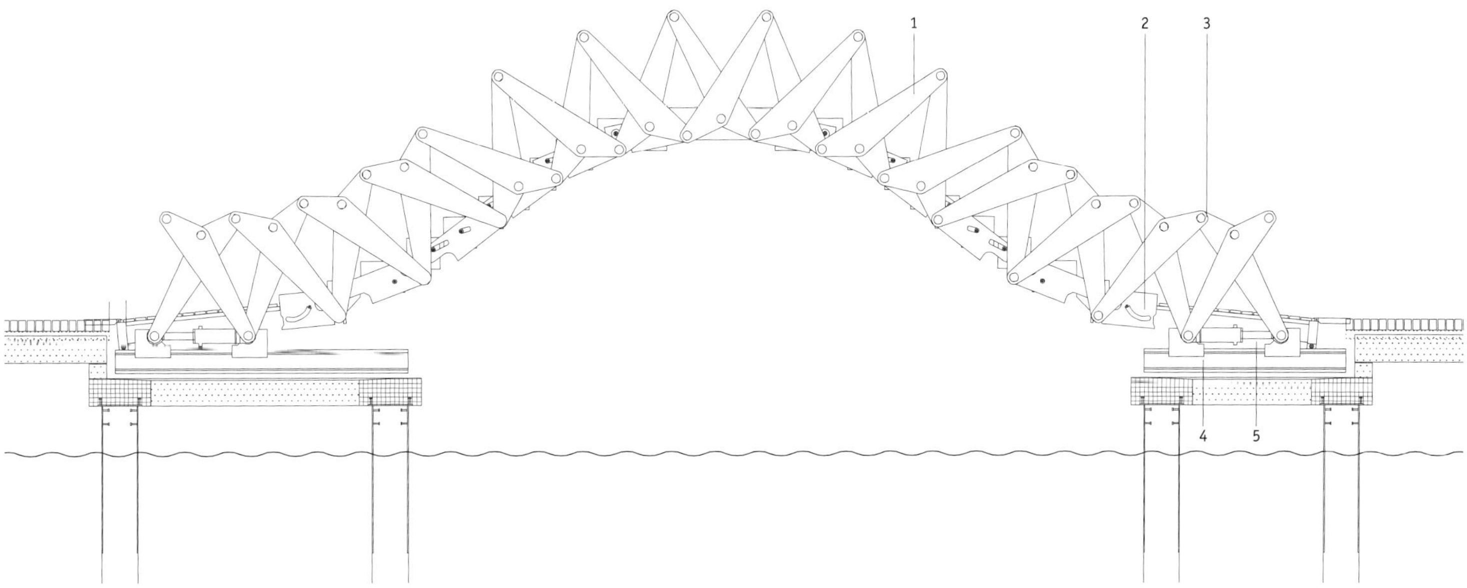

Ansicht angehobene Position M 1:100

Impression der Fassade vom Straßenraum

The Bund Finance Center

Shanghai, China, 2017
Heatherwick Studio und Foster + Partners

Das Gebäude steht in Shanghai am westlichen Ufer des Huangpu-Flusses gegenüber der Sonderwirtschaftszone Pudong. The Bund ist der englische Name für die Uferpromenade und gab dem Gebäudekomplex mit gemischter Nutzung seinen Namen. Im Zuge der Neubelegung der Uferpromenade als Verbindung zwischen der Altstadt und dem neuen Finanzdistrikt setzt der Komplex den Endpunkt dieser berühmtesten Straße Shanghais. Die Herausforderung bestand darin, den Zusammenhang zwischen alter und neuer Architektur, zwischen der Dimensionierung der Flussufergegend und den historischen Vierteln widerzuspiegeln. Der Gebäudekomplex mit 4000 m² Nutzfläche ist für Passanten zugänglich. Der soziale Fokus des Bauprogramms liegt auf einem Kulturzentrum, das als Plattform für internationalen Kunst- und Kulturaustausch sowie als Ort für Markenveranstaltungen und Unternehmensfunktionen konzipiert ist.

Das Gebäude erscheint wie von sich bewegenden Schleiern umgeben, die sich an die unterschiedlichen Nutzungsbereiche anpassen und die Bühne auf dem Balkon sowie den Blick auf Pudong freigeben. Dieses Erscheinungsbild ist von der traditionellen chinesischen Weberei für die Anfertigung von Kopfbedeckungen für Brautkleider inspiriert. In Zusammenarbeit mit Ingenieuren von der Tongji-Universität wurde die Fassade vor Ort entwickelt.

Sie besteht aus drei Schichten von jeweils 675 einzelnen Metallrohren mit Magnesiumlegierung, die in ihrer Form an Bambusstäbe erinnern. Die Röhren laufen an drei hintereinanderliegenden Schienen um das Gebäude herum. Die Länge der Rohre reicht von etwa 2 m bis 16 m, sodass sich der Schleier bei jeder Bewegung um das Gebäude wellenförmig zu bewegen scheint. Die sich stetig verändernde Überlappung der drei Schleier erzeugt visuelle Effekte mit unterschiedlicher „Deckkraft".

Blick auf Fassadenschleier aus der Passage

Der Fassadenschleier aus Metallröhren über dem umlaufenden Balkon

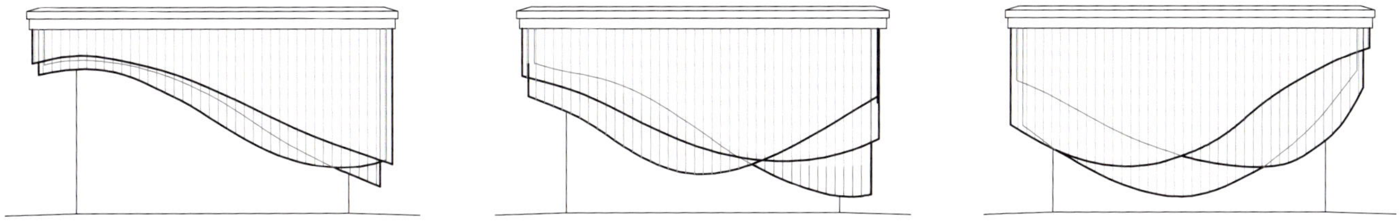

Abmessungen L = 2 – 16 m **Anzahl** 675

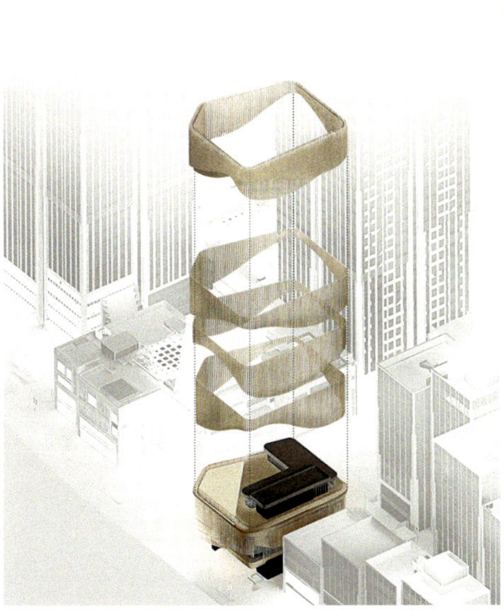

Explosionszeichnung der Schichten der Gebäudehülle

1 Natursteinplatten
2 Verkleidung, farbiges Edelstahlblech, 2 mm
3 Hängung und Führungsschiene
4 Befestigungslaschen, L-Profil, Stabilisierungsschiene
5 Bambusröhre, farbiger Edelstahl mit Struktur, d = 300 mm
6 Fassadenschleier und Passage

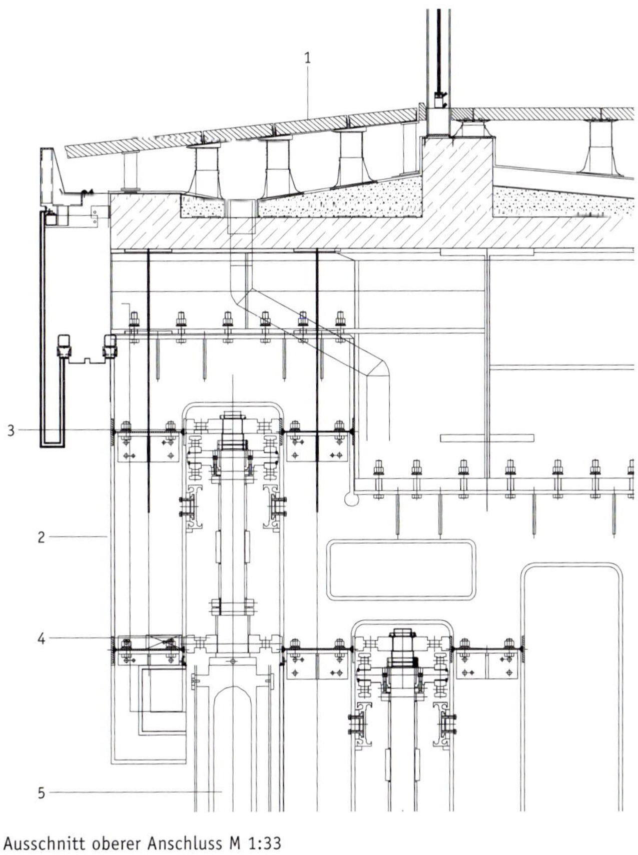

Ausschnitt oberer Anschluss M 1:33

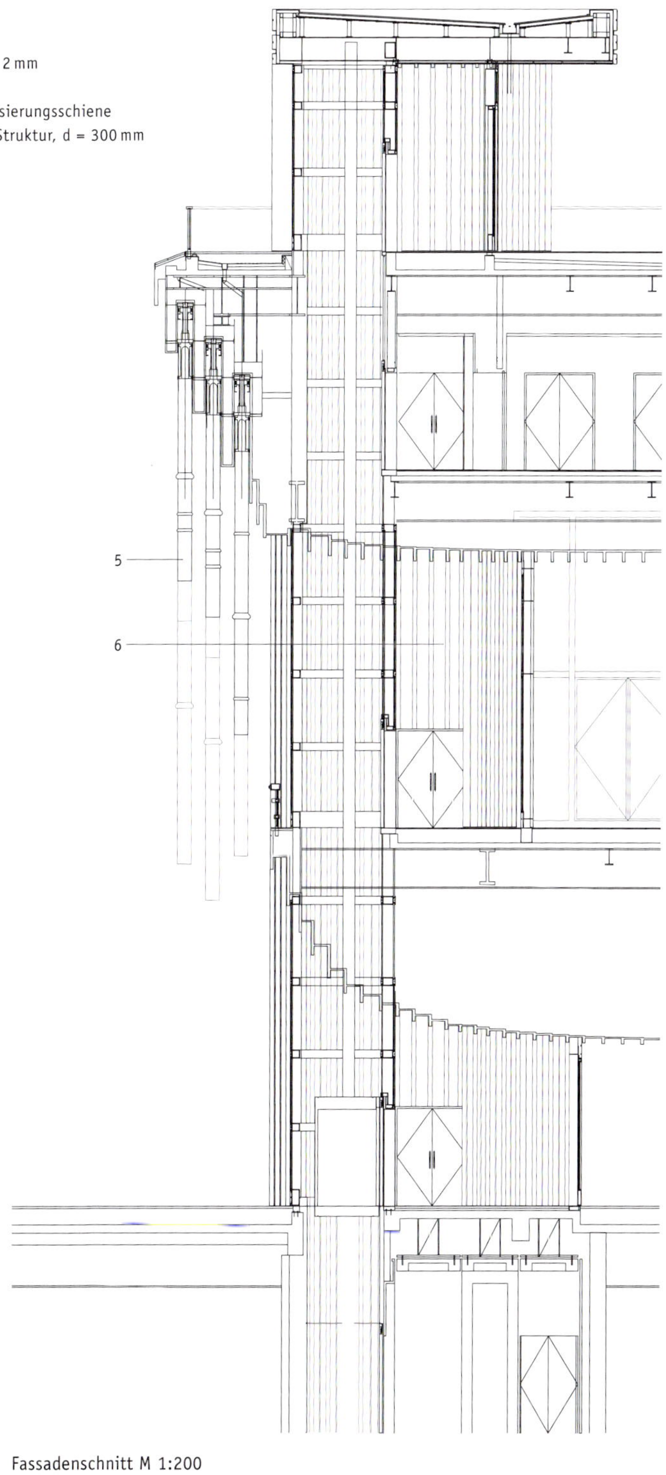

Fassadenschnitt M 1:200

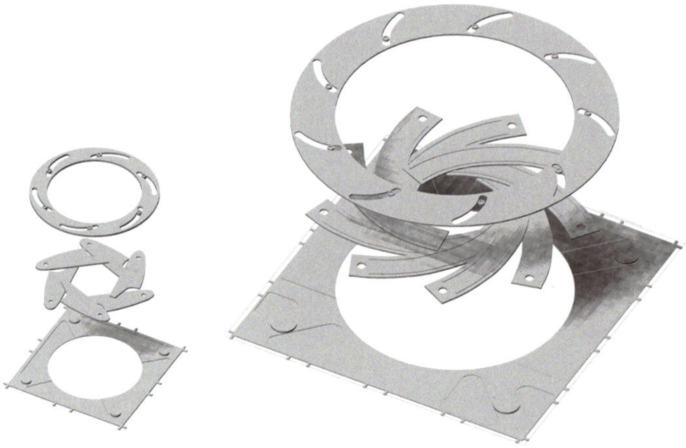

Explosionszeichnung mit zwei Linsen – Abstraktion der „Maschrabiyya"

Institut du Monde Arabe

Paris, Frankreich, 1987
Jean Nouvel, Gilbert Lézénès, Pierre Soria, Architecture Studio

Das Institut du Monde Arabe versteht sich als ein Schaufenster für die arabische Welt in Paris. Das 1987 fertiggestellte Gebäude wurde von den Architekten Jean Nouvel, Gilbert Lézénès, Pierre Soria und Architecture Studio auf Initiative Frankreichs und zahlreicher arabischer Staaten geplant. Entstanden ist kein arabisches, sondern ein westliches Gebäude mit gewissen symbolischen Elementen wie dem Maschrabiyya, die Verbindungen zur arabischen Tradition herstellen. Die Moucharabiehs, wie sie auf Französisch heißen, setzen sich aus Polygonen unterschiedlicher Form und Größe zusammen und erzeugen einen geometrischen Effekt, der an die arabische Kultur erinnert.

Die Südwand besteht ausschließlich aus diesen kameraähnlichen Diaphragmen. Vermittels einer photoelektrischen Zelle auf dem Dach öffnen sie sich, wenn von außen weniger Licht empfangen wird, und schließen sich umgekehrt, wenn die Sonneneinstrahlung stärker wird. Über Schieberegler werden die Linsen so geweitet und verengt, dass das Gebäude den Lichteintrag im Inneren automatisch steuert. Zudem führt das Öffnen und Schließen der Elemente im Gebäude zu einem Schattenwurf von geometrischen Figuren, die dem Dekor arabischer Gebäude ähnlich sind.

Blick auf eine „Maschrabiyya" von innen

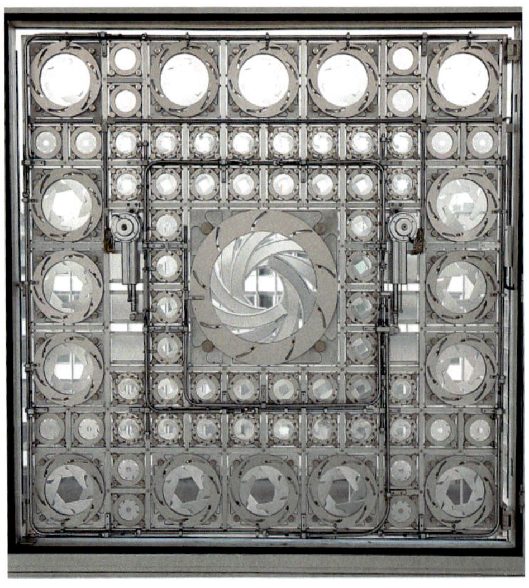

Eine vollständige Tafel – „Maschrabiyya"-Modul

Geöffnete große Iris

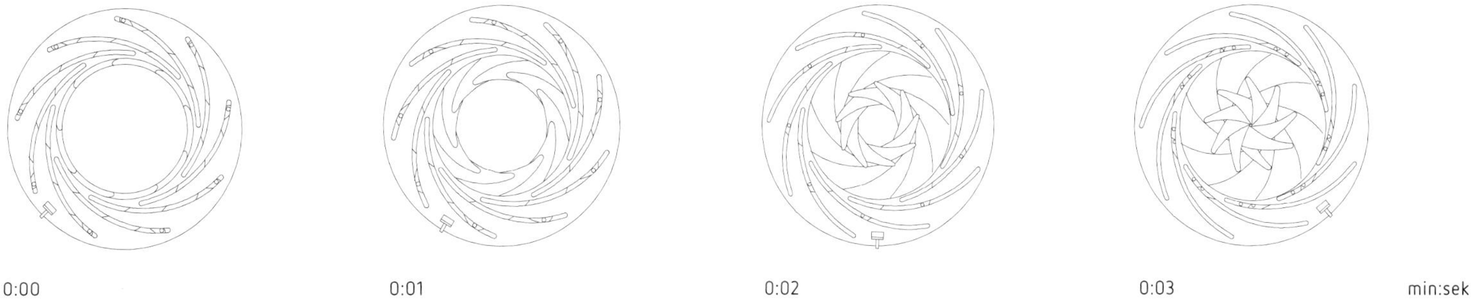

Abmessungen Große Iris L × B = 564 × 564 cm, inneres Modul/Tafel L × H = 2,10 × 2,10 m, äußerer Rahmen 2,90 × 2,90 m

Anzahl Süd Fassade 240 Module/Tafeln mit jeweils 73 Iris Elemente

1 Sternförmige Iris 150 × 150 mm
2 Quadratförmige Iris 150 × 150 mm
3 Aluminiumrahmen 18 × 25 mm
4 Schieberegler
5 Schieberegler
6 Push-Pull-Kabel, Traktion 540 N, Kompression 315 N, 666 mm lang, Verlauf 76 mm
7 Schraube M6x16
8 Motor

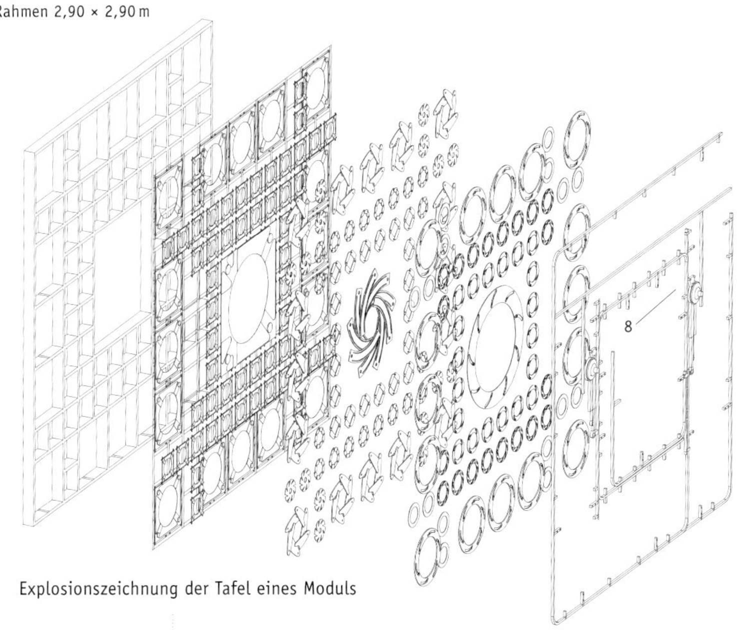

Explosionszeichnung der Tafel eines Moduls

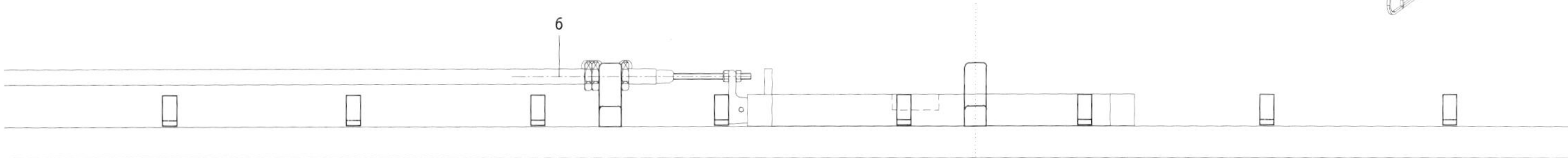

Schnitt M 1:65

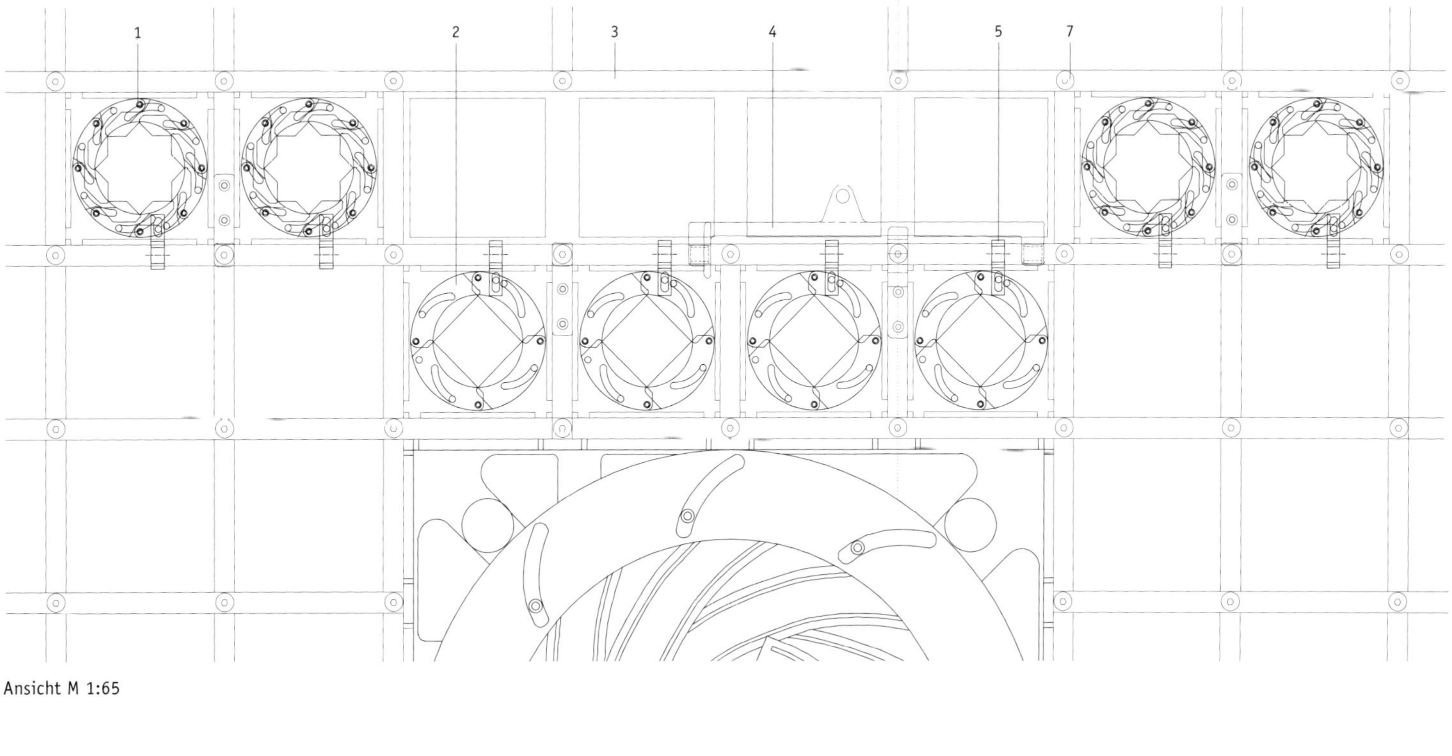

Ansicht M 1:65

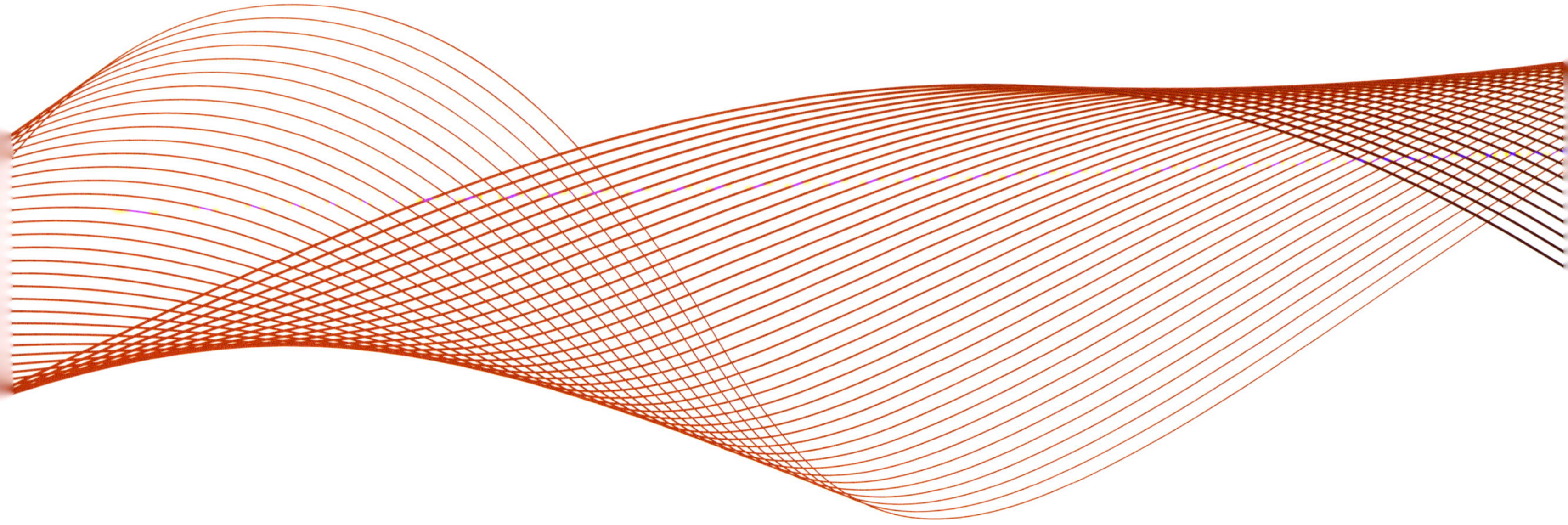

Anhang

Über die Autoren und Beiträger

Prof. Michael Schumacher, geb. 1957, studierte 1978–1985 an der TU Kaiserslautern und absolvierte anschließend ein Postgraduiertenstudium an der Städelschule Frankfurt/Main bei Peter Cook. 1987 arbeitete er als freier Mitarbeiter bei Sir Norman Foster in London und im Büro Braun und Schlockermann in Frankfurt/Main. 1988 gründete er zusammen mit Till Schneider das Büro schneider+schumacher, 1999–2000 war er als Gastprofessor an der Städelschule in Frankfurt/Main tätig. Im Designlabor Bremerhaven übernahm er 2002 die Betreuung der Stipendiaten. 2004 wurde er Landesvorsitzender des BDA Hessen. Seit 2007 ist er Professor und Leiter der Abteilung Baukonstruktion und Entwerfen am Institut für Entwerfen und Konstruieren, Leibniz Universität Hannover. 2008 gründete er die Forschungsgruppe MOVE mit Oliver Schaeffer und Michael-Marcus Vogt, mit denen zusammen er 2010 die Publikation *MOVE – Architektur in Bewegung – Dynamische Komponenten und Bauteile* veröffentlichte. Er ist Mitglied des Städtebaubeirates Frankfurt/Main und Mitglied des AIV.

Michael-Marcus Vogt, geb. 1972, studierte 1991–1997 an der Leibniz Universität Hannover u. a. bei Prof. Peter Schweger und machte sein Diplom bei Prof. Peter Kaup mit Auszeichnung durch den Lavespreis der Architektenkammer Niedersachsen. Danach arbeitete er als freier Mitarbeiter im Architekturbüro Venneberg & Zech Architekten BDA und in der Ingenieurgesellschaft Prof. Michael Lange in der Entwurfs- und Ausführungsplanung. Seit 2000 ist er wissenschaftlicher Mitarbeiter, zunächst bei Prof. Kaup, später bei Prof. Michael Schumacher am Institut für Entwerfen und Konstruieren, Leibniz Universität Hannover. Er ist Gründungsmitglied der 2008 etablierten Forschungsgruppe MOVE an diesem Institut und erforscht u. a. dynamische Materialien und Anwendungstechnologien für adaptive Fassadensysteme. In Kooperationspartnerschaft mit dem Büro Dettmer Architekten BDA arbeitet er an eigenen Wohn-, Gewerbe- und Industriebauprojekten. Seit 2018 unterstützt er das Büro gruppeomp Architektengesellschaft mbH BDA in der Qualitätssicherung.

Luis Arturo Cordón Krumme, geb. 1989, studierte 2008–2015 an der Leibniz Universität Hannover und an der Università degli Studi Roma Tre in Rom. Zusammen mit Anna Bauer erhielt er 2012 den Lavespreis der Architektenkammer Niedersachsen. 2015 schloss er sein Studium mit einer Master's Thesis bei Prof. Michael Schumacher und Prof. Zvonko Turkali ab, der von Dekan Prof. Jörg Friedrich eine besondere Auszeichnung sowie 2015 erneut der Lavespreis verliehen wurde. Im gleichen Jahr wurde er Mitarbeiter bei schneider+schumacher in Frankfurt/Main, wo er an diversen Studien zum Bauen im Bestand und an Wohnungsbauprojekten mit dem Schwerpunkt kostengünstiges und materialgerechtes Bauen beteiligt ist. Seit 2015 lehrt und forscht er parallel als wissenschaftlicher Mitarbeiter am Institut für Entwerfen und Konstruieren, Leibniz Universität Hannover, und beschäftigt sich vorwiegend mit architektonischen Projekten in Lateinamerika. Dabei interessiert ihn besonders die Frage einer in der Gestaltung und Bauweise hervortretenden Identität lateinamerikanischer Architektur. 2016 wurde er Mitglied der Forschungsgruppe MOVE am Institut für Entwerfen und Konstruieren, innerhalb derer er sich mit neuen dynamischen Materialien sowie beweglichen Elementen in der Architektur befasst.

Das vorliegende Buch wurde an der Leibniz Universität Hannover am Institut für Entwerfen und Konstruieren, Abteilung Baukonstruktion und Entwerfen, erarbeitet. Die Autoren danken besonders den studentischen Mitarbeitern:

Nikola Biševac, Eduard Mica, Jascha Baumgardt, Paul Eichholtz, Neele Lemke, Larissa Theil, Vanessa Niemeyer, Kim Flottmann, Fabian Wieczorek, Alexander Frisch, Jonas König.

Christina Chalupsky, geb. 1986, studierte Architektur an der TU Wien, u.a. bei Prof. William Alsop, sowie an der TU Berlin. Nach diversen Praktika in Architekturbüros in Linz, Wien und London absolvierte sie 2013 ihr Diplom bei Prof. András Pálffy. Im Anschluss daran folgte 2014–2018 eine Mitarbeit bei schneider+schumacher. Parallel zu ihrer Planungspraxis absolvierte sie 2016–2018 eine Gasthörerschaft an der Hochschule für Gestaltung Offenbach/Main im Fachbereich Kunst, Schwerpunkt Experimentelle Raumkonzepte. Seit 2018 ist sie als freiberufliche Architektin in Frankfurt/Main tätig. Ihr Interesse gilt der Schnittstelle zwischen Architektur, Design und Kunst.

Max Schwitalla, geb. 1980, studierte von 2000 bis 2006 Architektur an der Universität Stuttgart und der ETH Zürich mit Abschluss Dipl.-Arch. ETH/Master of Science ETH. 2004–2005 war er Mitarbeiter bei Rem Koolhaas/OMA in Rotterdam und New York und 2007–2011 freier Mitarbeiter bei GRAFT in Los Angeles und Berlin sowie bei HENN, Berlin. Als Entwurfsarchitekt war er hier u.a. verantwortlich für Großprojekte in China. 2012 gründete er in Berlin das Studio Schwitalla mit dem Design- und Forschungsschwerpunkt zukünftige urbane Mobilität und Stadtentwicklung. Es folgten Kooperationen mit Forschungspartnern und Mobilitätsexperten wie Schindler Aufzüge, Ebikon; Audi, Ingolstadt; e.GO Mobile, Aachen; und Fraunhofer IAO/CeRRI, Berlin. Zu seinen weiteren Tätigkeiten gehören Vorträge im In- und Ausland, Workshops, Publikationen sowie die Entwicklung von Dome-Filmen.

Klaudia Kruse, geb. 1960, studierte Produkt- und Industriedesign an der FH Aachen und HFBK Hamburg. Nach Tätigkeiten in den Bereichen Industrie- und Modedesign war sie von 1990–2009 für BMW im Advanced Design tätig. Zu ihren Aufgaben gehörten Projekte wie das Concept Car GINA sowie die Konzeption und Studioleitung des BMW Group Design Think Tank in New York. Seit 2010 ist sie freiberuflich tätig als international arbeitende Design-Beraterin mit Studio in München. Sie entwickelt Design-Strategien und -Konzepte mit Schwerpunkten auf Research-, Farb-, Material- und Oberflächen-Design für die Bereiche Architektur, Automobil, Produkt, Mode und Möbel. Sie nimmt darüber hinaus Lehrtätigkeiten u.a. an der UDK Berlin und der Universität Kassel wahr, führt Workshops durch und hält Vorträge.

Dr.-Ing. Carsten Schmidt, geb. 1975, promovierte nach seinem Studium der Elektrotechnik an der Leibniz Universität Hannover an der Fakultät für Maschinenbau bei Prof. Dr.-Ing. Berend Denkena am Institut für Fertigungstechnik und Werkzeugmaschinen. Von 2009 bis 2011 koordinierte er Forschungs- und Entwicklungsvorhaben im Bereich der Luftfahrt zwischen Wissenschaft und Industrie. In dieser Zeit war er zudem als Unternehmensberater für die ProWerk GmbH tätig und beriet im Bereich Zielkostenmanagement. Seit 2011 leitet er den interuniversitären Forschungsstandort zur Hochleistungsproduktion von CFK-Strukturen (HP CFK) der Leibniz Universität Hannover, der Technischen Universität Braunschweig und der Technischen Universität Clausthal am Forschungszentrum CFK Nord und verantwortet hier interdisziplinäre Forschungs- und Entwicklungsvorhaben im Bereich Faserverbundtechnologien.

Dr. Shankar Kumar Jha, geb. 1983, promovierte 2014 am Departement Materialwissenschaft der ETH Zürich. 2015–2018 leitete er die Forschungs- und Entwicklungsabteilung von MDT-tex, eines Unternehmens, das multifunktionale Membranstrukturen für die Architektur entwickelt und herstellt. Dazu gehört auch die Entwicklung von „intelligenten" Textilien und Membranen, die eine Verbesserung der ästhetischen und funktionalen Eigenschaften der Gesamtkonstruktion mit sich bringen.

Sara Nester, geb. 1997, studiert seit 2015 Textiltechnologie und Textilmanagement an der Hochschule Reutlingen. 2017/18 absolvierte sie ein halbjähriges praktisches Studiensemester bei MDT-tex im Bereich Membranbau und textile Architektur. Seit März 2019 arbeitet sie am Abschluss ihres Bachelorstudiums mit einer Bachelorarbeit zum Thema „Funktionalisierung textiler Grundstrukturen".

Prof. Dr.-Ing. Jan Knippers, geb. 1962, studierte Bauingenieurwesen an der TU Berlin und promovierte dort 1992. Danach war er für mehrere Jahre in einem international renommierten Ingenieurbüro tätig, bevor er 2000 als Leiter des Instituts für Tragkonstruktionen und konstruktives Entwerfen (ITKE) an die Universität Stuttgart berufen wurde. 2001 gründete er zunächst Knippers Helbig Advanced Engineering und 2018 Jan Knippers Ingenieure in Stuttgart. Er beschäftigt sich in Lehre, Forschung und Praxis mit computerbasierten Planungs- und Fertigungsprozessen sowie mit faserbasierten Werkstoffen und Bionik für ressourceneffiziente Tragwerke in der Architektur.

Axel Körner, geb. 1981, studierte Architektur an der Hochschule München und Emergent Technologies and Design an der Architectural Association School of Architecture in London. Zwischen 2008 und 2014 arbeitete er für verschiedene Architekturbüros in München, Wien und London und lehrte an der AA School of Architecture. Seit 2014 ist er wissenschaftlicher Mitarbeiter am Institut für Tragkonstruktionen und konstruktives Entwerfen (ITKE) an der Universität Stuttgart, wo er zu bio-inspirierten Mechanismen forscht, die auf elastischen Verformungen beruhen. Außerdem unterrichtet er im internationalen Master's Program Integrative Technologies and Architectural Design Research (ITECH) der Universität Stuttgart.

Dr.-Ing. Laura Kienbaum, geb. 1981, ist Architektin, Publizistin und freie Kuratorin. Sie arbeitet an der Schnittstelle von Theorie und Praxis mit einem inhaltlichen Schwerpunkt auf der Produktion von Raumerlebnissen sowie der Erforschung von architektonischen Gestaltungsmerkmalen, Entwurfs- und Vermittlungsmethoden. Als Creative Director bei combine design, als Mitbegründerin des Architektur- und Forschungsnetzwerkes SUPA (Sam und Plankton Architektur), als wissenschaftliche Mitarbeiterin an der Leibniz Universität Hannover sowie als Co-Kuratorin am Deutschen Architekturmuseum in Frankfurt/Main umfasst ihr Portfolio räumliche Inszenierungen, Fachbeiträge, Publikationen und Ausstellungen im In- und Ausland.

Marvin Bratke, geb. 1985, ist Architekt und Designer sowie Gründungspartner des interdisziplinären Designstudios BART//BRATKE. Als Netzwerk zum Austausch von kreativen Entwerfern gegründet, entwickelte sich das Studio nach zehnjähriger Zusammenarbeit im Rahmen von universitären und anderen Forschungsprojekten zur Wissensplattform mit einem Fokus auf der Entwicklung adaptierbarer und flexibler Architektursysteme. Er ist Inhaber von Gastprofessuren an der Muthesius Kunsthochschule in Kiel und an der Universidad Internacional SEK in Quito. Er diplomierte an der TU München und der Nanyang Technological University (NTU) in Singapur. Seine Forschung und Entwurfsarbeit konzentriert sich auf die Entwicklung neuartiger Technologien an der Schnittstelle von Architektur, Industriedesign und Mobilität. Zu den internationalen Architekturbüros, mit denen er zusammengearbeitet hat, gehören GRAFT, LAVA und Kéré Architecture.

Paul Clemens Bart, geb. 1986, Architekt und Designer sowie Gründungspartner des interdisziplinären Designstudios BART//BRATKE, arbeitet und forscht an der Schnittstelle von Architektur, interaktivem Design und Mobilität. Er studierte an der École Spéciale d'Architecture Paris, der NTU Singapur sowie der TU München, wo er seinen Abschluss als Diplom-Ingenieur machte. Außerdem absolvierte er am Design Research Lab der Architectural Association School of Architecture in London ein Studium zum Master of Architecture. Er beschäftigt sich mit neuen Technologien, digitalen Methodologien und deren maßstabsübergreifender Anwendung in adaptiven Architektursystemen. Seine Forschungs- und Entwurfsbeiträge wurde international publiziert und ausgestellt, u. a. auf der 13. Architekturbiennale in Venedig, dem Nesta FutureFest London und der IAA Frankfurt. Er ist Inhaber einer Gastprofessur an der Universidad Internacional SEK in Quito und lehrt außerdem an der UCL Bartlett School of Architecture in London und der Cooper Union School in New York. Zuvor arbeitete er u. a. mit Zaha Hadid Architects in London, LAVA in Sydney und Berlin sowie dem German Institute of Science and Technology in Singapur zusammen.

Prof. Mirco Becker, geb. 1975, studierte zuerst in Kassel und 2001–2003 an der AA School of Architecture in London. Seitdem gilt sein besonderes Interesse dem Computational Design, so als Mitarbeiter von Zaha Hadid Architects, der Foster + Partners Specialist Modeling Group (SMG) und der Kohn Pedersen Fox Computational Geometry Group, die er fünf Jahre als Senior Associate Principal leitete und mit der er die digitale Planung der 600.000 m² großen Flughafenerweiterung Abu Dhabi Midfield Terminal betreute. Er unterrichtete an der AA School, führte 2006–2008 als Gastprofessor an der Universität Kassel den Lehrstuhl für digitales Entwerfen und hatte 2012–2016 die Stiftungsprofessur für Architecture and Performative Design an der Städelschule in Frankfurt/Main inne. Seit 2016 ist er Professor für digitale Methoden in der Architektur (dMA) am Institut für Kunst und Technologie der Leibniz Universität Hannover.

Prof. Dr.-Ing. Arndt Goldack, geb. 1969, studierte von 1992 bis 1996 an der Universität Stuttgart Bauingenieurwesen. Danach arbeitete er bis 2003 als Lehr- und Forschungsassistent am Lehrstuhl für Entwurf und Tragwerksplanung der Universität Stuttgart unter der Leitung von Prof. Jörg Schlaich (später Institut für Leichtbau, Entwerfen und Konstruieren unter der Leitung von Prof. Werner Sobek). Er wurde 2004 von der Fakultät für Bauingenieurwesen der Universität Stuttgart promoviert. 2004–2011 war er Tragwerksplaner und Projektleiter bei schlaich bergermann partner in Stuttgart und Berlin. Er arbeitete dort an verschiedenen nationalen und internationalen Projekten. Seine Spezialgebiete sind unter anderem das Schwingungsverhalten von Fußgängerbrücken, die Messung von Schwingungen und die Systemidentifikation. Er ist Mitverfasser der HiVoss-Richtlinien (Leitfäden und Erläuterungen für die Bemessung von Fußgängerbrücken und Geschossdecken auf Schwingungen). Im Jahr 2011 wechselte er als Oberingenieur an den Lehrstuhl Entwerfen und Konstruieren – Massivbau unter der Leitung von Prof. Mike Schlaich an der TU Berlin, wo er unter anderem auf dem Gebiet der fußgängerinduzierten Schwingungen und der aktiven Schwingungskontrolle forschte. Seit April 2018 ist er Universitätsprofessor für Statik und Dynamik von Tragwerken an der Bergischen Universität Wuppertal.

Prof. Dr. sc. tech. Mike Schlaich, geb. 1960, hat an der ETH Zürich studiert und promoviert. Seit 1999 ist er Geschäftsführer bei schlaich bergermann partner und seit 2004 ordentlicher Professor und Inhaber des Lehrstuhls für Entwerfen und Konstruieren – Massivbau an der Technischen Universität Berlin. Ferner ist er Prüfingenieur für Baustatik. In seiner heutigen Forschung und Lehre an der TU Berlin beschäftigt er sich unter anderem mit leichten, aktiven und beweglichen Strukturen im Bauwesen. Im Rahmen seiner Tätigkeit als Geschäftsführer von schlaich bergermann partner verantwortet er Entwürfe für Projekte, die auf der ganzen Welt zu sehen sind. Im Rahmen seiner Zusammenarbeit mit renommierten Architekten konnte Mike Schlaich in den vergangenen Jahren zahlreiche nationale und internationale Preise gewinnen. Alle Projekte spiegeln seine Überzeugung wider, dass Bautechnik immer auch anstreben sollte, elegant zu sein. Als Spezialist für Leichtbaukonstruktionen ist er Verfechter eines ganzheitlichen Entwurfsansatzes, der dem Ingenieur mehr Verantwortung und einen größeren Beitrag zur Baukultur zuteilt.

Jonas Kleuderlein, geb. 1978, studierte Bauingenieurwesen in Dresden und schrieb seine Diplomarbeit bei Prof. Dr.-Ing. Bernhard Weller. Von 2007 bis 2016 betreute er für Bilfinger Fassaden mehrere Großprojekte. Seit 2016 ist er bei der SGS GmbH – Schütz Goldschmidt Schneider in Heusenstamm und zeichnet dort für die Fassadenberatung verantwortlich. 2010 – 2014 war er wissenschaftlicher Mitarbeiter bei Prof. Dr.-Ing. Jens Schneider in Darmstadt. Er ist Dozent an der Bergischen Universität Wuppertal, MBE Baubetrieb, sowie an der Hochschule für angewandte Wissenschaften Augsburg im Studiengang Fachingenieur Fassade.

Sara Kukovec, geb. 1988, studierte an der Universität Maribor und an der Universität Stuttgart Wirtschaftsingenieurwesen, Fachrichtung Bau. 2015 absolvierte sie an der Frankfurt University of Applied Sciences und Hochschule RheinMain den Master of Engineering in konstruktivem Ingenieurbau und Baumanagement. 2013 – 2016 war sie als Projektingenieurin für Bilfinger SE und später bis 2019 als Projektleiterin für SGS GmbH – Schütz Goldschmidt Schneider tätig. Zurzeit leitet sie Projekte bei der Ten Brinke Group. Neben ihrer Tätigkeit als Projektleiterin liegt ihr Schwerpunkt während und seit dem Studium auf Forschungsprojekten im Bereich der Fassadentechnik sowie dem Thema Smart Materials.

Prof. Dr.-Ing. Annika Raatz, geb. 1971, studierte Maschinenbau an der TU Braunschweig und promovierte dort zum Thema stoffschlüssige Gelenke aus pseudo-elastischen Formgedächtnislegierungen in Parallelrobotern. Seit 2013 leitet sie das Institut für Montagetechnik an der Leibniz Universität Hannover. Ihre Forschungsschwerpunkte liegen im Bereich der robotergestützten Montage, hierbei insbesondere auf der Entwicklung und Modellierung von Maschinenkonzepten und -komponenten sowie der Gestaltung von automatisierten Montageprozessen.

Mats Wiese, geb. 1989, studierte Maschinenbau an der TU Braunschweig und der Leibniz Universität Hannover. Seit 2017 ist er wissenschaftlicher Mitarbeiter am Institut für Montagetechnik der Leibniz Universität Hannover. Seine Arbeitsschwerpunkte sind die strukturmechanische Modellierung und Simulation softer Roboter sowie die hybride Modellierung mit maschinellem Lernen.

Olaf Schroeder, geb. 1966, studierte 1986 – 1995 Produktdesign an der Hochschule für Gestaltung Offenbach, u. a. bei Prof. Lore Kramer, Prof. Dieter Mankau und Prof. Richard Fischer. Seit 1996 entwickelt er Designkonzepte und Lösungen für die Bereiche Möbel- und Interior Design. Seine Arbeiten basieren auf konzeptionell puristischen Überlegungen und beschäftigen sich stark mit der Konstruktion eines Produktes oder Systems. 1998 – 2002 war er Lehrbeauftragter an der Hochschule für Gestaltung in Offenbach. 2004 – 2008 war er regelmäßig Workshop-Gastdozent für den Bereich „Furniture and environmental design" am Department of Industrial Design der Tunghai University of Taichung, Taiwan. Seine Arbeiten wurden mit zahlreichen Designpreisen wie z. B. dem German Design Award 2016 und 2017 ausgezeichnet.

Prof. Dr.-Ing. Dr.-Ing. E. h. Dr. h. c. Werner Sobek, geb. 1953, studierte an der Universität Stuttgart Architektur und Bauingenieurwesen. 1991 wurde er an die Universität Hannover berufen, 1994 an die Universität Stuttgart. Er leitet dort das Institut für Leichtbau Entwerfen und Konstruieren (ILEK) und lehrt als Gastprofessor an zahlreichen Universitäten im In- und Ausland. Seit 2017 ist er Sprecher des Sonderforschungsbereichs SFB 1244 für „Adaptive Hüllen und Strukturen für die gebaute Umwelt von morgen". Er ist Gründer der Werner Sobek Group, eines weltweit tätigen Verbunds von Planungsbüros für Architektur, Tragwerksplanung, Fassadenplanung, Nachhaltigkeitsberatung und Design, und darüber hinaus Gründer und Präsident mehrerer gemeinnütziger Initiativen wie z. B. dem aed e. V.

Kaja Schelker, geb. 1983, studierte 2003 – 2009 Architektur an der Universität Stuttgart und an der Universität Porto und schloss mit Diplom ab. Sie arbeitete daraufhin in Graubünden als Architektin bei Jüngling und Hagmann Architekten und bei Men Duri Arquint Architekt als Bau- und Projektleiterin. Berufsbegleitend besuchte sie den Aufbaustudiengang Kulturwissenschaften der Universität Warschau. 2014 wurde sie in die Architektenkammer Bayern aufgenommen. Sie ist seit 2013 wissenschaftliche Mitarbeiterin bei Prof. Werner Sobek am Institut für Leichtbau, Entwerfen und Konstruieren der Universität Stuttgart. Seit 2017 ist sie zudem Doktorandin in Kunstgeschichte an der Ludwig-Maximilians-Universität München. Sie promoviert bei Prof. Burcu Dogramaci zum Thema des regionalen Bauens der Architektin Anna Górska in Zeiten des Stalinismus in Polen. Im Rahmen ihrer Promotion war sie Stipendiatin des Deutschen Historischen Instituts Warschau.

Prof. Dr.-Ing. Winfried Heusler, geb. 1955, studierte an der TU München Maschinenbau und promovierte an der TU Berlin auf dem Gebiet Tageslicht. Seit 1998 arbeitet er bei der Schüco International KG in Bielefeld, bis 2013 als Direktor Engineering, seit 2014 als Leiter Global Building Excellence. 1981 – 1998 war er als Entwicklungsingenieur und -leiter sowie Leiter Aluminiumfassaden bei der Fassadenbaufirma Gartner in Gundelfingen tätig. In Fachkreisen ist er weltweit durch zahlreiche Vorträge und Veröffentlichungen zum Thema Fassaden bekannt. 2004 erhielt er die Ehrenprofessur der Fakultät für Architektur der Nationalen Universität für Bauwesen und Architektur, Kiew. 2014 wurde ihm durch die Hochschule Ostwestfalen-Lippe der Titel

Honorarprofessor im Fachgebiet Facade Design and Technology verliehen.

Knut Stockhusen, geb. 1974, studierte bis 1999 Bauingenieurwesen bei Jörg Schlaich an der Universität Stuttgart und ist seit 2000 im Ingenieurbüro schlaich bergermann partner tätig, seit 2015 als Partner und Geschäftsführer. 2008 gründete er sbp latin america in São Paulo, eine der weltweit fünf Dependancen des Stuttgarter Büros. Der Schwerpunkt seiner Arbeit liegt im Bereich von Sportbauten, Arenen und Stadien. Zu seinem Portfolio zählen Stadien für diverse FIFA-Weltmeisterschaften, UEFA-Europameisterschaften und Commonwealth Games sowie für zahlreiche europäische Clubs, viele davon mit beweglichen Dachstrukturen. Für seine Arbeit wurde er im In- und Ausland vielfach ausgezeichnet, so z. B. für die Arena da Amazônia und das Stadion Maracanã in Brasilien und zuletzt für das Stadion Wanda Metropolitano in Spanien. Er hält weltweit Vorträge an Universitäten und auf internationalen Fachkonferenzen.

Knut Göppert, geb. 1961, studierte Bauingenieurwesen an den Universitäten Stuttgart, Calgary und Karlsruhe und trat 1989 in das Stuttgarter Büro schlaich bergermann partner ein. Seit 1998 ist er Partner und zudem seit 2002 einer der fünf Geschäftsführer des Büros. Mit den von ihm geschaffenen Überdachungen für zahlreiche Stadien, unter anderem in Frankfurt, Johannesburg, Kapstadt, Warschau, Brasilia und Rio, gilt Knut Göppert als führender Ingenieur auf dem Gebiet weitgespannter Tragwerke. Für seine Projekte hat er weltweit zahlreiche Auszeichnungen erhalten. Er ist ferner Verfasser diverser Veröffentlichungen und Fachpublikationen und hält weltweit Vorträge zu den Themen Leichtbau, Membranen und wandelbare Dachkonstruktionen. Seit 2013 ist er Vorstand des Architektur-Forums Baden-Württemberg.

Richard Murphy, geb. 1955, studierte in Newcastle und Edinburgh, an der University of Edinburgh war er zudem später Dozent. 1991 gründete er in Edinburgh das Büro Richard Murphy Architects, das seitdem 22 RIBA Awards und zwei RIAI Awards in Irland gewonnen hat sowie zweimal für den RIBA Stirling Prize und einmal für den RIBA Lubetkin Prize nominiert wurde. Im Jahr 2017 gewann das Büro mit seinem Entwurf für die Dunfermline Carnegie Library & Galleries den RIAS Doolan Award für das beste Gebäude in Schottland. Richard Murphys eigenes Wohnhaus im Zentrum von Edinburgh gewann 2016 den RIBA-Wettbewerb für das „Haus des Jahres“. Über die Arbeit des Büros wurden bisher zwei Monographien veröffentlicht. Richard Murphy gilt außerdem als Experte für den italienischen Architekten Carlo Scarpa, er hat Bücher über das Castelvecchio in Verona und den Palazzo Querini Stampalia in Venedig veröffentlicht und war an einem Dokumentarfilm des Channel 4 beteiligt. Murphys jüngste Veröffentlichung, *Carlo Scarpa and Castelvecchio Revisited*, erschien 2017 beim Verlag Breakfast Mission Publishing.

Prof. Brian Cody, geb. 1967, Universitätsprofessor an der Technischen Universität Graz, leitet dort seit 2004 das Institut für Gebäude und Energie. Sein Schwerpunkt in Forschung, Lehre und Praxis liegt auf der Maximierung der Energieeffizienz von Gebäuden und Städten. Vor dem Ruf nach Graz war er Associate Director des weltweit operierenden Ingenieurbüros Arup. Er ist Gründer und CEO des Beratungsunternehmens Energy Design Cody, das weltweit an der Entwicklung von innovativen Klima- und Energiekonzepten für Bauprojekte beteiligt ist. Er ist Mitglied in zahlreichen Beiräten und Preisgerichten sowie Gastprofessor und Leiter des Instituts für Energie Design an der Universität für Angewandte Kunst Wien. Er ist Autor des Buches *Form follows Energy*, das in 2017 erschienen ist.

Prof. Dr. Arno Schlüter, geb. 1974, studierte Architektur an der TU Karlsruhe und absolvierte ein Postgraduiertenstudium im Bereich CAAD an der ETH Zürich. Nach der Promotion 2010 zum Thema „Integration von Energie- und Gebäudetechnik durch Informationsmodelle“ wurde er im gleichen Jahr zum Assistenzprofessor und 2014 zum Professor für Architektur und Gebäudesysteme an der ETH Zürich ernannt. Seit 2013 ist er zudem Principal Investigator am Singapore-ETH Future Cities Lab (SEC FCL). Sein Forschungsschwerpunkt sind technische Gebäudesysteme für energieeffiziente und nachhaltige Bauten und deren Integration in Architektur und Städtebau unter Verwendung daten- und computerbasierter Methoden. Als Mitgründer des ETH-Spinoff KEOTO trägt er seit 2009 dazu bei, innovative Ansätze in Strategie-, Planungs- und Bauprojekten umzusetzen.

Dr. techn. Uta Gelbke, geb. 1979, hat einen Abschluss in Architektur vom Royal Melbourne Institute of Technology. Sie war in Architekturbüros in Berlin, Sydney und Melbourne tätig. 2009 – 2014 arbeitete sie als wissenschaftliche Mitarbeiterin am Institut für Architekturtechnologie der Technischen Universität Graz, wo sie zum Thema „Stadtentwicklung und öffentlicher Raum nach politischen Umbrüchen“ promovierte. Seit 2015 arbeitet sie als freiberufliche Architekturjournalistin. Sie lehrt, forscht und schreibt zu architektonischen und städtebaulichen Themen. Zu ihren Auftraggebern zählen u. a. *BauNetz*, *Deutsche Bauzeitschrift*, die ETH Zürich und der Bund Deutscher Architekten. Seit 2018 ist sie zudem als wissenschaftliche Mitarbeiterin/Postdoc am Lehrstuhl für Bauen mit Bestand und Baukonstruktion, Bergische Universität Wuppertal, tätig.

Dr.-Ing. Philipp Lionel Molter, geb. 1976, arbeitete mehrere Jahre als Architekt bei Renzo Piano Building Workshop in Paris. 2010 gründete er sein eigenes Büro in München und realisierte u. a. mehrere preisgekrönte Projekte. Das Büro studiomolter arbeitet forschungsbasiert und interdisziplinär in den Bereichen Architektur und Design. Er ist Akademischer Rat an der Professur für Entwerfen und Gebäudehülle der TU München, wo er in Forschung und Lehre an adaptiven Gebäudehüllen arbeitet. 2016 erhielt er den Dr. Marschall-Preis für seine herausragende Dissertation an der Fakultät für Architektur der TU München.

Prof. Thomas Auer, geb. 1965, studierte Verfahrenstechnik an der Universität Stuttgart und ist seit 1994 für das Ingenieurbüro Transsolar tätig, seit 2000 als Partner. Mit Büros in Stuttgart, München, Paris und New York entwickelt und projektiert Transsolar innovative Konzepte für Gebäude und Quartiere mit dem Ziel Energieeffizienz bei hoher Aufenthaltsqualität. Er lehrte u. a. an der Yale University, der École Spéciale d'Architecture und der Ryerson University. 2014 wurde er auf den Lehrstuhl für Gebäudetechnologie und klimagerechtes Bauen der TU München berufen. Im Fokus seiner Forschung und Lehre stehen klimagerechtes und energieeffizientes Bauen mit dem Schwerpunkt robuste Optimierung.

Dr.-Ing. Werner Jager, geb. 1966, studierte Maschinenbau an der TU München. Parallel zu seiner Tätigkeit bei WICONA (Hydro Building Systems GmbH) promovierte er am Lehrstuhl für Bauphysik (Prof. Dr.-Ing. Hauser) der TU München im Bereich Tageslichtsimulation von Nicht-Wohnungsbauten. 2014–2017 war er zudem Professor für Bauphysik an der Hochschule Augsburg. Er ist Mitglied des CTBUH (Council on Tall Buildings and Urban Habitat), Vorstandsmitglied von Amts wegen des Green Advantage Curtain Wall Installer Certification Program, USA, und Mitglied des Facade Tectonics Institute, USA.

Laura Bugenings, geb. 1994, und **Markus Schaffer**, geb. 1995, waren als Mitarbeiter am Beitrag „Energiegewinnung in der Stadt der Zukunft" beteiligt. Beide schlossen im Frühjahr 2018 ihr Studium „Energieeffizientes Planen und Bauen" an der Hochschule Augsburg mit hervorragenden Leistungen ab.

FH-Prof. DI Dr. Jürgen Neugebauer, geb. 1966, arbeitete nach seinem Bauingenieurstudium an der Technischen Universität Graz in einem Ingenieurbüro in Graz. Durch die Mitarbeit an herausragenden Projekten wie z. B. dem Atriumdach des Sony Center in Berlin, der Innenhofüberdachung des British Museum in London und der Fassade der Berliner Staatsbibliothek sammelte er praktische Erfahrungen. Er wechselte zurück an die Technische Universität Graz an das Institut für Tragwerksplanung der Architekturfakultät, wo seine Doktorarbeit mit dem Thema „Gebäudehüllen aus Glas aus der Sicht eines Tragwerksplaners" entstand. Nach einer einjährigen Tätigkeit in einem glasverarbeitenden Unternehmen nahm er das Angebot der Fachhochschule Joanneum in Graz an, um über Tragwerksplanung und insbesondere über Glas im Bauwesen zu lehren. 2014 wurde ihm am Joanneum der Titel FH-Professor verliehen. Seit 2016 leitet er das Josef Ressel Zentrum für Dünnglastechnologie und widmet sich der Forschung über Dünnglas.

Markus Wallner-Novak, geb. 1973, studierte Bauingenieurwesen an der Technischen Universität Graz mit begleitender Tätigkeit in einem Ingenieurbüro in Graz. Die anschließende Beschäftigung als Universitätsassistent am Institut für Tragwerksplanung der Fakultät für Architektur in Graz endete mit dem Abschluss seiner Doktorarbeit über „Bewegliche Tragwerke aus der Sicht der Tragwerkslehre". Danach folgte eine dreijährige Tätigkeit im Büro TDV – Technische Datenverarbeitung zu Statik und Softwareentwicklung im Brückenbau. Mit der Gründung der Wallner, Mild Holzbau-Software Ges.b.R. begann die selbstständige Tätigkeit im Bereich Softwareentwicklung und Statik im Holzbau. Im Jahr 2010 übernahm er für die Dauer eines Jahres die Gastprofessur am Institut für Tragwerksplanung der Technischen Universität Graz. Seit 2012 ist er Lehrender und Assoziierter Professor an der FH Joanneum Graz mit Lehr- und Forschungstätigkeiten in den Bereichen Holzbau und der Geometrie und Bewegung von Dünngläsern.

Dr.-Ing. Thomas Schielke, geb. 1973, studierte 1994–2001 Architektur an der TU Darmstadt. Seit mehr als 15 Jahren arbeitet er bei dem Leuchtenhersteller ERCO im Bereich didaktische Kommunikation. Er ist Co-Autor der Bücher *Lichtpositionen zwischen Kultur und Technik* und *SuperLux – Smart Light Art, Design & Architecture for Cities*. Lehraufträge zur Architekturbeleuchtung hat er unter anderem an der Hochschule Wismar und Universität Siegen übernommen. Vorträge präsentierte er an Institutionen wie der Harvard GSD, dem MIT, der Columbia GSAPP, der Tongji-Universität and der ETH Zürich. Seit 2013 publiziert er bei ArchDaily Beiträge zu Licht und Architektur.

Prof. Claudia Lüling, geb. 1961, studierte bis 1989 an der TU Darmstadt und absolvierte im Anschluss als Fulbrightstipendiatin ein Masterstudium am SCI-ARC in Los Angeles, wo sie u. a. auch bei Morphosis tätig war. Einer praktischen Tätigkeit in Berlin, hier u. a. die Projektleitung für den Neubau des Wertdruckgebäudes der Bundesdruckerei im Büro BHHS (Bayerer, Hanson, Heidenreich und Schuster), folgten Tätigkeiten als wissenschaftliche Mitarbeiterin an der TU Berlin und eine Gastprofessur an der Universität der Künste Berlin. Parallel erfolgte 2000 die Gründung eines eigenen Büros, 2004–2009 in Partnerschaft mit Ulrike Rau als Lüling Rau Architekten, 2009–2018 zusammen mit Christiane Sauer als Lüling Sauer Architekten. Seit 2003 lehrt sie als Professorin an der Frankfurt University of Applied Sciences und ist Gründungsmitglied des Frankfurter Forschungsinstituts FFin. Nach Arbeiten zu *Architektur unter Strom – Photovoltaik gestalten* (2000) und *Energizing Architecture – Design and Photovoltaics* (2009) verlagerte sich der inhaltliche Schwerpunkt ihrer Lehr- und Forschungstätigkeit auf innovative textile Werkstoffe für den Leichtbau. Ihre Arbeiten wurden mehrfach ausgezeichnet, u. a. mit dem Stuttgarter Leichtbaupreis 2014, dem TechTex Award 2015, dem materialPREIS 2017, dem Competitionline Campus Award 2016, dem AED Neuland Award 2017, dem Competitionline Campus Award 2018 und einer Prämierung beim Hochschulwettbewerb „Moderner Aus- und Leichtbau" 2018.

Johanna Beuscher, geb. 1983, studierte bis 2017 Architektur an der Frankfurt University of Applied Sciences. Dem Bachelorabschluss folgten die Teilnahme an einem Architectural Practice Program bei KSP Engel Architekten in Frankfurt/Main und die anschließende Mitarbeit als Werkstudentin im selben Büro. Während eines USA-Aufenthalts arbeitete sie – gefördert durch ein InWent-Praxisstipendium – bei predock frane architects, Santa Monica, an räumlichen Installationen und absolvierte dann ein Jahr ihres Masterstudiums als DAAD-Vollstipendiatin am SCI-ARC, Los Angeles. Zurück in Frankfurt wurde ihre Mitarbeit am SpacerFabricPavilion mit dem Innovationspreis Competition Campus Award 2016, dem Materialpreis 2017 und einer Finalteilnahme beim FAMAB New Talents Award ausgezeichnet. Als Newcomerin eingeladen, folgten ein Vortrag und die Veröffentlichung der JUNG-Architekturgespräche. Seit 2017 ist sie als wissenschaftliche Mitarbeiterin im Bereich „Textiler Leichtbau" an der Frankfurt University of Applied Sciences tätig und untersucht in Forschungsprojekten die baulichen Anwendungsfelder von Abstandstextilien.

Prof. Dr.-Ing. Yenal Akgün, geb. 1978, studierte an der Technischen Universität Istanbul, wo er 2000 in der Abteilung für Architektur seinen Abschluss machte. Nach Mitarbeit an mehreren nationalen und internationalen Entwurfsprojekten von 2000 bis 2002 nahm er 2002 eine Stelle als Forschungsassistent am Izmir Institute of Technology (IZTECH) an und erhielt dort 2004 seinen Master of Science. Mit Hilfe eines Doktorandenstipendiums des DAAD setzte er 2006 sein Studium am Institut für Leichtbau Entwerfen und Konstruieren (ILEK) der Universität Stuttgart fort und wurde dort 2010 promoviert. Zurzeit bekleidet er eine Vollzeitstelle als Architekt in der Abteilung für Stadtbau des Verwaltungsdistriktes Konak in der Provinz Izmir. Zugleich ist er Dozent in Teilzeit in der Abteilung für Architektur der Yaşar University in Izmir. Seine Arbeiten wurden bei nationalen Architekturwettbewerben der Türkei mehrfach ausgezeichnet. Seine Forschungsschwerpunkte sind adaptive Strukturen, Leichtbaukonstruktionen und parametrisches Entwerfen.

Prof. Feray Maden, geb. 1982, studierte 2000 – 2004 Architektur am Izmir Institute of Technology (IZTECH). Ein Magisterstudium in Architektur begann sie 2005 am IZTECH, um es dann an der KU Leuven fortzusetzen. Als Teaching Assistant kehrte sie 2007 ans IZTECH zurück, wo sie 2008 auch ihren Master of Science erhielt. Im Anschluss daran nahm sie ein Promotionsstudium am IZTECH auf. Im Jahr 2012 arbeitete sie als Forschungsdoktorandin im Department of Architectural Engineering an der TU Delft und 2013 im Department of Innovative Structural Design an der TU Eindhoven. Im Jahr 2015 wurde sie im Fach Architektur promoviert. Gegenwärtig hat sie eine Vollzeitstelle als Dozentin an der Yaşar University in Izmir inne. Schwerpunkte ihrer Lehr- und Forschungstätigkeit sind kinetische Architektur, reaktive Fassaden und parametrisches Entwerfen.

Prof. Gökhan Kiper, geb. 1982, schloss 2011 sein Maschinenbau-Studium an der Middle East Technical University in Ankara ab. Während und nach dem anschließenden Promotionsstudium absolvierte er Forschungsaufenthalte an der University of California Davis und der National Cheng Kung University in Taiwan. Seit 2012 ist er Professor für Maschinenbau am Izmir Institute of Technology. Kiper zählt zu den Gründungsmitgliedern der Turkish Machine Theory Association (2011), er ist Vizevorsitzender und Generalsekretär des Exekutivrats der Organisation. Seine Hauptforschungsgebiete sind Mechanism Science, faltbare Strukturen und Roboterkinematik.

Prof. Koray Korkmaz, geb. 1973, leitet den Fachbereich Architektur am Izmir Institute of Technology. Er studierte Architektur an der Dokuz Eylul University und am Izmir Institute of Technology, an welchem er 2004 promovierte. Auf Einladung von Prof. Peter McCleary war er 2004 – 2005 Gastwissenschaftler an der University of Pennsylvania. 2008 gründete er zusammen mit Gökhan Kiper, Yenal Akgün and Feray Maden die Forschungsgruppe MECART und forscht seither auf dem Gebiet faltbarer Strukturen.

Müjde Uncu, geb. 1990, machte 2013 einen Abschluss in Architekur an der Dokuz Eylul University in Konak/Izmir. Anschließend setzte sie ihr Studium am Izmir Institute of Technology fort, wo sie 2016 ihren Magister in Architektur erhielt. Zurzeit promoviert sie am selben Institut.

Sebnem Gur, geb. 1985, studierte an der Middle East Technical University in Ankara Architektur und erhielt 2007 ihren Abschluss. Danach arbeitete sie über einen Zeitraum von sieben Jahren in verschiedenen Architekturbüros. Die Spannbreite der von ihr betreuten Projekte reichte von privaten Villen und Einkaufszentren zu Schulen und Renovierungen. Zu ihren Aufgaben gehörte auch die Erstellung von 3D-Modellen und -Animationen. Im Jahr 2015 nahm sie ein Magisterstudium am Izmir Institute of Technology auf und erhielt dort 2017 ihren Master of Science. Zurzeit ist sie Doktorandin am selben Institut.

Prof. Engin Aktaş, geb. 1970, studierte Bauingenieurwesen an der Middle East Technical University in Ankara und wechselte danach an die University of Pittsburgh, wo er sowohl seinen Master of Science als auch seinen Ph. D. erhielt. Nach der Rückkehr in die Türkei wurde er Hochschullehrer am Izmir Institute of Technology. Zu seinen Forschungsaufenthalten gehört eine fast zweijährige Tätigkeit am US

Naval Research Lab in Washington, D. C., als ASEE Postdoctoral Fellow. Seine Forschungsinteressen umfassen Strukturzuverlässigkeit, Optimierung, strukturelle Bauwerksüberwachung (SHM) und Verbundwerkstoffstrukturen.

Cezary M. Bednarski, geb. 1952, studierte 1972–1979 Architektur in Warschau. Seit 1981 lebt er in London, wo er 2001 das Studio Bednarski gründete. Das Büro erhielt zahlreiche Auszeichnungen und gewann 23 Wettbewerbe, 13 davon für Brückenprojekte. Bednarski ist Mitglied des RIBA Panel of Competition Assessors, Mitglied and ehemaliges Beiratsmitglied der Royal Society of Arts, Mitglied des 21st Century Trust/Salzburg Global Seminar sowie ehemaliges Mitglied des Fellows-Komitees der gleichen Organisation, architektonischer Berater der UNESCO und Berater des Bürgermeisters von Warschau. Zu seinen weitere Ämtern und Funktionen gehören: externer Prüfer an der University of Cardiff, Forschungsstipendiat („Rome Scholar") an der Britischen Schule in Rom, Rektor der Diploma Unit an der Architectural Association School of Architecture in London, Gastprofessor für Architektur an der CUJAE in Havanna. In der Ausstellung „London Creatives: Polish Roots", die 2009 am Museum of London gezeigt wurde, gehörte er zu den 34 ausgewählten Personen. Im Jahr 2014 wurde ihm vom polnischen Außenminister die Ehrenmedaille „Bene Merito" verliehen, die mit ihm zum ersten Mal an einen Architekten vergeben wurde.

Nachweise und Dank

S. 24:
Lay Light™ by Fiberline
© Fiberline Composites A/S

S. 28 – 29:
Der Flectofin® wurde in Zusammenarbeit von ITKE (Prof. Jan Knippers, Universität Stuttgart), PBG (Prof. Thomas Speck, Universität Freiburg) und ITV (Prof. Götz Gresser) entwickelt. Der One Ocean Pavilion wurde von SOMA Architects entworfen, die bewegliche Fassade wurde von Knippers Helbig – Advanced Engineering konstruiert. Der Flectofold entstand in Zusammenarbeit von ITKE (Prof. Jan Knippers, Universität Stuttgart), PBG (Prof. Thomas Speck, Universität Freiburg) und ITFT (Prof. Götz Gresser, Universität Stuttgart).

S. 42 – 43:
Solar Curtain © Bára Finnsdóttir mit Fraunhofer IWU, Dresden.
Chamäleon-Membran © Madlen Deniz mit Fraunhofer IWU, Dresden.
Tabelle 1 in Anlehnung an und mit Informationen aus folgenden Quellen:
Hartmut, J., *Adaptronics and Smart Structures*, Berlin Heidelberg New York, 2007, S. 153.
Langbein, S.; Czechowicz, A., *Konstruktionspraxis Formgedächtnistechnik: Potenziale – Auslegungen – Beispiele*, Wiesbaden, 2013, S. 49 – 50.

S. 50 – 51:
Kumo: Institut für Leichtbau Entwerfen und Konstruieren; Professor Werner Sobek; Betreuer: Christoph Witte, Stefan Neuhäuser; Studenten: Amlis Botsch, Carolin Forster, Orestis Gkouvas, Nicola Haberbosch, Franziska Hann, Julia Heibaum, Jannik Lambrecht, Francisco Pérez Florido, Takashi Sato, Michael Schnell, Andreas Schönbrunner, Jonas Unger, Johanna Zinnecker; Entstehungsjahr: 2011.
Paul: Institut für Leichtbau Entwerfen und Konstruieren; Professor Werner Sobek; Doktorand: Markus Holzbach; Zeitraum der Ausstellung des Pavillons: 2004 – 2009.
Stuttgart SmartShell: Institut für Leichtbau Entwerfen und Konstruieren; Professor Werner Sobek; Doktorand: Stefan Neuhäuser; Institut für Systemdynamik; Professor Oliver Sawodny; Doktorand: Martin Weickgenannt; Entstehungsjahr: 2012.
SFB1244 Adaptive Hüllen und Strukturen für die gebaute Umwelt von morgen:
Sprecher: Professor Werner Sobek, Institut für Leichtbau Entwerfen und Konstruieren
Stellvertretender Sprecher: Oliver Sawodny, Institut für Systemdynamik

Beteiligte Institute der Universität Stuttgart:
Institut für Akustik und Bauphysik (IABP)
Institut für Baustatik und Baudynamik (IBB)
Institut für Computerbasiertes Entwerfen und Baufertigung (ICD)
Institut für Flugzeugbau (IFB)
Institut für Industrielle Fertigung und Fabrikbetrieb (IFF)
Institut für Konstruktionstechnik und Technisches Design (IKTD)
Institut für Leichtbau Entwerfen und Konstruieren (ILEK)
Institut für Maschinenelemente (IMA)
Lehrstuhl für Makromolekulare Stoffe und Faserchemie, Institut für Polymerchemie (IPOC)
Institut für Systemdynamik (ISYS)
Institut für Technische und Numerische Mechanik (ITM)
Institut für Technische Optik (ITO)
Institut für Visualisierung und Interaktive Systeme (VIS)
Visualisierungsinstitut der Universität Stuttgart (VISUS)

Außeruniversitäre Einrichtungen:
Fraunhofer-Institut für Bauphysik (IBP)
Professur für Architektur und Kunst, HafenCity Universität Hamburg

Professur für Temporäre Bauten, Hochschule für Künste Bremen

Homepage: www.sfb1244.uni-stuttgart.de

S. 84 – 87:
Der Inhalt des Beitrags bezieht sich auf die Forschung, die im Rahmen eines von der Christian Doppler Forschungsgesellschaft geförderten Forschungsprojektes am Josef Ressel Zentrum für Dünnglastechnologie für Anwendungen im Bauwesen in Zusammenarbeit mit den wirtschaftlichen Partnern LISEC Austria GmbH und SFL Engineering GmbH durchgeführt wurde.
Der gesamte Inhalt ist geschützt: © Jürgen Neugebauer – Josef Ressel Zentrum für Dünnglastechnologie für Anwendungen im Bauwesen.

S. 94 – 97:
Der Text basiert auf Ergebnissen des FuE-Projektes ReFaTex, „Reversibel faltbare, energetisch wirksame 3D-Textilien im Baubereich“ (IFOFO-Förderlinie), Prof. Claudia Lüling, MitarbeiterInnen: M. A. Johanna Beuscher, Dipl.-Ing. Natalija Miodragovic, Tutoren: Philipp Cronenberg, Rasmus Kallenberg, David Knecevic, Eugen Kraus, Ivan Litvitschenko, Marius Mersinger. www.fabricfoam.de © Alle Ergebnisse sind geschützt.

Zeichnungen Teil C
Sofern nicht anders gekennzeichnet, wurden alle Zeichnungen vom Team New Move eigens für dieses Buch in Anlehnung an Originalvorlagen angefertigt. Die folgenden Architekten, Ingenieure, Fachplaner und anderen Projektbeteiligten und deren Büros haben das Team dabei unterstützt und Originalvorlagen zur Verfügung gestellt. Die Rechte dieser Zeichnungen verbleiben beim jeweiligen Urheber und dürfen nur mit der Angabe der folgenden jeweiligen Urheberschaft sowie dem Zusatz „© New Move“ zitiert werden.

S. 108 – 109: © Isay Weinfeld
S. 110 – 111: © Nextoffice + © Alireza Taghaboni
S. 112 – 113: © PPAG architects
S. 114 – 115: © Olafur Eliasson
S. 116 – 117: © McDowell + Benedetti Architects, © Alan Baxter Ltd.
S. 119 – 119: © Shigeru Ban Architects, © Jean de Gastines Architectes
S. 120 – 121: © Estudio Guto Requena
S. 122 – 123: © OMA
S. 124 – 125: © charles barclay architects
S. 126 – 127: © urbanekultur
S. 128 – 129: © matharoo associates
S. 130 – 131: © ISC Consulting Engineers A/S, © Bystrup Arkitekter
S. 132 – 133: © heatherwick studio
S. 134 – 135: © marchi architects
S. 136 – 137: © Walter Bieler AG, © exent AG
S. 138 – 139: © nex-architecture
S. 140 – 141: © Studio Bednarski, © COWI UK Limited
S. 142 – 143: © Foster + Partners
S. 144 – 145: © Werner Sobek Group GmbH
S. 146 – 147: © sean godsell architects
S. 148 – 149: © Manuel Herz Architects
S. 150 – 151: © MADE IN
S. 152 – 153: © Renato Rizzi, © Proteco Engineering S.r.l.
S. 154 – 155: © DPA – DOMINIQUE PERRAULT ARCHITECTURE
S. 156 – 157: © Make Architects
S. 158 – 159: © Architekten Cie B.V., © euro-deur – NL
S. 160 – 161: © Softarchitecturelab
S. 162 – 163: © GEISWINKLER & GEISWINKLER Architekten ZT GmbH
S. 164 – 165: © Nickl & Partner Architekten
S. 166 – 167: © AHR
S. 168 – 169: © Charles Sowers Studios, LLC, © San Francisco Arts Commission
S. 170 – 171: © Charles Sowers Studios, LLC, © Shawn Lani Studios, © Peter Richards Art, © High Precision Devices, Inc.
S. 172 – 173: © matharoo associates
S. 174 – 175: © NEY & PARTNERS BXL
S. 176 – 177: © knight architects
S. 178 – 179: © knight architects
S. 180 – 181: © raum.fr
S. 182 – 183: © B-L Barkow Leibinger
S. 184 – 185: © stacklab.ca
S. 186 – 187: © Kennedy & Violich Architecture, © Knippers Helbig, Stuttgart – New York – Berlin
S. 188 – 189: © iArt AG, © Asif Khan Ltd.
S. 190 – 191: © soma, © Knippers Helbig, Stuttgart – New York – Berlin
S. 192 – 193: © yuya vs design
S. 194 – 195: © Klemens Torggler – visual artist
S. 196 – 197: © matharoo associates, © Ramana Safety and Systems (I) pvt. Ltd. by Mr. Ramesh Sheth & Mr. Harshad Gajjar
S. 198 – 199: © Ingeni Ingenieure
S. 200 – 201: © heatherwick studio, © Foster + Partners
S. 202 – 203: © Ateliers Jean Nouvel, © DVVD architectes, ingenieurs, designers, © IMARABE ORG

Abbildungsnachweis

Seite 8 kissccO; 9 oben © Luis Cordón; 9 unten © Vepa the furniture factory – the Netherlands; 10 rechts © schneider+schumacher; 10 links © thyssenkrupp Elevator; 11 oben und unten © ICD Universität Stuttgart; 12 oben und unten © 2019 Österreichische Friedrich und Lillian Kiesler-Privatstiftung; 13 rechts und links © Lev Nussberg; 14 oben © Audi Urban Future Award 2014 Team Berlin/Studio Schwitalla; 14 unten © Studio Schwitalla/Schindler Elevator Ltd und © Audi Urban Future Award 2014 Team Berlin/Studio Schwitalla; 15 oben © Studio Schwitalla/Schindler Elevator Ltd

A

18 oben FTL Design Engineering Studio/Winquist Photography; 18 unten BMW AG; 19 oben Transport for New South Wales; 20 oben Bastian Mueller & Natalie Weinmann; 20 unten Studio Thier&vanDaalen, Eric Esser, Levi's ®; 21 oben ludwig.schönle, studio aisslinger; 22 © Premium_AEROTEC; 23 © Premium_AEROTEC; 24 © Fred Romero; 25 © Carsten Schmidt in Anlehnung an die jeweiligen Quellenangaben; 26 © Bipinchandra Mistry; 27 © Bipinchandra Mistry; 28 oben © William Warby; 29 unten © ITKE Universität Stuttgart/Ruslou Koorts, © ITKE Universität Stuttgart/Dr. Julian Lienhard; 30 oben Eric Staudenmaier, www.gobytram.com; 31 oben agps architecture, Zurich-Los Angeles/Eric Staudenmaier, agps architecture, Zurich-Los Angeles/www.gobytram.com; 34 unten © Alexander Graham Bell; 35 oben © Ryan Burke und © Amazon Robotics; 36 oben © Samuel Leder, Ramon Weber © BART//BRATKE; 37 unten © BART//BRATKE; 38 Arup/davidfotografie; 40 New Move in Anlehnung an Originalvorlage Spannbandbrücke © ek massivbau/TU Berlin. Die Rechte dieser Zeichnungen verbleiben beim Urheber; 41 oben © ek massivbau/TU Berlin; 41 unten © Team New Move; 42 oben © Solar Curtain, FG Textil- und Flächendesign/Bára Finnsdóttir mit Fraunhofer IWU, Dresden; 42 unten Chamäleon Membran © weißensee kunsthochschule berlin, FG Textil- und Flächendesign/Madlen Deniz mit Fraunhofer IWU, Dresden; 43 oben © Solar Curtain, FG Textil- und Flächendesign/Bára Finnsdóttir mit Fraunhofer IWU, Dresden; 44 oben © Festo AG & Co. KG, alle Rechte vorbehalten; 44 unten Francois Mangion & Bijing Zhang, Interactive Architecture Lab, Bartlett School of Architecture, University College London, London UK; 45 oben © Festo AG & Co. KG, alle Rechte vorbehalten

B

48 oben © Carl Hansen & Søn; 48 unten links © Joval; 48 unten mittig und rechts © Tojo; 49 oben links © TECTA; 49 oben rechts © Olaf Schroeder; 50 oben © ILEK_G.METZER; 51 oben © ILEK_G.METZER; 51 unten © G.METZER; 52 oben © ILEK_G.METZER; 53 oben © ILEK_G.METZER; 54 oben © Schüco International KG; 55 oben New Move in Anlehnung an Originalvorlage von © Schüco. Die Rechte dieser Zeichnungen verbleiben beim Urheber; 55 unten ©JensLindhe/BBP Arkitekter. att. Ebbe Wæhrens; 56 oben New Move – NL in Anlehnung an Originalvorlage von © Schüco. Die Rechte dieser Zeichnungen verbleiben beim Urheber; 57 oben platform_a – © Joon Joonhaw; 58 oben © Photography: Michael Elkan; 58 unten © sbp de; 59 oben © sbp de; 60 oben © sbp de/Knut Stockhusen; 61 oben © sbp de; 62–65 © Keith Hunter; 68 oben © Brian Cody; 69 New Move in Anlehnung an Originalvorlage von © Brian Cody. Die Rechte dieser Zeichnungen verbleiben beim Urheber; 70 links New Move in Anlehnung an Originalvorlage von © Brian Cody. Die Rechte dieser Zeichnungen verbleiben beim Urheber; 70 rechts © Brian Cody; 71 oben New Move in Anlehnung an Originalvorlage von © Brian Cody. Die Rechte dieser Zeichnungen verbleiben beim Urheber; 72 unten links © ETH Zürich/Marco Carocari; 72 unten rechts © A/S Research Group; 73 oben © AHR/Christian Richters; 74 © A/S Research Group; 75 © A/S Research Group; 76 unten ©Philipp Lionel Molter; 77 oben links © Philipp Lionel Molter; 77 oben rechts ©Johannes Maderspacher; 78 © Philipp Lionel Molter; 79 © Philipp Lionel Molter; 80 oben © New Move; 80 unten © HLNUG – Hintergrundkarte: © GeoBasis-de/BKG 2017, ©Hessische Verwaltung für Bodenmanagement und Geoinformation, Geofachdaten: Hessisches Landesamt für Naturschutz, Umwelt und Geologie; 81 © R. R. Lunt, Michigan State University; 82 oben © New Move; 83 oben WICONA – Conné van d'Grachten; 84 unten © Jürgen Neugebauer; 85 oben © Jürgen Neugebauer; 86 oben © Jürgen Neugebauer; 87 oben © Jürgen Neugebauer; 90 unten space150 – © The Coca-Cola Company; 91 oben © Jochen Stüber; 92 oben Copyright der Daimler AG; 93 Ars Electronica Spaxels over Linz – credit: vog.photo; 94–97 © FRA-AUS; 98–101 © Akgün et. al.; 102 oben New Move in Anlehnung an Originalvorlage von Agostino Ramelli:

RAMELLI, Agostino; Paris, 1588, *Le diverse et artificiose Machine*, figvre CXLVII, S. 241; 102 unten © Cezary Bednarksi, © Tomoaki Uji und © Ian Boyle – Simplon Postcards; 103 oben © Studio Bednarksi; 104 unten links spb – © Till Beckmann; 104 unten rechts © steve cadman; 105 oben © Studio Bednarski

C

108 © Leonardo Finotti; 110 nextoffice – © Parham Taghioff; 112 © pierer.net; 114 Anders Sune Berg – © Olafur Eliasson; 116 © Timothy Soar; 118 Shigeru Ban Architects – © Didier Boy de la Tour; 120 Estudio Guto Requena – © Fernanda Ligabue & Rafael Frazão; 122 OMA – Photograph by John Gollings, Courtesy of MPavilion; 124–125 © Charles Barclay; 126 urbanekultur – © jbdo; 128–129 matharoo associates – © Edmund Sumner; 130 Jysk Fynske Medier – © John Fredy und © Nils Svalebøg; 132 © Cristóbal Palma; 134 Marchi Architectes – © Fernando Guerra; 136 Walter Bieler AG – © Bowie Verschuuren; 138 nex-architecture – © Joseph Asghar; 140–141 © Studio Bednarski; 142 Nigel Young/© Foster + Partners; 144 Werner Sobek Group – © Zooey Braun; 146 oben © sean godsell architects; 146 unten sean godsell architects – © Earl Carter; 148 oben © Manuel Herz Architects; 148 unten Manuel Herz Architects – © Yuri Palmin; 150 oben © MADE IN; 150 unten © Joël Tettamanti; 152 oben und unten Renato Rizzi, mit Proteco Engineering S.r.l. – © Matteo Piazza; 154 oben © DPA/Adagp; 154 unten © DPA/Adagp – © Georges Fessy/DPA/Adagp; 155 New Move in Anlehnung an Originalvorlage von © FCC Construcción. Die Rechte dieser Zeichnungen verbleiben beim Urheber; 156–157 unten © Make Architects; 158 unten Architekten Cie B.V. – © Rob Hoekstra; 160 oben © softarchitecturelab; 160 unten softarchitecturelab – © Shin Kyungsub, softarchitecturelab – © Shin Kyungsub und © softarchitecturelab; 162 © Manfred Seidl, Wien; 164–165 unten © Stefan Müller-Naumann; 166 oben ® Christian Richters; 166 unten ® Christian Richters, © AHR; 167 unten © AHR; 168 oben und unten Charles Sowers Studios, LLC – © San Francisco Arts Commission; 170 oben New Move in Anlehnung an Originalvorlage von © Charles Sowers Studios, LLC, © Shawn Lani Studios und © Peter Richards Art. Die Rechte dieser Zeichnungen verbleiben beim Urheber; 170–171 unten © ShawnLani Studios; 172 unten © matharoo associates – ® Dinesh Mehta; 174–175 NEY & PARTNERS BXL – © J.L. Deru/photo-daylight.com; 176 oben © Patrick Reynolds; unten © Patrick Reynolds, © Patrick Reynolds, © knight architects; 178 oben © Peter Cook; unten © Edmund Sumner, © Edmund Sumner, © knight architects; 180 oben © raum.fr; 181 unten © raum.fr; 182 oben © B-L Barkow Leibinger; 182–183 unten B-L Barkow Leibinger – © Johannes Förster; 184 oben New Move in Anlehnung an Originalvorlage von © stacklab.ca. Die Rechte dieser Zeichnungen verbleiben beim Urheber; 184 unten © stacklab.ca; 185 mittig links © stacklab.ca; 186 oben Kennedy & Violich Architecture – © Michael Moser; 186 unten © Kennedy & Violich Architecture; 188 oben © iArt AG; 188 unten Asif Khan Ltd. – © Hufton + Crow; 189 unten Asif Khan Ltd. – © Axis; 190 oben © soma; 190 unten © Kim Yong-Kwan; 191 unten © Knippers Helbig; 192 oben New Move in Anlehnung an Originalvorlage von © yuya vs design. Die Rechte dieser Zeichnungen verbleiben beim Urheber; 192 unten © yuya vs design; 194 oben New Move in Anlehnung an Originalvorlage vom Deutschen Patent- und Markenamt mit der Nr.: DE 202012000999 U1/Einrichtung zum Verschließen einer Öffnung. Die Rechte dieser Zeichnungen verbleiben beim Urheber; 194–195 unten ® Klemens Torggler – visual artist – © torggler & avincze; 196 matharoo associates – © Edmund Sumner; 198 oben New Move in Anlehnung an Originalvorlage von © Ingeni Ingenieure. Die Rechte dieser Zeichnungen verbleiben beim Urheber; 198 unten © Adrien Barakat; 200 oben und unten © Laurian Ghinitoiu; 201 mittig links © heatherwick studio und © Foster + Partners; 202 oben New Move ; 202 unten © Georges Fessy, IMARABE.ORG – © Fabrice Cateloy und IMARABE.ORG – © Fabrice Cateloy

Abbildungen Sponsoren

219 WICONA unten De Rotterdam – Photos: Michel van de Kar, Charlie Koolhaas, Ossip van Duivenbode, Philippe Ruault, Fornebuporten – Photos: Hufton + Crow, 520 West 28th – Photos: Hufton + Crow; 220 Schüco – 3XN Architects

Trotz intensiven Bemühens könnten uns Fehler bei der Ermittlung und Benennung der Urheber der Abbildungen unterlaufen sein. Die Urheberrechte bleiben jedoch gewahrt. Wir bitten in diesen Fällen um entsprechende Nachricht.

Sofern nicht anders gekennzeichnet, wurden alle Zeichnungen eigens für dieses Buch angefertigt. Die Rechte hierfür liegen bei den Autoren bzw. beim Urheber.

Sponsoren

Hydro Building Systems Germany GmbH

Technik für Ideen: Fassade, Fenster und Türen

www.wicona.de

Partnerschaft für maßgeschneiderte Fassadenlösungen

WICONA realisiert anspruchsvolle, funktionelle und energieeffiziente Fassaden auf höchstem Qualitätsniveau. Dabei bilden die jeweiligen Gestaltungswünsche und technischen Anforderungen des Auftraggebers den obersten Maßstab für die maßgeschneiderte Planung und Ausführung.

Eine der größten aktuellen Herausforderungen ist die Erstellung architektonisch gehaltvoller und zugleich ökologisch verantwortungsvoller Gebäudeentwürfe, die dem nachhaltigen Klimaschutz Rechnung tragen. Von großer Bedeutung sind in diesem Zusammenhang Konzepte, die Ressourcen schonen, einen hohen Nutzerkomfort bieten und die Arbeits- und Wohngesundheit gewährleisten. Gleichzeitig müssen sie, angesichts steigender Energiepreise, für Bauherren und Mieter langfristig ökonomisch attraktiv sein. WICONA hat dies schon vor Jahren erkannt und die Weichen entsprechend gestellt. Das Unternehmen verfügt über die erforderlichen Kompetenzen, um die Ideen der Planer und Architekten gebaute Wirklichkeit werden zu lassen, und dies auch unter Einhaltung wirtschaftlicher Vorgaben. Viele mit unterschiedlichen Gebäudezertifikaten wie DGNB, Leeds, Passivhaus oder Minergie ausgezeichnete Objekte sind Beispiele für das kreative, konstruktive und erfolgreiche Zusammenwirken von Auftraggeber, Planer, Fassadenbauer und Aluminium-Systemhaus.

Das Grundprinzip der Erfolgspartnerschaft für individuelle Kundenlösungen ist am WICONA-Slogan „Technik für Ideen“ ablesbar. WICONA positioniert sich damit an der Schnittstelle zwischen den Architekten mit ihrer kreativen Planungsleistung und den Fassadenbaubetrieben mit der technischen Umsetzung. Planen und Bauen fordern von den Beteiligten ein hohes Maß an Kreativität und Gestaltungsfreiheit. Diesen dynamischen Prozess begleitet WICONA mit seinem Know-how, mit High-Tech-Produkten und umfangreichem Service. „Technik für Ideen“ bedeutet dabei auch, intensiv mit Kunden und Geschäftspartnern zu kommunizieren. Anregungen und Wünsche der Partner werden analysiert und fließen in die Entwicklung ein. Architekten und Metallverarbeiter erhalten maßgeschneiderte Technik für die bestmögliche Realisierung individueller Anforderungen.

Sponsoren

Schüco
Systemlösungen für Fenster, Türen und Fassaden
www.schueco.de

Die Schüco Gruppe mit Hauptsitz in Bielefeld entwickelt und vertreibt Systemlösungen aus Aluminium, Stahl und Kunststoff für Gebäudehüllen. Mit weltweit 5400 Mitarbeitern arbeitet das Unternehmen daran, heute und in Zukunft Technologie- und Serviceführer der Branche zu sein. Zum Produktportfolio gehören Fenster-, Tür-, Fassaden-, Sicherheits- und Sonnenschutzsysteme.
Neben diesen innovativen Produkten für Wohn- und Arbeitsgebäude bietet der Gebäudehüllenspezialist Beratung und digitale Lösungen für alle Phasen eines Bauprojektes – von der initialen Idee über die Planung und Fertigung bis hin zur Montage.
12000 Verarbeiter, Planer, Architekten und Investoren arbeiten weltweit mit Schüco zusammen. Das Unternehmen ist in mehr als 80 Ländern aktiv und hat in 2018 einen Jahresumsatz von 1,670 Milliarden Euro erwirtschaftet.

Hawa Sliding Solutions AG
Inspirierende Schiebelösungen
www.hawa.com

Mit über 50 Jahren Expertise in der Entwicklung von Schiebelösungen ist Hawa Sliding Solutions AG der globale Technologie- und Marktführer für das Schieben in Raum und Einrichtung. Mit einem umfassenden Beschlägesortiment bietet Hawa für jede Herausforderung zur Gestaltung von Gebäuden, Räumen und Möbeln die optimale Lösung.
Innovative Schiebelösungen – wie beispielsweise eine schalldämmende Schiebetür – steigern den Nutzen von Immobilien, denn sie machen Räume schöner und funktioneller, ökonomischer und flexibler.
Die Produktpalette der Hawa Sliding Solutions bietet für nahezu jede Anforderung, jedes Material und Türgewicht die passende Lösung. Damit werden alle gängigen Schiebeformen wie horizontales und vertikales Schieben, Falten, Stapeln und Dreh-Einschieben abgedeckt. Hawa Sliding Solutions ist ein zuverlässiger Partner für anspruchsvolle Architekturprojekte.

Vitra
Mobiliar und dynamische Raumkonzepte
www.vitra.com

Vitra entwickelt mit bedeutenden Designern innovative Möbel und Konzepte. In der Schweiz entworfen, finden sie weltweite Verbreitung. Architekten, Unternehmen und private Nutzer setzen sie für inspirierende Umgebungen ein.
Die Möbelklassiker von Vitra gehören zum bahnbrechenden Design des 20. Jahrhunderts. Auch heute verknüpfen wir unser Know-how mit der Kreativität zeitgenössischer Gestalter, um die Grenzen des Designs auszuloten und zu erweitern.
Vitra – ein Familienunternehmen seit 80 Jahren – pflegt dauerhafte Beziehungen zu Kunden, Mitarbeitern und Designern und steht für langlebige Produkte, ein nachhaltiges Wachstum und die Kraft guten Designs.
Der Vitra Campus, das Vitra Design Museum, die Design-Archive und die umfassende Möbelsammlung des Unternehmens sind Teil von Vitra. Sie inspirieren Besucher, regen den Designprozess an und schaffen ein Klima, in dem Innovation blühen kann.

HIRT swiss descending windows Deutschland GmbH
Senkbare Fensterfronten
www.hirt-swiss.de

HIRT swiss descending windows ist globaler Marktführer im Bereich versenkbarer Glasfronten und Fassadenelemente mit mehr als 20 Jahren Erfahrung. Über 350 weltweite Spitzenprojekte belegen die einzigartige Expertise des Unternehmens mit Headquarter in Zürich und deutscher Niederlassung in Köln.

Innovation, Präzision und Perfektion in Konzeption, Antrieb und Steuerung sowie zeitgemäßes Design sind die wichtigsten Qualitätsmerkmale unserer langlebigen und zuverlässigen Produktlinien. Wir konstruieren unsere auf Knopfdruck versenkbaren Fassadenelemente als SF90 (bis 6 × 3 m), SFXL (bis 12 × 4 m) und als SF-Special, mit welcher wir vielseitigste Großen-, Funktions- und Formwünsche erfüllen können. Unsere Senkfronten können flächig, als Ecklösung, pfostenlos oder gerundet in verschiedensten Materialien gefertigt werden.

Von der Konzeption über Werkplanung, Einbettung in die Gesamtplanung, Herstellung, Montage und dauerhaften Service kommen alle Leistungen direkt aus unserem Hause.

FSB Franz Schneider Brakel
Tür- und Fensterbeschläge
www.fsb.de

FSB ist weltweit ein Synonym für ästhetisch und funktional hochwertige Beschlaglösungen für Türen und Fenster, elektronische Zutrittskontrolle und barrierefreie Sanitärausstattung.

Architekten und Bauherren treffen bei FSB auf eine hohe Designkompetenz und ein ausgeprägtes Verständnis für die Anforderungen des modernen Bauens: Alles, was im umbauten Raum mit Greifen und Griffen in Zusammenhang steht, wird aus einer Hand bedient. Dabei sind Gebäudehülle und Interieur für FSB ein Gesamt(kunst)werk. Der Griff wird in diesem Verständnis zur elementaren Schnittstelle zwischen Mensch und Architektur.

Architekturtrends werden von FSB nicht nur wahrgenommen, sondern gesetzt und zudem perfekt bedient: Steckgriffe für Türen und Fenster, flächenbündig montierte Rosetten, samtig-matt gestrahlte Aluminium-Oberflächen in unterschiedlichen Eloxalfarben und vieles mehr erfreuen Hand und Auge gleichermaßen.

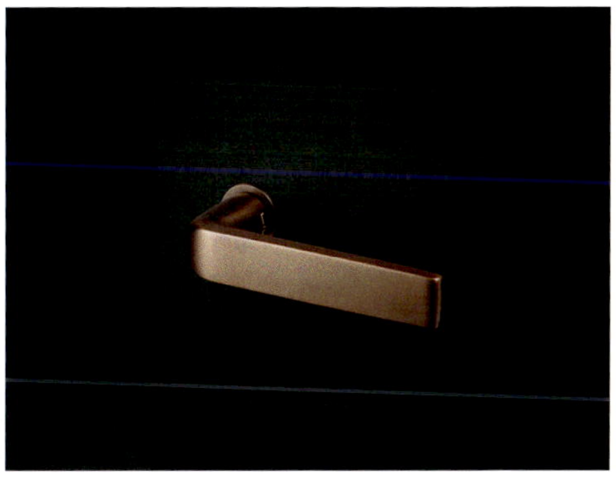

Layout und Umschlaggestaltung
Miriam und Jeanne Bussmann, Berlin

Lektorat
Andreas Müller, Berlin

Herstellung
Heike Strempel, Berlin

Papier
150 g/m² Condat matt Perigord

Druck
Grafisches Centrum Cuno GmbH & Co. KG, Calbe

Cover – Lentikulardruck
Pinguin Druck, Berlin

Übersetzung
der Beiträge von Richard Murphy, Brian Cody, Yenal Akgün u. a. und Cezary M. Bednarski aus dem Englischen: Teresa Reinhardt, Corvallis, OR, USA

Wir danken den folgenden Firmen für ihre Beteiligung an diesem Buch

Franz Schneider Brakel GmbH + Co KG
Hawa Sliding Solutions AG
HIRT swiss descending windows Deutschland GmbH
Hydro Building Systems Germany GmbH
Schüco International KG
Vitra GmbH

Library of Congress Control Number: 2019952779

Bibliografische Information der Deutschen Nationalbibliothek
Die Deutsche Nationalbibliothek verzeichnet diese Publikation in der Deutschen Nationalbibliografie; detaillierte bibliografische Daten sind im Internet über http://dnb.dnb.de abrufbar.

Dieses Buch ist auch als E-Book (ISBN 978-3-0356-1354-4) sowie in englischer Sprache erschienen (ISBN 978-3-0356-1360-5).

Postfach 44, 4009 Basel, Schweiz
Ein Unternehmen der Walter de Gruyter GmbH, Berlin/Boston

Gedruckt auf säurefreiem Papier, hergestellt aus chlorfrei gebleichtem Zellstoff. TCF ∞
Printed in Germany

ISBN 978-3-0356-1353-7

9 8 7 6 5 4 3 2 1

www.birkhauser.com